Die Berufung gewerblicher Sicherheitskräfte auf Notwehr und Nothilfe

Frankfurter kriminalwissenschaftliche Studien

Bd./Vol. 110

PETER LANG
Frankfurt am Main · Berlin · Bern · Bruxelles · New York · Oxford · Wien

Jan Helmrich

Die Berufung gewerblicher Sicherheitskräfte auf Notwehr und Nothilfe

Zugleich ein Beitrag zu den Grundlagen des Notwehr- und Nothilferechts

PETER LANG
Internationaler Verlag der Wissenschaften

Bibliografische Information der Deutschen Nationalbibliothek
Die Deutsche Nationalbibliothek verzeichnet diese Publikation in der Deutschen Nationalbibliografie; detaillierte bibliografische Daten sind im Internet über <http://www.d-nb.de> abrufbar.

Zugl.: Frankfurt (Main), Univ., Diss., 2007

D 30
ISSN 0170-6918
ISBN 978-3-631-57654-0

www.peterlang.de

Vorwort

Die vorliegende Arbeit wurde im Wintersemester 2005/2006 abgeschlossen und im Sommersemester 2007 von der juristischen Fakultät der Johann Wolfgang Goethe-Universität in Frankfurt am Main als Dissertation angenommen. Das Manuskript wurde für die Drucklegung geringfügig überarbeitet. Die nach Abschluß der Arbeit erschienene Rechtsprechung und Literatur konnte bis November 2007 berücksichtigt werden.

Ich bedanke mich herzlich bei meinem Doktorvater, Herrn Prof. Dr. Cornelius Prittwitz. In zahlreichen Gesprächen hat er mir wertvolle Anregungen und Hinweise gegeben, die meine Arbeit konstruktiv unterstützten.

Herrn Prof. Dr. Walter Kargl möchte ich ebenso herzlich für die schnelle Erstellung des Zweitgutachtens danken.

Mein Dank gilt darüber hinaus auch dem Institut für Kriminalwissenschaften und Rechtsphilosophie der Universität Frankfurt am Main für die Aufnahme meiner Arbeit in die Institutsschriftenreihe.

Ferner bedanke ich mich ganz herzlich bei all jenen, die mich auf dem langen und nicht immer einfachen Weg bis zum Abschluß der Dissertation begleitet haben. Besonders hervorgehoben sei hier Herr Dr. Lutz Eidam. Durch unzählige Diskussionen förderte er das Gelingen der Arbeit. Auch Herr Rechtsanwalt Jochen Brandhoff und Herr Sascha Ziemann hatten immer ein offenes Ohr für die während eines Promotionsvorhabens auftretenden Probleme.

Widmen möchte ich diese Arbeit meinen Eltern und meiner lieben Frau Annika. Meine Eltern standen mir zeitlebens immer verläßlich und hilfreich zur Seite, sowohl in menschlicher als auch in finanzieller Hinsicht. Ohne ihre Unterstützung hätte es nicht zu diesem Projekt kommen können. Meine Frau hat mich von Anfang an bei diesem Projekt liebevoll und geduldig begleitet und mit mir die Höhen und Tiefen durchlebt.

Frankfurt am Main, den 29. November 2007 Jan Helmrich

Inhaltsverzeichnis

Abkürzungsverzeichnis

Neben den nachstehend aufgeführten Abkürzungen wird auf allgemeinverständliche und übliche juristische Abkürzungen zurückgegriffen.

ArchCrim N.F.	Archiv des Criminalrechts Neue Folge
ARSP	Archiv für Rechts- und Sozialphilosophie
BDWS	Bundesverband Deutscher Wach- und Sicherheitsunternehmen
CLJ	Cambridge Law Journal
c. p.	Code pénal (Frankreich)
CP	Código Penal (Spanien)
Dayton L. Rev.	Dayton Law Review
DNP	Die Neue Polizei
DSD	Der Sicherheitsdienst (offizielles Organ des BDWS seit 1987)
DuR	Demokratie und Recht
DVP	Deutsche Verwaltungspraxis
ET	Energiewirtschaftliche Tagesfragen
F.A.Z.	Frankfurter Allgemeine Zeitung
F.A.S.Z.	Frankfurter Allgemeine Sonntagszeitung
GewArch	Gewerbearchiv
HbdStR	Handbuch des Staatsrechts der Bundesrepublik Deutschland
HbdVerfR	Handbuch des Verfassungsrechts der Bundesrepublik Deutschland
HKK	Historisch-kritischer Kommentar zum BGB
HRRS	Höchstrichterliche Rechtsprechung Strafrecht
i.e.S.	im engeren Sinn
KrimJour	Kriminologisches Journal
MPC	Model Penal Code
NKP	Neue Kriminalpolitik
NZWehrr	Neue Zeitschrift für Wehrrecht
RiA	Das Recht im Amt
RuP	Recht und Politik
SchlHA	Schleswig-Holsteinische Anzeigen
SJZ	Süddeutsche Juristenzeitung
StWP	Staatswissenschaften und Staatspraxis
VerwArch	Verwaltungsarchiv
VF	Vorträge und Forschungen
VR	Verwaltungsrundschau
VRS	Verkehrsrechtssammlung

W+S Information	Sicherheitsmagazin für Trends, Technik und Dienstleistungen
ZIP	Zeitschrift für Wirtschaftsrecht
ZSchwR n.F.	Zeitschrift für Schweizerisches Recht Neue Folge

Einleitung

Sicherheit, verstanden als Abwesenheit von Gefahren[1], ist ein elementares Bedürfnis jedes Menschen. Gleichwohl läßt sich dieses Bedürfnis niemals vollständig erfüllen. Es gibt keinen Zustand absoluter Sicherheit. Das folgt aus dem Umstand, daß Gefahren auf vielen verschiedenen Ebenen angesiedelt sind und sich mitunter dem Beherrschungsvermögen der Menschen entziehen. Soweit jedoch der Mensch dazu in der Lage ist, wird er versuchen, Gefahren vorzubeugen. Hierzu wird er vom Staat in einigen Fällen ermutigt und bestärkt. Als Beispiel dient etwa die kriminalpolizeiliche Beratung hinsichtlich des optimalen technischen Schutzes einer Wohnung vor Einbrechern. In anderen Fällen schreitet der Staat mit eigenen oder beauftragten Organen ein, um das Entstehen einer Gefahr zu verhindern. In diesem Zusammenhang ist beispielsweise an das Bestreifen gefährdeter Wohngegenden durch Polizeibeamte oder die Installation eines Hochwasserschutzes an Flüssen zu denken. Allerdings gibt es auch Konstellationen, in denen alle präventiven Sicherungsmaßnahmen versagen und die Realisierung der Gefahr nur durch sofortiges tatkräftiges Einschreiten zu verhindern ist. Wie im Bereich des Gefahrenvorfeldes besteht auch hier die Möglichkeit, daß der Bürger selbst die Gefahr abwehrt oder staatliche Gefahrenabwehrorgane sich dieser Aufgabe annehmen.

Soweit die Gefahr in einem gegenwärtigen rechtswidrigen Angriff besteht, hat der Staat erkannt, daß es ihm nicht immer möglich ist, die Realisierung dieser Gefahr mittels eigener Organe zu verhindern. § 32 StGB trägt diesem Umstand Rechnung. Der Angegriffene darf sich selbst verteidigen, ohne daß die Rechtsordnung dies als Unrecht kennzeichnet. Sein Verhalten ist erlaubt, er handelt im Einklang mit der Rechtsordnung.[2] Die Notwehrregelung geht jedoch über den Fall der eigenhändigen Angriffsabwehr hinaus, indem sie bestimmt, daß auch jeder andere den gegenwärtigen rechtswidrigen Angriff abwehren darf. Mit dieser Aussage erkennt der Gesetzgeber an, daß Menschen sich nicht immer selbst helfen können und den Beistand eines Dritten benötigen, damit der Schutz ihrer Rechtsgüter gewährleistet ist.[3] Dieser Befund, daß prinzipiell auch ein Not-Helfer gegen den Angreifer vorgehen darf, ist unbestritten. Niemand spricht dem Vater die Befugnis zum Schutze seiner Kinder ab, Freunde dürfen sich gegenseitig im Falle eines Angriffs Hilfe leisten und sogar einander völlig Fremden ist es gestattet, gemeinsam einen Angriff abzuwehren, der nur einen von ihnen betrifft.

---

1 Gusy, StWP 5 (1994), S. 208.
2 NK-Paeffgen, Vor §§ 32 bis 35, Rn. 8; Kühl, Strafrecht AT, § 6, Rn. 1ff.
3 Vgl. LK[11]-Spendel, § 32, Rn. 11f.

Diese grundsätzliche Berechtigung zur Nothilfe sagt ebenso wie das Notwehrrecht als solches noch nichts über den Umfang der Verteidigungsbefugnis aus. Gemeinhin wird das Notwehrrecht als ein sehr „schneidiges“[4] begriffen; Verhältnismäßigkeitserwägungen sind in der Regel nicht anzustellen. Sofern man vom Angriff unmittelbar selbst betroffen ist, mag dies akzeptabel erscheinen und nicht allzuviel Anlaß zur Kritik bieten. Allerdings soll das Gleiche für die Nothilfe gelten. Ein nicht direkt selbst Angegriffener, der sich freiwillig in einen Konflikt einmischt, soll dies in gleichem Maße dürfen, wie wenn er selbst angegriffen worden wäre.

Mit dieser Gleichstellung von Notwehr- und Nothilfebefugnis setzt man sich zumeist nicht intensiv auseinander. Die vereinzelt vertretene Ansicht, die es unternimmt, beim Umfang der Verteidigungsbefugnis zwischen Notwehr und Nothilfe zu differenzieren[5], wird häufig eher lustlos denn interessiert abgelehnt.[6] Dies ruft vor allem vor dem Hintergrund der Weite der Notwehrbefugnis Verwunderung hervor. Schließlich sind die staatlichen Gefahrenabwehrorgane, die zum Schutz des Bürgers vor gegenwärtigen rechtswidrigen Angriffen hilfeleistend einschreiten, polizeigesetzlich zahlreichen Beschränkungen wie dem Verhältnismäßigkeitsgrundsatz oder der Grundrechtsbindung unterworfen. Die staatlichen Gefahrenabwehrorgane sollen gerade nicht die schneidigen Befugnisse der Notwehr in Anspruch nehmen. Hingegen muß der Bürger, der wie die staatlichen Organe bei der Nothilfeausübung einem anderen helfend zur Seite steht, im Regelfall lediglich darauf achten, daß die Verteidigungsmaßnahme die Erforderlichkeit nicht überschreitet.

Dieser Befund stimmt noch nachdenklicher, wenn man bedenkt, daß in einer Vielzahl von Fällen Nothilfe nicht mehr allein von „Normalbürgern“ geleistet wird, sondern von dafür extra engagierten privaten Sicherheitskräften. Ohne zu weit vorzugreifen, kann hier schon festgestellt werden, daß sich das private Sicherheitsgewerbe im Aufwind befindet. Nicht nur von privater Seite, sondern zunehmend auch durch den Staat werden die Dienste gewerblicher Sicherheitsunternehmen in Anspruch genommen.[7] Der Bürger wird in immer mehr Situationen des täglichen Lebens mit gewerblichen Sicherheitskräften konfrontiert, wobei diese nunmehr zum Teil Aufgaben wahrnehmen, die der Staat früher mit eigenen Organen erfüllte. Diese Entwicklung wird sich auf absehbare Zeit nicht umkehren; die öffentlichen Kassen sind leer. Bei der Suche nach Einsparpotential wird immer wieder das Zauberwort „Privatisierung“ bemüht. Dies resultiert

---

4 So eine immer wieder bemühte Umschreibung, vgl. z.B. SK-StGB-Günther, § 32, Rn. 7 und 106; Blei, Strafrecht AT, § 39 III 2, S. 150; Kinzig, ZStW 115 (2003), S. 807; Seelmann, ZStW 89 (1977), S. 44ff.

5 Seelmann, ZStW 89 (1977), S. 56ff.; so auch Benfer, Strafrecht, Rn. 169.

6 Eine Ausnahme stellt hier der Aufsatz von Seier, NJW 1987, S. 2476ff. dar.

7 Vgl. hierzu Kapitel 2, A. II. und V.

aus der Annahme, daß eine Vielzahl von Aufgaben durch Private effektiver und kostengünstiger wahrgenommen werden können.[8] Diese Privatisierungswelle macht auch nicht vor dem Bereich der Gefahrenabwehr halt. So kommt es dazu, daß der Bürger bei zahlreichen Gelegenheiten von privaten Sicherheitskräften umgeben ist, die sich vertraglich dazu verpflichtet haben, in Notwehrfällen dem Angegriffenen auch unter Anwendung physischer Gewalt beizustehen. Diese gewerblichen Sicherheitskräfte werden von Rechtsprechung und herrschender Ansicht in der Literatur hinsichtlich der Ausübung der von § 32 II StGB gewährten Befugnisse mit Normalbürgern gleichgestellt. Allerdings wird diese Ansicht nicht mehr überall widerspruchslos hingenommen[9], wenngleich sich die absolut herrschende Meinung[10] nachdrücklich gegen besondere Notwehr- bzw. Nothilferestriktionen für Mitarbeiter gewerblicher Sicherheitsunternehmen ausspricht. Berücksichtigt man das Ausmaß des privaten Sicherheitsgewerbes sowie den Umstand, daß private Sicherheitskräfte im allgemeinen zur Überschreitung ihrer „Befugnisse" neigen[11] und in den Medien immer wieder Berichte über die Mißstände im privaten Sicherheitsgewerbe erscheinen,[12] besteht guter Grund danach zu fragen, ob gewerbliche Sicherheitskräfte genauso wie der Normalbürger von der Notwehr- bzw. Nothilfebefugnis Gebrauch machen dürfen.

Mit diesen kurzen Bemerkungen ist Anlaß und Thema dieser Untersuchung ebenso wie der Weg, den sie beschreitet, umrissen.

Ausgehend von der Prämisse, daß das heutige Notwehrrecht ein sehr weitreichendes ist, wird zunächst danach gefragt, ob Selbstverteidigung und Nothilfe ihrem Umfang nach tatsächlich gleich zu behandeln sind oder ob nicht bereits die Möglichkeit bzw. Notwendigkeit zur Differenzierung besteht. Die gewonnenen Erkenntnisse sind in einen historischen und philosophischen Kontext zu setzen, wobei Grund und Umfang des Nothilferechts besondere Berücksichtigung erfahren. Schließlich bedarf es eines Blickes darauf, ob ausländische Rechtsordnungen Notwehr und Nothilfe identischen Grenzen unterwerfen. Diese Betrach-

---

8 Burgi, Privatisierung, S. 79f.; Beste/Voß, Privatisierung, S. 220; Krölls, GewArch 1997, S. 445f.

9 Angefangen mit einem grundlegenden Aufsatz von Hoffmann-Riem, ZRP 1977, S. 277ff., mit dem bezeichnenden Titel „Übergang der Polizeigewalt auf Private?".

10 Vgl. hier nur MüKo-StGB-Erb, § 32, Rn. 163 oder Sch/Sch-Lenckner/Perron, § 32, Rn. 42 jeweils m.w.N.

11 So Arzt, Recht und Ordnung, S. 45, unter Berufung auf eine Untersuchung von Kakalik-Wildhorn.

12 Vgl. nur F.A.Z. vom 5.4.2005, S. 44 („Polizisten verprügelt – Disco-Türsteher vor Gericht") sowie den teilweise erschreckenden Bericht von Lücke, F.A.S.Z. vom 7.11.2003, S. 72: Ein Ausbilder gewerblicher Sicherheitskräfte berichtet, daß er sogar zum Teil nach sechsmonatiger Unterrichtung auf die Frage, was die Sicherheitskräfte tun würden, wenn sie jemand beleidigt, die Antwort „Den hau' ich um!" bekäme.

tungen dienen vor allem der Erhellung des Verhältnisses des Notwehr- und Nothilferechts im Allgemeinen.

Die darauffolgende Darstellung geht der Frage nach, ob verfassungsrechtliche und/oder einfachgesetzliche Gründe einer umfassenden Berufung von Mitarbeitern gewerblicher Sicherheitsunternehmen auf Notwehr und Nothilfe entgegenstehen. Dabei wird der Arbeit die These zugrunde gelegt, daß zumindest die umfassende Inanspruchnahme der Nothilfebefugnis durch gewerbliche Sicherheitskräfte sehr zweifelhaft erscheint. Um diese These zu erhärten oder zu widerlegen, bedarf es zunächst eines Blickes auf die rechtlichen und tatsächlichen Grundlagen des privaten Sicherheitsgewerbes. Anschließend wird die Ausübung der von § 32 StGB gewährten Befugnisse im Hinblick auf verfassungsrechtliche Aspekte gewürdigt, um sich dann dem einfachen Recht zu widmen. Sollte sich die den Erörterungen zugrunde gelegte These als zutreffend erweisen, wird danach zu fragen sein, welche Auswirkungen dies auf die Nothilfebefugnis de lege lata besitzt. Im Anschluß daran wird versucht, einen Maßstab für die Einschränkung der von § 32 StGB gewährten Befugnisse zu gewinnen, um diesen dann auf die Vereinbarkeit mit den Grundprinzipien des Notwehr- und Nothilferechts zu untersuchen. Dabei wird der Blick auch auf die praktische Umsetzbarkeit der entwickelten Lösung gelegt.

1. Kapitel: Einige Überlegungen zur Gleichbehandlung von Notwehr und Nothilfe sowie deren Umfang

Die Zeiten, in denen die Notwehrregelung als einer der „bestgelungenen Paragraphen des Gesetzbuchs"[13] bezeichnet wurde, sind schon lange vorbei. Trotz oder gerade wegen eines seit über 150 Jahren unverändert gebliebenen Wortlauts scheint sich mittlerweile an jedem Merkmal des § 32 StGB eine Kontroverse über dessen Auslegung zu entzünden. So wird vor dem Hintergrund des Angriffs diskutiert, ob dieser schuldhaft zu sein hat, ob ein Unterlassen ausreicht und welches Rechtsgut als notwehrfähig einzustufen ist.[14] Bei der Gegenwärtigkeit ist umstritten, inwiefern in Ausnahmefällen auch präventive Maßnahmen durch Notwehr gerechtfertigt sein können.[15] Schließlich besteht bei der Rechtswidrigkeit des Angriffs keine Einigkeit darüber, ob diese schon zu bejahen ist, wenn das abzuwehrende Verhalten einen Erfolgsunwert aufweist, oder ob nicht ausschließlich auf den Handlungsunwert abzustellen ist.[16] Dieser kleine Ausschnitt der im Rahmen der Notwehrlage intensiv diskutierten Probleme zeigt, daß selbst bei der Auslegung recht unproblematisch erscheinender Merkmale – wie dem der Rechtswidrigkeit – kein Konsens innerhalb der Strafrechtswissenschaft erzielt wird.

Angesichts des breiten Raumes, den die strafrechtliche Lehrbuch- und Kommentarliteratur der Erläuterung und Diskussion der drei die Notwehrlage konstituierenden Merkmale „Angriff", „gegenwärtig" und „rechtswidrig" einräumt, ist es ein wenig erstaunlich, daß die Verteidigung eines anderen eine nur stiefmütterliche Behandlung erfährt. Meist begnügt man sich mit dem Hinweis, daß das Gesetz keinen Unterschied zwischen Selbstverteidigung und Nothilfe mache und insofern keine grundsätzlichen Besonderheiten für die Nothilfe gälten. Allein die gegen den Willen des Angegriffenen geleistete Nothilfe, die sog. aufgedrängte Nothilfe, findet besondere Erwähnung.[17] Das Befremden über die in der Regel knappe Darstellung der Nothilfe beruht auf der Annahme, daß es sich bei der Fremdverteidigung um eine von der Notwehrsituation faktisch völlig verschiedene Konstellation[18] handelt. Es macht praktisch einen gravierenden Unterschied, ob der Angriff die eigenen Rechtsgüter oder die eines anderen betrifft.

Bleibt man allein beim Wortlaut des § 32 II StGB, so scheint hierin die Erklärung für die Vernachlässigung der Verteidigung eines Dritten zu liegen. Der Be-

13 Binding, Handbuch, S. 732 Fn. 5.
14 Sch/Sch-Lenckner/Perron, § 32, Rn. 4ff. und 24; Tröndle/Fischer, § 32, Rn. 4ff.
15 Joecks, § 32, Rn. 50ff.; Sch/Sch-Lenckner/Perron, § 32, Rn. 14ff.
16 Kühl, Strafrecht AT, § 7, Rn. 54ff.; Maurach/Zipf, AT 1, § 26 II, Rn. 14ff.
17 Exemplarisch Kühl, Strafrecht AT, § 7, Rn. 138 und 143.
18 So Mitsch, GA 1986, S. 534f. Ähnlich Kasiske, Jura 2004, S. 833. Vgl. auch Schmidhäuser, GA 1991, S. 114.

griff „Nothilfe" wird vom Gesetz nicht verwendet. Notwehr wird als „die Verteidigung, die erforderlich ist, einen gegenwärtigen rechtswidrigen Angriff von sich oder einem anderen abzuwenden" bezeichnet. Unter den Begriff der „Notwehr" fallen dem Wortlaut des § 32 II StGB zufolge sowohl die Selbstverteidigung als auch die Abwehr eines Angriffs auf einen anderen.[19]

A. Bedenken gegenüber einer Gleichbehandlung von Notwehr und Nothilfe

Trotz des an sich recht klaren Wortlauts des § 32 II StGB wird die identische Behandlung von Notwehr und Nothilfe durch die herrschende Meinung[20] nicht mehr überall widerspruchslos hingenommen. In jüngerer Zeit ist es zunächst die polizeiliche Nothilfe, die Anlaß zur Kritik gibt. Es wird bezweifelt, daß sich Polizeibeamte während der Ausübung ihres Dienstes so wie jeder Bürger gleichermaßen auf Notwehr und Nothilfe berufen können. Zum Teil wird die Ansicht vertreten, daß man Polizeibeamten zwar nicht das Recht auf Selbstverteidigung aus § 32 StGB absprechen könne, eine Berufung auf die Nothilfe jedoch unzulässig sei. Die polizeiliche Nothilfe sei allein mittels der speziell gewährten hoheitlichen Befugnisse auszuüben.[21]

Dann werden Überlegungen dahingehend angestellt, ob sich Mitarbeiter privater Sicherheitsunternehmen uneingeschränkt auf Notwehr und Nothilfe berufen können. Auch hier vertritt ein Teil der Literatur eine unterschiedliche Behandlung von Notwehr und Nothilfe. Der Mitarbeiter eines privaten Sicherheitsunternehmens könne sich zwar zur Selbstverteidigung auf Notwehr berufen, die Befugnis zur Nothilfe stehe ihm jedoch nicht zu. In Anbetracht der Tatsache, daß Mitarbeiter privater Sicherheitsunternehmen im Unterschied zu Polizeibeamten keine Spezialbefugnisse für die Nothilfeausübung besitzen, sei ihnen die in Rechtsgüter Dritter eingreifende Nothilfe generell verwehrt.[22] Eine weitere

---

19 Es hat sich jedoch eingebürgert, die Selbstverteidigung als Notwehr und die Fremdverteidigung als Nothilfe oder auch Notwehrhilfe zu bezeichnen. Insofern wird auch hier dieser Terminologie gefolgt.

20 LK[12]-Rönnau/Hohn, § 32, Rn. 204; MüKo-StGB-Erb, § 32, Rn. 163; Tröndle/Fischer, § 32, Rn. 7; Sch/Sch-Lenckner/Perron, § 32, Rn. 42; Adler, Nothilfe, S. 146; H.-J. Engels, Angriffsprovokation, S. 144f.; Kühl, Jura 1993, S. 235; ders., Strafrecht AT, § 7, Rn. 138; Kunz, ZStW 95 (1983), S. 973; Lee, Privatisierung, S. 79ff.; Perron, Rechtfertigung, S. 114; Roxin, AT I, § 15, Rn. 116; Rupprecht, FS Geiger, S. 791f.; Stober/Olschok-Peilert, Handbuch, G Rn. 5; Wagner, Notwehrbegründung, S. 35; Witzstrock, Todesschuß, S. 105f.

21 Siehe hierzu Amelung, NJW 1977, S. 839f.; ders., JuS 1986, S. 331ff.; Blei, JZ 1955, S. 626ff.; Deger, NVwZ 2001, S. 1231; SK-StGB-Rudolphi, Vor § 331, Rn. 12ff.

22 Hoffmann-Riem, ZRP 1977, S. 283f.; Jeand'Heur, AöR 119 (1994), S. 129; Roßnagel, ZRP 1983, S. 62; Pausch/Böttcher, Polizei in Frankfurt am Main 1992, S. 31.

Ansicht macht keine Unterschiede zwischen der Profession des Notwehr- bzw. Nothilfeübenden, sondern erlegt allen Nothelfern im Unterschied zu den Notwehrübenden die Beachtung des Verhältnismäßigkeitsgrundsatzes auf.[23]

Das Rütteln an dem Dogma der Gleichbehandlung von Notwehr und Nothilfe ist aber die Ausnahme geblieben. Meist wird diese Ansicht mit dem Argument, daß das Gesetz nicht zwischen Notwehr und Nothilfe differenziere, abgelehnt[24].

I. Die Notwehrregelung des § 32 StGB

Ausgangspunkt aller Betrachtungen muß die gesetzliche Regelung der Notwehr und Nothilfe selbst sein, so wie sie Niederschlag in § 32 StGB gefunden hat. Eine Rechtfertigung nach § 32 I StGB setzt eine Notwehrlage nach § 32 II StGB voraus. Diese zeichnet sich durch einen gegenwärtigen rechtswidrigen Angriff aus. Es besteht Konsens, daß der Angriff von einem Menschen ausgehen muß.[25] Zum Teil wird ein rechtswidriges und schuldhaftes Verhalten gefordert.[26] Der Wortlaut ist in dieser Beziehung jedoch eindeutig. Der Gesetzgeber, der ausdrücklich zwischen Rechtfertigung und Entschuldigung unterscheidet, verlangt allein einen rechtswidrigen Angriff. Das Merkmal „rechtswidrig" in „rechtswidrig und schuldhaft" umzudeuten, würde ein dem Wortlaut des § 32 II StGB widersprechendes Vorgehen bedeuten. Auch ist zu bedenken, daß die Notwehr gerade keinen Strafcharakter besitzt, welcher für die Forderung nach einem schuldhaften Angriff sprechen würde. Es geht bei der Notwehr allein darum, die durch den Angriff drohende rechtswidrige Rechtsgutverletzung zu verhindern und nicht auf begangenes Unrecht zu reagieren. Somit reicht für die Eröffnung der Notwehrbefugnis das Vorliegen eines rechtswidrigen Angriffs aus.[27] Dieser Angriff muß sich gegen ein Individualrechtsgut richten, da die Notwehrbefugnis kein allgemeines Unrechtsverhinderungsrecht ist.[28] Weder die Rechtsordnung

---

23 Seelmann, ZStW 89 (1977), S. 56ff.; ihm folgend Benfer, Strafrecht, Rn. 169. Vgl. ferner Sohm, NZWehrr 1996, S. 96f., der eine mit Seelmann vergleichbare Differenzierung zwischen Notwehr und Nothilfe vornimmt.

24 MüKo-StGB-Erb, § 32, Rn. 1 und 163; Beisel, JA 1998, S. 722; Fuchs, Grundfragen, S. 37 mit Fn. 137; H.-J. Engels, Angriffsprovokation, S. 142; Fechner, Grenzen, S. 74; M. Koch, Nothilfe, S. 134; Kühl, Jura 1993, S. 235; ders., Strafrecht AT, § 7, Rn. 138; Peilert, DVBl. 1999, S. 286; Roxin, ZStW 93 (1981), S. 71f. Fn. 8; ders., AT I, § 15, Rn. 116; Stober/Olschok-Peilert, Handbuch, G Rn. 5; Witzstrock, Todesschuß, S. 105. Vgl. auch Kasiske, Jura 2004, S. 833 und Seuring, Nothilfe, S. 120f. und 195f.

25 Sch/Sch-Lenckner/Perron, § 32, Rn. 3; Kühl, Strafrecht AT, § 7, Rn. 26.

26 Frister, GA 1988, S. 305; Hoyer, JuS 1988, S. 95f.; Renzikowski, Notstand, S. 279ff.

27 Sch/Sch-Lenckner/Perron, § 32, Rn. 24; Hirsch, FS Dreher, S. 215f.; Jescheck/Weigend, AT, § 32 II 1 a und c, S. 338 und 341; Kroß, Schweigegelderpressung, S. 36; Lührmann, Tötungsrecht, S. 61; Stiller, Grenzen, S. 82ff.

28 Vgl. nur Sch/Sch-Lenckner/Perron, § 32, Rn. 8; Kroß, Schweigegelderpressung, S. 30.

im ganzen noch die öffentliche Ordnung als solche dürfen auf Grundlage des § 32 StGB verteidigt werden.[29]

Die Notwehrhandlung muß nach § 32 II StGB erforderlich sein. Meist wird eine Verteidigungshandlung als erforderlich angesehen, „wenn und soweit sie einerseits zur Abwehr des Angriffs geeignet ist und andererseits das relativ mildeste Gegenmittel darstellt“[30]. Eine Güterabwägung sieht § 32 II StGB nicht vor. Jedes Rechtsgut darf grundsätzlich bis zum äußersten verteidigt werden. Konkret bedeutet dies, daß als Ultima ratio auch die Tötung des Angreifers zum Schutze von Sachgütern nach § 32 I StGB gerechtfertigt sein kann.[31] Diese sehr weitgehende Verteidigungsbefugnis hat insofern eine Einschränkung erfahren, als verschiedene Fallgruppen entwickelt wurden, bei deren Vorliegen nach herrschender Meinung die sehr rigide Notwehrregelung sozialverträglich abgemildert wird.[32] Zu diesen sog. „sozialethischen Einschränkungen“ des Notwehrrechts zählen etwa die Notwehrprovokation, die Angriffe schuldlos Handelnder und Irrender sowie ein krasses Mißverhältnis zwischen dem durch den Angriff drohenden Schaden und den Folgen der Verteidigungshandlung.[33] Meist werden diese Einschränkungen des Notwehrrechts im Rahmen der Gebotenheit[34] der Verteidigungshandlung diskutiert. Schließlich ist noch erwähnenswert, daß der Angegriffene in der Regel nicht zum Ausweichen verpflichtet ist, da eine Flucht keine Verteidigung ist[35]. Zusammenfassend bedeutet dies, daß trotz der sozialethischen Einschränkungen die von § 32 StGB gewährten Verteidigungsbefugnisse sehr großzügig ausgestaltet sind.

---

29 Einhellige Ansicht, vgl. nur BGHSt 5, 245 (247); Sch/Sch-Lenckner/Perron, § 32, Rn. 8; G. Jakobs, Strafrecht AT, 12. Abschn., Rn. 9; LK[12]-Rönnau/Hohn, § 32, Rn. 79.

30 Sch/Sch-Lenckner/Perron, § 32, Rn. 34; Wessels/Beulke, Strafrecht AT, Rn. 335; Erb, NStZ 2005, S. 593.

31 BGH, NStZ 2003, S. 425 (427); Sch/Sch-Lenckner/Perron, § 32, Rn. 50; Wessels/Beulke, Strafrecht AT, Rn. 340; Meyer/Ulbrich, JA 2006, S. 776; Zieschang, GA 2006, S. 417f.

32 Kühl, Strafrecht AT, § 7, Rn. 158.

33 Vgl. die Aufzählung der einzelnen Fallgruppen sozialethischer Notwehreinschränkungen bei Kühl, Strafrecht AT, § 7, Rn. 168ff.

34 Diejenigen, welche davon ausgehen, daß der Gebotenheit keine eigenständige Bedeutung zufällt, diskutieren diese sozialethischen Einschränkungen des Notwehrrechts teilweise im Rahmen einer durch normative Elemente angereicherten Erforderlichkeitsprüfung. Vgl. etwa MüKo-StGB-Erb, § 32, Rn. 180; Kratzsch, Grenzen, S. 37f.; ders., GA 1971, S. 80 mit Fn. 83 sowie Lenckner, GA 1968, S. 6f.

35 Kratzsch, GA 1971, S. 75; Meyer/Ulbrich, JA 2006, S. 776; Pawlik, ZStW 114 (2002), S. 273; ebenso Sch/Sch-Lenckner/Perron, § 32, Rn. 40.

II. Bedenken gegen die Weite der Nothilfebefugnis

Schon recht früh werden gegenüber der Reichweite der von § 32 StGB gewährten Verteidigungsbefugnis Bedenken geäußert. 1910 stellt der Strafrechtslehrer Reinhard Frank fest, daß es dem Publikum glücklicherweise unbekannt sei, „wie weit das Notwehrrecht geht. Sollte sich einmal jemand in den Kopf setzen, es in vollem Umfang und in alle Konsequenzen hinein zu gebrauchen, so könnten geradezu unerträgliche Verhältnisse entstehen“[36]. In diesem Zusammenhang kann auch eine Aussage Gustav Hugos gesehen werden, der hinsichtlich der Notwehr den Ausdruck „Totschlagsmoral“ gebraucht, da der durch die Notwehr zugelassene Zwang so weit reiche, jeden, der seinem Rechte zuwiderhandelt, totzuschlagen[37]. Diese Aussagen wenden sich speziell gegen die Weite der Selbstverteidigungsbefugnis. Selbst wenn damit auch die Intention verfolgt sein sollte, sich gegen den Umfang der Nothilfebefugnis auszusprechen – was naheliegend erscheint –, so ist es doch erstaunlich, daß dies nicht nachdrücklicher geschieht. In einer Situation, in der das eigene Recht streitig gemacht wird, und man selbst vor der Wahl steht, sein eigenes Rechtsgut zu verteidigen oder preiszugeben, sind dem ersten Anschein nach weiterreichende Verteidigungsmöglichkeiten viel eher zu akzeptieren als in einer Situation, in der der Angriff das Rechtsgut eines anderen betrifft.

Wohl genau diese Erwägungen lassen Arthur Baumgarten zu der Feststellung gelangen, daß „ein unabweisbares Bedürfnis, wenigstens der Nothilfe Schranken aufzuerlegen“[38] besteht. Alexander Hold v. Ferneck bezeichnet die Lage des Nothelfers als „psychologisch und juristisch durchaus nicht dieselbe, wie die des Benötigten“[39]. Diesen Einwendungen zum Trotz gesteht die heute herrschende Meinung dem Nothelfer die gleichen scharfen Befugnisse zu wie dem Angegriffenen. Obwohl dieser grundsätzlich keine eigenen materiellen oder immateriellen Verluste zu befürchten hat, darf er sich auf Grundlage von § 32 StGB in die Auseinandersetzung zwischen Angreifer und Angegriffenem einmischen und zwar so, als ob er selbst angegriffen worden wäre. In diesem Zusammenhang ist das Aufwerfen der Frage „Mit welchem Recht?“[40] naheliegend.

Diese Frage ist, wie die obigen Zitate deutlich machen, nicht nur im Hinblick auf die professionelle Nothilfe, die von den dazu berufenen staatlichen Organen und Mitarbeitern privater Sicherheitsunternehmen geleistet wird, von Interesse. Auch der private Nothelfer ist zunächst lediglich ein Dritter, dessen Rechtsgüter

---

36 Frank, Strafausschließungs- und Milderungsgründe, S. 259.

37 Hugo, Naturrecht, S. IX und 31.

38 Baumgarten, Notstand, S. 118 – jedenfalls sofern man gegen einen rechtswidrigen Angriff jede erforderliche Abwehr zuläßt.

39 Hold v. Ferneck, Rechtswidrigkeit II/1, S. 158f.

40 Renzikowski, Notstand, S. 295.

nicht in Gefahr sind. Es ist somit zunächst hinsichtlich des privaten Nothelfers zu fragen, welche Argumente für oder gegen eine Gleichbehandlung von Notwehr und Nothilfe sprechen.

III. Der Wortlaut des § 32 StGB

Bei unbefangenem Lesen des § 32 II StGB scheint die Frage nach der Gleichbehandlung von Notwehr und Nothilfe zumindest de lege lata geklärt. Es wird kein Unterschied zwischen der Selbstverteidigung und der Fremdhilfe gemacht. Betrachtet man Absatz 2 genauer, sind jedoch Bedenken gegenüber der Zwangsläufigkeit dieser Argumentation anzumelden. Das Gesetz spricht von der Abwehr eines Angriffs „von sich oder einem anderen". Wären Notwehr und Nothilfe tatsächlich wesensgleich, so wäre diese Wendung an sich überflüssig. Der Gesetzgeber hätte auch die Formulierung „Notwehr ist die Verteidigung, die erforderlich ist, um einen gegenwärtigen rechtswidrigen Angriff abzuwenden"[41] wählen oder auf die Abwehr eines Angriffs „gegen jemanden oder gegen eine Person"[42] abstellen können. Man könnte somit die Formulierung des § 32 II StGB auch so begreifen, daß der Gesetzgeber hierdurch die Möglichkeit einer unterschiedlichen Betrachtung von Notwehr und Nothilfe eröffnet hat.[43] Praktisch würde dies bedeuten, daß eine Handlung einerseits die in Notwehr erforderliche und gebotene Verteidigung sein kann, andererseits aber die Grenzen der zulässigen Nothilfe überschreitet.

Freilich finden sich für diese Ansicht keinerlei Hinweise in den Materialien zu § 41 Preußisches StGB von 1851[44], auf dem die heutige Notwehrregelung maßgeblich beruht. Auch ist zuzugeben, daß der Wortlaut des § 32 II StGB eher für eine identische Behandlung von Notwehr und Nothilfe spricht. Dennoch zeigt die mögliche Auslegung des § 32 II StGB, daß der Wortlaut nicht eindeutig für einen einheitlichen Rechtfertigungsgrund Notwehr/Nothilfe spricht. Allein die Tatsache, daß Notwehr und Nothilfe in der gleichen Vorschrift geregelt sind, führt nicht zwangsläufig zu der Annahme einer Gleichläufigkeit dieser beiden Verteidigungsrechte.[45]

Es ist festzuhalten, daß der Wortlaut des § 32 II StGB nicht allein in dem Sinne zu verstehen ist, daß Notwehr und Nothilfe identisch zu behandeln sind. Insofern sind die Argumente für und wider eine Gleichbehandlung von Notwehr und

---

41 Wagner, Notwehrbegründung, S. 35.
42 Kioupis, Notwehr, S. 85; Seuring, Nothilfe, S. 121.
43 Vgl. Kioupis, Notwehr, S. 85; Wagner, Notwehrbegründung, S. 35.
44 Goltdammer, Materialien I, S. 365f. und 419.
45 Seelmann, ZStW 89 (1977), S. 36. Vgl. auch Pausch/Böttcher, Polizei in Frankfurt am Main 1992, S. 31.

Nothilfe nicht nur de lege ferenda zu berücksichtigen, sondern können auch Einfluß auf die Auslegung der heutigen Notwehrregelung besitzen.

IV. Persönliche Betroffenheit des Nothelfers

Man könnte davon ausgehen, daß der Angriff auf einen Bürger jeden anderen mitbetrifft. Dies gründet sich in der Annahme, daß alle Menschen ein Interesse an der Einhaltung der Rechtsordnung hätten. Das Interesse speise sich nicht nur aus moralischen Erwägungen; vielmehr seien auch handfeste materielle Interessen mit im Spiel. Durch die Ausübung der Nothilfe würden Werte erhalten, deren Vernichtung für die Allgemeinheit und damit auch für jeden Dritten einen Nachteil bedeute. Insofern seien Notwehrübender und Nothelfer in der gleichen Situation. Beide betreffe der Angriff selbst. Unter Zugrundelegung dieser Ansicht läßt sich unproblematisch die identische Behandlung von Notwehr und Nothilfe vertreten.[46]

Indes kann ihr aus mehreren Gründen nicht gefolgt werden. Zunächst ist die Annahme, daß jeder Angriff auf ein einzelnes Rechtsgut die Rechtsordnung im ganzen betrifft, sehr problematisch.[47] Des weiteren darf nicht übersehen werden, daß durch solch eine Sichtweise die Bedeutung von persönlichen Rechten eine Einschränkung erfährt. Wenn beispielsweise die Erhaltung des Eigentums nicht mehr primär als das Interesse des Eigentümers, sondern als das von allen Gemeinschaftsmitgliedern angesehen wird, dann ist dadurch das Recht des Eigentümers relativiert. Es verliert seine Exklusivität.[48] Auch kann nicht immer davon ausgegangen werden, daß die Ausübung der Nothilfe einen gesamtgesellschaftlichen materiellen Nutzen bewirkt. Man stelle sich nur vor, daß der Nothelfer zur Verteidigung einer geringwertigen Sache den Angreifer derart verletzt, daß dieser auf eine Krankenhausbehandlung angewiesen ist. Mitunter kommt dies die Gesellschaft teurer zu stehen als die ungehinderte Verwirklichung der Straftat.[49] Schließlich erweist sich die Annahme, daß der Nothelfer durch einen rechtswidrigen Angriff immer auch selbst betroffen ist, als wenig realitätsnah. Mit Ausnahme des Falles, in dem sich der Angriff gegen nahe Angehörige oder Freunde des Nothelfers richtet, wird man schwerlich behaupten können, daß der Nothelfer seine Gesundheit und zum Teil auch sein Leben deshalb einsetzt, weil er durch eine persönliche Betroffenheit hierzu motiviert wird.[50] Zu Recht wird in dieser Hinsicht darauf hingewiesen, daß der Angriff auf einen anderen möglicherweise das sittliche Empfinden oder das Gewissen in der Art anspricht, daß

46 Vgl. Haas, Notwehr, S. 179; Renzikowski, Notstand, S. 295; Stiller, Grenzen, S. 61.
47 Vgl. Kapitel 3, B. IV. 2. b. aa.
48 Vgl. Raz, Morality, S. 248ff. (250).
49 Haas, Notwehr, S. 180f.
50 Stiller, Grenzen, S. 61f.

man nicht einfach tatenlos zuschauen will, wie jemand Opfer einer Straftat wird. Das eigene Eingreifen beruht dann aber nicht auf einer persönlichen Betroffenheit, sondern darauf, daß man die ungestörte Verwirklichung eines Unrechts verhindern will.[51]

Eine Gleichstellung von Notwehr und Nothilfe kann mithin nicht aus dem Gedanken heraus legitimiert werden, daß ein Angriff auf einen einzelnen zugleich alle Staatsbürger mitbetrifft.

V. Psychologische Momente auf seiten des Verteidigers

Zum Teil wird die Ansicht vertreten, daß Notwehr und Nothilfe aufgrund der unterschiedlichen psychischen Situation des Abwehrenden eine differenzierte Behandlung erfahren sollen. Der Notwehrübende befinde sich meist in einer persönlichen Extremsituation, in der von ihm ein besonnenes Verhalten nicht erwartet werden könne. Dieser psychischen Zwangslage trage § 32 StGB mit der Gewährung weitreichender Verteidigungsbefugnisse Rechnung. Der Nothelfer hingegen befinde sich psychisch in einer mit der des Notwehrübenden kaum vergleichbaren Situation. Von ihm als Außenstehendem könne man ein kühl-distanziertes Vorgehen erwarten. Es sei dem Nothelfer möglich, „ohne höchstpersönliches Engagement maßvoll abzuwägen“. Dementsprechend bedürfe er nicht der umfangreichen Befugnisse eines Notwehrübenden.[52]

Bedenken an dieser Sichtweise ergeben sich zunächst aus der Funktion des § 32 StGB. Es handelt sich hierbei ausweislich seines Wortlauts um einen Rechtfertigungsgrund. Liegen dessen Voraussetzungen vor, bezeichnet die Rechtsordnung das in Rede stehende Verhalten als „rechtmäßig“ und sagt dem Verteidiger „Du hast recht gehandelt!“. Für die Prüfung, ob ein Verhalten dieses Prädikat verdient, kommt es allein auf die unrechtsbezogenen Merkmale an.[53] Die subjektiven Momente des Verteidigers, also die mitunter vorliegende psychische Zwangslage und emotionale Ausnahmesituation, stellen keine Merkmale dar, denen der Gesetzgeber im Bereich der Rechtfertigung Bedeutung beimessen wollte. § 33 StGB macht sehr deutlich, daß dem Gesetzgeber nicht entgangen

---

51 So zutreffend Stiller, Grenzen, S. 62.

52 Seelmann, ZStW 89 (1977), S. 46ff. (58); Hoffmann-Riem, ZRP 1977, S. 281f. Vgl. auch Kratzsch, Verhaltenssteuerung, S. 242; Roßnagel, ZRP 1983, S. 62; Schroth, NJW 1984, S. 2564 und – aus der älteren Literatur – Hold v. Ferneck, Rechtswidrigkeit II/1, S. 158f.

53 Gunia, Garantenstellungen, S. 144. Ein Fehlen des subjektiven Rechtfertigungselements führt nicht zur Vollendungsstrafbarkeit; es kommt allenfalls eine Strafbarkeit wegen Versuchs in Betracht (str.). Siehe hierzu Sch/Sch-Lenckner, Vorbem §§ 32ff., Rn. 15; Maurach/Zipf, AT 1, § 25 V, Rn. 32ff.; Prittwitz, Jura 1984, S. 75f.; B. Schünemann, GA 1985, S. 373f.

ist, daß sich der Verteidigende in einer emotionalen Streßsituation befindet, in der er nicht immer „recht" handeln kann. Er wollte diesem Umstand jedoch keine rechtfertigende, sondern lediglich eine entschuldigende Wirkung zuschreiben. Somit spricht die Systematik des Gesetzes dagegen, daß die besondere Lage des Notwehrübenden dessen umfassende Verteidigungsbefugnis legitimiert, während der Nothelfer aufgrund seines Abstandes zum Geschehen stärkeren Beschränkungen unterlegen ist.[54]

Des weiteren sind Zweifel an der Prämisse anzumelden, daß der Nothelfer weniger emotional berührt ist als der Notwehrübende. Nicht selten wird der Nothelfer einem Angehörigen oder einer sonst nahestehenden Person beistehen. In solch einer Situation ist es fernliegend, den Nothelfer als jemanden anzusehen, der dem Geschehen sachlich-distanziert gegenübersteht.[55] Auch ist es möglich, daß der Nothelfer durch den Angriff auf eine ihm zwar fremde, aber vollkommen hilflose Person eine derartig emotionale Aufwühlung erfährt, daß sich seine Fähigkeit zum maßvollen Abwägen der zur Verfügung stehenden Handlungsvarianten verengt. Als Beispiel mag hier die brutale Züchtigung eines Kleinkindes seitens seiner Eltern dienen. Schließlich ist nicht ausgeschlossen, daß der Notwehrübende trotz existentieller Bedrohung einen kühlen Kopf bewahrt, und somit sehr wohl zu einer maßvollen Abwägung in der Lage ist. Insofern ist die Annahme der Unterscheidung von Notwehr und Nothilfe wegen der unterschiedlichen psychischen Situation des Verteidigers schon aus rein tatsächlichen Gründen abzulehnen.[56]

VI. Zusammenfallen von Notwehr und Nothilfe

Für eine Gleichbehandlung von Notwehr und Nothilfe könnte sprechen, daß Notwehr- und Nothilfesituationen häufig ineinander übergehen[57]. Meist wird sich der Angreifer das Eingreifen des Nothelfers nicht widerstandslos gefallen lassen, sondern auch gegen diesen vorgehen. Des weiteren ist es möglich, daß von vornherein Notwehr und Nothilfe in ein und derselben Person zusammenfallen. Dies kann bei einem Überfall auf einen Geldboten oder bei einem Angriff

---

54 So auch H.-J. Engels, Angriffsprovokation, S. 142; Fechner, Grenzen, S. 170; Gunia, Garantenstellungen, S. 144f.; Mahlberg, Gefahrenabwehr, S. 107f.; Schwabe, ZRP 1978, S. 166; Seeberg, Nothilfe, S. 56ff.; Seier, NJW 1987, S. 2477.

55 Dies wird sogar von Seelmann, ZStW 89 (1977), S. 58 mit Fn. 84 zugestanden.

56 Fechner, Grenzen, S. 170; Nitz, Sicherheit, S. 132; Seier, NJW 1987, S. 2477.

57 Fechner, Grenzen, S. 76; Jung, Züchtigungsrecht, S. 84f.; Kühl, Jura 1993, S. 238; Pitsounis, Notwehr, S. 247; Schwabe, ZRP 1978, S. 166; Witzstrock, Todesschuß, S. 104f.

auf einen Polizeibeamten der Fall sein.[58] In der Praxis lassen sich somit Notwehr- und Nothilfeausübung nicht immer sauber voneinander trennen. Eine identische Behandlung der Selbstverteidigung und der Fremdhilfe hätte den Vorteil, daß es auf diese Unterscheidung nicht ankäme.

In der Tat lassen diese praktischen Schwierigkeiten einer Trennung von Notwehr und Nothilfe die Ansicht, deren Anhänger sich für eine Gleichbehandlung von Notwehr und Nothilfe aussprechen, vorzugswürdig erscheinen. Nach der Auseinandersetzung zwischen Angreifer, ursprünglich Angegriffenem und einschreitendem Dritten wird es nahezu unmöglich sein, jeden einzelnen Schlag zu rekonstruieren und dahingehend zu untersuchen, ob er in Notwehr oder in Nothilfe geschah.

Indes ist dies aber auch nicht die zwangsläufige Konsequenz einer Ansicht, deren Vertreter zwischen Notwehr und Nothilfe differenzieren möchten. Man könnte beispielsweise darauf abstellen, ob sich der Angriff zunächst gegen einen selbst oder gegen einen anderen richtete. Somit würden sich die Verteidigungsbefugnisse danach bemessen, ob der erste Schlag (objektiv) in Notwehr oder in Nothilfe vorgenommen wurde. Diese Unterscheidung ist ungleich einfacher zu treffen als die oben abgelehnte. Allerdings versagt sie, wenn sich Notwehr und Nothilfe von Anfang an in einer Person vereinigen. Hier kann nicht nach objektiven Kriterien zwischen Notwehr und Nothilfe differenziert werden. Jedoch bietet sich hier zum einen die Möglichkeit an, nach der subjektiven Einstellung des Betroffenen zu fragen. Aufgrund der mangelnden Objektivierbarkeit und den daraus resultierenden mannigfaltigen Einlassungsmöglichkeiten des Abwehrenden ist diese Lösung nicht befriedigend. Zum anderen könnte man die Nothilfe regelmäßig als von der Notwehr überlagert ansehen.[59] Diese Sichtweise birgt den Vorteil, daß von Anfang an klar ist, in welcher Funktion sich der unmittelbar Angegriffene verteidigt, wenn sowohl seine persönlichen Rechtsgüter als auch die eines Dritten auf dem Spiel stehen.

Aus alledem ergibt sich, daß eine Trennung von Notwehr und Nothilfe in der Praxis nicht so einfach zu handhaben ist wie deren Gleichsetzung. Dennoch ergeben sich hieraus keine zwingenden Gründe für die Annahme einer rechtlichen Gleichbehandlung.

---

58 Fechner, Grenzen, S. 76 und 170f.; Lerche, FS v. d. Heydte, S. 1042; Seier, NJW 1987, S. 2477; Witzstrock, Todesschuß, S. 104f.

59 Dies überlegt auch Seier, NJW 1987, S. 2477, der sich freilich gegen eine grundsätzlich unterschiedliche Behandlung von Notwehr und Nothilfe ausspricht.

VII. Allgemeine Hilfeleistungspflicht aus § 323c StGB

Ein weiteres Argument, das für eine identische Behandlung von Notwehr und Nothilfe angeführt wird, ist, daß bei einer Differenzierung Wertungswidersprüche entstünden, wenn der rechtswidrige Angriff für den Betroffenen zugleich einen Unglücksfall im Sinne des § 323c StGB bedeute. Sofern die sonstigen Voraussetzungen dieser Norm vorlägen, sei der Dritte zur Abwehr des Angriffs verpflichtet und somit auch berechtigt. Es dürfe nicht zu dem Dilemma kommen, daß der potentielle Nothelfer einerseits aufgrund einer nur beschränkt gewährten Nothilfebefugnis aus § 32 StGB untätig bleiben müsse, andererseits aber wegen der allgemeinen Hilfeleistungspflicht des § 323c StGB zum Einschreiten verpflichtet sei.[60]

Abgesehen von den methodischen Bedenken, denen die Ableitung der Nothilfe aus der allgemeinen Hilfeleistungspflicht ausgesetzt ist[61], ist den Verfechtern dieses Gedankens entgegenzuhalten, daß aus § 323c StGB keine Pflicht zur eigenhändigen, tätlichen Abwehr des gerade stattfindenden deliktischen Verhaltens besteht. Der Dritte muß sich allein darum bemühen, schnellstmöglich staatliche Hilfe herbeizuholen. Er ist jedoch rechtlich nicht verpflichtet, „seine Haut zu Markte zu tragen". Ansonsten würde das Recht zur Nothilfe aus § 32 StGB zu einer Nothilfepflicht.[62] Selbst wenn man dies außer acht läßt, spricht gegen die Annahme eines Nothilfeverbots auf der einen und einer Nothilfepflicht auf der anderen Seite, daß Nothilfe selbst bei einer unterschiedlichen Behandlung meist nicht komplett untersagt wäre. Lediglich ihr Umfang ginge nicht so weit wie derjenige der Notwehr. Diese Konsequenz ist um so erträglicher, wenn man sich vor Augen führt, daß § 323c StGB nicht bei jeder Straftat eine Hilfeleistungspflicht statuiert. Beispielsweise ist der Anwendungsbereich des § 323c StGB nur selten bei Sachgefahren eröffnet.[63]

Die Berücksichtigung des § 323c StGB kann somit nicht für eine Gleichbehandlung von Notwehr und Nothilfe streiten und zwar unabhängig davon, ob man vom Hilfeleistungsverpflichteten bei Vorliegen einer Straftat ein tätliches Einschreiten verlangt oder nicht.

---

60 So ausdrücklich Wagner, Notwehrbegründung, S. 36. Ähnlich LK[11]-Spendel, § 32, Rn. 12 und M. Koch, Nothilfe, S. 134f. Vgl. auch Heinen, NZWehrr 1995, S. 142.

61 Renzikowski, Notstand, S. 295 spricht von einer „petitio principii".

62 Kroß, Schweigegelderpressung, S. 54 und LK[11]-Spendel, § 323c, Rn. 124. A.A. Seeberg, Nothilfe, S. 75 und wohl auch Bracher, Gefahrenabwehr, S. 41 sowie Schnekenburger, Rechtsstellung, S. 156.

63 Sch/Sch-Cramer/Sternberg-Lieben, § 323c, Rn. 5.

VIII. Nothilfe in der Nähe des hoheitlichen Sicherheitsrechts

Unterschiedliche Grenzen von Notwehr und Nothilfe könnten sich aus der Nähe des Nothilferechts zum polizeilichen Gefahrenabwehrrecht ergeben. Wenn man davon ausgeht, daß der nothelfende Private durch seine Verteidigungshandlung eine an sich den staatlichen Gefahrenabwehrbehörden obliegende Aufgabe erfüllt, liegt der Gedanke nahe, ob nicht die private, in Rechtsgüter Dritter eingreifende Abwehr genauso wie das Handeln der „professionellen Nothelfer“ dem Verhältnismäßigkeitsgrundsatz zu unterwerfen ist.[64]

Um dieser Aussage beipflichten zu können, ist zunächst erforderlich, daß allein die Nothilfe und nicht auch die Notwehr die behauptete Nähe zum hoheitlichen Sicherheitsrecht aufweist. Gegen diese Prämisse wendet sich eine in der Literatur vertretene Ansicht mit dem Argument, daß sowohl Notwehrübender als auch Nothelfer bei ihrer Verteidigung stellvertretend eine Aufgabe des Staates wahrnehmen.[65] Zum Teil wird derjenige, der den rechtswidrigen Angriff von sich oder einem anderen abwehrt, ausdrücklich in der „Rolle des Polizisten“ gesehen.[66]

Diese Sichtweise ist bei einer abstrakten Betrachtung der privat ausgeübten Gewalt zutreffend. Es macht grundsätzlich keinen Unterschied, ob der Gewaltausübende sich selbst und seine Rechtsgüter verteidigt oder zugunsten eines anderen einschreitet. In beiden Fällen übt der Verteidiger eine an sich dem Staat vorbehaltene Gewalt aus.[67] Insofern scheint es zweifelhaft, die besondere Nähe speziell der Nothilfe zum hoheitlichen Sicherheitsrecht hervorzuheben. Wenn man aber den Blickwinkel verändert und konkret auf die Position der staatlichen Gefahrenabwehrorgane abstellt, könnte man zu einem anderen Ergebnis gelangen. Prinzipiell werden die mit Gefahrenabwehraufgaben betrauten staatlichen Organe während ihres Dienstes mit Notwehr- und Nothilfesituationen konfrontiert. Der staatliche Auftrag bezieht sich jedoch vor allem auf die Unterstützung anderer. Nothilfe ist insofern als „der Paradefall des hoheitlichen polizeilichen Tätigwerdens“ zu bezeichnen.[68] Der Staat schützt seine Bürger vor rechtswidrigen Angriffen, indem er seine Organe zur Ausübung der Nothilfe verpflichtet. Das soll nicht heißen, daß nur in einer Nothilfesituation hoheitlich gehandelt wird; auch die Selbstverteidigung ist nicht allein eine Privatangelegenheit des staatli-

64 Seelmann, ZStW 89 (1977), S. 56ff.

65 Gallas, FS Bockelmann, S. 177; B. Koch, ZStW 104 (1992), S. 793; Mahlberg, Gefahrenabwehr, S. 108f. Vgl. auch Hueck, Der Staat 36 (1997), S. 219.

66 Bockelmann, FS Dreher, S. 244.

67 B. Koch, ZStW 104 (1992), S. 793.

68 So Kunz, ZStW 95 (1983), S. 982. Ebenso Amelung, NJW 1977, S. 840; Jung, Züchtigungsrecht, S. 84; Lerche, FS v. d. Heydte, S. 1039; Krey/Meyer, ZRP 1973, S. 4; Roßnagel, ZRP 1983, S. 62.

chen Gefahrenabwehrorgans.[69] Jedoch ist die Nothilfeleistung die typischerweise von Staatsorganen ausgeübte Tätigkeit. Wählt man diese Betrachtungsweise als Ausgangspunkt eines Vergleichs von Notwehr und Nothilfe mit dem hoheitlichen Sicherheitsrecht, dann ist der Ansicht zuzustimmen, die eine Nähe speziell der Nothilfe zum staatlichen Gefahrenabwehrrecht erkennt.

Gegen eine Gleichsetzung von privaten Nothelfern mit staatlichen Gefahrenabwehrorganen wird aber vorgebracht, daß Notwehr „einen Fall der *Not*, d.h. (...) gerade ‚die Unmöglichkeit' voraussetzt, ‚im Wege der wirksamen Anrufung der öffentlichen Hilfe die jetzt vorhandene Gefahr abzuwenden'"[70]. Bei der staatlichen Hilfe könne man nicht von einer Not- oder Ausnahmehilfe sprechen; vielmehr sei sie wegen des staatlichen Gewaltmonopols die Regelhilfe. Insofern verbiete sich auch eine Beschränkung der Nothilfe durch die das hoheitliche Sicherheitsrecht dominierenden Maximen.[71] Wenn man diese Aussage als eine Kritik an der tatsächlichen Gleichsetzung von staatlichem und privatem Nothelfer versteht, dann ist darauf zu entgegnen, daß die Charakterisierung der Situation des Angegriffenen nicht davon abhängen kann, wer letztendlich die Verteidigung seiner Rechtsgüter unternimmt. Selbst wenn Zeit für die Benachrichtigung staatlicher Stellen bleibt, und diese zur Angriffsabwehr fähig und in der Lage sind, wird man die Lage des Bedrängten als eine „Not"-lage bezeichnen müssen. Das Wort „Not" im Ausdruck „Nothilfe" bezeichnet nicht die Umstände, die die Situation des Einschreitenden umschreiben, sondern bezieht sich auf die Lage des Angegriffenen.[72] Nicht zu bestreiten ist, daß die Staatsorgane grundsätzlich vorrangig für die Gefahrenabwehr – und darunter fällt auch die Abwehr gegenwärtiger rechtswidriger Angriffe – zuständig sind. Hier läßt sich die Nothilfe als Regel-Nothilfe bezeichnen. Auch wenn die privat geleistete Nothilfe eher die Ausnahme darstellt, befinden sich staatlicher und privater Nothelfer in einer durchaus vergleichbaren Position. Beide sind durch den Angriff nicht unmittelbar betroffen, sondern setzen ihre Rechtsgüter zum Schutz anderer ein. Mithin verfängt die Kritik an der Gleichsetzung von staatlicher und privater Nothilfe mit Hinweis auf die Regel- bzw. Ausnahmehilfe in tatsächlicher Hinsicht nicht.

Aus rechtlicher Perspektive scheint die Kritik jedoch im Ergebnis in die richtige Richtung zu weisen. Dies liegt vor allem an der Zielrichtung und Wirkungsweise des Grundsatzes der Verhältnismäßigkeit. Bei allen Streitigkeiten über die

---

69 Jung, Züchtigungsrecht, S. 84f.; Kunz, ZStW 95 (1983), S. 982f.; Lerche, FS v. d. Heydte, S. 1041ff.; Witzstrock, Todesschuß, S. 106. A.A. Rupprecht, FS Geiger, S. 791f. Fn. 61.

70 Lesch, Notwehrrecht, S. 36 Fn. 63 (Hervorhebung im Original) unter Berufung auf Abegg.

71 Lesch, Notwehrrecht, S. 36 Fn. 63. Ähnlich Lee, Privatisierung, S. 81.

72 Zur Auslegung des Begriffs „Not" bei der Notwehr vgl. LK[11]-Spendel, § 32, Rn. 13; Schmidhäuser, Notwehr, S. 57 sowie dens., GA 1991, S. 107.

verfassungsrechtliche Verortung des im Rahmen des Polizeirechts entwickelten Verhältnismäßigkeitsgrundsatzes[73] ist man sich darüber einig, daß mit ihm die individuelle Freiheitssphäre des Bürgers vor staatlichen Eingriffen abgeschirmt werden soll[74]. Die staatliche Machtausübung läuft bei der Verfolgung öffentlicher Interessen Gefahr, die Rechtspositionen des Bürgers, die diesen Interessen entgegenstehen, aus den Augen zu verlieren. Das kann mitunter sehr gravierende Folgen für den Bürger hervorrufen, da der Staat seine Interessen mittels Befehl und Zwang durchsetzen kann. Insofern ist der Staat vor allem bei der Eingriffsverwaltung dazu angehalten, „nicht mit Kanonen nach Spatzen" zu schießen[75]. Der Staat kann es sich aufgrund seiner strukturell überlegenen Position leisten, bei Eingriffen in Güter und Interessen der Bürger Maß zu halten. Er hat die personellen und materiellen Ressourcen, welche ihm ein alle involvierten Interessen berücksichtigendes Vorgehen erlauben. Allein der Staat kann sich seines grundsätzlichen Erfolges sicher sein.[76] Der mit der Beute flüchtende, unbewaffnete Dieb, dessen Identität bekannt ist, muß von dem Polizeibeamten nicht heute mit einem gezielten Schuß gestoppt werden. Er kann morgen unter schonenderen Umständen festgenommen werden. Der Normalbürger ist dazu grundsätzlich weder personell noch materiell in der Lage. Mithin spricht der Sinn und Zweck des Verhältnismäßigkeitsgrundsatzes unter besonderer Berücksichtigung der strukturellen Überlegenheit des Staates gegen eine Bindung der privaten Nothilfe an diesen Grundsatz.[77]

Etwas anderes könnte sich aus der Überlegung ergeben, daß der Staat den nothelfenden Bürger als adäquaten Ersatz für seine an sich zuständigen Gefahrenabwehrorgane instrumentalisiert. Dies könnte dazu führen, das Verhalten des Nothelfenden als „quasi-hoheitlich" anzusehen.[78] Die Forderung nach Unterwerfung allein der Nothilfe unter den Verhältnismäßigkeitsgrundsatz wegen der Nähe zum hoheitlichen Sicherheitsrecht wäre bestärkt. Indes ist es problematisch, den nothelfenden Normalbürger als vom Staat instrumentalisiert anzusehen. Zum einen kann der Staat nicht voraussehen, ob bei einem rechtswidrigen Angriff überhaupt potentielle Nothelfer zugegen sein werden. Zum anderen liegt

---

73 Vgl. die Nachweise bei Clérico, Verhältnismäßigkeit, S. 19f.

74 v. M/K/S-Sommermann, Art. 20, Rn. 308; Stern, Staatsrecht I, § 20 IV 7 a, S. 862f.; Stiller, Grenzen, S. 123; Ossenbühl, Jura 1997, S. 617.

75 Jerusalem, SJZ 1950, Sp. 5.

76 Seelmann, ZStW 89 (1977), S. 55.

77 Amelung, JuS 1986, S. 332; Kunz, ZStW 95 (1983), S. 986; Roxin, ZStW 93 (1981), S. 71f. Fn. 8. Ähnlich Schulte, DVBl. 1995, S. 134. Vgl. auch Nitz, Sicherheit, S. 547f.

78 So Jellinek, System, S. 247. Vgl. auch Wegner, Strafrecht, S. 122 (bzgl. des Notwehrübenden). Pawlik, GA 1995, S. 364 geht davon aus, daß der Staat den Nothelfenden bei § 323c StGB gleichsam als Verwaltungshelfer in Anspruch nimmt. Kritisch hierzu Lesch, Notwehrrecht, S. 34ff.

es nicht im Ermessen des Staates, ob die Nothilfe auch tatsächlich geleistet wird. Es soll nicht geleugnet werden, daß die ausgeübte Nothilfe dem Staat unter Umständen gelegen kommt. Realitätsfern wäre es jedoch anzunehmen, daß der Staat aus dem Vorgehen des nothelfenden Normalbürgers geplant Vorteile zieht.

Festzuhalten bleibt, daß sich die private Nothilfe mehr noch als die Notwehr in der Nähe des hoheitlichen Sicherheitsrechts befindet. Dies führt jedoch nicht dazu, daß private und staatliche Nothelfer gleichermaßen an den Grundsatz der Verhältnismäßigkeit gebunden sind. Aus der Berücksichtigung der Nähe der privaten Nothilfe zum staatlichen Gefahrenabwehrrecht lassen sich mithin keine durchgreifenden Argumente für eine unterschiedliche Behandlung von Notwehr und Nothilfe gewinnen.

IX. Rechtspolitische Einwände

Neben den genannten systematischen bzw. praktischen Argumenten, die für oder gegen eine Gleichbehandlung von Notwehr und Nothilfe angeführt werden, treten auch solche rechtspolitischer Natur hinzu.

1. Unterschiedliche Strafbarkeiten von Notwehrübendem und Nothelfer

Eine differenzierende Betrachtung von Notwehr und Nothilfe – insbesondere die Forderung nach Unterwerfung der Nothilfe unter den Verhältnismäßigkeitsgrundsatz – wird zum Teil mit dem Hinweis auf die im Raum stehenden Strafbarkeiten von Notwehrübendem und Nothelfer angegriffen. Man habe sich ein Drei-Personen-Verhältnis von Angreifer, Notwehrübendem und Nothelfer vorzustellen. Leiste der Nothelfer dem Notwehrübenden bei seiner unverhältnismäßigen Verteidigung lediglich Beihilfe, so sei der Nothelfer mangels Vorliegens einer vorsätzlich rechtswidrigen Haupttat in jedem Fall straflos. Umgekehrt könne sich der unverhältnismäßig verteidigende Nothelfer strafbar machen, wenn der Angegriffene aus welchen Gründen auch immer den Angriff selbst nicht täterschaftlich abwende und so der Nothelfer in die Rolle des Haupttäters geriete. Es gäbe somit Fälle, in denen der Angegriffene selbst straflos, der Nothelfer jedoch strafbar sei. Diese Konsequenz sei unerträglich.[79]

Es ist zu bedenken, daß sich der Nothelfer nur dann strafbar machen kann, wenn er sich trotz einer eingeschränkten Nothilfebefugnis bei der haupttäterlichen Verteidigungshandlung wie ein Notwehrübender geriert. Niemand will ihm – zumindest soweit es sich um einen Privaten handelt – die Nothilfebefugnis voll-

79 LK^{12}-Rönnau/Hohn, § 32, Rn. 204; Roxin, ZStW 93 (1981), S. 71f. Fn. 8; ders., AT I, § 15, Rn. 121; Seier, NJW 1987, S. 2477; Wagner, Notwehrbegründung, S. 35f.

kommen absprechen. Der private Nothelfer soll in der Regel helfend eingreifen dürfen, nur eben nicht in dem Umfang wie der Notwehrübende selbst.[80] Bei dem Postulat, daß die Möglichkeit unterschiedlicher Strafbarkeiten von Notwehrübendem und Nothelfer unerträglich sei, werden die sich faktisch unterscheidenden Positionen von Notwehrübendem und Nothelfer vernachlässigt. Grundsätzlich besteht keine Gefahr, daß der Nothelfer eine Einbuße an seinen Rechtsgütern erfährt. Allein diejenigen des unmittelbar Angegriffenen werden beeinträchtigt.

In dieser Beziehung läßt sich eine Parallele zu den unechten Unterlassungsdelikten ziehen. Bei diesen ist nur derjenige, der eine besondere Beziehung zu dem gefährdeten Rechtsgut aufweist, zur Abwendung des Erfolges verpflichtet.[81] Jeder andere kann sich allein wegen eines echten Unterlassungsdelikts wie § 323c StGB strafbar machen. Eine Bestrafung aus einem Tatbestand wie etwa § 212 StGB, den der Gesetzgeber als Begehungsdelikt ausgestaltet hat, scheidet aus. Ob eine Garantenstellung vorliegt oder nicht, entscheidet sich nicht nach psychischen oder emotionalen Momenten. Zwar ist noch kein allgemein akzeptiertes, einheitliches Prinzip zur Begründung von Garantenstellungen gefunden worden.[82] Es zeigt sich aber, daß keine der anerkannten Garantenstellungen[83] von der subjektiven Einstellung des Betroffenen abhängig ist. Es sind objektive Kriterien, die darüber entscheiden, ob jemand als Garant anzusehen ist. Dies hat gravierende Auswirkungen auf die Strafbarkeit des Untätigbleibenden. Hier wird eine unterschiedliche strafrechtliche Behandlung von Garanten und solchen, die diese Position nicht innehaben, allgemein akzeptiert, obwohl beide das gleiche Verhalten an den Tag legen. Bei Berücksichtigung dieser Gedanken relativiert sich die Annahme, daß die Unterschiede in der Strafbarkeit von Notwehrübendem und Nothelfer so unerträglich seien. Es wäre somit kein Novum im Bereich des Strafrechts, wenn bei der Frage nach der Strafbarkeit nicht allein auf ein Verhalten, sondern objektiv auf die Position des Täters abgestellt wird.

Den Kritikern einer unterschiedlichen Behandlung von Notwehr und Nothilfe kann im Hinblick auf zu erwartende Unterschiede bei den Strafbarkeiten nicht zugestimmt werden.

---

80 Seelmann, ZStW 89 (1977), S. 56ff.

81 Sch/Sch-Stree, Vorbem §§ 13ff., Rn. 135; Joecks, § 13, Rn. 3ff.; Wessels/Beulke, Strafrecht AT, Rn. 697.

82 Kühl, Strafrecht AT, § 18, Rn. 42.

83 Überblick etwa bei Kühl, Strafrecht AT, § 18, Rn. 46a ff. und Wessels/Beulke, Strafrecht AT, Rn. 716ff.

2. Abnahme der Nothilfebereitschaft

Es wird befürchtet, daß eine Begrenzung der Nothilfebefugnis zu einer Abnahme der Nothilfebereitschaft führt. Aufgrund des Risikos, bei Mißachtung der Nothilfegrenzen straffällig zu werden, schreite der potentielle Nothelfer tendenziell seltener ein, als dies bei der Bejahung einer dem scharfen Notwehrrecht entsprechenden Nothilfebefugnis der Fall sei.[84]

Gegen diese Kritik läßt sich zum einen anführen, daß sowohl Notwehrübender als auch Nothelfender niemals in ihrer Abwehrhandlung frei sind. Beide müssen zumindest die in § 32 II StGB genannte Grenze der Erforderlichkeit beachten. Teilweise wird es viel schwieriger sein, das von dieser geforderte mildeste Mittel zu bestimmen, als Verhältnismäßigkeitserwägungen anzustellen.[85] Zum anderen ist darüber nachzudenken, ob die erwartete Abnahme der in fremde Rechtsgüter eingreifenden Nothilfe nicht eher positiv zu bewerten denn zu kritisieren ist. Es geht ja nicht darum, den einen Angriff beobachtenden und die staatlichen Gefahrenabwehrbehörden informierenden Nothelfer in seinen Rechten zu beschneiden. Vielmehr soll der sich aktiv am Kampfgeschehen beteiligende Nothelfer in seinen Befugnissen beschränkt werden. Gewaltsames Einschreiten von Bürgern gegen Bürger führt dazu, daß es in der Bevölkerung zu einer Abstumpfung gegenüber individueller Gewaltanwendung kommt.[86] Speziell die nicht hoheitliche Gewaltanwendung steht immer unter dem Verdacht, egoistische Motive zu verfolgen. Dabei ist gleichgültig, ob es sich hierbei um einen Notwehrübenden oder um einen Nothelfer handelt. Zwar kann letzterem in der Regel eine altruistische Motivation[87] zugebilligt werden. Dennoch fehlt seinem Verhalten die Gemeinwohlorientiertheit, die dem Handeln staatlicher Gefahrenabwehrorgane innewohnt[88]. Mit der Abnahme der Nothilfebereitschaft reduziert sich die Anzahl derer, die private Gewalt ausüben. Gesamtgesellschaftlich gesehen ist dies ein begrüßenswerter Effekt.

3. Unzulässige Verkürzung des Schutzes wirklich Hilfsbedürftiger

Dieser eben angesprochene positive Effekt könnte aber eine unzulässige Verkürzung des Schutzes für den einzelnen konkret Hilfsbedürftigen bedeuten. Bei der Diskussion, ob Nothilfe im Gegensatz zur Notwehr dem Verhältnismäßig-

---

84 Seier, NJW 1987, S. 2477.

85 M. Koch, Nothilfe, S. 101; Retzko, Notwehr, S. 123f.; Schroeder, FS Maurach, S. 139.

86 Kunz, ZStW 95 (1983), S. 980.

87 Zu den verschiedenen Motivationen, die den Nothelfer zum Einschreiten bewegen vgl. LK[11]-Spendel, § 32, Rn. 11f.; Renzikowski, Notstand, S. 90; Seier, NJW 1987, S. 2477. Aus dem älteren Schrifttum v. Alberti, Notwehr, S. 12f.; v. Bar, Gesetz und Schuld III, S. 141; F. Oetker, Notwehr, S. 290 Fn. 2.

88 Kunz, ZStW 95 (1983), S. 976; Merten, Rechtsstaat, S. 54.

keitsgrundsatz zu unterwerfen ist, wird häufig darauf hingewiesen, daß mit einer Einschränkung der Nothilfebefugnis demjenigen, der sich aufgrund seiner schwachen körperlichen Verfassung nicht oder nur eingeschränkt selbst verteidigen kann, der mitunter einzige Schutz gegen den Angriff genommen würde.[89]

Dieser gewichtig wirkende Einwand verliert jedoch seine Überzeugungskraft, wenn man bedenkt, daß keine generelle Schutzlosigkeit bestünde. Bei Angriffen auf Leben und körperliche Unversehrtheit wird die Forderung nach einer verhältnismäßigen Verteidigungshandlung des Nothelfers wohl keine gravierenden und unangemessenen praktischen Auswirkungen haben. Jedoch könnte der Eigentumsschutz eine bemerkenswerte Relativierung erfahren.[90] So wäre dem Nothelfer die Leben gefährdende Verteidigung von Sachgütern wohl untersagt.

Schließlich darf nicht vergessen werden, daß auch die hoheitlichen Ermächtigungsgrundlagen den staatlichen Gefahrenabwehrorganen nur die Anwendung verhältnismäßiger Maßnahmen gestatten.[91] Das bedeutet, daß die professionellen staatlichen Nothelfer nicht jede notwendige bzw. erforderliche Hilfsmaßnahme treffen dürfen, sondern nur eine solche, die auch angemessen ist. Mit dieser Beschränkung geht zwangsläufig eine Verkürzung des optimalen Schutzes des Hilfsbedürftigen einher. Der Schutz, den der Bürger erfährt, ist in der Regel ein durch den Verhältnismäßigkeitsgrundsatz gefilterter. Diese Selbstbeschränkung des Staates beim Schutz seiner Bürger wird allgemein akzeptiert. Insofern ist es ein wenig verwunderlich, wenn gerade dann, wenn der Staat nicht zugegen ist, von einer unzulässigen Verkürzung des Schutzes gesprochen wird, sofern die private Nothilfe unter den Verhältnismäßigkeitsgrundsatz gestellt werden soll.

4. Belastung des Angreifers durch Eingrenzung der Nothilfe

Schließlich könnte gegen eine unterschiedliche Behandlung von Notwehr und Nothilfe in dem Sinne, daß allein letztere nur unter Beachtung des Verhältnismäßigkeitsgrundsatzes geübt werden darf, sprechen, daß dies zu einer Belastung des Angreifers führen könnte.[92] In Situationen, in denen der Angegriffene und der Nothelfer unterschiedliche Verteidigungsmittel besitzen, die jeweils unverhältnismäßig sind, kann es vorkommen, daß der Nothelfer über das schonendere

---

89 H.-J. Engels, Angriffsprovokation, S. 142f.; Kühl, Jura 1993, S. 235; ders., Strafrecht AT, § 7, Rn. 140; Kasiske, Jura 2004, S. 836; Roxin, AT I, § 15, Rn. 121; Seeberg, Nothilfe, S. 59; Seier, NJW 1987, S. 2477.

90 Vgl. hierzu Kühl, Jura 1993, S. 235; dens., Strafrecht AT, § 7, Rn. 140; Pitsounis, Notwehr, S. 247.

91 Sofern man nicht § 32 StGB als hoheitliche Ermächtigungsgrundlage ansieht. Vgl. hierzu etwa Sch/Sch-Lenckner/Perron, § 32, Rn. 42a ff.; Beaucamp, JA 2003, S. 402ff.; Beisel, JA 1998, S. 721ff.; Erb, Jura 2005, S. 28f.

92 Seeberg, Nothilfe, S. 60f.; Seier, NJW 1987, S. 2478.

von beiden Mitteln verfügt. Dieser müßte jedoch unter Umständen aufgrund der Eingrenzung der Nothilfe untätig bleiben, während der Notwehrübende seine Rechtsgüter mit aller Härte verteidigen dürfte.[93] Der durch die Beschränkung intendierte Schutz des Angreifers verkehre sich dadurch in sein Gegenteil.[94]

In der Tat kann es bei einer unterschiedlichen Behandlung von Notwehr und Nothilfe zu der Konstellation kommen, in welcher der Angreifer eine Belastung durch die Zurücknahme der Nothilfebefugnis erfährt. Es darf aber nicht vergessen werden, daß er bei Beginn seines Angriffs immer dem Risiko einer unverhältnismäßigen Verteidigungsmaßnahme durch den Notwehrübenden ausgesetzt ist. Der Nothelfer ist niemals zur tätlichen Hilfeleistung verpflichtet. Auch wenn Notwehr und Nothilfe vollkommen gleich behandelt werden, kann es vorkommen, daß der potentielle Nothelfer den Einsatz der ihm zur Verfügung stehenden milderen Mittel verweigert und den Notwehrübenden bei der tätlichen Abwehr nicht unterstützt. Man mag in solch einer Konstellation dem Dritten sein Nichteinschreiten moralisch vorwerfen; rechtlich gesehen verletzt er aber weder eine ihm gegenüber dem Angegriffenen noch eine gegenüber dem Angreifer obliegende Verpflichtung[95]. Die teilweise stärkere Belastung des Angreifers durch eine Verkürzung der Nothilfe mag zwar auf den ersten Blick Verwunderung hervorrufen. Indes sind die daraus folgenden Konsequenzen keineswegs so unerträglich, daß sie als durchgreifendes Argument gegen eine Ungleichbehandlung von Notwehr und Nothilfe herangezogen werden können.

5. Zwischenergebnis

Es hat sich gezeigt, daß keines der gegen eine differenzierende Behandlung von Notwehr und Nothilfe angeführten rechtspolitischen Bedenken zwingend ist. Zwar gibt es Situationen, in denen dem Bedürftigen die optimale Hilfeleistung versagt würde. Auch könnte es zu unterschiedlichen Strafbarkeiten von Notwehrübendem und Nothelfer sowie zu einer Belastung des Angreifers kommen. Diese Konsequenzen werden aber zum einen durch einen Vergleich mit den von seiten des Staates zulässigen Hilfsmaßnahmen und den Unterlassungsdelikten relativiert. Zum anderen werden in der Diskussion über die Reichweite von Notwehr und Nothilfe viel zu selten die gesellschaftlich positiven Auswirkungen einer Zurückdrängung jedweder Privatgewalt beachtet. Festzuhalten ist somit,

---

93 Seier, NJW 1987, S. 2478 wählt das Beispiel, daß der flüchtende Handtaschendieb vom Nothelfer mit dem Fahrrad eingeholt und mit einem Fausthieb niedergestreckt werden könnte, während der Notwehrübende den Flüchtenden allein mittels eines Schusses aufhalten könnte. Ähnlich Seeberg, Nothilfe, S. 60.

94 Seeberg, Nothilfe, S. 60f.; Seier, NJW 1987, S. 2478.

95 Jedenfalls sofern dem Nichteinschreitenden keine Garantenstellung gegenüber dem Angegriffenen zukommt.

daß sich keine rechtspolitischen Argumente finden lassen, die entscheidend für bzw. gegen eine differenzierende Betrachtung von Notwehr und Nothilfe ins Feld geführt werden können.

X. Fazit

Soweit es sich bei dem Nothelfer um einen „nicht-professionellen“ Privaten handelt, lassen sich weder grammatikalische noch systematische oder rechtspolitische Argumente finden, die entscheidend für oder gegen eine Gleichbehandlung von Notwehr und Nothilfe streiten. Die Gründe, die von den Verfechtern einer differenzierenden Betrachtungsweise als zwingend angesehen werden, konnten in ihrer Überzeugungskraft widerlegt werden. Das bedeutet zugleich, daß Rechtsprechung und herrschender Ansicht in der Literatur, die keinen Unterschied zwischen Notwehr und Nothilfe machen, keine durchgreifenden Bedenken entgegenzusetzen sind. Allerdings erweisen sich die für eine Gleichbehandlung von Notwehr und Nothilfe vorgebrachten Argumente bei näherer Betrachtung auch nicht als vollends überzeugend. Dies ist zum einen insofern relevant, als einer behutsamen Abkehr der Rechtsprechung von ihrer Sichtweise oder einer zwischen Notwehr und Nothilfe ausdrücklich unterscheidenden Neuformulierung des § 32 StGB durch den Gesetzgeber keine durchgreifenden rechtspolitischen Bedenken entgegenstehen. Zum anderen bedeutet das auch, daß die Antwort auf die Frage, inwieweit sich Mitarbeiter privater Sicherheitsdienste auf Notwehr und Nothilfe berufen können, noch nicht vorgegeben ist.

B. Geschichtliche Grundlagen von Notwehr und Nothilfe

Bei einem Rückblick auf die Geschichte der Selbst- und Fremdverteidigungsrechte soll nicht „längst Totes und Verstaubtes wieder in Geltung“[96] gebracht werden; vielmehr geht es darum, aus der Beobachtung der Rechtsarbeit vergangener Epochen das gegenwärtige Recht verständlich zu machen und Anregungen für das künftige Recht zu gewinnen.[97] Möglicherweise lassen sich Argumente finden, die deutlich für oder gegen eine Trennung von rein privat geübter Notwehr und Nothilfe sprechen. Dabei ist auch immer besonderes Augenmerk auf den Umfang der zulässigen Verteidigung zu legen, da die Gleichbehandlung von Notwehr und Nothilfe um so mehr nach einer überzeugenden Begründung verlangt, je weiter die Fremdhilfebefugnisse reichen.

96 Schmitt-Lermann, Notwehr, S. 2.
97 Vgl. Klabe, Ehrennotwehr, S. 1; Schmitt-Lermann, Notwehr, S. 2.

Teilweise wurde behauptet, daß die Notwehr keine Geschichte habe und auch keine Geschichte haben könne.[98] Ob dem wirklich so ist, soll hier dahinstehen. Sicher ist jedenfalls, daß sich schon seit jeher der dem Menschen innewohnende Selbsterhaltungstrieb in juristischen Kodifikationen niedergeschlagen hat, da jedes strafrechtliche Regelungswerk Normen enthält, die sich mit der Verteidigung gegen einen Angriff befassen. Dabei ist es an dieser Stelle unerheblich, ob der Selbsterhaltungstrieb auch das den nämlichen Regelungen zugrunde liegende Motiv ist; es kommt allein darauf an, daß es diese Regelungen gab, die es nun zu untersuchen gilt.

I. Das Römische Recht

1. Die Zwölftafeln

Als älteste und uns einigermaßen sicher greifbare römische Rechtsquelle sind die XII Tafeln aus der Zeit des 5. Jahrhunderts v. Chr. anzusehen.[99] Sie bleiben für etwa ein Jahrtausend das einzige umfassende Gesetzgebungswerk des römischen Rechts.[100] Mit einiger Sicherheit läßt sich sagen, daß sich der Hauptteil dem Privatrecht und seinem Verfahren widmet. Daneben wird auch auf das Strafrecht und das Polizeirecht eingegangen. Eine Schwierigkeit der Arbeit mit den XII Tafeln besteht darin, daß man nicht sicher sagen kann, wieviel von den ursprünglichen Bestimmungen im Laufe der Zeit verlorengegangen ist. Da die ursprünglichen Tafeln wohl schon früh (387 v. Chr.) vernichtet wurden, beschränkt sich die heutige Kenntnis der XII-Tafelsätze auf die Teile, die sowohl von den klassischen Juristen als auch von späteren Schriftstellern wie Cicero, Gellius, Festus u.a. überliefert sind.[101]

Die wichtigsten hier interessierenden Stellen finden sich auf Tafel VIII, 12 und 13[102]. Erstgenannte Stelle handelt vom Recht der Tötung des nächtlichen Diebes: „Si nox furtum faxsit, si im occisit, iure caesus esto“. Letztgenannte Stelle beschreibt das Recht, den am Tage betroffenen, sich mit Waffen verteidigenden Dieb zu töten, wobei Alarmrufe zu erheben waren: „Luci ... si se telo defendit, ... endoque plorato“[103]. Ob es sich bei diesen Bestimmungen der

98 So Geib, Strafrecht II, S. 228; vgl. auch Ahsbahs, Grundlinien, S. 40f.; a.A. v. Alberti, Notwehr, S. 18 Fn. 1.

99 Kaser, Rechtsgeschichte, S. 66ff.; zur Entstehungsgeschichte der XII Tafeln ders., a.a.O., S. 67f. sowie Waldstein/Rainer, Rechtsgeschichte, § 10, Rn. 1ff.

100 Waldstein/Rainer, Rechtsgeschichte, § 10, Rn. 3.

101 Kaser, Rechtsgeschichte, S. 72.

102 Zit. nach Düll, Zwölftafelgesetz.

103 Jeweils zit. nach Düll, Zwölftafelgesetz, woher auch folgende Übersetzungen stammen. Übersetzung von 8, 12: „Hat jemand nachts einen Diebstahl begangen und hat

XII Tafeln um Notwehrbestimmungen oder um dem Rachegedanken Rechnung tragende Regelungen handelt, ist umstritten.[104] Bei der Untersuchung dieser Frage wird man naturgemäß nicht nach den heutzutage die Notwehrlage und Notwehrhandlung bestimmenden Parametern suchen dürfen. Die Regelungen der XII Tafeln besitzen weder die Voraussetzung eines gegenwärtigen rechtswidrigen Angriffs auf ein beliebiges Rechtsgut, noch die Forderung nach einer erforderlichen und gebotenen Verteidigungshandlung. Vielmehr ist darauf zu achten, ob sich die Regelungen der XII Tafeln hauptsächlich mit der Abwehr eines Angriffs beschäftigen oder ob sie nicht ein Recht statuieren, den bereits ergriffenen Dieb, von dem nunmehr keine Gefahr droht, als Vergeltung für das von ihm begangene Delikt im Wege einer sofort zu vollziehenden Privatstrafe[105] zu töten. Einige Vertreter der Ansicht, daß es sich bei den Regelungen der XII Tafeln, die sich mit der Tötung des Diebes befassen, nicht um Notwehr- sondern um Racheregelungen handelt[106], sehen sich vom Wortlaut der XII Tafeln bestätigt. Man weist darauf hin, daß die von Gaius verwendeten Wörter „furem noctu deprehensum“[107] das Tötungsrecht gegenüber dem mit der Sache abgefaßten Dieb festlegen.[108] Die Schwierigkeit bei der Argumentation mit dem Wortlaut besteht jedoch darin, daß das Wort „deprehendere“ verschiedene Deutungsmöglichkeiten zuläßt; so kann es auffangen, aufgreifen, ertappen, finden, überraschen und auch ergreifen bedeuten. Handelt es sich bei dem „deprehensus fur“ um den mit der Sache Ergriffenen, so spricht dies tatsächlich gegen eine Notwehrregelung. Man kann aber auch nicht ausschließen, daß nur der „ertappte Dieb“ gemeint war. Insofern kann bezüglich der Auslegung der Wendung „furem noctu deprehensum“ nur festgestellt werden, daß diese in ihrer Mehrdeutigkeit weder ein Argument für die eine noch für die andere Ansicht ist.

Um die Ablehnung eines Notwehrrechts in den XII Tafeln zu begründen, wird auch auf Ausführungen Ciceros verwiesen. In der Rede für Milo setzt er sich mit dem Recht der Tötung in Notwehr auseinander. Cicero beruft sich sowohl auf die Regelungen der XII Tafeln als auch auf den Umstand, daß die Tötung in

---

man den Dieb getötet, so soll er mit Recht erschlagen sein“, Übersetzung von 8, 13: „Bei Tag ..., wenn er sich mit Waffen verteidigt ..., soll (der Bestohlene) Alarmrufe erheben“.

104 Pernice, Labeo II, S. 18; Klabe, Ehrennotwehr, S. 21f.; Schmitz, Schutzobjekte, S. 7f.; vgl. auch Berner, ArchCrim N.F. 15, 1848, S. 586 sowie Sander, Notwehr, S. 9 und Stiller, Grenzen, S. 9.

105 Vgl. die Schilderung des normalerweise einzuhaltenden Verfahrens bei fehlender Offenkundigkeit der Tat z.B. bei Waldstein/Rainer, Rechtsgeschichte, § 12, Rn. 5ff. und Kaser, Rechtsgeschichte, S. 122f.

106 Pernice, Labeo II, S. 23ff.; vgl. auch Kaser, Privatrecht, S. 505 Fn. 13.

107 Dig. 9,2,4,1.

108 Pernice, Labeo II, S. 24.

Notwehr ein Naturrecht sei.[109] Zum Teil wird hieraus geschlossen, daß – wenn die Notwehr für die Römer wirklich etwas so Selbstverständliches gewesen wäre –, es nicht solcher weitläufigen Ausführungen Ciceros hinsichtlich der Notwehr bedurft hätte.[110] Dabei scheint aber die prozessuale Situation nicht ausreichend berücksichtigt zu werden, in der Cicero sich befand. Die Ankläger sind wohl mit der Behauptung aufgetreten, daß jeder, der getötet hat, selbst zum Tode verurteilt werden müsse.[111] Cicero widerlegt diese Feststellung, indem er Beispiele erlaubter Tötungen gibt. Im Rahmen dieser Erörterung kommt er auch auf die Regelungen der XII Tafeln, die ja eindeutig in bestimmten Fällen ein Tötungsrecht gewähren, und auf die Notwehr zu sprechen. Cicero zieht die Schlußfolgerung, daß es verschiedene Fälle von erlaubten Tötungen gibt und die Notwehr ein solcher sei. Er muß sich also gar nicht an ein angeblich zu dieser Zeit nicht allgemein anerkanntes Rechtsinstitut wie die Notwehr wagen, um die Feststellungen der Ankläger zu widerlegen.[112]

Die Ansicht, die in den Regelungen der XII Tafeln eine Notwehrregelung sieht[113], versucht dies dadurch zu begründen, daß auch spätere römische Rechtsgelehrte das Recht der Notwehr an die Vorschriften der XII Tafeln anknüpfen.[114] Diese Argumentation greift jedoch zu kurz. Aus dem Umstand, daß etwa sieben Jahrhunderte nach Entstehung der XII Tafeln die römischen Rechtsgelehrten, jedenfalls Gaius, das Notwehrrecht auf die Regelungen der XII Tafeln zurückführen, kann nicht die Kodifizierung eines reinen Notwehrrechts in den XII Tafeln herausgelesen werden. Schließlich erscheint es nicht fernliegend, daß die Racheelemente erst im Laufe der Zeit immer weiter an Bedeutung verloren haben.

Richtigerweise ist davon auszugehen, daß die Regelungen der XII Tafeln über die Tötung des nächtlichen bzw. des sich am Tage mit Waffen verteidigenden Diebes sowohl Elemente des Notwehrrechts als auch der Privatrache beinhal-

---

109 Cicero für Milo, Kap. 9 und 10. In letzterem heißt es: „...non scripta, sed nata lex...". Vgl. hierzu auch Krause, FS Bruns, S. 71f.

110 Uttelbach, Verhältnismäßigkeit, S. 13; Haas, Notwehr, S. 35f.; Mayer, Strafrecht, S. 200; vgl. auch MüKo-StGB-Erb, § 32, Rn. 4 Fn. 21.

111 Vgl. Cicero für Milo, Kap. 7.

112 Anzumerken ist, daß i.v.F. die Regelungen der XII Tafeln nicht direkt einschlägig waren, da es sich bei dem verhandelten Fall nicht um einen Diebstahl handelte. Würde es sich bei den Normen der XII Tafeln lediglich um bestimmte Fälle der erlaubten Rache ohne Notwehrelemente handeln, wäre Cicero wohl nicht auf sie eingegangen, da es eher gegen seinen Schützling Milo spricht, wenn sein Handeln mit Normen, welche ein Rache- und kein Notwehrrecht festschreiben, in Verbindung gebracht würde.

113 Rein, Kriminalrecht, S. 37 und 298; Mommsen, Römisches Strafrecht, S. 620; Klabe, Ehrennotwehr, S. 22.

114 So Klabe, Ehrennotwehr, S. 22 unter Hinweis auf Dig. 9,2,4,1.

ten.[115] Für Elemente des Notwehrrechts spricht, daß es sich bei den Fällen, in denen die Tötung des Diebes erlaubt ist, um solche handelt, die mit abstrakter oder konkreter Leibes- bzw. Lebensgefahr verbunden sind[116], in denen also die Selbstverteidigung zur Erhaltung der körperlichen Unversehrtheit unbedingt notwendig ist. Zweifellos geht von dem sich mit Waffen verteidigenden Dieb eine Gefahr für Leib und Leben aus. Der nächtliche Dieb stellt zumindest eine abstrakte Gefahr für Leib und Leben des Bestohlenen dar, weil unter den Begriff des „fur", wie ihn die XII Tafeln verwenden, sowohl Diebe als auch Räuber fallen.[117] Daß auch Elemente des Racherechts in den Regelungen zu finden sind, erklärt sich daraus, daß sich das Notwehrrecht als eigenständiges Rechtsinstitut unter Zurückdrängung des Rachegedankens und des Tötungsrechts bei handhafter Tat erst im Laufe der Zeit herausbilden konnte. Die Voraussetzung der XII Tafeln, daß zumindest der sich mit Waffen verteidigende Dieb[118] nur unter Erhebung des „Gerüfts" erschlagen werden darf, spricht dafür, daß sich diese Regelungen der XII Tafeln noch nicht ganz von dem Verfahren bei handhafter Tat lösen[119].

Festzuhalten ist, daß man die Normen der XII Tafeln nicht als reine Notwehrregelungen bezeichnen kann. Die dort genannten Beschränkungen des Tötungsrechts (zum Beispiel handhafte Tat, Erhebung des Gerüfts) können für die Frage der Begrenzung der Notwehr im heutigen Recht nicht viel weiterhelfen. Sie enthalten auch keine Hinweise darauf, ob man demjenigen Hilfe leisten darf, der den nächtlichen oder den sich am Tage mit Waffen verteidigenden Dieb erschlägt.[120] Insofern können die Regelungen der XII Tafeln auch nicht bei der Beantwortung der Frage, ob Selbstschutz und Fremdhilfe in Voraussetzung und Umfang gleich zu behandeln sind, weiterhelfen.

---

115 Krey, JZ 1979, S. 703; vgl. auch Berner, ArchCrim N.F. 15, 1848, S. 586 und Schmitz, Schutzobjekte, S. 7f.

116 Krey, JZ 1979, S. 703.

117 Vgl. Abegg, Untersuchungen, S. 148; Rein, Kriminalrecht, S. 296.

118 Die Frage, ob dies auch für den nächtlichen Dieb galt, soll hier nicht weiter verfolgt werden, vgl. hierzu Seeger, Abhandlungen, S. 227ff.

119 Ursprünglich war es so, daß jedermann den auf frischer Tat betroffenen oder unmittelbar danach bei der Flucht betroffenen Täter bußlos töten durfte, allerdings nur dann, wenn das Geschrei („Gerüft") erhoben wurde, welches sowohl den Sinn hatte, Hilfe herbeizuholen, als auch anzeigen sollte, daß hier eine erlaubte Tötung stattfindet. Siehe hierzu Haas, Notwehr, S. 29; Krey, JZ 1979, S. 703; Schmitt-Lermann, Notwehr, S. 12f.; Seeger, Abhandlungen, S. 226f.

120 Diese Tatsache spricht nicht unbedingt gegen die Zulässigkeit einer Art der „Nothilfe", da die XII Tafeln vieles unausgesprochen lassen, eben kein umfassendes Regelwerk darstellen, vgl. Kaser, Rechtsgeschichte, S. 68. Abegg, Untersuchungen, S. 145f. meint, daß jeder zur Privatrache Befugte den nächtlichen Dieb töten durfte.

2. Das Corpus iuris civilis

Etwa 1000 Jahre nach der Zwölftafelgesetzgebung entsteht unter der Regierung Justinians I. (527-565) mit dem Corpus iuris civilis[121] die letzte umfangreiche Verkörperung der wichtigsten Errungenschaften des „juristischen Ingeniums"[122] der Römer. Diese Sammlung des römischen Rechts, welcher eine über die Zeiten wirkende, weltgeschichtliche Bedeutung zugefallen ist[123], besteht aus vier Büchern[124]. Im Zusammenhang mit der Notwehr und der Nothilfe sind hauptsächlich die Rechtsätze der Digesten von Bedeutung. Bei diesen handelt es sich um eine Zusammenstellung von Auszügen klassischer Rechtsschriften der größten römischen Rechtsgelehrten, welche einen Querschnitt durch das gesamte Schaffen der klassischen Rechtswissenschaft gibt.[125] Notwehr- und auch besondere Nothilfevorschriften finden sich verstreut an verschiedenen Stellen. In Dig. 43,16,1,27[126] taucht die vielzitierte Formel „vim vi repellere licere Cassius scribit idque ius natura comparatur" auf. Die Befugnis, Gewalt mit Gewalt zu beantworten, wird hier als natürliches Recht, als Teil des jus gentium anerkannt. Aus einer Zusammenschau verschiedener Vorschriften[127] des Corpus iuris civilis, die sich mit der Selbstverteidigung beschäftigen, lassen sich einige Mindestvoraussetzungen der Notwehr herauslesen. So muß der Angriff beispielsweise gegenwärtig sein[128]. Interessant ist die zeitlich äußerste Grenze der Abwehr, also der Zeitpunkt, bis zu dem der Angriff gegenwärtig ist, von dem in Dig. 43,16,3,9 gesprochen wird. Es heißt, daß der, der mit Waffen kommt, mit Waffen zurückgetrieben werden darf. Voraussetzung ist aber, daß dies sofort und nicht erst einige Zeit nachher geschehe. Weiter heißt es in angeführter Stelle, daß man gegen seine Vertreibung Widerstand leisten dürfe oder – wenn man bereits vertrieben wurde – auf der Stelle den Vertreibenden selbst verjagen dürfe, nicht aber erst einige Zeit danach.[129] Aus dieser Stelle kann man schon eine

---

121 Zur Entstehungsgeschichte vgl. Kaser, Rechtsgeschichte, S. 241ff.

122 So Kaser, Rechtsgeschichte, S. 241.

123 Waldstein/Rainer, Rechtsgeschichte, § 43, Rn. 1.

124 Institutionen, Digesten (auch Pandekten genannt), Codex und die Novellen.

125 Waldstein/Rainer, Rechtsgeschichte, § 43, Rn. 17ff.

126 Zit. nach Mommsen/Krueger, CIC I, übersetzt nach Otto/Schilling/Sintenis, Corpus iuris, Bd. 4: „Gewalt mit Gewalt zu vertreiben ist erlaubt, schreibt Cassius, und dieses Recht bietet die Natur selbst dar".

127 Vgl. etwa Inst. 4,3,2; Codex 8,4,1; 9,16,2; Dig. 1,1,3; 9,2,3; 9,2,4,1; 9,2,5; 9,2,45,4; 43,16,3,9; 48,8,9. Die Notwehr wurde meist nur im Zusammenhang mit Tötungen behandelt, welche dann, wenn ein Fall der Notwehr vorlag, als nicht widerrechtlich anzusehen waren.

128 Codex 9,16,3; 3,27,1. Der Angriff ist gegenwärtig, wenn er kurz bevorsteht oder schon begonnen hat. Zur Gegenwärtigkeit vgl. auch Klabe, Ehrennotwehr, S. 34.

129 Dig. 43,16,3,9: „Eum igitur, qui cum armis venit, possumus armis repellere, sed hoc confestim, non ex intervallo, dummodo sciamus non solum resistere permissum, ne

Ablehnung des Rachegedankens herauslesen, da explizit nur auf den gegenwärtigen Angriff abgestellt wird. Noch deutlicher wird die Ablehnung des Rachegedankens in Dig. 9,2,45,4, wo die Verletzung des Angreifers nur unter der Voraussetzung erlaubt wird, daß diese zur Verteidigung geschieht und nicht, um sich zu rächen.[130] Eine ausdrückliche Aufzählung der notwehrfähigen Rechtsgüter findet sich im römischen Recht zur Zeit des Corpus iuris civilis nicht. Unstreitig werden Leib und Leben als notwehrfähig anerkannt. Auch die Keuschheit wird als ein notwehrfähiges Rechtsgut angesehen.[131] Ob aber auch andere Rechtsgüter wie Eigentum oder Vermögen als notwehrfähig anzuerkennen sind, ist streitig.[132] Nach den Vorschriften des Corpus iuris civilis ist es so, daß zumindest der Angriff auf das Eigentum und das Vermögen, der mit einer Lebens- bzw. Leibesgefahr verbunden ist, mit Gewalt zurückgeschlagen werden darf.[133] Ob Angriffe auf Eigentum und Vermögen, die nicht mit solch einer Gefahr verbunden sind, auch mit einer Gegenwehr, welche im äußersten Falle den Tod des Angreifers zur Folge haben kann, entgegnet werden darf, läßt sich den Quellen nicht zweifelsfrei entnehmen.[134] Der Umfang der Verteidigung wird bei den Römern nicht genau festgelegt. Teilweise wird die Stelle 8,4,1 des Kodexes, welche von dem „inculpatae tutelae moderatio“ spricht, in der Weise ausgelegt, daß hierin schon eine gewisse Beschränkung des Umfanges der erlaubten Verteidigung zu sehen ist.[135] Diese Redewendung, die Geyer mit „maßhaltende(r) unanschuldbare(r) Selbstbeschirmung“[136] übersetzt, wird man nicht in dem Sinne deuten dürfen, daß hiermit die Notwendigkeit einer Verhältnismäßigkeitsprüfung oder Güterabwägung nach heutigem Verständnis aufgestellt werden soll.[137]

---

deiciatur, sed et si deiectus quis fuerit, eundem deicere non ex intervallo, sed ex continenti“, zit. nach Mommsen/Krueger, CIC I; vgl. zur Gegenwärtigkeit auch Levita, Notwehr, S. 38f. und die dort gegebenen Hinweise auf weitere Stellen der Digesten.

130 Dig. 9,2,45,4: „...: illum enim solum qui vim infert ferire conceditur, et hoc, si tuendi dumtaxat, non etiam ulciscendi causa factum sit“, zit. nach Mommsen/Krueger, CIC I.

131 Dig. 48,8,1,4; vgl. hierzu Levita, Notwehr, S. 48ff.; Mommsen, Römisches Strafrecht, S. 620; Schmitz, Schutzobjekte, S. 8 und Haas, Notwehr, S. 38f., der in Dig. 48,8,1,4 eine Racheregelung erblickt.

132 Ahsbahs, Grundlinien, S. 57; Geyer, Notwehr, S. 63; Levita, Notwehr, S. 43ff.; F. Oetker, Notwehr, S. 258; Seeger, Abhandlungen, S. 278 gehen davon aus, daß das römische Recht Notwehr zugunsten des Vermögens zuließ. Dagegen sind Luden, Abhandlungen II, S. 489f.; ders., Handbuch I, S. 295 Fn. 9; Uttelbach, Verhältnismäßigkeit, S. 12f. und wohl auch Jescheck/Weigend, AT, § 32 I 1, S. 336.

133 Vgl. z.B. Dig. 9,2,4 pr.; 48,8,9; Uttelbach, Verhältnismäßigkeit, S. 14; Lührmann, Tötungsrecht, S. 9.

134 Offengelassen auch bei Krey, JZ 1979, S. 704 und Stiller, Grenzen, S. 11.

135 Weimar, Grenzen, S. 4.

136 Geyer, Notwehr, S. 59. Hruschka, ZStW 115 (2003), S. 201 Fn. 3 übersetzt diese Formulierung mit „maßvolle rechte Notwehr“.

137 So auch Uttelbach, Verhältnismäßigkeit, S. 14.

Gleichwohl macht die angeführte Bestimmung deutlich, daß zur Abwehr eines Angriffs nicht jede Art der Verteidigung zulässig ist. Die Verletzung oder Tötung des Angreifers muß erforderlich[138] bzw. notwendig[139] sein, um den Angriff abzuwehren. Allerdings ist zu beachten, daß sich genannte Formulierung auf einen Fall des Besitzschutzes bezieht und nicht auf einen Fall der Notwehr.[140] Das spricht aber nicht gegen die Übertragung des dort geäußerten Gedankens auf die eigentlichen Notwehrvorschriften, da nicht vergessen werden darf, daß das römische Recht keine in sich geschlossene Notwehrtheorie entwickelt hat.[141] Weiter ist zu bedenken, daß die Notwehr zur Zeit des Corpus iuris civilis die Elemente des Racherechts nicht mehr beinhaltet, sondern vielmehr in Dig. 9,2,45,4 explizit darauf hingewiesen wird, daß eine Verletzung aus Rache nicht erlaubt ist. Jede Verletzung, die der Verteidiger unter bewußter Überschreitung des zur Abwehr erforderlichen Maßes zufügt, ist aber eine vom Rachegedanken getragene. Insofern wird man die in Kodex 8,4,1 enthaltene Beschränkung der Verteidigung auch auf die eigentlichen Notwehrvorschriften übertragen können.

Im Gegensatz zur Zwölftafelgesetzgebung wird die Nothilfe im Corpus iuris civilis an verschiedenen Stellen erwähnt. Allerdings wird nirgendwo ein ausdrückliches und allgemeines Recht gewährt, einem anderen zu Hilfe kommen zu dürfen. Vielmehr statuieren die Digesten besondere Nothilfepflichten. So ist derjenige zur Nothilfe verpflichtet, der in einem besonderen Treueverhältnis[142] zum Angegriffenen steht, etwa der Soldat dem Vorgesetzten (Dig. 49,16,6,8.9) oder der Sklave dem Herrn (Dig. 29,5,1,18). Auch bei Angriffen auf die Keuschheit einer Frau sind die ihr Nahestehenden wie Eltern, Kinder, Geschwister zur Nothilfe berechtigt und verpflichtet (Dig. 48,8,1,4).

Letztgenannte Vorschrift wird teilweise als Beleg dafür gesehen, daß es ein allgemeines Nothilferecht nicht gegeben habe.[143] In der Regel gehen allerdings die Autoren, die sich mit der Nothilfe im römischen Recht beschäftigten, von der

---

138 F. J. Schreiber, Notwehr, S. 58.

139 Luden, Handbuch I, S. 293.

140 Es geht in Codex 8,4,1 („Recte possidenti ad defendendam possessionem, quam sine vitio tenebat, inculpatae tutelae moderatione illatam vim propulsare licet", zit. nach Mommsen/Krueger, CIC II) um die Befugnis des rechtlich Besitzenden, sich Gewalttätigkeit durch Selbsthilfe zu erwehren. Vgl. Haas, Notwehr, S. 35 Fn. 2.

141 v. Bar, Gesetz und Schuld III, S. 126; Haas, Notwehr, S. 36; Levita, Notwehr, S. 32.

142 Den von Haas, Notwehr, S. 38 in diesem Zusammenhang verwendeten Begriff „Garantenstellung" gilt es allerdings zu vermeiden, da der Kreis der bei den Römern zur Nothilfe verpflichteten Personen nicht annähernd mit den heutzutage eine Garantenstellung innehabenden Personen zu vergleichen ist. Insofern verdunkelt dieser Begriff mehr als er erhellt.

143 Rein, Kriminalrecht, S. 143.

Zulässigkeit der Nothilfe zugunsten eines jeden anderen aus.[144] Es gibt sogar Stimmen, die annehmen, daß bei den Römern eine allgemeine sittliche Verpflichtung zur Hilfeleistung bestanden habe.[145] Die Tatsache, daß das römische Recht nur bestimmte Fälle aufzählt, in denen eine Verpflichtung zur Nothilfe angesprochen wird, spricht nicht gegen deren generelle Zulässigkeit. Das Fehlen bestimmter weiterführender Regelungen darf nicht als beredtes Schweigen gedeutet werden. Ein Indiz für die generelle Zulässigkeit der Nothilfe ist in der Formulierung einiger Normen zu sehen, die den Kreis der „Abwehrberechtigten" nicht einschränken. In der bereits erwähnten Stelle Dig. 43,16,1,27 heißt es, daß es erlaubt sei, Gewalt mit Gewalt zu vertreiben, ohne daß darauf eingegangen wird, daß dies nur dem Angegriffenen zur Verteidigung seiner selbst oder eines nahestehenden Dritten gestattet ist.[146]

Des weiteren ist zu bedenken, daß die Nothilfeverpflichtung besonders in den Fällen besteht, in denen der Nothelfer dem Angegriffenen untergeordnet ist und es darauf ankommt, daß sich der Vorgesetzte auf die Hilfe seiner Untergebenen verlassen kann. In Situationen der Not kann aber wohl nicht allgemein angenommen werden, daß der Nothelfer aus eigenem freien Entschluß zur Hilfe schreitet. Dies betrifft namentlich die Fälle, in denen der Sklave dem Herrn und der Soldat seinem Vorgesetzten hilfeleistungspflichtig ist. Gerade in diesen Fällen, in denen man sich nicht auf das freiwillige Einschreiten eines Helfers verlassen kann, ist es notwendig, daß der durch die Nothilfeverpflichtung Begünstigte einen strafbewehrten Anspruch auf Schutz hat. Ein weiteres Argument für die allgemeine Zulässigkeit der Nothilfe läßt sich auch aus Dig. 50,17,109 gewinnen, wo es heißt „nullum crimen patitur is, qui non prohibet, cum prohibere potest"[147]. Es läßt sich aus dieser Stelle schließen, daß es keine allgemeine Pflicht zur Verhinderung von Verbrechen gibt. Daraus läßt sich schlußfolgern, daß ein entsprechendes Recht wohl auch nicht bestritten werden kann.[148] Teilweise wird auch darauf hingewiesen, daß es den Römern bestimmt auch nicht entgangen sein wird, welch ein Nutzen die Nothilfe für das Gemeinwesen haben kann.[149]

---

144 Geyer, Notwehr, S. 66f.; Haas, Notwehr, S. 40; Klabe, Ehrennotwehr, S. 30; Köstlin, System AT, S. 87; Levita, Notwehr, S. 51f.; Mommsen, Römisches Strafrecht, S. 621; F. Oetker, Notwehr, S. 258; Seeger, Abhandlungen, S. 315ff.

145 Pedotti, Unterlassung, S. 11.

146 Vgl. auch Dig. 4,2,9,1; 47,2,3,1; 47,2,7,3.

147 Zit. nach Mommsen/Krueger, CIC I; übersetzt nach Otto/Schilling/Sintenis, Corpus iuris, Bd. 4: „Der erleidet keine gerichtliche Untersuchung, welcher etwas nicht verhindert, da er es nicht verhindern kann.".

148 So auch Haas, Notwehr, S. 40.

149 Haas, Notwehr, S. 40; Seeger, Abhandlungen, S. 317f.

Zusammenfassend läßt sich sagen, daß die Römer zur Zeit des Corpus iuris civilis ein umfassendes Notwehr- und Nothilferecht gegen tätliche Angriffe anerkennen. Zwar werden weder Notwehr noch Nothilfe in einer Theorie systematisch zusammengefaßt, dennoch lassen sich aus den Quellen die wichtigsten Voraussetzungen der Notwehr und Nothilfe mit hinreichender Deutlichkeit erschließen. Eine Tötung aus Rache ist nicht mehr zu rechtfertigen. Ein allgemeines Nothilferecht wird in den Quellen nicht ausdrücklich erwähnt. Aus einer Zusammenschau der verschiedenen Normen ist aber von dessen Anerkennung auszugehen.

II. Das frühe germanische Recht

Während sich bei den Römern ein relativ fortgeschrittenes Gemeinwesen entwickelt, fehlt den Germanen eine starke Staatsgewalt. Es gibt keine allgemein anerkannte Obrigkeit, die bevorstehendes Unrecht zu verhindern sucht oder auf Geschehenes mit der Verhängung einer öffentlichen Strafe reagieren kann. Damit obliegt das Recht der Verteidigung gegen einen Angriff oder dessen Ahndung dem Einzelnen und seiner Sippe. Die ursprünglichste Reaktion auf ein begangenes Übel ist die Rache und so besteht zunächst nur ein Racherecht des Verletzten und seiner Angehörigen gerichtet gegen den Täter oder seine Sippe.[150] Später entwickelt sich die Rechtsform der „Friedlosigkeit“ als Antwort auf ein begangenes Übel. Die Gemeinschaftsverbindung der Germanen wird als Friedensgenossenschaft angesehen.[151] Wenn jemand den Frieden bricht, wird dieser im Moment der handhaften Tat friedlos und kann von jedermann zu jeder Zeit getötet werden.[152] Racherecht und Friedlosigkeit schließen sich nicht gegenseitig aus, sondern können bei demselben Volk gleichzeitig Geltung haben.[153] In solch einer Zeit besteht kein Bedürfnis für ein Notwehr- und Nothilferecht, da dieses von den „Rechtsinstituten“ der Privatrache und Friedlosigkeit mit umfaßt ist.[154]

---

150 Abegg, Untersuchungen, S. 280; Posse, Sachsenspiegel, S. 10; Schmitt-Lermann, Notwehr, S. 13.

151 Posse, Sachsenspiegel, S. 10; Wachenfeld, Strafrecht, S. 16.

152 Posse, Sachsenspiegel, S. 10f.; Schmitt-Lermann, Notwehr, S. 13.

153 Schmitt-Lermann, Notwehr, S. 13.

154 Geib, Strafrecht II, S. 228; Haas, Notwehr, S. 29ff.; Krey, JZ 1979, S. 704; Sander, Notwehr, S. 9; E. Schmidt, Einführung, S. 34; Stiller, Grenzen, S. 10. Nicht überzeugend hingegen die Annahme von Weimar, Grenzen, S. 10, der bei den Germanen die Anerkennung eines umfassenden Notwehrrechts erblickt. Die Germanen hatten gerade kein Bedürfnis, sich über ein Notwehrrecht nach heutigem Verständnis Gedanken zu machen. Treffender ist die Aussage von v. Bar, Gesetz und Schuld III, S. 126, der ausführt, daß dem älteren germanischen Recht ein höchst umfassendes Notwehrrecht *entspricht*. Vgl. hierzu auch HKK-Haferkamp, §§ 226-231, Rn. 22.

Nur der Vollständigkeit halber sei hier noch auf die in der Zeit nach 500 n. Chr. von den Germanen verfaßten Rechtsaufzeichnungen[155] hingewiesen. Vom Blickwinkel des Notwehrrechts aus betrachtet bringen diese sog. Volksrechte nicht viel Neues. Auch hier sind Notwehr und Tötungsrecht, Verteidigung und Rache nicht klar getrennt.[156] Insofern müssen sowohl das ältere germanische Recht als auch die Volksrechte bei der Frage nach Grund und Grenzen der Notwehr und Nothilfe außer Betracht bleiben.

III. Das kanonische Recht

Die Ausführungen des kanonischen Rechts über die Selbstverteidigung und die Fremdhilfe, welche zum Teil auf den abendländischen Bußordnungen und zum Teil auf dem römischen Recht beruhen[157], geben bezüglich der Anerkennung von Notwehr und Nothilfe ein gespaltenes Bild wieder. Zum einen wird das Notwehrrecht von den älteren kanonischen Schriftstellern nahezu einhellig abgelehnt.[158] Dies beruht darauf, daß die Tötung eines anderen Menschen in Notwehr sich nur schwerlich mit dem Gebot der Feindesliebe, wie es in der Bergpredigt Matthäus 5, 39-41 beschrieben wird, vereinbaren läßt.[159] Zum anderen taucht aber in dem im 12. Jahrhundert von Gratian geschaffenen Decretum („Concordantia discordantium canonum"), welches später den Grundstock des Corpus iuris canonici darstellt, die Formulierung auf, daß die Befugnis, Gewalttätigkeit mit Gewalt zurückzuschlagen, ein natürliches und allen Völkern gemeinsames Recht sei[160]. Hieraus wird von den meisten weltlichen Schriftstellern geschlossen, daß die Kirche die Notwehr als ein natürliches Recht anerkannt habe.[161]

Es wird allerdings meist nicht erwähnt, daß die Begründung der Erlaubnis der Selbstverteidigung den kanonischen Schriftstellern im Hinblick auf die christliche Grundhaltung des demütigen Duldens große Schwierigkeiten bereitet. So sind deren Lösungen von den Versuchen gekennzeichnet, über Umwege zu dem

155 Quellenangaben mit zeitlicher Einordnung bei Kroeschell, Rechtsgeschichte I, S. 27.

156 Haas, Notwehr, S. 19ff. (31); Klabe, Ehrennotwehr, S. 44ff.; a.A. v. Alberti, Notwehr, S. 6ff. (49); sehr kritisch zur Terminologie von v. Alberti äußert sich Haas, Notwehr, S. 18 Fn. 15.

157 Levita, Notwehr, S. 56f.; Weimar, Grenzen, S. 8; Lührmann, Tötungsrecht, S. 11.

158 Krause, FS Bruns, S. 72; Stiller, Grenzen, S. 14; Nachweise bei Schöpf, Tötungsrecht, S. 77ff.

159 HKK-Haferkamp, §§ 226-231, Rn. 22; Kargl, ZStW 110 (1998), S. 65; Krause, FS Bruns, S. 72; Stiller, Grenzen, S. 14.

160 Decr. Grat. D. 1 c. 7: „Ius naturale est commune omnium nationum,...ut... violentiae per vim repulsio", zit. nach Friedberg, Corpus iuris canonici I. Vgl. hierzu auch Haas, Notwehr, S. 41 Fn. 33.

161 v. Bar, Gesetz und Schuld III, S. 127; Klabe, Ehrennotwehr, S. 1; Levita, Notwehr, S. 32; vgl. auch Sander, Notwehr, S. 10.

erwünschten Ergebnis – harmonische Einfügung der Notwehr in die christliche Lehre – zu gelangen. Teilweise wird die Ansicht vertreten, daß man gegen das Unrecht kämpfen dürfe, aber nicht für sich, sondern als eine Art „Werkzeug Gottes"[162]. Andere wiederum versuchen, die biblischen Sätze so zu interpretieren, daß mit ihnen nur ein Widerstand, der aus Rache geschieht oder dem das rechte Maß fehlt, ausgeschlossen werden sollte. Die rechte Notwehr sei somit erlaubt, das Evangelium schließe aber ein etwaiges Naturrecht zur Rache aus.[163] Auf ähnliche Weise versucht auch Thomas von Aquin das Notwehrrecht zu begründen. Er strebt eine Lösung der Notwehrproblematik über den Vorsatz an.[164] So soll eine Tötung in Notwehr nur dann vorliegen, wenn sie unbeabsichtigt ist. Der Notwehrübende darf nur mit dem Ziel oder der Absicht handeln, sich selbst zu retten.

Diejenigen, welche die Notwehr anerkennen, stellen bei der Notwehrlage größtenteils die gleichen Voraussetzungen wie das römische Recht in den Digesten auf. Es wird ein gegenwärtiger und rechtswidriger Angriff verlangt.[165] Interessant ist, daß das kanonische Recht wohl als erste Rechtsordnung eine Verhältnismäßigkeit zwischen dem durch den Angriff drohenden Schaden und den Folgen der Abwehr fordert. So heißt es in c. 18 X de homicid. V, 12: „Quia tamen id debet fieri cum moderamine inculpatae tutelae, non ad sumendam vindictam, sed ad iniuriam propulsandam"[166]. Diese Stelle besagt zunächst nur, daß die Verteidigung erforderlich („moderamen inculpatae tutelae") zu sein hat sowie zur Abwehr eines Angriffs und nicht aus Rache geschehen müsse. Allerdings ist aus der Wendung „moderamen inculpatae tutelae" nicht allein das Merkmal der Erforderlichkeit herauszulesen. Sie ist vielmehr in dem Sinne zu verstehen, daß eine angemessene Verteidigung gefordert wird.[167] Diese Begrenzung der erlaubten Abwehr kommt insbesondere dann zum Tragen, wenn sich der rechtswidrige Angriff gegen das Eigentum richtet und nur durch die Tötung des Angreifers abgewehrt werden kann. Für diejenigen Kanonisten, die ein Notwehrrecht bejahen, steht es außer Frage, daß jedenfalls das Leben, aber auch die körperliche Unversehrtheit als notwehrfähige Rechtsgüter anzuerkennen sind, und mit einer das Leben des Angreifers gefährdenden Verteidigung geschützt werden dürfen.[168] Wenn bei Angreifer und Verteidiger jeweils das Rechtsgut der

162 Abaelard, zit. nach Kuttner, Kanonistische Schuldlehre, S. 350.

163 Vgl. die Nachweise bei Kuttner, Kanonistische Schuldlehre, S. 350f.

164 Thomas von Aquin, Summa Theologiae, 2,2, q. 64, a. 7; vgl. hierzu auch Lührmann, Tötungsrecht, S. 13f. und Sander, Notwehr, S. 10f.

165 Vgl. Hinschius, Kirchenrecht V, S. 940; Hollweck, Strafgesetze, S. 80f. Fn. 7.

166 Zit. nach Friedberg, Corpus iuris canonici II.

167 Uttelbach, Verhältnismäßigkeit, S. 16f. weist darauf hin, daß aus dem „moderamen inculpatae tutelae" des römischen Rechts ein neuer, technischer Begriff wird; vgl. auch München, Kanonisches Strafrecht, S. 65ff.

168 Vgl. Cramer, Güterabwägung, S. 9; Geyer, Notwehr, S. 71; Katz, Grundriss, S. 14.

körperlichen Unversehrtheit betroffen ist, können Verhältnismäßigkeitserwägungen naturgemäß keine große Rolle spielen. Diese werden erst dann relevant, wenn die Frage nach der Reichweite des Sachgüterschutzes gestellt wird. Unter Berücksichtigung der Verhältnismäßigkeit kommt man zu dem Ergebnis, daß die Tötung eines anderen Menschen in Notwehr zur Verteidigung einer Sache – ohne daß eine Leibes- oder Lebensgefahr für den Angegriffenen besteht – unzulässig ist.[169] In Eigentumsnotwehrfällen, welche nicht die Tötung des Angreifers zur Folge hatten, ist die Notwehrhandlung angemessen, wenn die verteidigten Güter einen besonderen Wert besitzen, in concreto, wenn diese nicht wiederzuerlangen und somit unersetzlich sind.[170] Festzuhalten ist, daß das kanonische Recht erhebliche Schwierigkeiten hat, die Notwehr zu erklären und den Umfang dieses Verteidigungsrechtes festzulegen.

Im Gegensatz zur Notwehr scheint die Nothilfe den Kanonisten weniger Probleme zu bereiten.[171] Dies ist ein wenig verwunderlich, wird doch auch bei einem Angriff auf einen Mitmenschen der Gedanke der Feindesliebe und des demütigen Duldens nicht aufgehoben.[172] Wenn man aber bedenkt, daß man bei der Nothilfe im Gegensatz zur Notwehr mit seiner Handlung wenigstens zum Teil dem Gedanken der Nächstenliebe folgt, indem man einem Bedrängten in einer Notsituation beisteht, dann wird verständlich, daß das Zulassen der Nothilfe den kanonischen Schriftstellern keine großen Schwierigkeiten bereitet. Im kanonischen Recht wird teilweise sogar soweit gegangen, daß eine Nothilfepflicht aufgestellt wird. Man sagt, daß es nicht nur gestattet sei, dem Nächsten und Freunden bei der Abwehr eines Schadens behilflich zu sein, vielmehr sei das Unterlassen der Hilfe als Beistand für den Angreifer zu werten. Der Nichteinschreitende trage die gleiche Schuld wie der Angreifer.[173] In einer weiteren Stelle heißt es: „Qui enim non repellit a socio iniuriam, si potest, tam est in vicio quam

169 Levita, Notwehr, S. 62ff.; Stiller, Grenzen, S. 15; Uttelbach, Verhältnismäßigkeit, S. 17.

170 Stiller, Grenzen, S. 15; Uttelbach, Verhältnismäßigkeit, S. 17. Vgl. Brunnenmeister, Quellen, S. 181 Fn. 6.

171 Interessant ist hier die Position Martin Luthers: Bevor er sich zur vollen Anerkennung eines Notwehr- und Nothilferechts durchringen konnte, ging er allein von der Zulässigkeit der Nothilfe aus, Luther, Von welltlicher Uberkeytt, S. 253f. und 259f. Später ging Luther sogar von einer Notwehrpflicht aus, die allerdings keine individuelle Befugnis sein sollte. Vielmehr handele der Notwehrübende „im Dienste der Gemeinschaft“, vgl. hierzu Mayer, Zeitwende 1935/36 II, S. 355ff.; ferner Sander, Notwehr, S. 11.

172 Vgl. hierzu auch Haas, Notwehr, S. 45.

173 Sext. Decr. 5,11,6: „Et quidem quum liceat cuilibet suo vicino vel proximo pro repellenda ipsius iniuria suum impertiri auxilium, immo, si potest et negligit, videatur iniuriantem fovere, ac esse particeps eius culpae“, zit. nach Friedberg, Corpus iuris canonici II. Übersetzung angelehnt an Schilling/Sintenis, Corpus juris canonici II.

ille, qui facit"[174]. Nicht ganz einig ist man sich darüber, ob eine allgemeine Nothilfepflicht zugunsten eines jeden anderen existiert oder ob nur eine Pflicht zur Beistandleistung gegenüber „Gefährten" besteht. Teilweise wird davon ausgegangen, daß „socio" nicht einen beliebigen Nächsten bezeichnet, sondern zu dem Hilfsbedürftigen eine tatsächliche Nähe bestehen muß.[175] Andere wiederum gehen von einer allgemeinen Nothilfepflicht zugunsten eines jeden aus.[176] Von dem Gedanken der Nächstenliebe aus gesehen spricht einiges für eine allgemeine Nothilfepflicht, da bei diesem Gedanken nicht zwischen engen und fernen „Nächsten" differenziert wird. Nicht zu bestreiten ist jedenfalls, daß das kanonische Recht zumindest die Befugnis anerkennt, zugunsten eines jeden anderen Nothilfe zu leisten. Die Voraussetzungen hierfür und die Konsequenzen sind im wesentlichen die gleichen wie bei der Notwehr.

Allerdings ist noch darauf hinzuweisen, daß es für das kanonische Recht einen Unterschied macht, ob es sich bei dem Notwehrübenden oder Nothilfeleistenden um einen Laien oder um einen Kleriker handelt. Letzterem wird meist die Notwehrbefugnis zugestanden, nicht aber das Recht zur Verteidigung eines beliebigen anderen.[177] Auffallend hierbei ist, daß sich damit gerade bei dem Verteidigungsrecht des Klerikers eine individuelle Tendenz zeigt[178], da er nur sich selbst verteidigen darf. Das ist insofern beachtlich, als man meinen könnte, daß der Kleriker mehr als jeder andere dem Gedanken der Nächstenliebe verpflichtet sein müsse. Wenn man jedoch bedenkt, daß die Nothilfeausübung zugleich auch immer als Parteinahme für eine bestimmte Gruppe angesehen werden kann, so wird die Versagung der Nothilfe verständlich. Eine streng hierarchisch geführte Organisation wie die Kirche konnte die Einmischung in einen fremden Konflikt in Form der Ausübung von Nothilfe dem einzelnen Kleriker nicht einräumen, weil dessen gewaltsames Einschreiten auch immer der Gesamtkorporation zugerechnet wird.[179]

Die Untersuchung der Notwehr und Nothilfe im kanonischen Recht zeigt, daß man nicht von „der" kanonischen Notwehrlehre sprechen kann.[180] Das kanoni-

---

174 Decr. Grat. C. 23 q. 3 c. 7, zit. nach Friedberg, Corpus iuris canonici I, eigene Übersetzung: Derjenige nämlich, der das Unrecht von seinem Gefährten nicht abwehrt, obwohl er es könnte, ist genauso schuldig wie derjenige, der das Unrecht verursacht. Vgl. hierzu auch Haas, Notwehr, S. 46, der sich auf die unzutreffende Quellenangabe von Levita, Notwehr, S. 59 beruft.

175 Haas, Notwehr, S. 46; siehe auch Hinschius, Kirchenrecht V, S. 939 Fn. 3.

176 München, Kanonisches Strafrecht, S. 69f.; vgl. auch v. Alberti, Notwehr, S. 37 und Klabe, Ehrennotwehr, S. 40f.

177 Haas, Notwehr, S. 46f. Zu simplifizierend der Abriß von Hohmann, Personalität, S. 104.

178 Hierauf weist auch Haas, Notwehr, S. 47 hin.

179 Haas, Notwehr, S. 48.

180 Haas, Notwehr, S. 42 Fn. 36; Kuttner, Kanonistische Schuldlehre, S. 334.

sche Recht tut sich mit der Anerkennung der Notwehr recht schwer; die Nothilfe zuzulassen fällt den kanonischen Schriftstellern leichter. Die Begründungsversuche des kanonischen Notwehr- und Nothilferechts, die teilweise auf individueller Ebene in Verbindung mit Gedanken des Naturrechts angesiedelt sind, dann aber auch wieder das überindividuelle Moment stark betonen, scheinen oftmals mehr das gewünschte Ergebnis im Auge zu haben, als eine in sich konsistente und widerspruchsfreie Lösung weisen zu wollen. Einen wesentlichen Unterschied zwischen Notwehr und Nothilfe gibt es im kanonischen Recht grundsätzlich nicht[181]. Bemerkenswert ist, daß sich das kanonische Recht intensiver als das römische Recht mit dem zulässigen Umfang der Notwehr- bzw. Nothilfehandlung auseinandersetzt und eine Art Verhältnismäßigkeitserfordernis aufstellt. Insofern ist festzustellen, daß sich das kanonische Recht gegen eine schneidige Verteidigungsbefugnis anführen läßt, wobei es aber im Grunde nicht darauf ankommt, wer letztendlich den Angriff abwehrt.

IV. Der Sachsenspiegel

Der Sachsenspiegel, die wohl bedeutendste private Rechtsaufzeichnung des Mittelalters[182], wird um 1230 vom sächsischen Ritter und Schöffen Eike von Repkow zunächst nur lateinisch, dann aber auch im niederdeutschen Dialekt verfaßt. Es handelt sich hierbei um eine Rechtssammlung, deren Absicht es war, das bestehende Recht zu schildern. Ihre Wirkung ist schon im 13. Jahrhundert sehr groß; später berücksichtigen und zitieren die Juristen den Sachsenspiegel in Gutachten und Schiedssprüchen ebenso wie die Überlieferungen bzw. Quellen des römischen und kanonischen Rechts.[183] Anders als im Schwabenspiegel taucht im Sachsenspiegel der technische Begriff „rechte Notwehr“ nicht auf. Es wird einfach von „notwer“ oder „notwerunge“ gesprochen. Im Sachsenspiegel wird auch keine zusammenhängende Notwehrtheorie entwickelt, vielmehr sind die Notwehrregelungen verstreut[184]. Teilweise werden auch bestimmte Normen, die nicht die Bezeichnung Notwehr enthalten, als Notwehrregelungen angesehen[185], so zum Beispiel Ssp. II Art. 70 (69): „We so dodet oder wundet enen vredebrekere. de blift is ane wandel of he it selve ‚sevede' getügen mach dat he ene wundede in der vlucht. oder an der dat dar he den vrede brak“[186]. Die Rege-

---

181 Die Verneinung der Nothilfebefugnis des Klerikers soll als Sonderproblem außen vor bleiben.

182 Kroeschell, Rechtsgeschichte I, S. 245; Köbler, Rechtsgeschichte, S. 103f.

183 Eisenhardt, Rechtsgeschichte, Rn. 72; Kroeschell, VF Bd. 23, S. 375.

184 Überblick der verschiedenen Regelungen bei Posse, Sachsenspiegel, S. 16f.

185 Klabe, Ehrennotwehr, S. 56; Posse, Sachsenspiegel, S. 23ff.

186 Was soviel bedeutet wie „Wer einen Friedebrecher tötet oder verwundet, der bleibt deshalb ohne Wandel, wenn er selbst ‚siebent' bezeugen mag, daß er ihn auf der

lungen, in denen die Bezeichnung „Notwehr" bzw. deren Umschreibungen auftauchen, machen deutlich, daß zumindest das Leben aber auch die körperliche Unversehrtheit als notwehrfähige Rechtsgüter anerkannt sind.[187] Die Voraussetzungen der Notwehrlage und der Umfang der zulässigen Notwehrhandlungen gehen aus den Bestimmungen des Sachsenspiegels nicht klar hervor. Dies beruht unter anderem darauf, daß unklar ist, ob es sich bei Ssp. II Art. 70 (69) um eine Notwehrregelung handelt. Obwohl sich diese Norm dem Wortlaut nach nur auf den Friedebrecher bezieht, wird in ihr teilweise eine Notwehrregelung erblickt. Folgt man dieser Ansicht, so würde sich die Notwehrlage durch einen handhaften Friedebruch auszeichnen. Das hat zur Folge, daß der Angegriffene in der Regel bereits eine Verletzung durch den Angreifer erlitten haben muß, bevor er sich in Notwehr verteidigen darf. Weiter müßte die Verteidigung – im Rahmen des Ssp. II Art. 70 (69) also die Tötung – auch nicht erforderlich gewesen sein.[188] Weitgehende Übereinstimmung besteht in der Frage, ob der „Notwehrübende" das Gerüft erheben muß. Obwohl der Sachsenspiegel dies nicht ausdrücklich fordert, wird diese Frage meist bejaht.[189] Es zeigt sich also, daß das Notwehrrecht des Sachsenspiegels noch sehr eng mit dem Racherecht und der Rechtsform der Friedlosigkeit verbunden ist.[190] Durch diese enge Verbindung scheint es nicht möglich, nur die die Notwehr betreffenden Gedanken des Sachsenspiegels herauszuarbeiten und diese zu einer „Notwehrtheorie des Sachsenspiegels" zusammenzufügen. Zwar wird dies vereinzelt[191] versucht, doch sind diese Versuche von Annahmen und Unterstellungen gekennzeichnet, für deren Richtigkeit genauso viel spricht wie für ihre Unrichtigkeit. Für die Beantwortung der Frage, was für bzw. gegen eine Differenzierung zwischen den Verteidigungsbefugnissen von Notwehrübendem und Nothelfer spricht, kann somit eine Betrachtung der Regelungen des Sachsenspiegels nicht weiterhelfen.

Flucht oder bei der Tat, wo er den Frieden brach, verwundete", zit. und übersetzt nach Sachße, Sachsenspiegel. Vgl. hierzu Posse, Sachsenspiegel, S. 24ff.

187 Z.B. Ssp. III Art. 84 § 3, wobei aber zu beachten ist, daß der Ausdruck „notwerunge sines lives" von Sachße, Sachsenspiegel, S. 306 mit „Notwehr seines Lebens" und von Posse, Sachsenspiegel, S. 17 mit „Notwehr seines Leibes" übersetzt wird. Zu den notwehrfähigen Rechtsgütern vgl. Berner, ArchCrim N.F. 15, 1848, S. 549; Cramer, Güterabwägung, S. 13; Hälschner, System II, S. 245; Posse, Sachsenspiegel, S. 19.

188 So Posse, Sachsenspiegel, S. 16ff. (25f.).

189 v. Hippel, Strafrecht I, S. 147 Fn. 5; His, Strafrecht, S. 199; Klabe, Ehrennotwehr, S. 57.

190 Posse, Sachsenspiegel, S. 43f.

191 So vor allem Posse, Sachsenspiegel, S. 1ff.

V. Die Constitutio Criminalis Carolina (CCC)

Bei der CCC aus dem Jahre 1532 handelt es sich um das erste für alle Gebiete des heutigen Deutschlands geltende Gesetz, das eine ausdrückliche Regelung des Notwehrrechts beinhaltet. Die CCC, deren eigentliche Grundlage die Constitutio Criminalis Bambergensis ist[192], enthält viele Gedanken des von den italienischen Juristenschulen der Glossatoren und Kommentatoren fortentwickelten italienischen Strafrechts. Es werden in der CCC aber auch deutschrechtliche Gedanken verarbeitet.[193] Durch eine salvatorische Klausel am Anfang wird die CCC für subsidiär gegenüber den zu dieser Zeit bestehenden Landesgesetzen erklärt. Allerdings ist man sich heute weitgehend einig, daß keine in der CCC verworfene Maßnahme durch Landesgesetze eingeführt werden durfte.[194] Für die zwischen 1550 und 1650 entstehende Strafrechtswissenschaft erlangt die CCC eine erhebliche Bedeutung. Bis ins 18. Jahrhundert hinein beherrscht die CCC sowohl die rechtswissenschaftliche Diskussion als auch die Gerichtspraxis.[195] Wie bei den bisher behandelten Rechtsordnungen gibt es auch in der CCC keinen allgemeinen Teil, in dem die Notwehr hätte behandelt werden können. Sie wird im Rahmen der Tötungsdelikte erörtert. Art. 139 CCC[196] nennt zunächst die rechtlichen Wirkungen einer Handlung in Notwehr, bevor Art. 140 CCC[197] auf den Begriff der „recht notweer" eingeht. Die folgenden Artikel behandeln unter anderem Beweis- und Verfahrensfragen sowie den Notwehrexzeß.

Die CCC benutzt nicht den heutzutage verwendeten Ausdruck „Angriff", um ein Element der Notwehrlage zu beschreiben, sondern spricht in Art. 140 CCC von „überlaufft, anficht oder schlecht". Diese Ausdrücke sind jedoch nicht technisch zu verstehen. Es handelt sich hierbei um eine beispielhafte Aufzählung der

---

192 Eisenhardt, Rechtsgeschichte, Rn. 353.

193 Köbler, Rechtsgeschichte, S. 161; Krey, JZ 1979, S. 704f.; Schmitt-Lermann, Notwehr, S. 3f.; Uttelbach, Verhältnismäßigkeit, S. 27f.; zum italienischen Recht im ausgehenden Mittelalter und in der beginnenden Neuzeit vgl. Haas, Notwehr, S. 49ff.

194 Zur Geltung der CCC vgl. etwa Eisenhardt, Rechtsgeschichte, Rn. 353; Pedotti, Unterlassung, S. 28; Schmitt-Lermann, Notwehr, S. 4.

195 Eisenhardt, Rechtsgeschichte, Rn. 357 m.N.

196 „Jtem welcher eyn rechte notweer, zu rettung seines leibs vnd lebens thut, vnnd den jhenen, der jn also benöttigt inn solcher notweer entleibt, der ist niemants nit schuldig.", zit. nach Buschmann, Textbuch. Alle folgenden Zitate der CCC richten sich nach Buschmann, Textbuch.

197 „Jtem so eyner mit eynem tödtlichen waffen oder weer überlaufft, anficht oder schlecht, vnd der benöttigt kann füglich an ferlichkeyt oder verletzung, seins leibs, lebens, ehr und guten leumuts nicht entweichen, der mag sein leib vnnd leben on alle straff durch eyn rechte gegenweer retten, Vnd so er also den benötiger entleibt, er ist darumb nichts schuldig, ist auch mit seiner gegenweer, biß er geschlagen wirdt zu warten nit schuldig, vnangesehen ob es geschriben rechten vnnd gewonheyten entgegen wer.".

Angriffstätigkeit.[198] Die Gegenwärtigkeit des Angriffs wird in demselben Artikel behandelt. Der Angegriffene muß danach nicht warten, bis er verletzt wird. Es reichen für die Annahme der Gegenwärtigkeit bereits Drohungen aus, wenn zu erwarten ist, daß alsbald mit der Ausführung der Drohungen begonnen wird.[199] Daß der Angriff rechtswidrig gewesen sein muß, geht aus Art. 142 CCC hervor, wo es heißt, daß die Notwehr dann nicht vorliegen soll, „...wann der entleibt het fürgewendter bekentlicher anfechtigung oder benötigung, rechtmessig vrsach gehabt...". Interessant im Rahmen der Notwehrlage ist auch, daß Art. 140 CCC als Angriffsmittel nur die tödlichen Waffen nennt. Beschränkt man die Notwehrbefugnis allein auf die mit tödlichen Waffen geführten Angriffe, so ist diese nicht viel wert. Die den Dolch führende Hand dürfte zwar abgewehrt werden, nicht aber die gegen den Kopf geführte Faust. Es ist insofern davon auszugehen, daß die CCC den in der Praxis am häufigsten vorkommenden Fall nennt und nicht eine Beschränkung der Notwehr auf Angriffe mit tödlichen Waffen vornimmt.[200] Eine Verpflichtung zur Flucht stellt Art. 140 CCC auf. Diese besteht aber nur dann, wenn die Flucht keine Gefährdung für das Leben, die körperliche Integrität oder die Ehre befürchten läßt. Die Abwehr des Angriffs ist also nur subsidiär gestattet.[201] Als notwehrfähige Rechtsgüter erkennt die CCC Leib und Leben an.

Ob auch das Eigentum mit tödlicher Gegenwehr verteidigt werden darf, ist bis in die jüngste Zeit hinein umstritten. Dies kommt daher, daß Art. 140 CCC ausdrücklich nur von der Verteidigung des eigenen Leibes und Lebens spricht. Im Zusammenhang mit dieser Notwehrregelung ist jedoch Art. 150 CCC zu sehen, der andere entschuldbare Tötungen nennt. Dieser Artikel spricht in Absatz 2 davon, daß auch eine Tötung, die zur Rettung eines anderen Lebens, Leibes und Gutes geschieht, entschuldigt werden kann.[202] Aus dieser Vorschrift wird sehr häufig gefolgert, daß – wenn schon die Tötung zur Verteidigung des Eigentums eines anderen zulässig ist – es dann erst recht erlaubt sei, zum Schutz des eigenen Eigentums den Angreifer zu töten.[203] Andere wiederum lehnen diesen An-

---

198 Klabe, Ehrennotwehr, S. 81; Knetsch, Peinliche Gerichtsordnung, S. 10; Schmitz, Schutzobjekte, S. 13.

199 Vgl. Schaffstein, Allgemeine Lehren, S. 74; Schmitz, Schutzobjekte, S. 13.

200 So auch Klabe, Ehrennotwehr, S. 82f. im Anschluß an Knetsch, Peinliche Gerichtsordnung, S. 14f.

201 Knetsch, Peinliche Gerichtsordnung, S. 57; E. Schmidt, Einführung, S. 115; Stiller, Grenzen, S. 16; Weimar, Grenzen, S. 17.

202 Art. 150 II CCC: „Jtem so eyner zur rettung eynes andern leib, leben oder gut jemandt erschlecht, Jtem so leut tödten, die jr sinn nit haben. (...)".

203 v. Bar, Gesetz und Schuld III, S. 129; Knetsch, Peinliche Gerichtsordnung, S. 27; Levita, Notwehr, S. 150; F. Oetker, Notwehr, S. 259 Fn. 1; Zachariä, ArchCrim N.F. 8, 1841, S. 432ff.; vgl. auch Heffter, Lehrbuch, S. 42 Fn. 4 und Tittmann, Handbuch I, S. 271f.

satz ab und gehen davon aus, daß die CCC die Tötung zur Verteidigung von Sachwerten grundsätzlich nicht zuläßt.[204] Teilweise ist man auch der Ansicht, daß Art. 150 II CCC nur auf die Notwehrregelung des Art. 140 CCC verweist: Wenn sich die Wissenschaft dazu durchringe, die Eigentumsnotwehr uneingeschränkt anzuerkennen, dann sei auch die Verteidigung von fremden Gütern uneingeschränkt erlaubt.[205]

Eine ausführliche Auseinandersetzung mit der Notwehrfähigkeit des Eigentums würde den Rahmen dieser Untersuchung überschreiten. Eine kurze Betrachtung dieser Problematik ist aber unentbehrlich, da eine enge Verbindung zur Zulässigkeit der Nothilfe besteht. Es scheint schwer vorstellbar, daß das eigene Eigentum in geringerem Umfange verteidigt werden darf als fremde Güter. Teilweise wird versucht, diesen Widerspruch als einen „angeblichen" zu bezeichnen. Man sagt, daß der Grund für die größeren Befugnisse des Nothelfers darin angelegt ist, daß dieser ja nicht wissen könne, ob der Angriff nur auf das Eigentum oder auch auf die Person des Opfers gerichtet ist. Um zu vermeiden, daß der Nothelfer bei der Eigentumsnothilfe auf eigene Gefahr handele oder untätig bleibe, werde die Eigentumsnothilfe im Gegensatz zur Eigentumsnotwehr zugelassen.[206] Diese Begründung überzeugt nicht, denn auch der Notwehrübende kann bei einem Angriff nicht immer erkennen, ob der Angreifer es „nur" auf sein Eigentum abgesehen hat. Gegen die Übertragung des Gedankens aus Art. 150 II CCC zur Begründung der Zulässigkeit tödlicher Eigentumsnotwehr wird vorgebracht, daß die Tötung in Notwehr zum Schutz von Sachgütern in der gemeinrechtlichen Literatur[207] nach Erlaß der CCC zunächst als sehr problematisch angesehen und der „Erst-recht-Schluß" erst relativ spät herangezogen wird[208]. Des weiteren denke die CCC nur an Angriffe auf Leib und Leben, wenn sie die Voraussetzung eines Angriffs mit tödlichen Waffen aufstellt.[209] Dem ist zu entgegnen, daß die CCC nicht alles selbst erschöpfend regeln will.[210] Man könnte insofern auch davon ausgehen, daß die CCC nur den Fall der Nothilfe bei Angriffen

204 LK[12]-Rönnau/Hohn, § 32, Rn. 4; Katz, Grundriss, S. 17f. Fn. 5; Luden, Abhandlungen II, S. 491; ders., Handbuch I, S. 297 Fn. 9; Mayer, Zeitwende 1935/36 II, S. 359; Schmitz, Schutzobjekte, S. 14f.; Uttelbach, Verhältnismäßigkeit, S. 28; vgl. auch Courakis, Sozialethische Begründung, S. 55f. Fn. 121; MüKo-StGB-Erb, § 32, Rn. 4; Schroeder, FS Maurach, S. 128; Sternberg-Lieben, JA 1996, S. 129; Sundermann, Schußwaffengebrauch, S. 157.

205 Brunnenmeister, Quellen, S. 182; wohl auch Schmitt-Lermann, Notwehr, S. 32.

206 Courakis, Sozialethische Begründung, S. 55f. Fn. 121.

207 Hierzu ausführlich Knetsch, Peinliche Gerichtsordnung, S. 18ff.; Schaffstein, Allgemeine Lehren, S. 76ff.

208 Krey, JZ 1979, S. 705; vgl. auch Stiller, Grenzen, S. 17 und Uttelbach, Verhältnismäßigkeit, S. 28f.

209 Uttelbach, Verhältnismäßigkeit, S. 29.

210 Vgl. Klabe, Ehrennotwehr, S. 83; Knetsch, Peinliche Gerichtsordnung, S. 25f.

gegen das Eigentum besonders hervorheben will, um damit zu zeigen, daß diese grundsätzlich nicht ausgeschlossen sein sollte. Daß die Eigentumsnotwehr in Art. 140 CCC nicht ausdrücklich genannt wird, könnte daher rühren, daß in diesem Artikel nur ein besonders kräftiges Beispiel für eine erlaubte Tötung gegeben werden soll. Es lassen sich also gute Gründe für die Bejahung bzw. Verneinung der Frage, ob die CCC eine Tötung in Eigentumsnotwehr gestattete, anführen. Eine zweifelsfreie Antwort auf diese Frage lassen die Regelungen der CCC jedoch nicht zu.[211]

Die Verteidigungshandlung muß nach Art. 142 CCC[212] zumindest erforderlich gewesen sein. Ob ein Proportionalitätserfordernis im Sinne einer Verhältnismäßigkeitsprüfung aufgestellt wird, ist strittig. Diejenigen, die aus Art. 140 CCC folgern, daß nur der menschliche Körper und nicht das Eigentum mit tödlicher Gegenwehr verteidigt werden darf, gehen davon aus, daß die CCC das Proportionalitätsprinzip nicht kennt, da bei Angriffen auf Leib und Leben jede Verteidigung bis zur Tötung des Angreifers zulässig ist.[213] Andere wiederum meinen, daß die CCC zumindest bei der Tötung in Notwehr zum Schutze des Eigentums das Erfordernis der Proportionalität aufstellt.[214] Da vorliegend nicht entschieden werden konnte, inwieweit das Eigentum ein notwehrfähiges Rechtsgut im Sinne des Art. 140 CCC ist, kann auch hier keine Entscheidung darüber getroffen werden, inwieweit sich die Verteidigung am Proportionalitätserfordernis messen lassen muß.

Übrigens ist es nicht so, daß nach der CCC nur Tötungen gerechtfertigt werden können. Auch Körperverletzungen sind durch Notwehr zu rechtfertigen. Grund für die Behandlung der Notwehr bei den Tötungen ist wohl unter anderem der, daß die CCC nur für den wichtigsten und häufigsten Fall dem Richter feste Anhaltspunkte vorgeben will.[215] Keinesfalls ist es so, daß die Tötung zur Verteidigung des Lebens straflos, die Körperverletzung im selben Fall aber strafbar ist.

Die Verteidigung eines anderen, also nach heutigem Verständnis die Nothilfe, spricht Art. 150 II CCC an. Es fällt zunächst die Trennung zwischen Nothilfe

---

211 Offengelassen auch von Krey, JZ 1979, S. 705 und Stiller, Grenzen, S. 18.

212 „...so eyner der ersten benötigung halb redlich vrsach zur notweer gehabt, vnd doch inn der that nit alle vmbstende, die zu eyner gantzen entschuldigten notweer gehören, gehalten hett,...".

213 Uttelbach, Verhältnismäßigkeit, S. 31; vgl. auch Klabe, Ehrennotwehr, S. 91 und Suppert, Studien, S. 49 Fn. 32. Kühl, FS Triffterer, S. 159 weist darauf hin, daß in einem Fall, in dem sich das Leben des Angreifers und das des Verteidigers gegenüberstehen, die Frage der Güterproportionalität nicht stellt.

214 Knetsch, Peinliche Gerichtsordnung, S. 71; a.A. wohl Klabe, Ehrennotwehr, S. 92.

215 Levita, Notwehr, S. 143; Knetsch, Peinliche Gerichtsordnung, S. 61ff.; Schmitt-Lermann, Notwehr, S. 64f.; Zachariä, ArchCrim N.F. 8, 1841, S. 431; a.A. Geyer, Notwehr, S. 134.

und Notwehr auf. So steht die Notwehr in Art. 139 CCC unter der Überschrift „Erstlich von rechter notweer, wie die entschuldigt" und vor Art. 140 CCC heißt es „Was eyn recht notweer ist". Hingegen lautet die Überschrift des Art. 150 CCC „Hernach werden etliche entleibung inn gemeyn berürt, die auch entschuldigung auff jn tragen mögen, so darinn ordentlicher weiß gehandelt wirdt". Es sprechen also schon allein die Überschriften gegen eine Gleichstellung von Notwehr und Nothilfe in der CCC.[216] Daneben differenziert die CCC auch zwischen den Rechtsfolgen, die eine Handlung nach Art. 139, 140 CCC und eine Handlung nach Art. 150 II CCC nach sich zieht. Bei der Notwehr ist die Straflosigkeit ausdrücklich angeordnet. Handlungen, die unter Art. 150 II CCC fallen, können lediglich eine Entschuldigung in sich tragen. In solch einem Fall ist der Richter anders als bei der Notwehr gehalten, den Rat von Rechtsverständigen einzuholen.[217] Insofern ist davon auszugehen, daß die CCC Notwehr und Nothilfe als zwei verschiedene Entschuldigungsgründe auffaßt und die Ausgestaltung des einen nicht notwendigerweise Einfluß auf den Inhalt des anderen haben muß.[218] Jedoch hat dies nicht zur Folge, daß sich Notwehr und Nothilfe dem Inhalt nach wesentlich unterscheiden. Die Voraussetzungen der Nothilfelage sind im großen und ganzen die gleichen wie bei der Notwehrlage. Eine Einschränkung dergestalt, daß nur Angehörige oder sonst nahestehende Personen verteidigt werden dürfen, gibt es nicht.[219] Dies geht nicht nur aus Art. 150 II CCC hervor, der keine derartige Einschränkung vornimmt. Man kann dies auch aus Art. 119 CCC schließen, welcher den Fall schildert, daß sich eine Frau im Falle der Notzucht des „(übelthetters) erweerte, oder von solcher beschwernuß sunst erreth würd".[220]

Die gemeinrechtlichen Gelehrten sind sich trotz der verhältnismäßig klaren Regelung der Nothilfe sehr uneins über deren Behandlung. So treten Damhouder, Berlich und Harpprecht für ein weites Nothilferecht ein. Teilweise wird sogar die Nothilfe als eine Pflicht angesehen. Andere jedoch wie Rauchdorn, Perneder und Obrecht beschränken die Befugnis zur Nothilfe auf einen bestimmten Per-

216 Haas, Notwehr, S. 57; Knetsch, Peinliche Gerichtsordnung, S. 25; Krey, JZ 1979, S. 705 Fn. 51; vgl. auch Montenbruck, Thesen zur Notwehr, S. 15 Fn. 56, der von der Argumentation mit den Überschriften nicht ganz überzeugt ist: „Vielleicht sehen wir sie jedoch zu sehr aus unserer Sicht".

217 Art. 150 III CCC, vgl. hierzu v. Hippel, Strafrecht I, S. 203; Krey, JZ 1979, S. 705 Fn. 51; E. Schmidt, Einführung, S. 116.

218 Knetsch, Peinliche Gerichtsordnung, S. 64; Krey, JZ 1979, S. 705; Schmitz, Schutzobjekte, S. 14; Stiller, Grenzen, S. 17; Uttelbach, Verhältnismäßigkeit, S. 29. Levita, Notwehr, S. 150 meint aber, daß „die Verteidigung Dritter und der eigenen Person wesentlich auf demselben Rechtsgrunde ruhen".

219 Brunnenmeister, Quellen, S. 183; Knetsch, Peinliche Gerichtsordnung, S. 64f. A.A. Kargl, ZStW 110 (1998), S. 67.

220 Vgl. Abegg, Untersuchungen, S. 358.

sonenkreis – zum Beispiel auf Verwandte – oder lehnen sie ganz ab. Bemerkenswerterweise wird hier zwar teilweise Bezug auf die CCC genommen, jedoch wird der Text des Art. 150 CCC nicht immer diskutiert. Dies mag daran liegen, daß die damaligen Schriftsteller häufig nicht allein das objektive Recht der CCC wiedergeben wollten, sondern vielmehr ihre höchstpersönliche Rechtsauffassung.[221] Erst mit Carpzov wird der Streit um die Nothilfe in dem Sinne entschieden, daß Nothilfe allgemein und ohne Rücksicht auf Sonderbeziehungen zu dem Angegriffenen zulässig sein soll.[222]

Festzuhalten ist, daß in der CCC ein umfangreiches Notwehr- und Nothilferecht geschaffen wird. Anders als im Sachsenspiegel kann man hier ein Verteidigungsrecht erkennen, welches vom Racherecht losgelöst ist und nur der Abwehr gegenwärtiger Angriffe dienen soll. Auch wenn sich nicht mehr feststellen läßt, inwieweit das Eigentum verteidigt werden darf, und ob die Verteidigung verhältnismäßig sein muß, ist doch zu sagen, daß die Regelungen der CCC über Notwehr und Nothilfe sehr ausführlich sind. Notwehr und Nothilfe sind hier nicht wie nach heutigem Verständnis gleichgestellt. Beide Verteidigungsrechte unterscheiden sich aber nicht wesentlich nach Art und Umfang. Im Gegensatz zum römischen und kanonischen Recht fehlen in der CCC Hinweise auf die Begründung von Notwehr und Nothilfe. Die gemeinrechtlichen Gelehrten sehen zum Teil die Notwehr als ein göttliches und natürliches Recht an, welches von niemandem genommen werden könne.[223] Es wird aber auch die Staatsbezogenheit der Notwehr erkannt. Namentlich Carpzov und Obrecht gehen davon aus, daß derjenige, der sich gegen den Mörder nicht verteidigt, dem Staat seine Kraft entzieht.[224] Auch das Nothilferecht wurde zum Teil aus der Staatsidee abgeleitet.[225] Man kann also sowohl individuelle als auch überindividuelle Elemente in den Theorien zur Begründung der Notwehr erkennen.

VI. Die neuzeitlichen Kodifikationen

1. Das Allgemeine Landrecht für die preußischen Staaten von 1794

In den zwei Jahrhunderten nach Entstehung der CCC werden keine Strafgesetze geschaffen, die eine Weiterentwicklung der Notwehr bewirken; die Gesetzgebung befindet sich bei der Frage nach Notwehr und Nothilfe in einer Phase der

221 Uttelbach, Verhältnismäßigkeit, S. 31.
222 Vgl. zum Ganzen Haas, Notwehr, S. 59ff.; Schmitt-Lermann, Notwehr, S. 67ff., jeweils m.w.N.
223 Schmitt-Lermann, Notwehr, S. 17f. m.N.
224 Carpzov, Practica Nova, q. 28, 11, S. 150; Obrecht, Tractatus, Kap. I, Rn. 24, S. 7.
225 Schmitt-Lermann, Notwehr, S. 68.

Stagnation.[226] Während dieser Zeit beschäftigt man sich im Naturrecht der Aufklärung immer intensiver mit der Emanzipation von den Autoritätsansprüchen der Kirche und der absoluten Souveräne. Es entstehen neue Gedanken in bezug auf die Begründung und den Umfang des Notwehr- und Nothilferechts.[227] Aber erst mit der Notwehrregelung des Allgemeinen Landrechts für die preußischen Staaten von 1794 (im II. Teil, 20. Titel, 9. Abschnitt) schlagen sich diese Gedanken zum ersten Mal in einer Kodifikation nieder.[228] Eine Konsequenz hiervon ist, daß die Notwehr nun nicht mehr bei den Tötungsdelikten, sondern vor den Straftaten gegen den einzelnen in §§ 517ff. ALR geregelt ist. In § 517 ALR heißt es: „Jeder hat die Befugniß, die ihm, oder den Seinigen, oder seinen Mitbürgern drohende Gefahr einer unrechtmäßigen Beschädigung, durch der Sache angemessene Hülfsmittel abzuwenden“[229]. Im Sinne der Naturrechtsschule wird der Kreis der notwehrfähigen Rechtsgüter sehr weit ausgedehnt – es werden alle Individualrechtsgüter als notwehrfähig anerkannt. Der Umfang der zulässigen Verteidigung ist jedoch stark beschränkt. Nach § 520 ALR muß das „zur Abwendung des Schadens gewählte Mittel mit dem Schaden selbst, welcher durch die Nothwehr abgewendet werden soll, in Verhältniß stehen“. Bemerkenswert ist, daß zum ersten Mal in einem neuzeitlichen Gesetz der Versuch unternommen wird, den Verhältnismäßigkeitsgedanken als allgemeinen Grundsatz für den Umfang der zulässigen Verteidigung in Notwehr heranzuziehen.[230] Auch in anderen Vorschriften des ALR kommt der geringe Umfang des Notwehrrechts zum Ausdruck. So besteht nach §§ 521ff. eine Verpflichtung zur Flucht, wenn es ansonsten zu einer lebensgefährlichen Verletzung des Angreifers kommen würde. Sachgüter dürfen nur dann mit lebensgefährlicher Gegenwehr verteidigt werden, wenn der bei Unterlassung der Verteidigung eintretende Schaden unersetzlich sein würde. Grund für die Einschränkungen des Notwehrrechts ist das absolutistische Staatsdenken. Dieses möchte das staatliche Gewaltmonopol möglichst weit ausdehnen und die private Selbsthilfe nur sehr eingeschränkt zulassen.[231]

Gem. § 517 ALR wird die Nothilfe unter den gleichen Voraussetzungen wie die Notwehr erlaubt. Trotz der Tatsache, daß Nothilfe zugunsten eines jeden anderen geleistet werden darf, fällt auf, daß das ALR die Nothilfe zugunsten Angehöriger und zugunsten Fremder begrifflich trennt, indem es in § 517 ALR von

226 Vgl. Geyer, Notwehr, S. 150; Haas, Notwehr, S. 67; Klabe, Ehrennotwehr, S. 93.
227 Hierzu Haas, Notwehr, S. 69ff.
228 Haas, Notwehr, S. 92; Lührmann, Tötungsrecht, S. 19; Schmitz, Schutzobjekte, S. 17.
229 Zit. nach Buschmann, Textbuch. Auch im folgenden wird bezüglich des ALR hierauf zurückgegriffen.
230 Cramer, Güterabwägung, S. 16; Uttelbach, Verhältnismäßigkeit, S. 39.
231 Hälschner, Geschichte, S. 221; Klabe, Ehrennotwehr, S. 94; Krey, JZ 1979, S. 706; Lührmann, Tötungsrecht, S. 20f.

der Gefahr spricht, die dem Notwehrübendem selbst, den Seinigen oder seinen Mitbürgern droht.

Das Notwehr- und Nothilferecht des ALR scheint nur wenig vom überindividuellen Gedanken beeinflußt zu sein. Die Formel, daß das Recht dem Unrecht nicht zu weichen braucht[232], läßt sich nur schwer aus den Regelungen des ALR herauslesen. Bei der Eigentumsnotwehr geht es nicht um die Verteidigung des Eigentums als Recht; vielmehr kommt es auf die konkreten Umstände des Einzelfalls an. Es heißt, daß das Eigentum nur dann durch eine lebensgefährliche Schädigung des Angreifers verteidigt werden darf, wenn der sonst eintretende Schaden unersetzlich wäre. Auch spricht die Regelung des § 523 ALR, wonach dem Angriff nach Möglichkeit auszuweichen ist, gegen die Annahme, daß mit dem Notwehrrecht des ALR eine Befugnis zur umfassenden Abwehr des Unrechts geschaffen werden soll. Der Einzelne soll sich gerade nicht dem angreifenden Unrecht entgegenstellen. Diesem ist grundsätzlich auszuweichen und nur dann, wenn sich der Angegriffene selbst in größter Gefahr befindet, oder der Verlust eines unersetzlichen Gutes droht, dürfen dem Angreifer lebensgefährliche Verletzungen zugefügt werden. Daß das ALR jedoch nicht nur von der Idee des Selbstschutzes geprägt ist, läßt sich aus der Nothilferegelung schließen, denn die Nothilfe darf in gleichem Umfang wie die Notwehr geübt werden – auch bei fehlender persönlicher Betroffenheit. Dennoch ist unverkennbar, daß durch die Betonung der Verteidigung „der Seinigen“ der Schwerpunkt beim Selbstschutz gesehen wird.[233]

2. Das Bayerische StGB von 1813

Das bereits vom Liberalismus geprägte Bayerische StGB von 1813, welches auf einem Entwurf von Paul Johann Anselm von Feuerbach beruht und die Notwehr im allgemeinen Teil regelt[234], greift die zahlreichen Einschränkungen der Selbst- und Fremdverteidigung des ALR nicht auf. Zwar fordert Art. 128 II Bayerisches StGB die Verhältnismäßigkeit zwischen geführtem Angriff und benutztem Verteidigungsmittel; die Notwehr selbst hängt aber nicht von einer Verhältnismäßigkeit zwischen angegriffenem Rechtsgut und dem durch die Verteidigungshandlung drohenden Schaden ab.[235] Notwehrfähig sind gem. Art. 129 Bayerisches StGB praktisch alle Individualrechtsgüter. Bei der Verteidigung von Sachgütern kommt es nicht auf deren Unersetzlichkeit an. Die Notwehrhandlung

---

232 Berner, ArchCrim N.F. 15, 1848, S. 557 und 562; ders., Lehrbuch, S. 107.

233 Schroeder, FS Maurach, S. 129.

234 Art. 125-136 Bayerisches StGB – der Länge wegen wird hier nicht zitiert. Der Wortlaut findet sich bei Buschmann, Textbuch.

235 Brandt, Entstehung, S. 364; Krey, JZ 1979, S. 707. Vgl. auch LK[12]-Rönnau/Hohn, § 32, Rn. 4.

ist gem. Art. 128 I Bayerisches StGB allein danach zu beurteilen, ob diese erforderlich ist. Umfangreiche Flucht- und Ausweichpflichten wie im ALR werden dem Angegriffenen nicht auferlegt. Allerdings wird eine Verteidigung gem. Art. 127 Bayerisches StGB für nicht notwendig erachtet, wenn „Zeit und Gelegenheit zu anderen dem Angegriffenen nicht unbekannten Mitteln vorhanden waren, durch welche derselbe ohne alle andere Gefahr sich dem Angriffe zu entziehen, das bedrohte Gut in Sicherheit zu bringen, oder sonst die Absicht des Angreifers zu vereiteln vermochte“[236]. Auch ist die private Selbstverteidigung subsidiär gegenüber der obrigkeitlichen Hilfe.[237]

Nothilfe wird in Art. 125 und 126 Bayerisches StGB unter den gleichen Voraussetzungen wie die Notwehr zugelassen. Das Gesetz spricht im Gegensatz zum ALR nur noch von „anderen“ und hebt die Verteidigung von Angehörigen nicht besonders hervor.

Daß Feuerbach die Notwehr individualistisch begründet[238], läßt sich aus den Notwehr- und Nothilferegelungen des Bayerischen StGB nicht auf Anhieb herauslesen. Es darf aber nicht übersehen werden, daß Art. 128 II Bayerisches StGB sehr viele Beispiele gibt, wann der Gebrauch lebensgefährlicher Verteidigungsmittel strafbar ist. Hieraus und aus dem im Einzelfall bestehenden Fluchterfordernis wird teilweise gefolgert, daß der Staat das ihm selbst voraus liegende, ursprüngliche Recht der Notwehr beschränken will, die Notwehr im Bayerischen StGB also individualistisch zu verstehen ist.[239]

Für ein individualistisches Verständnis der Notwehr im Bayerischen StGB spricht jedenfalls, daß grundsätzlich nur die Erforderlichkeit der Verteidigung verlangt wird und keine Proportionalitätserwägungen angestellt werden müssen. Daß die Verwendung lebensgefährlicher Verteidigungsmittel limitiert wird, spricht nicht gegen diese Ansicht. Unterhalb der Schwelle des Einsatzes besagter Mittel muß keine Abwägung zwischen der dem Angreifer drohenden Verletzung und dem angegriffenen Rechtsgut vorgenommen werden. Die Tatsache, daß die Nothilfe unter den gleichen Voraussetzungen und in gleichem Umfang wie die Notwehr geleistet werden darf, läßt aber erkennen, daß das Bayerische StGB nicht nur den Selbstschutzgedanken, sondern auch die mitmenschliche Solidarität im Moment der Not rechtlich anerkennt. Insofern ist festzustellen, daß in der Notwehrregelung des Bayerischen StGB sowohl der individuelle als auch der überindividuelle Gesichtspunkt zum Ausdruck kommt.

---

236 Zit. nach Buschmann, Textbuch.

237 Vgl. hierzu Brandt, Entstehung, S. 363f.; Stiller, Grenzen, S. 22.

238 Lührmann, Tötungsrecht, S. 21; Sander, Notwehr, S. 25f.; vgl. auch Bitzilekis, Einschränkung, S. 32f. und Pawlik, ZStW 114 (2002), S. 278ff.

239 Vgl. Sander, Notwehr, S. 37.

3. Das Preußische StGB von 1851

Knapp 40 Jahre nach dem Bayerischen StGB tritt das Preußische StGB im Jahre 1851 in Kraft. Bei den Vorarbeiten zum Preußischen StGB ist man sich weitgehend darüber einig, daß die Notwehrregelung des ALR bedeutend erweitert werden müsse.[240] Dieser Forderung wird mit § 41 Preußisches StGB entsprochen. Dieser lautet: „Ein Verbrechen oder Vergehen ist nicht vorhanden, wenn die That durch die Nothwehr geboten war. Nothwehr ist diejenige Vertheidigung, welche erforderlich ist, um einen gegenwärtigen rechtswidrigen Angriff von sich selbst oder Anderen abzuwenden. (...)"[241].

Diese Notwehrregelung hat mit der des ALR nicht mehr viel gemein. Alle Individualrechtsgüter – ob unersetzlich oder nicht – dürfen notfalls mit lebensgefährlichen Mitteln verteidigt werden. Nothilfe wird von § 41 Preußisches StGB unter den gleichen Voraussetzungen wie die Notwehr zugelassen. Die Verhältnismäßigkeitserwägungen erschöpfen sich in der Forderung, daß die Verteidigung erforderlich gewesen sein muß. Grund für die Ablehnung einer umfassenden Verhältnismäßigkeitsprüfung sind unter anderem praktische Erwägungen. Man meint, daß vom Notwehrübenden im Moment des Angriffs keine klare Abwägung der Rechtsgüterwerte verlangt werden könne. Auch sei fraglich, ob man überhaupt immer eindeutig eine Abwägung zwischen den betroffenen Rechtsgütern vornehmen könne.[242] Eine Ausweichpflicht wird nicht statuiert. Im Notwehrrecht des Preußischen StGB wird also der „extrem-liberalistische"[243] Grundsatz, daß das Recht dem Unrecht nicht zu weichen brauche, zum ersten Mal in der Geschichte der Strafgesetzgebung vollständig verwirklicht.[244] Es kommt hier zu einer Betonung des überindividuellen Gedankens, der für die Weite des § 41 Preußisches StGB zumindest mitbestimmend ist. Der Individualschutzgedanke wird aber nicht aufgegeben.[245] Die preußische Notwehrregelung

---

240 Beseler, StGB Preußen, S. 186; vgl. aber auch Suppert, Studien, S. 52.

241 Zit. nach Buschmann, Textbuch. Bei den Vorarbeiten zu dieser Regelung wurde übrigens der französische Code pénal von 1810 benutzt, über dessen Notwehrregelung das Preußische StGB jedoch hinausgeht, vgl. hierzu Beseler, StGB Preußen, S. 187; Brandt, Entstehung, S. 449ff.

242 Goltdammer, Materialien I, S. 366f., 420f.; Beseler, StGB Preußen, S. 186; Uttelbach, Verhältnismäßigkeit, S. 44; vgl. auch Schroeder, FS Maurach, S. 129, der darauf hinweist, daß die Motive zum Preußischen StGB für die „einschneidende Ausweitung" der Notwehr wenig hergeben.

243 Kratzsch, Grenzen, S. 173; ders., GA 1971, S. 76. A.A. Klose, ZStW 89 (1977), S. 90 Fn. 69. Vgl. auch Fletcher, Basic Concepts, S. 133.

244 Bockelmann, FS Dreher, S. 243; Krey, JZ 1979, S. 707; Schmitz, Schutzobjekte, S. 19; Sundermann, Schußwaffengebrauch, S. 158; Suppert, Studien, S. 53; vgl. auch Schroeder, FS Maurach, S. 130; Kühl, Naturrecht, S. 323 und Roxin, ZStW 93 (1981), S. 96 Fn. 69.

245 Kühl, Naturrecht, S. 323.

wird der Sache nach unverändert in das RStGB von 1871 übernommen und wirkt noch heute in § 32 StGB fort.

4. Notwehr und Nothilfe in den übrigen Partikularstrafrechtsordnungen

Eine so umfassende Befugnis zur Notwehr, wie sie das Bayerische StGB von 1813 und das Preußische StGB von 1851 festschreiben, findet sich in keinem anderen Gesetzbuch[246]. Oft wird der Verhältnismäßigkeitsgrundsatz angesprochen[247] und eine Ausweichpflicht normiert. Die Nothilfe wird grundsätzlich zugunsten eines jeden anderen gestattet. Gesetzgebungstechnisch findet sich die Nothilfe schon häufig in der Regelung der Notwehr selbst. Manchmal wird sie aber auch in einer eigenen Norm erwähnt und der Notwehr gleichgestellt.[248] Auffallend ist hierbei, daß die (Nothilfe-)Normen dem Helfenden in der Regel „alle Rechte der Notwehr, wie de(m) Angegriffene(n) selbst“[249] zugestehen. Bei unbefangenem Lesen solcher Formulierungen kann man auf die Idee kommen, daß sich das Notwehrrecht des Angegriffenen dupliziert und zu einem Teil auf den Nothelfer übertragen wird, es also keine eigentliche Nothilfe gibt. Weiter könnte man schließen, daß jeder rechtswidrige Angriff die eigene Person betrifft und man, vermittelt durch den Angegriffenen, ein eigenes Notwehrrecht erhält.[250] Gegen diese Ansicht spricht jedoch, daß die umfassende Anerkennung der Nothilfe zugunsten eines jeden anderen erst jüngeren Datums ist. Die Gesetzgeber des 19. Jahrhunderts wollten kein allgemeines Unrechtsverhinderungsrecht in dem Sinne einführen, daß ein rechtswidriger Angriff auf einen einzelnen zugleich jeden anderen Rechtsgenossen mitbetrifft. Vielmehr ist davon auszugehen, daß die damaligen Strafgesetzbücher die Nothilfe unter den gleichen Voraussetzungen und im gleichen Umfang wie die Notwehr zulassen und nicht den Nothelfer als „auch Angegriffenen“ bezeichnen wollten.

In den Kommentaren zu den damaligen Strafgesetzbüchern setzt man sich nur sehr selten mit dem Rechtsgrund der Notwehr und Nothilfe auseinander. Ab und

---

246 Vgl. die Auflistung bei R. Schröder, FS Gagnér, S. 405 sowie die Quellensammlung von Stenglein.

247 Uttelbach, Verhältnismäßigkeit, S. 40ff. (mit einer kurzen Auflistung verschiedener Notwehrregelungen).

248 Vgl. etwa Art. 104 StGB Württemberg (1839), Art. 80 StGB Hannover (1840) und Art. 50 StGB Hessen (1841).

249 Z.B. Art. 50 Hess. StGB: „Wer einem Anderen, der sich in rechter Nothwehr befindet, mit thätlicher Hülfe beisteht, gleichviel ob der Angegriffene im Stande gewesen, sich selbst zu vertheidigen oder nicht, hat für sich alle Rechte der Nothwehr, wie der Angegriffene selbst.“, zit. nach Stenglein.

250 Vgl. hierzu auch die Aussagen der gemeinrechtlichen Schriftsteller bei Schmitt-Lermann, Notwehr, S. 67ff. sowie Renzikowski, Notstand, S. 96 m.N.

zu findet man die Formulierung, daß die Gestattung der Notwehr nichts weiter als die Anerkennung eines natürlichen Rechts sei.[251] Soweit ersichtlich, wird ansonsten nicht weiter darauf eingegangen, inwieweit Notwehr und Nothilfe dem individuellen bzw. überindividuellen Gedanken verhaftet sind und welche Konsequenzen dies für Voraussetzung und Umfang des Notwehr-/Nothilferechts besitzt.

VII. Das Reichsstrafgesetzbuch von 1871

1870 wird das Strafgesetzbuch für den Norddeutschen Bund vorgelegt, welches durch den Beitritt der süddeutschen Staaten zum Reichsstrafgesetzbuch wird. In § 53 RStGB wird die preußische Notwehrregelung übernommen.[252] Es bleibt bei dem nur durch das Merkmal der Erforderlichkeit begrenzten Notwehrrecht. Notwehr und Nothilfe werden ihren Voraussetzungen und ihrem Umfang nach vollkommen gleich behandelt.[253]

VIII. Die Entwicklung nach 1871

Mit § 53 RStGB findet die Notwehrgesetzgebung in Deutschland der Sache nach ihren Abschluß. Es fehlt jedoch nicht an Versuchen, dem teilweise als zu weit gehend empfundenen Notwehr- und Nothilferecht engere Grenzen zu setzen. In der Weimarer Republik legt Gustav Radbruch einen Entwurf vor, welcher vorsieht, daß die Notwehr „in einer den Umständen angemessenen Weise" zu erfolgen habe. Diese Formel wird dann in den amtlichen Entwurf von 1925 übernommen, stößt aber auf heftige Kritik und wird niemals Gesetz.[254] Auch die Notwehrregelungen in den darauf folgenden Entwürfen[255] können sich nicht durchsetzen. Der Gesetzgeber beläßt es bei der weiten Regelung des § 53 RStGB.[256]

---

251 Breidenbach, StGB Hessen, S. 609; Leonhardt, StGB Hannover, S. 335.

252 § 53 RStGB: „Eine strafbare Handlung ist nicht vorhanden, wenn die Handlung durch Notwehr geboten war. Notwehr ist diejenige Verteidigung, welche erforderlich ist, um einen gegenwärtigen, rechtswidrigen Angriff von sich oder einem anderen abzuwenden".

253 Wobei aber nicht übersehen werden soll, daß Nothilfe teilweise vom Willen des Angegriffenen abhängig ist, A. Köhler, Strafrecht AT, S. 357; vgl. aber auch F. Oetker, Notwehr, S. 290 und Wachenfeld, Strafrecht, S. 117. Aus der neueren Literatur Kühl, Jura 1993, S. 236; ders., Strafrecht AT, § 7, Rn. 143ff.; Seier, NJW 1987, S. 2478ff.

254 Hierzu Lührmann, Tötungsrecht, S. 22f.; E. Schmidt, Notwehr, S. 53.

255 Vgl. E. Schmidt, Notwehr, S. 53.

256 Im Gegensatz zu § 53 StGB a. F. (vgl. Fn. 252) heißt es heute in § 32 I StGB, daß eine durch Notwehr gebotene Tat nicht *rechtswidrig* ist.

Auch die Rechtsprechung versucht zum Teil, das Notwehrrecht des § 53 RStGB einzuschränken. In einer Entscheidung des Reichsgerichts aus dem Jahre 1892 wird festgestellt, daß eine durch Revolverschüsse hervorgerufene Köperverletzung zur Verteidigung von Bierkrügen und -gläsern nicht durch Notwehr gerechtfertigt werden könne. Hier stünde der Körperverletzungserfolg mit dem drohenden Verlust der Bierkrüge und -gläser in einem so beträchtlichen Mißverhältnis, daß allein wegen dieses Mißverhältnisses kein Notwehrrecht bestehen könne.[257] Später wendet sich das Reichsgericht jedoch von diesem Urteil ab, indem es annimmt, daß Schüsse auf fliehende Obstdiebe gerechtfertigt seien.[258] In dieser Entscheidung geht es davon aus, daß zwar häufig der Angegriffene aus eigenem sittlichen Empfinden bei geringfügigen Gütern auf eine lebensgefährliche Verteidigung verzichten würde; hierzu bestehe jedoch keine Rechtspflicht, da es keine Voraussetzung der Notwehr sei, die „Wertverhältnisse“ zu prüfen und gegeneinander abzuwägen.[259] Diese rigorose Ansicht hat aber nicht lange Bestand. In der Folgezeit wird die Notwehrbefugnis durch die Rechtsprechung begrenzt.[260]

IX. Fazit

Der Streifzug durch die Geschichte der Selbst- und Fremdverteidigung ergibt, daß alle behandelten Gesetze und Rechtssatzsammlungen dem natürlichen Selbsterhaltungstrieb, der jedem Menschen innewohnt, Rechnung tragen. Zu jeder Zeit wird erkannt, daß es für ein geordnetes Zusammenleben der Menschen unabdingbar ist, Regelungen für den Fall zu schaffen, daß ein Mensch einen anderen angreift. Die Gründe, die hinter der eingeräumten Verteidigungsbefugnis stecken und die Ausgestaltung derselben, sind unterschiedlich. Wo sich noch keine starke Staatsgewalt entwickelt hat, bezweckt die Verteidigung nicht nur die Abwehr des gegenwärtigen Angriffs, sondern dient auch der Bestrafung des Täters. Notwehr und Nothilfe, wie wir sie heute kennen, müssen sich erst als eigenständige Rechtsinstitute gegenüber der Privatrache und dem „Rechtsinstitut“ der Friedlosigkeit durchsetzen.[261]

Nothilfe wird meist nur am Rande behandelt. Zwar statuiert schon das römische Recht in bestimmten Fällen eine Nothilfepflicht – daß ein allgemeines Recht zur

257 RGSt 23, 116 (117).

258 RGSt 55, 82 (85).

259 RGSt 55, 82 (86).

260 Vgl. z.B. BGH, NJW 1962, S. 308f. Siehe auch Lührmann, Tötungsrecht, S. 23ff. sowie E. Schmidt, Notwehr, S. 54f.

261 Geib, Strafrecht II, S. 228 irrt also, wenn er meint, daß Notwehr keine Geschichte habe. Wie sich gezeigt hat, ist die Notwehr nicht etwas schon immer Dagewesenes, sondern mußte sich erst im Laufe der Zeit entwickeln.

Nothilfe zugunsten eines jeden anderen besteht, wird jedoch nicht ausdrücklich gesagt. Dies rührt daher, daß bei der Betonung des „subjektiven Naturrechts auf Selbsterhaltung“[262] für eine umfassende Nothilfe kein Platz ist. Oftmals ist es bei der Behandlung der Nothilfe so, daß diese die Hilfe zugunsten nahestehender Personen zum Gegenstand hat bzw. besonders hervorhebt, da der Nothelfer nur dann selbst betroffen ist und ihm eben nur in dieser Situation die Befugnis zum Einschreiten zugesprochen werden soll. Die allgemeine Anerkennung der Nothilfe zugunsten fremder Menschen ist eine Erscheinung der neueren Zeit. Der Umfang der Nothilfe entspricht aber seit jeher weitgehend dem der Notwehr. Insofern bietet der geschichtliche Befund keinerlei Anlaß zur Revision der Annahme, daß Notwehr und Nothilfe im heutigen und auch im künftigen Recht gleich behandelt werden können[263].

C. Notwehr und Nothilfe bei Kant und Hegel

Bevor auf die Notwehr- und Nothilferegelung ausländischer Rechtsordnungen eingegangen wird, erscheint an dieser Stelle ein Blick auf die philosophischen Zusammenhänge der Selbst- und Fremdverteidigung angebracht. Dabei werden exemplarisch die Gedanken von Kant und Hegel bezüglich Notwehr und Nothilfe herangezogen. Das mag zunächst ein wenig verwunderlich erscheinen, wenn man bedenkt, daß weder der eine noch der andere versucht, eine in sich geschlossene Notwehrtheorie zu entwickeln. Kant erwähnt die Notwehr an verschiedenen Stellen eher beiläufig; Hegel geht an keiner Stelle ausdrücklich auf dieses Selbstverteidigungsrecht ein.

Der Grund für die Auseinandersetzung mit den beiden großen Philosophen besteht darin, daß ihr Wirken dennoch von erheblichem Einfluß auf das Notwehrrecht war[264]. Dies zeigt sich heute noch daran, daß meist die individuelle Notwehrbegründung auf Kant und seine Nachfolger, die überindividuelle Notwehrbegründung hingegen auf Hegel und seine Schüler zurückgeführt wird.[265] Diese seit Jahrzehnten tradierte Auffassung wird erst in letzter Zeit in Frage gestellt.[266] Im folgenden soll der Frage nachgegangen werden, ob sich in Kants und Hegels

---

262 Vgl. Haas, Notwehr, S. 120.

263 Man könnte allerdings überlegen, ob die häufige Hervorhebung der zugunsten von Angehörigen geleisteten Nothilfe bei der Auslegung des heutigen Rechts zu berücksichtigen ist. Dem steht jedoch die Regelung des § 35 StGB entgegen, mit der der Gesetzgeber zeigt, daß er die Sonderverbindungen von Gefährdetem und Helfer durchaus rechtlich zu würdigen weiß. Bei der Nothilfe (§ 32 StGB) mißt er ihr offensichtlich keine Relevanz bei.

264 Vgl. Bitzilekis, Einschränkung, S. 28; Kühl, FS Triffterer, S. 158ff.; Schmitz, Schutzobjekte, S. 18f.

265 Pawlik, ZStW 114 (2002), S. 259f. mit Fn. 4.

266 Pawlik, ZStW 114 (2002), S. 259ff.

Ausführungen Gedanken finden, die sich für den Umfang und die Grenzen des heutigen Notwehr- und Nothilferechts fruchtbar machen lassen.

I. Das Notwehr- und Nothilferecht bei Kant

Da Kant auf die Nothilfe selbst nicht eingeht[267], bedarf es zunächst eines Blickes auf sein Verständnis vom Notwehrrecht, um feststellen zu können, inwieweit Notwehr und Nothilfe gleich zu behandeln sind.

1. Grund der Notwehr

In den Vorarbeiten zur „Metaphysik der Sitten" führt Kant in Reflexion Nr. 7195 aus: „Die Nothwehr ist der einzige Casus necessitatis gegen den Beleidiger. Obrigkeiten, welche die Selbstvertheidigung mit großer Beschädigung des andern verbieten, müssen wissen, daß sie dem Menschen sein heiligstes Recht nehmen, um dasselbe zu verwalten..."[268]. Bei flüchtiger Betrachtung könnte man diese Stelle in dem Sinne deuten, daß Kant die Notwehr als ein dem Staat voraus liegendes, ursprüngliches Recht eines jeden Menschen auffaßt und damit zu den Vertretern der individuellen Notwehrbegründung zählt. Abgesehen davon, daß Kant diese Formulierung nicht in den veröffentlichten Text der „Metaphysik der Sitten" übernimmt, könnte eine solche Deutung zu kurz greifen.

Um Kants Verständnis von der Notwehr zutreffend zu erfassen, bedarf es zunächst einiger grundlegender Ausführungen zur Ansicht Kants vom Recht. Kant sieht das Recht als den „Inbegriff der Bedingungen, unter denen die Willkür des einen mit der Willkür des andern nach einem allgemeinen Gesetze der Freiheit zusammen vereinigt werden kann"[269] an. Weiter führt er aus, daß eine Handlung dann recht sei, wenn sie oder nach ihrer Maxime „die Freiheit der Willkür eines jeden mit jedermanns Freiheit nach einem allgemeinen Gesetz zusammen bestehen kann"[270]. Nachdem Kant erläutert, was Unrecht[271] ist, kommt er auf die Zwangsbefugnis zu sprechen. Er führt aus, daß das Recht mit der Befugnis zu

267 Kant verwendet das Wort „Nothülfe" zwar in Reflexion Nr. 7665 (Handschriftlicher Nachlaß, S. 482); allerdings nicht in dem Sinne, daß jemand einem anderen bei der Abwehr eines gegenwärtigen rechtswidrigen Angriffs beisteht.

268 Kant, Handschriftlicher Nachlaß, S. 269.

269 Kant, Metaphysik der Sitten, S. 230.

270 Kant, Metaphysik der Sitten, S. 230.

271 Kant, Metaphysik der Sitten, S. 230f.: „Wenn also eine Handlung, oder überhaupt mein Zustand mit der Freiheit von jedermann nach einem allgemeinen Gesetze zusammen bestehen kann, so thut der mir Unrecht, der mich daran hindert; denn dieses Hinderniß (dieser Widerstand) kann mit der Freiheit nach allgemeinen Gesetzen nicht bestehen". Kurz gesagt: Unrecht ist hier bei Kant als „Freiheitswiderstand" zu verstehen, vgl. Küper, FS E.A. Wolff, S. 292.

zwingen verbunden ist: „Wenn ein gewisser Gebrauch der Freiheit selbst ein Hinderniß der Freiheit nach allgemeinen Gesetzen (d. i. unrecht) ist, so ist der Zwang, der diesem entgegengesetzt wird, als Verhinderung eines Hindernisses der Freiheit mit der Freiheit nach allgemeinen Gesetzen zusammen stimmend, d. i. recht“[272]. Im Mittelpunkt dieser Ausführungen Kants stehen die Begriffe Freiheit und Willkür. Zu beachten ist, daß Freiheit in diesem Zusammenhang nicht das Handeln nach Belieben bedeutet, sondern die Möglichkeit zu sittlich verantwortlichem Handeln.[273] Der Begriff der Freiheit ist ein reiner Vernunftbegriff transzendenter Natur, welcher durch den kategorischen Imperativ bedingt wird.[274] Insofern ist es auch möglich, daß durch Zwang nicht die Freiheit, wohl aber die Willkür eines anderen eingeschränkt wird: Wenn mich jemand von einem Handeln, welches meinem eigenen sittlichen gesetzgebenden Willen zuwiderlaufen würde, abhält, dann schränkt er zwar meine Willkür, nicht aber meine Freiheit ein[275].

Als geradezu klassischer Fall des befugten Zwanges bei Kant wird die Notwehr angesehen.[276]

Kant erwähnt diese im Rahmen der Erörterung des Notrechts. Er stellt einer Situation, in der zur Rettung des eigenen Lebens das Leben eines unbeteiligten Dritten angegriffen wird, diejenige Konstellation gegenüber, in der der Angegriffene die Bedrohung seines Lebens dadurch abwendet, daß er den ungerechtfertigt Angreifenden tötet.[277] Kant möchte hier den Gegensatz zwischen Notrecht und Notwehr verdeutlichen. Auf der einen Seite soll das Notrecht stehen, welches von ihm bekanntlich abgelehnt wird, und auf der anderen Seite steht die Notwehr als etwas selbstverständlich Zulässiges. Eine Begründung für die Zulässigkeit der Notwehr gibt Kant jedoch nicht. Auffallend ist, daß Kant die Notwehr anhand des Beispiels eines lebensgefährlichen Angriffs erörtert und nicht auf Angriffe anderer Rechtsgüter eingeht. Die Vernachlässigung der Auseinandersetzung mit solchen Angriffen ist jedoch aus Kants Perspektive gerechtfertigt. Ihm geht es nicht hauptsächlich um das konkrete Rechtsgut als solches. Kant stellt in den Mittelpunkt seiner Betrachtungen die Fähigkeit des Menschen zur „vernunftgemäßen Selbstmotivation“[278], welche dazu dient, mit anderen Menschen konfliktfrei interagieren zu können. Hierzu muß der Einzelne sich einem allgemeinen Gesetz unterstellen, mit anderen Worten, „der Ausübung

---

272 Kant, Metaphysik der Sitten, S. 231; vgl. auch Kargl, ZStW 110 (1998), S. 49f.; dens., NStZ 2000, S. 13.

273 Sander, Notwehr, S. 21.

274 Kant, Metaphysik der Sitten, S. 221ff.; vgl. hierzu Bitzilekis, Einschränkung, S. 29.

275 Sander, Notwehr, S. 21.

276 Küper, FS E.A. Wolff, S. 293; Pawlik, Notstand, S. 19.

277 Kant, Metaphysik der Sitten, S. 235.

278 Pawlik, ZStW 114 (2002), S. 271.

seiner Willkür also eine verallgemeinerungsfähige Form“[279] verleihen. Kant geht es also bei der Betrachtung eines Angriffs nicht primär um die konkret drohende Schädigung des Angreifers bzw. Angegriffenen. Der Blick ist hiervon weg auf die dem Angreifer zurechenbare Störung des Rechtsverhältnisses der am Konflikt Beteiligten zu richten. Die Notwehrbefugnis des Angegriffenen gründet sich genau in dieser Störung. Es ist nach Kants Konzeption nicht so, daß durch den Angriff das ursprüngliche, aus dem Naturzustand herrührende Recht der Notwehr wieder auflebt.[280] Die Befugnis zur Notwehr ist vielmehr dem Rechtsverhältnis der Personen immanent und wird durch die dem Angreifer zurechenbare Störung des Rechtsverhältnisses der Personen ausgelöst. Insofern sollte man sich auch davon verabschieden, Kants Notwehrlehre als „individualistisch“ zu bezeichnen.[281]

2. Umfang der Notwehr

Damit die Notwehr nach Kant zulässig ist, bedarf es eines rechtswidrigen Angriffs auf ein beliebiges[282] Rechtsgut. Interessant ist, daß Kant bei der Gegenwärtigkeit des Angriffs zwischen Handlungen im bürgerlich-gesetzlichen und im Naturzustande unterscheidet. Im ersteren darf gegen niemanden feindlich verfahren werden, es sei denn, dieser hat mich schon tätig lädiert. Im Naturzustande hingegen wird der Mensch schon allein durch die Gesetzlosigkeit des Zustandes der anderen Menschen verletzt, so daß der Mensch den anderen nötigen darf, um ihn zum Eintritt in einen gemeinschaftlich-gesetzlichen Zustand zu bewegen oder um sein Weichen aus der Nachbarschaft zu erzwingen.[283] Über den Umfang der zulässigen Notwehrhandlung spricht Kant nur in Ansätzen, wenn er sagt, daß im Falle der Abwehr eines lebensgefährlichen Angriffs „die Anempfehlung der Mäßigung (moderamen) nicht einmal zum Recht, sondern nur zur Ethik gehört“[284]. Diese Stelle wirft einige Probleme auf. Zunächst ist zu beachten, daß sich diese Stelle aus der „Metaphysik der Sitten“ auf das Recht im Naturzustand

---

279 So Pawlik, ZStW 114 (2002), S. 271.

280 Eine in diese Richtung gehende Notwehrbegründung findet sich beim Kantianer Feuerbach, Lehrbuch, § 36, S. 62f. Vgl. zu Feuerbachs Notwehrkonzeption Bitzilekis, Einschränkung, S. 31ff. und Haas, Notwehr, S. 105ff.

281 Vgl. Pawlik, ZStW 114 (2002), S. 271f. Da die Notwehrlehre Kants am Rechtsverhältnis zwischen Angreifer und Angegriffenem ansetzt, wählt Pawlik (a.a.O.) den Begriff „interpersonal“.

282 Kant selbst spricht nur von lebensgefährlichen Angriffen, vgl. aber auch Kant, Naturrecht Feyerabend, S. 1373, wo auf den Angriff auf Leben und Körper eingegangen wird. Nach Kants Konzeption ist aber nicht zu bezweifeln, daß er jedes Individualrechtsgut als notwehrfähig betrachtet, vgl. z.B. Kühl, FS Triffterer, S. 159.

283 Kant, Abhandlungen nach 1781, S. 349 (Note).

284 Kant, Metaphysik der Sitten, S. 235.

bezieht. Dieses Naturrecht ist vom Recht im bürgerlichen Zustand zu unterscheiden.[285] Wenn Kant nun von der „Mäßigung“ spricht, so kann dies dem Wortlaut nach sowohl im Sinne von „Erforderlichkeit“ als auch im Sinne von „Verhältnismäßigkeit“ verstanden werden. Da Kant jedoch das Beispiel des lebensgefährlichen Angriffs, dem durch die Tötung des Angreifers zuvorgekommen wird, anführt, spricht einiges dafür, daß er hier nicht die Verhältnismäßigkeit, sondern die Erforderlichkeit vor Augen hatte.[286] Wenn nämlich ein Leben um den Preis eines anderen Lebens verteidigt wird, können Verhältnismäßigkeitserwägungen keine Rolle spielen. Eine weitere Schwierigkeit der angegebenen Textstelle besteht darin, daß durch die Verwendung des Wortes „Anempfehlung“ nicht klar ist, ob die Mäßigung etwas aus ethischen Gesichtspunkten zwingend zu Beachtendes oder etwas unverbindlich Angeratenes darstellt. Teilweise wird diese Stelle so verstanden, daß keine Verpflichtung zur Mäßigung besteht, sondern die Ethik nur eine diesbezügliche (mehr oder weniger unverbindliche) „Anempfehlung“ ausspricht.[287] Allerdings darf nicht übersehen werden, daß das Wort „anempfehlen“ philologisch eine deutliche Nähe zu „anbefehlen“ aufweist, was auf mehr als nur auf eine unverbindliche Empfehlung hindeutet.[288]

Des weiteren mag hier eine Betrachtung der Rechtspflichten und der ethischen Pflichten bei Kant weiterhelfen. Pflichten nach der rechtlichen Gesetzgebung können nur äußere Pflichten sein. Die rechtliche Gesetzgebung ist diejenige, bei der eine Handlung zur Pflicht gemacht wird, bei der aber die Idee der Pflicht selbst nicht die Triebfeder sein muß. Die ethische Gesetzgebung hingegen macht die Handlung zur Pflicht und diese Pflicht zugleich zur Triebfeder.[289] Der Unterschied zwischen Rechts- und Tugendpflichten liegt also in der Gesetzgebung; eine Gemeinsamkeit besteht darin, daß beides Pflichten sind.[290] Dadurch, daß die ethische Gesetzgebung die innere Triebfeder ihrer Handlung in ihr Gesetz mit einschließt, ist auch verständlich, daß die ethische Gesetzgebung keine äußere sein kann.[291] Das heißt aber nicht, daß die Einhaltung der ethischen Pflichten dem Belieben des Einzelnen anheim gestellt wäre. Bei Kant handelt es sich bei den ethischen Pflichten um vollwertige Pflichten und nicht um ein Weniger ge-

---

285 Hruschka, ZStW 115 (2003), S. 213 mit Fn. 45.

286 So auch Hruschka, ZStW 115 (2003), S. 213f.; Joerden, JuS 1997, S. 726; a.A. Pawlik, ZStW 114 (2002), S. 275; ders., Notstand, S. 19 Fn. 14; wohl auch Kühl, Naturrecht, S. 338.

287 Pawlik, ZStW 114 (2002), S. 275; ders., Notstand, S. 19.

288 Hruschka, ZStW 115 (2003), S. 214f. Fn. 50 m.N.; vgl. aber auch Hruschka/Joerden, ARSP 1987, S. 94 Fn. 4.

289 Kant, Metaphysik der Sitten, S. 219.

290 Dulckeit, Naturrecht, S. 6; Pawlik, Notstand, S. 22.

291 Kant, Metaphysik der Sitten, S. 219.

genüber den Rechtspflichten.[292] Insofern kann festgestellt werden, daß die Mäßigung der Verteidigung bei Kant eine verbindliche Pflicht ist, deren Einhaltung aber nicht mit Rechtszwang sichergestellt werden kann.

Die Zulässigkeit der Notwehr im bürgerlichen Zustand stellt Kant nicht in Frage. Problematisch ist aber auch hier, welchen Umfang die zulässige Verteidigungshandlung haben kann. In der „Metaphysik der Sitten" setzt sich Kant nicht mit der Pflicht zur Mäßigung bei der Ausübung der Notwehr im bürgerlichen Zustand auseinander. Allerdings findet man in Kants Vorlesung aus dem Jahre 1784 die Bemerkung, daß im „statu civili" das „moderamen inculpatae tutelae stattfindet"[293], d.h. daß im bürgerlichen Zustand eine Pflicht zur Beachtung der Erforderlichkeit besteht. Auch in „Vorarbeiten zur Rechtslehre" setzt sich Kant mit der Mäßigung bei der Ausübung der Notwehr auseinander. Er sagt: „Nur die Regierung kann strafen und Selbstrache ist verboten. – Davon ist das ius inculpatae tutelae unterschieden wo der Schutz mir nicht durch die Regierung verschaft werden kann daher hier ein moderamen beobachtet werden muß als in casu neceßitatis"[294]. Warum Kant allerdings hier im bürgerlichen Zustand eine Pflicht zur Mäßigung annimmt, wird von ihm nicht genau begründet. Zwar heißt es in der Stelle der Vorlesung, daß im bürgerlichen Zustand das moderamen inculpatae tutelae stattfindet, da „der Staat (...) von mir einen Erhaltungsbürgen fordern (kann)"[295], doch wird nicht klar, was Kant hierunter versteht. Hruschka begreift Kant in dem Sinne, daß besonders mächtige Mitglieder der Gesellschaft Bürgen zu stellen haben, die dann als „Erhaltungsbürgen" bezeichnet werden. Grund für das Stellen der Bürgen soll sein, daß diese sicherzustellen haben, daß den Pflichten, die gegenüber dem Staat bestehen, auch nachgekommen wird. Eine der Pflichten soll sein, daß das „Ganze" nicht beeinträchtigt wird. Zu diesem Ganzen soll auch der Angreifer gehören. Würde nun bei der Abwehr dieses Angreifers die Grenze der Erforderlichkeit überschritten, würde das Ganze beeinträchtigt, ohne daß dies notwendig gewesen wäre. Hierin soll nach Hruschka die Begründung für die Pflicht zur Mäßigung bei der Ausübung der Notwehr im bürgerlichen Zustand bei Kant liegen.[296] Ob diese plausibel erscheinende Erklärung zutrifft oder nicht, kann hier nicht weiter untersucht werden. Fest steht jedenfalls, daß im bürgerlichen Zustand die Grenze der Erforderlichkeit bei der Verteidigung einzuhalten ist. Rechtsfolge einer Notwehrhandlung – die die Grenzen der zulässigen Verteidigung eingehalten hat – ist, daß diese nicht bloß straflos, sondern rechtmäßig ist. Kant verwendet diese Begriffe zwar nicht, jedoch wird aus dem Zusammenhang der Verwendung der Begriffe „unsträflich"

292 Hruschka, ZStW 115 (2003), S. 214f.
293 So die Formulierung in Kant, Naturrecht Feyerabend, S. 1374.
294 Kant, Vorarbeiten, S. 343.
295 Kant, Naturrecht Feyerabend, S. 1374.
296 Vgl. zum Ganzen Hruschka, ZStW 115 (2003), S. 219ff.

und „unstrafbar" deutlich, daß Kant die Notwehr als einen Rechtfertigungsgrund anerkennt.[297] Interessant ist, daß Kant nicht nur eine Notwehrbefugnis, sondern sogar eine Notwehrpflicht annimmt. Dies liegt darin begründet, daß jeder Mensch den kategorischen Imperativ zu befolgen und Hindernisse der eigenen Freiheit abzuwenden hat. Insofern richtet sich eine Handlung des Verteidigers, welche dem Hindernis der Freiheit ein Hindernis in den Weg legt, nach dem Vernunftgebot. Folglich besteht nicht nur eine Notwehrbefugnis, sondern eine Pflicht zur Notwehr.[298]

3. Grund und Umfang der Nothilfe

Wie bereits erwähnt, geht Kant nicht auf die Nothilfe ein. Allerdings lassen sich aus Kants Konzeption der Notwehr Rückschlüsse auf die Behandlung der Nothilfe ziehen. Bei Kant geht es nicht primär um die konkret drohende Schädigung des Angreifers bzw. Angegriffenen. Vielmehr kommt es auf die dem Angreifer zurechenbare Störung des Rechtsverhältnisses der Personen an. Deswegen scheint auch nichts dagegen zu sprechen, die Befugnis zur Behebung dieser Störung nicht nur dem Angegriffenen selbst, sondern einem an sich unbeteiligten Dritten zuzugestehen. Der Angegriffene befindet sich nicht in einer Situation, die ihn von anderen abwehr- und hilfsbereiten Menschen besonders hervorheben würde. Prinzipiell sind also nach Kants Konzeption Notwehrübender und Nothelfer gleichberechtigt.[299] Der Maßstab, den beide bei der Abwehr des Angriffs anzuwenden haben, ist der des allgemeinen Gesetzes.[300] Zu beachten ist aber, daß die Störung des Rechtsverhältnisses nur insoweit von einem Nothelfer behoben werden darf, als der Angegriffene nicht gewillt ist, den Angriff hinzunehmen. Zwar besteht nach Kant grundsätzlich eine Notwehrpflicht (welche eine innere Rechtspflicht ist, deren Nichterfüllung vom Staat nicht mit Strafe bedroht werden kann), jedoch ist es denkbar, daß in bestimmten Konstellationen der Angegriffene bei disponiblen Rechtsgütern auf deren Verteidigung verzichten kann – etwa wenn die Verteidigungshandlung unverhältnismäßig schwerwiegende Eingriffe in die Rechtsgüter des Angreifers zur Folge hätte.[301] Der Verzicht der Verteidigung würde dann auch den Nothelfer binden. Nach Kants Konzeption von der Notwehr gibt es keine Einschränkung bezüglich des zur Nothilfe berechtigten Personenkreises. Für die Störung des Rechtsverhältnisses ist es gleichgültig, wer an dieser Störung beteiligt ist. Der Nothelfer ist bei ei-

---

297 Kant, Metaphysik der Sitten, S. 235f.; vgl. hierzu Hruschka, GA 1991, S. 8f.; Joerden, JuS 1997, S. 726f.

298 Bitzilekis, Einschränkung, S. 30f.; vgl. auch Hruschka, ZStW 115 (2003), S. 208ff.

299 So auch Pawlik, ZStW 114 (2002), S. 272; im Ergebnis auch Haas, Notwehr, S. 97.

300 Pawlik, ZStW 114 (2002), S. 272.

301 Vgl. hierzu Hruschka, ZStW 115 (2003), S. 215.

nem Angriff auf eine fremde Person ebenso betroffen wie bei einem Angriff auf einen ihm nahestehenden Menschen. Notwehr und Nothilfe sind also den Voraussetzungen und dem Umfang nach gleich zu behandeln.

II. Das Notwehr- und Nothilferecht bei Hegel

Im Gegensatz zu Kant erwähnt Hegel weder Notwehr noch Nothilfe. Gleichwohl wird Hegel immer wieder als „Ziehvater der überindividualistischen Notwehrbegründung“[302] ins Spiel gebracht.[303] Ob diese Deutung zutreffend ist und welchen Umfang eine Verteidigungshandlung aufweisen darf, läßt sich mangels konkreter Aussagen nur aus Hegels rechtsphilosophischem System beurteilen.

1. Grund der Notwehr

Im Mittelpunkt der Betrachtungen steht meist der Satz, daß die geschehene Verletzung des Rechts als Recht zwar eine positive, äußerliche Existenz ist, die aber in sich nichtig ist. Es heißt: „Die Manifestation dieser ihrer Nichtigkeit ist die ebenso in die Existenz tretende Vernichtung jener Verletzung – die Wirklichkeit des Rechts, als seine sich mit sich durch Aufhebung seiner Verletzung vermittelnde Notwendigkeit“[304].

Um Zugang zu dieser Formulierung zu finden, ist zunächst der Begriff des Rechts bei Hegel zu klären. Hegel gibt hierfür selbst die Antwort: Für ihn ist das Recht das Dasein des freien Willens[305]. In § 23 der Grundlinien führt Hegel aus, daß er das Dasein als etwas „Sich Gegenüberstehendes“ begreift.[306] Möchte man die Ansicht Hegels vom Recht auf eine griffige Formulierung bringen, so bietet sich diejenige Seelmanns an: „Recht ist also gleichbedeutend mit Freiheit bzw. freiem Willen einschließlich deren Verwirklichung in der Objektivität, es ist die Beziehung freier Willen aufeinander“[307]. Es zeigt sich, daß Hegel nicht nur die Beziehung zwischen Individuum und Staat hervorhebt, sondern auch die Anerkennungsbeziehung der Menschen untereinander nicht vernachlässigt. So stellt

---

302 Hohmann, Personalität, S. 108.

303 Nachweise, wer Hegels Notwehrbegründung als überindividualistisch bezeichnet, finden sich bei Pawlik, ZStW 114 (2002), S. 259f. Fn. 4. Allein Courakis, Sozialethische Begründung, S. 58 scheint der Ansicht zu sein, daß „der individualistische Geist“ der Notwehrregelung des StGB von 1871 unter dem Einfluß der Hegelianer ausgeprägt wurde.

304 Hegel, Grundlinien, § 97, S. 185.

305 Hegel, Grundlinien, § 29, S. 80.

306 Hegel, Grundlinien, § 23, S. 74f.; vgl. hierzu aber auch Pawlik, Der Staat 41 (2002), S. 191; dens., ZStW 114 (2002), S. 283.

307 Seelmann, Anerkennungsverlust, S. 14.

Hegel in § 36 der Grundlinien das Rechtsgebot auf: „Sei eine Person und respektiere die anderen als Personen“[308]. Allerdings darf auch nicht übersehen werden, daß Hegel den Staat als die Wirklichkeit der konkreten Freiheit ansieht.[309] Er meint, daß der Staat nicht mit der bürgerlichen Gesellschaft verwechselt werden dürfe. Das Verhältnis des Staates zum Individuum soll nicht davon geprägt sein, daß das Interesse der Einzelnen als solches der letzte Zweck sei, zu welchem sie vereinigt sind; daraus würde folgen, daß es etwas Beliebiges sei, Mitglied des Staates zu sein. Der Staat habe aber ein ganz anderes Verhältnis zum Individuum; „indem er objektiver Geist ist, so hat das Individuum selbst nur Objektivität, Wahrheit und Sittlichkeit, als es ein Glied desselben ist“[310].

Diese Aussagen Hegels zum Recht und zum Staat sind zu berücksichtigen, wenn nun der Frage nachgegangen wird, was die Formulierung „Nichtigkeit des Unrechts“ bedeutet. Selbstverständlich darf diese Formel nicht in dem Sinne verstanden werden, daß das Unrecht etwas tatsächlich Inexistentes sei, was nicht mehr vernichtet werden müsse. Vielmehr ist das Unrecht unter ontologischen Gesichtspunkten ein bloßer Schein und deshalb in sich nichtig.[311] Der Begriff „nichtig“ bedeutet in diesem Zusammenhang soviel wie „widersprüchlich“. Der Verbrecher verletzt nämlich eine andere Person. Da aber auf der Ebene des Rechts alle Personen gleich sind und zwischen diesen Personen eine Beziehung des wechselseitigen Anerkennens und Anerkanntwerdens besteht, verletzt der Verbrecher auch sich selbst als Person.[312] Diese Nichtigkeit[313] bzw. diese Widersprüchlichkeit des Unrechts muß manifestiert werden. Zum einen wird diese Nichtigkeit durch die Verhängung von Strafen durch die Gerichte manifestiert.[314] Zum anderen kann die Nichtigkeit des Unrechts aber auch schon zu einem früheren Zeitpunkt manifestiert werden, nämlich bereits zu dem Zeitpunkt, an dem das Unrecht zum ersten Mal auftritt, also im Moment eines gegenwärtigen rechtswidrigen Angriffs – und zwar durch Ausübung der Notwehr. Hegel lenkt bei einem Angriff den Fokus nicht allein auf das konkret betroffene Rechtsgut. Er geht davon aus, daß beispielsweise bei einem Angriff auf das Eigentum nicht nur dieses betroffen ist, sondern zugleich auch der Wille der Person. Dies resultiert daraus, daß nach Hegel im Eigentum der eigene Wille als persönlicher, somit als Wille des Einzelnen objektiv wird und insofern das Ei-

308 Hegel, Grundlinien, § 36, S. 95.

309 Hegel, Grundlinien, § 260, S. 406.

310 Hegel, Grundlinien, § 258, S. 399.

311 Pawlik, ZStW 114 (2002), S. 284 unter Berufung auf Hegel, Grundlinien, § 97, S. 185.

312 Seelmann, Anerkennungsverlust, S. 20f.; wohl auch Koriath, FS Müller-Dietz, S. 365 Fn. 28.

313 Die Nichtigkeit besteht nach Hegel auch darin, daß das Recht als Recht nicht aufgehoben werden kann, da das Recht an sich als Absolutes unaufhebbar ist, vgl. Hegel, Grundlinien, § 97, S. 186.

314 Vgl. hierzu Pawlik, ZStW 114 (2002), S. 284f.

gentum den Charakter von Privateigentum erhält.[315] Die Annahme, daß bei einem Angriff auf ein Individualrechtsgut zugleich der Wille der Person angegriffen wird, beschränkt sich nicht nur auf das Eigentum betreffende Angriffe, sondern erstreckt sich auch auf Angriffe auf Leib und Leben.[316] Wird nun also das Eigentum oder der Körper und somit auch der Wille angegriffen, hat der Angegriffene nach Hegel die Befugnis, diesen Zwang durch Zwang aufzuheben.[317] Die Auffassungen Kants und Hegels von der Zwangsbefugnis sind sich hier sehr ähnlich. Für beide gehört zu einem Recht der Person auch die Befugnis, seine „Beachtung notfalls zu erzwingen"[318].

Wie gesagt wird überwiegend behauptet, Hegel sei ein Vertreter der überindividuellen Notwehrbegründung. Exemplarisch sei hier auf Bitzilekis verwiesen, der davon ausgeht, daß ein subjektives Recht, das dem einzelnen vor und unabhängig vom Staat zustehe, nicht mit der Hegelschen Philosophie zusammen passe.[319] Allerdings wurde bereits festgestellt, daß der Angreifer nicht nur das konkrete Rechtsgut beeinträchtigt, sondern zugleich auch die Anerkennungsbeziehung, die zwischen den Personen herrscht. Sowohl der Angegriffene als auch der Angreifer haben ein Recht darauf, in Ruhe gelassen zu werden. Ebenso wie Kant geht auch Hegel davon aus, daß die Störung des Rechtsverhältnisses (der Anerkennungsbeziehung) dem Angreifer zuzurechnen ist. Insofern liegt bei Hegel das Notwehrrecht „in dem auf die Wahrung der ‚negativen' Freiheit ausgehenden Rechtsverhältnis zwischen dem Angreifer und seinem Opfer" begründet.[320] Es trifft also nicht zu, daß das Notwehrrecht nach Hegels Konzeption zwingend ein vom Staat abgeleitetes sein muß. Ebenso wie diejenige Kants setzt Hegels Ansicht von der Notwehr am Rechtsverhältnis der Konfliktparteien an.[321]

2. Umfang der Notwehr

Voraussetzung für die Ausübung der Notwehr ist nach Hegels System ein gegenwärtiger rechtswidriger Angriff auf ein beliebiges Individualrechtsgut. Was den Umfang der zulässigen Verteidigung betrifft, wird Hegel meist unterstellt, daß nach seiner Konzeption das Notwehrrecht schrankenlos sein müsse.[322] Ob

---

315 Hegel, Grundlinien, § 46, S. 107f.

316 Hegel, Grundlinien, §§ 47f., S. 110ff.

317 Hegel, Vorlesung, S. 85.

318 Pawlik, ZStW 114 (2002), S. 286.

319 Bitzilekis, Einschränkung, S. 37.

320 Pawlik, ZStW 114 (2002), S. 287; vgl. auch Seelmann, Anerkennungsverlust, S. 18ff.

321 Auch hier verwendet Pawlik, ZStW 114 (2002), S. 287 wie zur Kennzeichnung der Ansicht Kants den Begriff „interpersonal".

322 Bitzilekis, Einschränkung, S. 38; Ludwig, Angriff, S. 51. Renzikowski, Notstand, S. 80 geht sogar so weit zu behaupten, daß vom Hegelschen Standpunkt aus durch die

dies zutreffend ist, erscheint fraglich. Zweifellos muß nach Hegels Konzeption die Grenze der Erforderlichkeit der Verteidigungshandlung eingehalten werden. Er spricht sich ausdrücklich gegen die Zulässigkeit der Rache aus. Er gesteht zwar zu, daß die Rache – insofern sie Wiedervergeltung ist – ihrem Inhalte nach gerecht sei. Allerdings sei die Rache der Form nach „die Handlung eines subjektiven Willens, der in jede geschehene Verletzung seine Unendlichkeit legen kann". Insofern ist das Eintreten von Gerechtigkeit bei der Ausübung der Rache eine Zufälligkeit.[323] Der Verteidiger, der ohne Not dem Angreifer größere Verletzungen zufügt als zur Abwehr erforderlich, handelt aus dem Rachegedanken heraus, was nach Hegels System unzulässig ist. Die nicht erforderliche Verteidigung würde nicht zur Versöhnung des Rechts mit sich selbst beitragen.[324] Ein weiteres Argument für die Notwendigkeit der Beachtung der Erforderlichkeitsgrenze läßt sich aus der Betrachtung der Verletzung der Anerkennungsbeziehung von Angreifer und Angegriffenem gewinnen. Es ist nicht so, daß durch den Angriff in der Person des Angreifers jegliches Recht aufgehoben wäre. Dieser bleibt Rechtsgenosse.[325] Allerdings hat er die Anerkennungsbeziehung gestört, indem er sich einseitig über einen anderen aufgeschwungen hat.[326] Als Konsequenz hieraus muß der Angreifer wieder auf das normale Maß dieser Anerkennungsbeziehung zurückgeführt werden. Die Anerkennungsbeziehung kann aber nur zwischen Gleichen funktionieren. Geht der Verteidiger über die Grenze der Erforderlichkeit bei der Abwehr des Angriffs hinaus, reduziert er den Angreifer nicht auf das normale Maß, sondern macht diesen kleiner als erforderlich. Es stehen sich also nach der Abwehr nicht zwei Gleiche gegenüber, sondern der Verteidiger hat sich einseitig über den Angreifer erhoben. Insofern muß nach Hegels Vorgaben bei der Verteidigung zumindest die Grenze der Erforderlichkeit eingehalten werden. Ob darüber hinaus auch die Beachtung gewisser Proportionalitätserfordernisse mit Hegels Rechtsphilosophie vereinbar sind bzw. von dieser gefordert werden, ist nun zu untersuchen.

Diejenigen, die davon ausgehen, daß Proportionalitätserfordernisse bei der Notwehr dem Hegelschen Denken fremd sind, scheinen nur das abstrakte Recht und nicht die Sittlichkeit und Moralität im Auge zu haben.[327] Hegel gliedert seine Rechtsphilosophie aber in drei Teile – abstraktes Recht, Moralität und Sittlichkeit –, die nicht beziehungslos nebeneinander stehen, sondern Stufen im Ent-

---

Verletzung „des gleichsam rechtlosen Angreifers" die Rechtsordnung nicht beeinträchtigt werde.

323 Hegel, Grundlinien, § 102, S. 196.

324 Vgl. Hegel, Grundlinien, § 102, S. 196 und § 220, S. 374 (hier bezogen auf die Strafe).

325 A.A. Renzikowski, Notstand, S. 80.

326 Seelmann, Anerkennungsverlust, S. 24.

327 Hohmann, Personalität, S. 110ff.; Pawlik, ZStW 114 (2002), S. 289ff.

wicklungsprozeß des Rechtsbegriffs darstellen.[328] Das abstrakte Recht ist als abstrakt zu bezeichnen, da es unabhängig von den Umständen seiner Realisierung behandelt wird. Im abstrakten Recht wird die menschliche Freiheit in äußerliche Dinge, wie etwa in das Eigentum, gelegt. So heißt es in § 41 der Grundlinien: „Die Person muß sich eine äußere Sphäre ihrer Freiheit geben"[329]. Die Moralität hingegen ist von einem subjektiven Standpunkt aus zu begreifen. Von ihr wird die innere Selbstbestimmung des Willens des einzelnen umfaßt. Hier geht es nach Hegel darum, daß der Mensch nur dasjenige als für sich gültig und bindend anerkennt, wovon er selbst auch überzeugt ist. Hegel führt in seinen Ausführungen über die Moralität den Begriff des „Wohls" ein. Dem Menschen geht es bei seinem Handeln um das „Wohl". Der Mensch hat das Recht, sowohl sein eigenes als auch das Wohl von anderen zu befördern. Nach Hegel ist das individuelle Wohl in gewisser Weise mit dem allgemeinen Wohl und auch mit der Abgrenzung Recht und Unrecht verknüpft. So kann etwa die Absicht der Förderung des eigenen oder des allgemeinen Wohls eine unrechtmäßige Handlung nicht legitimieren.[330] Diese Gedanken sind im Hinterkopf zu behalten, wenn man versucht, die Reichweite der Notwehr im Staat zu bestimmen. Zunächst ist aber die dritte Stufe zu erwähnen: Die Stufe der Sittlichkeit[331]. Hegel erfaßt mit dem Begriff der Sittlichkeit nur dasjenige, „was in sich vermittelte, konkrete Einheit von Einzelheit, Besonderheit und Allgemeinheit ist"[332]. Erst auf dieser Stufe wird die Freiheit real und das Notwehrrecht kann seine „ontologisch angemessene" Ausgestaltung erfahren.[333] Der Fokus ist weg von der alleinigen Betrachtung des abstrakten Rechts zu lenken. Für Hegel ist die Beharrung auf dem abstrakten Recht zu einseitig, es ist vielmehr auch das Recht des Wohls als eigenständiges Moment der Rechtsidee zu berücksichtigen.[334] Bei Hegel kommt der Frage, inwieweit die Konfliktbeteiligten nach Beendigung des Konflikts noch in der Lage sind, ihre weiteren Lebenspläne in die Tat umzusetzen, eine eigenständige rechtsphilosophische Bedeutung zu.[335]

Hieraus leitet sich die Folgerung ab, daß Notwehreinschränkungen, die über die Erforderlichkeit hinausgehen, nicht im Widerspruch zu Hegels Rechtsphilosophie stehen. Diese können vielmehr aus ihr selbst heraus entwickelt werden, wenn der Blickwinkel nicht nur auf die Betrachtung des abstrakten Rechts be-

---

328 Bitzilekis, Einschränkung, S. 36.
329 Hegel, Grundlinien, § 41, S. 102.
330 Hegel, Grundlinien, §§ 126f., S. 237ff.
331 Erscheinungsformen der Sittlichkeit sind die Familie, die bürgerliche Gesellschaft und der Staat.
332 So die Umschreibung von Seeberger, Hegel, S. 505.
333 Pawlik, ZStW 114 (2002), S. 290.
334 Pawlik, ZStW 114 (2002), S. 290f.
335 Pawlik, ZStW 114 (2002), S. 291.

schränkt wird. Hegel hat keine konkreten Grenzen des Umfangs der Notwehr benannt. Wichtig ist aber, daß es für ihn nicht ausgeschlossen ist, daß das Recht der Notwehr gewissen Einschränkungen unterworfen werden kann.

Diese „Schmälerungen" des Notwehrrechts sind aber nur dem Staatsbürger gegenüber begründbar. Da im abstrakten Recht der freie Wille einen universalen Schutz genießt, es also gleichgültig ist, welches konkrete Gut mit welcher Intensität durch den Angriff betroffen ist, kann die abstrakt-rechtliche Person nicht den gleichen Einschränkungen des Notwehrrechts unterworfen werden wie der Staatsbürger. Auf der Ebene des abstrakten Rechts ist der Angegriffene nicht zur Duldung eines Angriffs verpflichtet. Auf der Ebene des sittlichen Staates hingegen kann der Angegriffene hierauf verpflichtet werden.[336]

Zusammenfassend ist also zu sagen, daß der Umfang der Notwehr in Hegels rechtsphilosophischem System durch die Erforderlichkeit der Verteidigungshandlung limitiert ist. Weitergehende Einschränkungen sind nicht vorhanden. Es ist allerdings nicht ausgeschlossen, dem Staatsbürger bei Ausübung der Notwehr die Beachtung gewisser Proportionalitätserfordernisse aufzuerlegen. Insofern ist die Ansicht, daß das Notwehrrecht nach Hegel zwangsläufig ein schrankenloses sein müsse, nicht zu halten.

Ob sich aus Hegels System eine Notwehrpflicht ergibt, ist umstritten.[337] Für eine solche spricht, daß bei Nichtvornahme der Abwehrhandlung die Nichtigkeit des Unrechts jedenfalls im Moment des konkreten Angriffs nicht manifestiert würde. Auch finden sich in Hegels Vorlesungen Aussagen dahingehend, daß der Bezwungene dadurch Unrecht tue, daß er sich zwingen lasse.[338]

3. Grund und Umfang der Nothilfe

Aus Hegels Auffassung von der Notwehr lassen sich Anhaltspunkte bezüglich der Behandlung der Nothilfe gewinnen. Wenn sich die Notwehrbefugnis in der Verletzung der Anerkennungsbeziehung zwischen Angreifer und Verteidiger gründet, so spricht prinzipiell nichts dagegen, die Ausübung der Verteidigung durch einen Dritten vornehmen zu lassen. Dieser Dritte ist genauso wie der Angegriffene in der Lage, die Nichtigkeit des Unrechts zu manifestieren und den Angreifer auf das normale Maß der Anerkennungsbeziehung zurückzuführen. Betont werden muß aber, daß der Dritte nicht selbst Angegriffener ist. Sein in etwas Äußerliches gelegter Wille wird nicht gezwungen. Insofern besteht auch kein allgemeines Unrechtsverhinderungsrecht.[339] Die Befugnis des Nothelfers

336 Pawlik, ZStW 114 (2002), S. 290f.; vgl. auch Hohmann, Personalität, S. 110ff. (113).
337 Hierzu Pawlik, ZStW 114 (2002), S. 288 Fn. 139.
338 Hegel, Mitschriften, S. 67 (Wannenmann).
339 Siehe aber auch Pawlik, GA 1995, S. 366f.

geht nur soweit wie die des Angegriffenen. Auf eine gewisse Sonderverbindung zwischen Angegriffenem und Nothelfer kommt es nicht an. Ob Nothilfe gegen den geäußerten Willen des Angegriffenen geleistet werden darf, ist zumindest dort zu bejahen, wo es sich um einen lebensgefährlichen Angriff handelt. Hegel geht nämlich davon aus, daß das Leben nicht zur Disposition des Einzelnen steht.[340] Bei Angriffen auf andere Rechtsgüter ist nicht ganz klar, ob in solch einer Situation Nothilfe nach Hegels Vorgaben zulässig wäre. Für die Zulässigkeit spricht die Notwendigkeit der Manifestation der Nichtigkeit des Unrechts. Auch würde dem Angreifer durch die Nothilfe insofern geholfen, als die Verletzung seiner Person, die er durch seinen eigenen Angriff bewirkt, beendet werden würde. Andererseits würde der freie Wille des Angegriffenen durch eine unerwünschte Nothilfe vergewaltigt werden. Da die Befugnis zur Notwehr in der Beziehung zwischen Angreifer und Angegriffenem angelegt ist, muß man davon ausgehen, daß Nothilfe, welche dem Willen des Angegriffenen nicht entspricht, grundsätzlich unzulässig ist. Der Umfang der Nothilfe entspricht dem der Notwehr. Es lassen sich keine Momente bei Hegel finden, die dagegen sprechen.

III. Fazit

Es scheint, als ob bis vor kurzem die Auseinandersetzung mit den Gedanken zum Notwehrrecht, die sich aus den Systemen Kants und Hegels ergeben, hauptsächlich mit dem Ziel geführt wurde, diese beiden „Notwehrtheorien“ als sich widersprechend gegenüberzustellen und sie dann als für die heutige Zeit nicht mehr brauchbar zu kritisieren.[341] Jedoch lassen sich sowohl aus Kants als auch aus Hegels System Gedanken entnehmen, die für die Bestimmung von Grund und Grenzen des heutigen Notwehrrechts sehr förderlich sind. Nachdem jahrelang die Notwehr hauptsächlich auf das dualistische Fundament, also auf Selbstschutz und Rechtsbewährung zurückgeführt wurde, gewinnen in der letzten Zeit immer mehr diejenigen Ansätze an Boden, die das Notwehrrecht aus der Beziehung zwischen Angegriffenem und Angreifer erklären.[342] Genau aus dieser Beziehung heraus sahen auch Kant und Hegel das Notwehrrecht begründet. Die ihnen folgenden Konzeptionen vom Notwehrrecht stehen sich viel näher, als dies gemeinhin gesehen wird. Der Umfang der Notwehrhandlung wird grundsätzlich durch die Erforderlichkeit limitiert. Darüber hinausgehende Einschränkungen konnten nicht zweifelsfrei festgestellt werden. Weiterhin hat sich ergeben, daß Notwehr und Nothilfe sowohl nach Kants als auch nach Hegels Kon-

---

340 Hegel, Grundlinien, § 70, S. 151f.

341 Erst durch die Aufsätze von Pawlik, ZStW 114 (2002), S. 259ff. und Hruschka, ZStW 115 (2003), S. 201ff. ist wieder Bewegung in die festgefahrene Diskussion über Kants und Hegels Notwehrverständnis gekommen.

342 Vgl. z.B. Kargl, ZStW 110 (1998), S. 38ff.

zeption den gleichen Umfang besitzen. Dieses Ergebnis ist primär aus dem Grund der Notwehr herzuleiten; Argumente dafür, daß dies immer so sein muß, lassen sich jedoch nicht finden.

Es bleibt festzuhalten, daß im Bereich des Notwehr- und Nothilferechts keinesfalls Abschied von Kant und Hegel[343] zu nehmen ist; vielmehr sind deren Gedanken heute mehr denn je zu berücksichtigen.

D. Notwehr und Nothilfe im europäischen Ausland – insbesondere Frankreich und England – sowie den Vereinigten Staaten von Amerika

Die Diskussion darüber, ob Notwehr und Nothilfe gleich zu behandeln sind, beschränkt sich meist allein auf die deutsche Rechtsordnung. Ausländische Rechtsordnungen werden in der Regel nicht zu Rate gezogen, wenn es um den Umfang der Selbst- bzw. Fremdverteidigung geht. Die Autoren, die sich damit beschäftigen, wie andere Rechtsordnungen die Frage nach der Reichweite von Notwehr und Nothilfe lösen, gehen kaum näher auf die Nothilfe ein. Der Schwerpunkt liegt grundsätzlich auf der Selbstverteidigung.[344] Vorliegend ist es besonders interessant, inwieweit ausländische Rechtsordnungen Notwehr und Nothilfe gleichstellen. Hieraus lassen sich möglicherweise Impulse gewinnen, wie das gegenwärtige Recht auszulegen ist oder eine „neue" Notwehr- und Nothilferegelung aussehen könnte.

Naturgemäß kann eine Nothilferegelung nicht unabhängig von der Normierung der Notwehr gesehen werden, was ein Blick in die Geschichte und auf den heutigen § 32 StGB belegt. Insofern bedarf es bei der Beantwortung der Frage, ob andere Rechtsordnungen Notwehr und Nothilfe gleich behandeln, immer auch einer Berücksichtigung der von der Notwehr gewährten Befugnisse.

I. Frankreich

Am 1. März 1994 ist das neue französische Strafgesetzbuch in Kraft getreten, das Notwehr und Nothilfe in Art. 122-5[345] regelt.

---

343 So eine Forderung von Klug, Abschied von Kant und Hegel, S. 41 für den Bereich der Straftheorien. Hierzu Mayer, FS Engisch, S. 54ff. (78).

344 Wittemann geht in seiner Dissertation „Grundlinien und Grenzen der Notwehr in Europa" häufig mit nur einem einzigen Satz auf die Nothilfe ein, vgl. z.B. S. 39 (Österreich), 86 (Frankreich), 99 (Belgien). Vgl. auch Lührmann, Tötungsrecht, S. 113 und 181, die die Nothilfe auch nur am Rande erwähnt.

345 Der Wortlaut wird hier der Länge wegen nicht zitiert. Nachzulesen etwa bei Lührmann, Tötungsrecht, S. 170 oder Wittemann, Grundlinien, S. 80f. mit Fn. 544.

1. Notwehr

Interessant ist zunächst, daß Art. 122-5 c. p. eine ausdrückliche Trennung zwischen Angriffen gegen die Person und gegen das Vermögen vornimmt. Mit letzteren beschäftigt sich Absatz 2, mit ersteren Absatz 1. Beiden Konstellationen ist gemein, daß für das Vorliegen einer Notwehrlage ein rechtswidriger Angriff gegeben sein muß. Ein Unterschied besteht bei der Gegenwärtigkeit. Während der unmittelbar bevorstehende Angriff auf eine Person eine Notwehrlage begründen kann, muß die Verteidigungshandlung bei einer Sachgüter schützenden Notwehrhandlung unternommen werden, „um die Ausführung eines Verbrechens oder Vergehens gegen eine Sache zu unterbrechen". Bei der Sachwertverteidigung wird somit die zeitliche Grenze, von der ab Notwehr zulässig ist, nach hinten verlagert. So muß etwa der Eigentümer darauf warten, daß der Dieb die Sache ergreift bzw. sie zu ergreifen versucht.[346] Die Notwehrhandlung muß bei Angriffen auf die Person durch die Notwendigkeit der rechtmäßigen Verteidigung geboten sein. Diese Voraussetzung wird bei der Verteidigung von Sachgütern verschärft. Die Verteidigung muß unbedingt notwendig sein, die gewählte Abwehrhandlung muß „das ultimative Mittel zum Schutz eines Sachguts sein"[347]. Sowohl bei Angriffen auf Personen als auch auf Sachgüter ist darüber hinaus die Verhältnismäßigkeit zu beachten. Unterschiede bestehen in der Hinsicht, daß bei erstgenannten die Unverhältnismäßigkeit von der Staatsanwaltschaft nachgewiesen werden muß („außer wenn ein Mißverhältnis (...) besteht"). Im Gegensatz hierzu muß bei letztgenannten die Verhältnismäßigkeit vom Notwehrübenden dargelegt werden („soweit (...) die eingesetzten Mittel zur Schwere der Straftat verhältnismäßig sind").[348] Interessant ist, daß Art. 122-5 c. p. explizit festlegt, daß die vorsätzliche Tötung zur Verteidigung einer Sache nicht durch Notwehr gerechtfertigt werden kann. Mithin ist festzuhalten, daß die französische Notwehrregelung strengere Voraussetzungen aufstellt als die deutsche.[349]

2. Nothilfe

Die zugunsten anderer Personen geleistete Nothilfe wird vom Code pénal in Art. 122-5 Abs. 1 den gleichen Voraussetzungen unterworfen wie die Notwehr. Ausdrücklich heißt es, daß der Angriff, der abgewehrt wird, sich gegen mich selbst oder einen anderen („envers elle-même ou d´autrui") richten kann.

346 Vgl. Lührmann, Tötungsrecht, S. 180ff. (182); Wittemann, Grundlinien, S. 81ff. (83).

347 So die Formulierung von Lührmann, Tötungsrecht, S. 184.

348 Lührmann, Tötungsrecht, S. 185; Perron, FS Eser, S. 1032; Wittemann, Grundlinien, S. 85.

349 Lührmann, Tötungsrecht, S. 192ff.; Wittemann, Grundlinien, S. 231f.; Zieschang, ZStW 106 (1994), S. 652.

Bei dieser textlichen Eindeutigkeit in bezug auf die Zulässigkeit der Nothilfe bei Angriffen auf Personen ist es ein wenig verwunderlich, daß diese in Art. 122-5 Abs. 2 bei der Sachwertverteidigung fehlt. Hier hilft jedoch die grammatikalische Auslegung weiter. Der Gesetzgeber spricht davon, daß derjenige nicht strafrechtlich verantwortlich ist, der eine Verteidigungshandlung vornimmt, um die weitere Ausführung eines gegen eine Sache gerichteten Vergehens oder Verbrechens zu unterbrechen. Es wird also von „einer" Sache („un bien") und nicht von „seiner" Sache gesprochen. Insofern ist auch bei der Verteidigung von Sachgütern Nothilfe unter den gleichen Voraussetzungen wie die Notwehr zulässig.[350]

3. Zwischenergebnis

Der Code pénal differenziert nur bei der Personenverteidigung textlich zwischen Notwehr und Nothilfe. Dies unterbleibt bei der Abwehr von Angriffen auf Sachgüter. Inhaltlich bestehen keinerlei Unterschiede zwischen Notwehr und Nothilfe. Beide dürfen im gleichen Umfang geübt werden. Generell bleibt aber die französische Notwehrregelung der Reichweite nach hinter der deutschen zurück, da Notwehr und Nothilfe im deutschen Recht in weitaus größerem Umfang geübt werden dürfen als dies das französische Recht gestattet. Dies wirkt sich vor allem bei der Verteidigung von Sachgütern aus. Bei dieser verlangt das französische Recht ausdrücklich die Beachtung der Verhältnismäßigkeit, wobei eine vorsätzliche Tötung hier immer unzulässig ist.

II. England

Eine Besonderheit des englischen Rechts ist, daß es durch einen dualistischen Aufbau gekennzeichnet ist. Rechtsquellen für das englische Recht sind zum einen das aus vielen einzelnen Gerichtsentscheidungen gewachsene „common law" und zum anderen das von der Legislative geschaffene Gesetzesrecht, das sog. „statute law".[351] Die Notwehr ist bis 1967 allein Gegenstand des common law. Am 1. Januar 1968 tritt mit dem Criminal Law Act eine gesetzliche Regelung in Kraft, deren c. 58 s. 3[352] sich mit der Verhinderung von Straftaten beschäftigt. Diese Regelung darf bei der Betrachtung des englischen Notwehrrechts nicht unberücksichtigt bleiben. Was die Terminologie betrifft, so wird unter den Oberbegriff „Notwehr" sowohl die „private defence" als auch die

350 Vgl. auch Lührmann, Tötungsrecht, S. 181.

351 Vgl. Kerll, Notwehrrecht, S. 1ff.; Lührmann, Tötungsrecht, S. 86ff.; Wittemann, Grundlinien, S. 122f.

352 Text nachzulesen etwa bei Lührmann, Tötungsrecht, S. 110 oder Wittemann, Grundlinien, S. 124.

„public defence" subsumiert. Erstere bezeichnet die Verteidigung, die zum Schutze der eigenen oder einer fremden Person bzw. eigener oder fremder Sachgüter geübt wird, während letztere die Gewaltanwendung umschreibt, die der einzelne Bürger oder der Staat zur Verhinderung einer Straftat vornimmt.[353] Eine Schwierigkeit der Beschäftigung mit dem englischen Notwehrrecht ergibt sich daraus, daß das Verhältnis zwischen „public defence" und „private defence" nicht ganz geklärt ist. In s. 3 Criminal Law Act 1967, der die „public defence" regelt, heißt es in Absatz 1, daß die Gewalt, die zur Verhinderung der Begehung von Straftaten oder zur Vornahme oder Unterstützung einer rechtmäßigen Festnahme bestimmter Personen angewendet wird, zulässig ist. Absatz 2 ordnet an, daß die Regeln des common law ersetzt werden, „wenn die zu einem in Absatz 1 genannten Zweck ausgeübte Gewalt durch diesen Zweck gerechtfertigt ist"[354]. Man könnte hier zum einen davon ausgehen, daß s. 3 Criminal Law Act 1967 allein die „public defence" regelt, ohne die „private defence" des common law zu tangieren. Zum anderen läßt sich aber auch überlegen, daß mit der genannten Regelung die Berufung auf die „private defence" des common law versagt werden sollte.[355]

Richtigerweise wird man davon ausgehen müssen, daß Section 3 die einzige Rechtsquelle für die „public defence" ist. Die Regeln der „private defence" des common law bleiben grundsätzlich bestehen. Es lassen sich in der Entstehungsgeschichte des Criminal Law Act keine Anhaltspunkte finden, wonach der Notwehreinwand des common law durch diesen ersetzt werden sollte.[356] Bei einem Zusammentreffen von „public defence" und „private defence" kann sich der Verteidiger sowohl auf s. 3 Criminal Law Act 1967 als auch auf die Regelungen des common law berufen.[357]

1. Notwehr

Für die Eröffnung der Notwehrlage ist das Vorliegen eines gegenwärtigen, rechtswidrigen Angriffs erforderlich. Die Gegenwärtigkeit besteht zumindest dann, wenn der Angriff unmittelbar bevorsteht oder gerade stattfindet. Mitunter können auch Präventivschläge gerechtfertigt sein.[358] Bei dem Erfordernis der

---

353 Kerll, Notwehrrecht, S. 16; Lührmann, Tötungsrecht, S. 107; Wittemann, Grundlinien, S. 123.

354 Vgl. Wittemann, Grundlinien, S. 124.

355 Zum Ganzen Wittemann, Grundlinien, S. 124f. Ferner Ashworth, CLJ 1975, S. 284f.

356 Wittemann, Grundlinien, S. 124f. Vgl. auch LK[12]-Rönnau/Hohn, § 32, Rn. 16.

357 So auch Allen, Criminal Law, 6.5.1, S. 174; Lührmann, Tötungsrecht, S. 110ff.; Wittemann, Grundlinien, S. 125f., jeweils m.w.N.

358 LK[12]-Rönnau/Hohn, § 32, Rn. 17; Lührmann, Tötungsrecht, S. 113f.; Wittemann, Grundlinien, S. 129. Vgl. aber auch Ashworth, CLJ 1975, S. 297f.

Rechtswidrigkeit des Angriffs muß zum Teil zwischen „public defence“ und „private defence“ differenziert werden. Da erstere nur bei Vorliegen einer Straftat gegeben sein kann, scheidet etwa bei Angriffen von Geisteskranken oder noch nicht zehn Jahre alten Kindern eine Rechtfertigung nach s. 3 Criminal Law Act 1967 aus. Trotz des Fehlens einer Straftat werden solche Angriffe dennoch als rechtswidrig angesehen. Die Verteidigungshandlung kann hier über das Notwehrrecht des common law, also über „private defence“, gerechtfertigt sein.[359]

Das Notwehrrecht dient dem englischen Verständnis nach dazu, die kollidierenden Interessen von Angreifer und Angegriffenem miteinander auszugleichen. Zwar wird die Verantwortlichkeit des Angreifers für den Konflikt anerkannt; dies führt jedoch nicht dazu, daß er durch sein Verhalten seine Rechte verwirkt. Vielmehr ist eine Notwehrhandlung nur dann rechtmäßig, wenn sie zum einen notwendig ist und zum anderen den Verhältnismäßigkeitsgrundsatz einhält.[360] Die Verhältnismäßigkeit bezieht sich dabei nicht allein auf die verwendeten Verteidigungsmittel. Es muß auch die Proportionalität zwischen angegriffenem und verteidigtem Rechtsgut gewahrt werden.[361] Diese Voraussetzung wird besonders bei der gewaltsamen Sachgüterverteidigung relevant und hat dort zur Folge, daß eine Tötung oder schwerwiegende Verletzung des Angreifers in der Regel nur dann gerechtfertigt werden kann, wenn der Angriff für den Notwehrübenden auch eine Lebensgefahr darstellt.[362]

2. Nothilfe

Bis in die jüngste Zeit hinein wird im englischen Recht bei der Nothilfe häufig eine besondere Beziehung zwischen Angegriffenem und Nothelfer gefordert. Der Kreis der Nothilfeberechtigten wird zwar immer weiter ausgedehnt[363], doch stellt die Rechtsprechung[364] erst 1967 ausdrücklich fest, daß eine besondere Beziehung zwischen Angegriffenem und Nothelfer nicht zu fordern sei. Nach Inkrafttreten von s. 3 Criminal Law Act 1967, wo unter anderem ganz allgemein von der Verhinderung einer Straftat („prevention of crime“) und nicht von der

359 Vgl. hierzu Lührmann, Tötungsrecht, S. 114; Wittemann, Grundlinien, S. 128.

360 Lührmann, Tötungsrecht, S. 115f. Vgl. auch Fletcher, Self Defense, S. 24 und Perron, FS Eser, S. 1026.

361 Ashworth, CLJ 1975, S. 296f.; Lührmann, Tötungsrecht, S. 117f.

362 Wittemann, Grundlinien, S. 133. Vgl. auch Fletcher, Basic Concepts, S. 133; Lührmann, Tötungsrecht, S. 124; Ashworth, CLJ 1975, S. 303 und Gross, Criminal Justice, 2.3.7.3., S. 182.

363 Vgl. Kerll, Notwehrrecht, S. 116; Wittemann, Grundlinien, S. 135. Siehe hierzu auch Blackstone, Commentaries IV, S. 186 und LaFave, Criminal Law, § 5.8 (a), S. 501.

364 R. v. Duffy (1967), 1 QB 63 (67).

Verhinderung einer gegen die eigene oder eine nahestehende Person gerichteten Straftat gesprochen wird, kann man jedenfalls für die von dieser Vorschrift erfaßten Fälle keine besondere Nähebeziehung zwischen Angegriffenem und Nothelfer fordern. Diese Prinzipien sind auch auf die „self-defence" des common law zu übertragen. Auch hier wird mittlerweile die zugunsten fremder Personen geleistete Nothilfe ganz überwiegend anerkannt.[365] Die Voraussetzungen der Nothilfe sind grundsätzlich die gleichen wie bei der Notwehr.[366] Es muß eine Nothilfelage bestehen, in der die Nothilfehandlung zum einen zur Abwehr des Angriffs notwendig ist und zum anderen die Verhältnismäßigkeit wahrt.

3. Zwischenergebnis

Das englische Recht besitzt mit der „public defence" und der „private defence" zwei sich in ihrem Anwendungsbereich oftmals überschneidende Regelungen für die Rechtfertigung „privat ausgeübter Gewalt". Für die Annahme einer Notwehrlage wird das Vorliegen eines gegenwärtigen rechtswidrigen Angriffs gefordert. Bei der Notwehrhandlung muß im Unterschied zum deutschen Recht darauf geachtet werden, daß die Verhältnismäßigkeit zwischen den betroffenen Gütern gewahrt ist. Ein weiterer Unterschied zum deutschen Notwehrrecht besteht darin, daß das englische Recht die Nothilfebefugnis zugunsten eines jeden anderen erst relativ spät voll anerkennt.

Festzuhalten ist somit, daß das englische Notwehrrecht wie das französische in seinem Umfang hinter dem deutschen zurückbleibt. Notwehr und Nothilfe haben aber auch hier die gleichen Voraussetzungen.

III. Notwehr und Nothilfe in weiteren europäischen Rechtsordnungen

Eine intensive Beschäftigung mit den Notwehr- und Nothilferegelungen weiterer europäischer Rechtsordnungen würde den Rahmen dieser Untersuchung sprengen. Bevor auf das US-amerikanische Recht eingegangen wird, soll dennoch kurz danach gefragt werden, inwieweit in anderen europäischen Strafgesetzbüchern textlich zwischen Notwehr und Nothilfe differenziert und ob die Beachtung des Verhältnismäßigkeitsgrundsatzes gefordert wird.

Das österreichische Recht regelt die Notwehr in § 3 StGB. In dessen Absatz 1 wird explizit gesagt, daß der Angriff von sich selbst oder einem anderen abgewehrt werden darf. Es wird eine gewisse Proportionalität zwischen dem durch

365 Vgl. Lührmann, Tötungsrecht, S. 113; Wittemann, Grundlinien, S. 135. Siehe auch Allen, Criminal Law, 6.5.1, S. 173f.

366 Vgl. Gross, Criminal Justice, 2.3.7.2., S. 181f.

den Angriff drohenden Nachteil und dem durch die Verteidigung hervorgerufenen Schaden verlangt. Das schweizerische StGB erlaubt in Art. 33 I bei Vorliegen oder Drohen eines Angriffs dem Angegriffenen und jedem anderen, den Angriff „in einer den Umständen angemessenen Weise abzuwehren". Notwehr und Nothilfe werden insofern gleich behandelt.[367] Auch in Italien werden Notwehr und Nothilfe in derselben Vorschrift geregelt und zwar in Art. 52 Codice Penale. Es darf sowohl ein eigenes Recht als auch das eines anderen gegen die gegenwärtige Gefahr eines rechtswidrigen Angriffs verteidigt werden. Die Verteidigung muß in angemessenem Verhältnis zum Angriff stehen. Der erst 1996 in Kraft getretene spanische Código Penal bringt für das Notwehr- und Nothilferecht keine grundlegenden Änderungen. Art. 20 CP schließt in bestimmten Fällen die strafrechtliche Verantwortlichkeit aus, etwa wenn die Person oder eigene bzw. fremde Rechte verteidigt werden. Es wird inhaltlich also nicht zwischen Notwehr und Nothilfe unterschieden. Inwieweit die Abwehrhandlung verhältnismäßig zu sein hat, ist umstritten.[368] Im schwedischen Kriminalgesetzbuch, dem Brottsbalken, wird in Kap. 24 § 1 nur die Notwehr („nödvärn") ausdrücklich erwähnt. Daß hierunter auch die Nothilfe fällt, wird daraus deutlich, daß beispielsweise dann ein Recht zur Notwehr angenommen wird, wenn ein Angriff gegen *eine* Person oder gegen Sachen vorliegt. Die Verteidigungshandlung darf nicht „offensichtlich unvertretbar" sein. Ebenso wie dem schwedischen Strafgesetz fehlt dem dänischen die explizite Erwähnung der Nothilfe. Das dänische straffelov bestimmt in § 13, daß in Notwehr („nødværge") begangene Handlungen straflos sind, sofern sie notwendig waren, um einem begonnenen oder unmittelbar drohenden unrechtmäßigen Angriff Widerstand zu leisten oder abzuwehren. Hierunter fällt auch die Abwehr von Angriffen auf dritte Personen.[369] Vom Verteidiger wird eine Abwägung der sich gegenüberstehenden Interessen verlangt.

Der Überblick über verschiedene europäische Rechtsordnungen zeigt, daß Notwehr und Nothilfe grundsätzlich gleich behandelt werden. Zwar wird nicht überall ausdrücklich auf die Nothilfe eingegangen. Dies führt aber nicht dazu, daß diese dadurch ausgeschlossen oder eingeschränkt wird. Im Unterschied zum deutschen Recht wird vom Verteidiger in der Regel die Beachtung einer gewissen Verhältnismäßigkeit zwischen dem durch seine Abwehrhandlung drohenden Schaden und dem durch den Angriff drohenden Nachteil verlangt.

---

367 Vgl. Stratenwerth, Schweizerisches Strafrecht, § 10, Rn. 85.
368 Wittemann, Grundlinien, S. 188f.
369 Wittemann, Grundlinien, S. 166.

IV. Vereinigte Staaten von Amerika

Das common law, das nach wie vor das englische Strafrecht dominiert, wurde in den Vereinigten Staaten von Amerika vom Model Penal Code (dem „Modellstrafgesetzbuch“) und den auf diesem basierenden jüngeren Strafgesetzbüchern weitgehend in den Hintergrund gedrängt.[370] Der 1962 veröffentlichte MPC setzt sich zum Ziel, das Strafrecht der Vereinigten Staaten zu systematisieren und zu strukturieren. Zahlreiche Bundesstaaten passen ihr Strafrecht an den MPC an. Insofern liefert der Code auch und vor allem Zugang zum Strafrecht der Einzelstaaten und wird mit Recht als der „Schlüssel zum amerikanischen Strafrecht“ bezeichnet.[371] Deswegen berücksichtigt die Darstellung des US-amerikanischen Notwehr- und Nothilferechts vor allem die Regelungen des MPC.

1. Notwehr

Dem amerikanischen Recht eigentümlich sind sehr ausführliche, fast schon unübersichtliche Notwehrregelungen, die zahlreiche Besonderheiten, Ausnahmen und Gegenausnahmen beinhalten.[372] In § 3.04 MPC wird die Notwehr zum Schutz der eigenen Person und in § 3.06 MPC zum Schutz von Sachgütern geregelt. Dabei wird zwischen der Notwehr, die mit tödlicher Gewalt einhergeht, und der Notwehr, bei der dies nicht der Fall ist, getrennt.[373] Als Grundvoraussetzung jeglicher Notwehrhandlung muß zunächst eine Notwehrlage bestehen. Diese ist bei Vorliegen eines gegenwärtigen, unrechtmäßigen Angriffs gegeben. Die Gegenwärtigkeit ist nach § 3.04 MPC dann erfüllt, wenn der Angriff den Umständen nach droht. Die meisten bundesstaatlichen Strafgesetzbücher sind in dieser Hinsicht spezieller, wenn sie fordern, daß der Angriff unmittelbar bevorstehen muß. Präventivnotwehr kommt grundsätzlich nicht in Frage.[374] In bezug auf die Unrechtmäßigkeit des Angriffs geht der MPC davon aus, daß Notwehr gegen gerechtfertigtes Handeln unzulässig ist. Dagegen ist Notwehr gegen entschuldigtes Handeln erlaubt.[375]

Die Verteidigungshandlung muß zur Abwehr des Angriffs erforderlich sein. Hierbei wird nicht nur auf die objektive Sachlage abgestellt. Vielmehr ist häufig

---

370 Dubber, Einführung, S. 1; Wössner, Notwehr, S. 25f.

371 Dubber, Einführung, S. 16ff. (19, 30).

372 Hermann, ZStW 93 (1981), S. 616; vgl. auch Dubber, Einführung, S. 161; Perron, FS Eser, S. 1026ff. und Wössner, Notwehr, S. 41f.

373 Vgl. hierzu Dubber, Einführung, S. 150; LaFave, Criminal Law, § 5.7 (a), S. 492. Zum Recht des Staates New York vgl. Fletcher, Self Defense, S. 25.

374 Zur Gegenwärtigkeit vgl. Dubber, Einführung, S. 158; Hermann, ZStW 93 (1981), S. 624; LaFave, Criminal Law, § 5.7 (d), S. 495. Siehe auch Fletcher, Self Defense, S. 19f. sowie dens., Basic Concepts, S. 133f.

375 Dubber, Einführung, S. 154.

die Sichtweise des Angegriffenen die ausschlaggebende. Insofern kann auch eine objektiv nicht erforderliche Verteidigungshandlung gerechtfertigt werden, wenn sie der Angegriffene subjektiv für erforderlich hielt.[376]

Beim Umfang der Gewaltanwendung, die zulässigerweise eingesetzt werden darf, ist zwischen nichttödlicher und tödlicher Gewalt zu trennen. Nichttödliche Gewalt darf bei Angriffen auf Personen immer angewendet werden. Hingegen ist der tödliche Gewalteinsatz, also derjenige, der zum Tod oder einer schweren Körperverletzung des Angreifers führen kann, nur dann erlaubt, wenn über die Grundvoraussetzungen der Notwehr hinausgehende Voraussetzungen erfüllt sind. § 3.04 (2) (b) MPC bestimmt, daß tödliche Gewalt nur gegen tödliche Angriffe, drohende schwere Körperverletzungen, Entführungen oder Vergewaltigungen eingesetzt werden darf. Dabei ist umstritten, ob der Angegriffene zunächst auszuweichen hat oder nicht. Der MPC selbst stellt für die tödliche Gewalt in § 3.04 (2) (b) (ii) eine Rückzugsregelung auf, die aber beispielsweise für Angriffe in häuslicher Umgebung oder am Arbeitsplatz nicht gelten soll.[377] Die Anwendung tödlicher Gewalt zur Abwehr von Angriffen, die sich allein gegen das Eigentum richten, ist grundsätzlich nicht zu rechtfertigen. Der MPC geht davon aus, daß das Recht auf Eigentum das Recht auf Leben nicht überwiegt. Von diesem Grundsatz werden lediglich zwei Ausnahmen anerkannt, wobei die erste (vgl. § 3.06 (3) (d) (i) MPC – Zulässigkeit des Einsatzes tödlicher Gewalt zur Verhinderung der unrechtmäßigen Wohnstättenentziehung) von eher geringerer praktischer Bedeutung ist, und die zweite sich auf Fälle bezieht, bei denen neben dem Eigentum das Opfer auch persönlich bedroht wird[378]. Der MPC – und mit ihm die Regelungen der meisten Bundesstaaten – steht somit der tödlichen Sachgüterverteidigung sehr kritisch gegenüber.

2. Nothilfe

§ 3.05 MPC beschäftigt sich mit der Nothilfe, die zugunsten einer anderen Person geleistet wird. Es wird auf die für die Personennotwehr geltende Regelung verwiesen. Der einschreitende Dritte ist dann gerechtfertigt, wenn ihm an Stelle des Angegriffenen ein eigenes Notwehrrecht zustehen würde.[379] Der MPC ver-

---

376 Dubber, Einführung, S. 152; Fletcher, Basic Concepts, S. 137; Hermann, ZStW 93 (1981), S. 628; LaFave, Criminal Law, § 5.7 (c), S. 494.

377 Vgl. zum Ganzen etwa Dubber, Einführung, S. 163ff.; Gross, Criminal Justice, 2.3.7.1., S. 179f.; LaFave, Criminal Law, § 5.7 (f), S. 497f.; Nitz, Sicherheit, S. 234f.

378 § 3.06 (3) (d) (ii) MPC spricht etwa davon, daß der Räuber tödliche Gewalt gegen den Verteidiger oder in dessen Gegenwart gegen einen anderen angewendet oder angedroht haben muß, damit diese Ausnahme eröffnet ist. Zum Ganzen wiederum Dubber, Einführung, S. 159ff. und LaFave, Criminal Law, § 5.9 (a), S. 504.

379 Dubber, Einführung, S. 159.

langt nicht, daß zwischen Angegriffenem und Nothelfer eine besondere Beziehung besteht. Dieser Ansicht haben sich nicht alle Einzelstaaten angeschlossen. Zum Teil wird von diesen bei der zugunsten einer anderen Person ausgeübten Nothilfe eine besondere Verbindung zwischen Angegriffenem und Nothelfer gefordert.[380]

Ebenso wie bei der Personennothilfe fordert der MPC für die Nothilfe bei Angriffen auf Sachgüter keinerlei Sonderbeziehung zwischen Angegriffenem und einschreitendem Dritten und stellt diese auch im übrigen der Sachgüternotwehr gleich. Häufiger als bei der Personennothilfe weichen die Einzelstaaten hier vom MPC ab. Die Sachgüternothilfe wird zum Teil nur dann erlaubt, wenn der Eigentümer um Unterstützung bittet oder eine familiäre Beziehung oder ähnliches zwischen Angegriffenem und Nothelfer besteht. Diese Einschränkung gründet sich in der Annahme, daß bei der Eigentumsverteidigung häufig Fehler zu Lasten des Angreifers gemacht werden, und daß das Eigentum grundsätzlich weniger Schutz verdient als die körperliche Integrität. Insofern sei der Eigentumsnothelfer nicht auch noch durch großzügige Regelungen zum Einschreiten zu ermutigen.[381] Diese Lücken, die bei Verteidigung einer anderen Person oder deren Sachgüter in den Einzelstaaten, die ihr Recht nicht an den MPC anglichen, auftreten, werden zum Teil dadurch geschlossen, daß Gewalt auch zur vorläufigen Festnahme und zur Verhinderung einer Straftat eingesetzt werden kann.[382]

3. Zwischenergebnis

Die Befugnisse, die das US-amerikanische Recht in einer Notwehr- bzw. einer Nothilfesituation gewährt, bleiben ihrem Umfang nach hinter dem deutschen Recht zurück. Der MPC trennt zwar formal zwischen Personen schützender Notwehr und Nothilfe, was sich jedoch nicht auf deren Reichweite auswirkt. Die Verteidigung von eigenen und fremden Sachen wird auch gleichgestellt. Die einzelnen Bundesstaaten folgen dem nur teilweise. Notwehr und Nothilfe werden zum Teil recht unterschiedlich geregelt. Wie im frühen englischen Recht wird häufig eine Sonderbeziehung zwischen Angegriffenem und Nothelfer gefordert.

---

380 Hermann, ZStW 93 (1981), S. 636f.; LaFave, Criminal Law, § 5.8 (a), S. 501. Zur Nothilfepflicht vgl. Biggs, 22 Dayton L. Rev. 225 (1997) und Gross, Criminal Justice, 2.3.7.5., S. 183f.

381 LaFave, Criminal Law, § 5.9 (e), S. 507f. Vgl. auch Hermann, ZStW 93 (1981), S. 638ff. Zu dieser kriminalpolitischen Erwägung vgl. oben A. IX. 2.

382 Vgl. Hermann, ZStW 93 (1981), S. 640 und 647ff.; LaFave, Criminal Law, § 5.10, S. 508.

V. Fazit

Die angesprochenen Rechtsordnungen weisen erhebliche Gemeinsamkeiten bei der Behandlung von Notwehr und Nothilfe auf. Bei allen Unterschieden in der Formulierung darf Nothilfe in der Regel in gleichem Umfang geübt werden wie die Notwehr, wobei es vollkommen irrelevant ist, ob zwischen Angegriffenem und Nothelfer eine besondere Verbindung besteht. Lediglich das Recht einiger US-amerikanischer Bundesstaaten weicht hiervon erheblich ab, indem es vor allem bei der Sachgüterverteidigung eine besondere Beziehung zwischen Angegriffenem und einschreitendem Dritten fordert. Es fällt auf, daß die Sachgüterverteidigung zum Teil eine ausdrückliche Erwähnung im Gesetzestext gefunden hat. Wo dies nicht der Fall ist, wird oft sinngemäß davon gesprochen, daß die Verteidigungshandlung in einem angemessenen Verhältnis zu dem durch den Angriff drohenden Schaden zu stehen hat. Das führt vor allem in den Fällen zur Einschränkung der Verteidigungsbefugnis, in denen allein materielle Güter des Angegriffenen betroffen sind.

Die deutsche Notwehrregelung ist im Vergleich mit ausländischen Notwehrregelungen als sehr schneidig anzusehen.[383] Für eine unterschiedliche Behandlung von Notwehr und Nothilfe lassen sich aus dem ausländischen Recht keinerlei durchgreifende Argumente entwickeln. Die rechtsvergleichende Betrachtung führt vielmehr zu der Überlegung, ob die Verteidigungsbefugnis nicht generell ihrem Umfang nach – zumindest im Hinblick auf die Sachgüterverteidigung – beschränkt werden sollte.

E. Ergebnis

Man mag sich zwar anfangs darüber wundern, daß das deutsche Recht einem vollkommen Unbeteiligten gestattet, sich mit den Rechten des Angegriffenen in dessen Auseinandersetzung mit einem Dritten einzumischen. Bei näherer Betrachtung ist jedoch festzustellen, daß die Gleichbehandlung von Notwehr und Nothilfe keine Besonderheit des geltenden deutschen Rechts ist. Seit jeher werden an die Notwehr und an die Nothilfe weitgehend die gleichen Maßstäbe angelegt. Auch andere europäische Rechtsordnungen und der MPC trennen lediglich textlich zwischen Selbst- und Fremdverteidigung. Es fällt aber auf, daß die heutige deutsche Notwehrregelung eine sehr schneidige ist. Früher wurden häufig Ausweichpflichten statuiert und/oder die Sachgüterverteidigung eingeschränkt. Diese Restriktionen lassen sich noch heute in zahlreichen ausländischen Rechtsordnungen beobachten. Für die Beantwortung der Frage aber, ob Notwehr und Nothilfe gleich zu behandeln sind, konnten weder aus einer histo-

383 Vgl. aber auch die Relativierung hinsichtlich der praktischen Umsetzung bei Perron, FS Eser, S. 1036ff.

rischen noch aus einer philosophischen oder einer rechtsvergleichenden Betrachtung durchgreifende Argumente gefunden werden. Daneben stehen weder systematische noch rechtspolitische Argumente einer Gleichbehandlung von Notwehr und Nothilfe entgegen – ganz zu schweigen vom Wortlaut des § 32 StGB, der sich eher für eine Gleichbehandlung von Selbst- und Fremdverteidigung anführen läßt.

Es ist nicht zu bestreiten, daß diejenigen, die sich für eine differenzierende Betrachtung von Notwehr und Nothilfe aussprechen, durchaus erwägenswerte, wenn auch im Ergebnis nicht zwingende Argumente ins Feld führen können. Auch wenn sich diese Ansicht momentan noch nicht durchzusetzen vermag, ist die Kritik, die ihr gegenüber geäußert wird, zum Teil überzogen. Das Recht einiger US-amerikanischer Bundesstaaten unterwirft Notwehr und Nothilfe einer unterschiedlichen Behandlung, ohne daß dies zu gravierenden Mißständen führt. Vielmehr lassen sich dem gesamtgesellschaftlich gesehen auch einige positive Aspekte abgewinnen, was aber nicht zwangsläufig zu einer differenzierenden Betrachtung von Notwehr und Nothilfe führen muß.

Mithin ist festzuhalten, daß sich gegen die Gleichbehandlung von Notwehr und Nothilfe keine durchschlagenden Bedenken finden lassen, sofern es sich bei dem Verteidiger um einen Normalbürger handelt. Ob dieses Ergebnis auch dann noch Bestand haben kann, wenn nicht ein Jedermann, sondern ein „professioneller Privater“, sprich eine gewerbliche Sicherheitskraft, den gegenwärtigen rechtswidrigen Angriff abwehrt, gilt es im folgenden zu untersuchen.

2. Kapitel: Das Notwehr- bzw. Nothilferecht von Mitarbeitern privater Sicherheitsdienste

„Es ist schlichtweg falsch, aus der Geltung der Notrechtsbefugnisse für jedermann zu folgern, daß diese Befugnis jedermann in gleichem Umfang zukomme“ stellt Kunz[384] vor etwas mehr als 20 Jahren im Anschluß an Jung[385] fest. Läßt man einmal den Kontext, in dem diese Aussage fällt – Berufung von Amtsträgern auf Notwehr und Nothilfe – außer Acht, so beschreibt sie hinsichtlich der sozialethischen Einschränkungen des Notwehrrechts einen allgemein anerkannten Befund. Derjenige, der von einem Kind angegriffen wird, darf sich nicht mit der Intensität verteidigen, als wenn er von einem voll zurechnungsfähigen Erwachsenen angegriffenen würde. Der Notwehrübende, der den Diebstahl eines Fußball-Sammelbildchens verhindern will, darf in seiner Abwehrhandlung nicht so weit gehen wie derjenige, der van Goghs „Sternennacht“ verteidigt. Soweit es also um sozialethische Einschränkungen geht, müßte die herrschende Meinung der oben genannten Aussage voll zustimmen. Um es auf den Punkt zu bringen: Es wird allgemein akzeptiert und gefordert, daß sich beispielsweise die Personengruppe der „sich gegen Angriffe von Kindern Verteidigenden“ nicht voll auf die Notwehrbefugnis berufen kann. Sobald jedoch bei der Einschränkung der Notwehr- und Nothilfebefugnis auf die Profession des den Angriff Abwehrenden abgestellt wird, ruft dies erhebliche Kritik auf den Plan. So wird gegen die Einschränkung der Notwehr- und Nothilfebefugnis eines Polizeibeamten immer wieder vorgebracht, daß damit eine nicht zu akzeptierende Schlechterstellung des Polizeibeamten gegenüber dem Bürger einhergehe.[386] Ähnlich werden die Forderungen nach einer Einschränkung der Notwehr- und Nothilfebefugnis von Mitarbeitern privater Sicherheitsunternehmen beschieden.[387] Gerade dieser Problemkreis – also die Notwehr- und Nothilfebefugnisse von Mitarbeitern privater Sicherheitsdienste – gerät in letzter Zeit mehr und mehr in die Diskussion[388]. Dies mag an den Veränderungen liegen, die der deutsche Sicherheitsmarkt in den letzten Jahren erfahren hat. Auch wenn man private Sicherheitsdienste (noch?) nicht als „unentbehrliche(…) Garant(en) privater Sicherheit“[389] titulie-

384 Kunz, ZStW 95 (1983), S. 984.

385 Jung, Züchtigungsrecht, S. 85.

386 BGH, LM Nr. 5 zu § 53; Beisel, JA 1998, S. 722; Bremer, Waffengebrauch, S. 98; Buttel/Rotsch, JuS 1996, S. 718; Heinen, NZWehrr 1995, S. 141. Vgl. auch Jerouschek/Kölbel, JZ 2003, S. 620.

387 Vgl. z.B. Bueß, Sicherheitsdienste, S. 54ff.

388 Vgl. z.B. Gunia, Garantenstellungen, S. 140ff.; Hoffmann-Riem, ZRP 1977, S. 277ff.; Jeand'Heur, AöR 119 (1994), S. 127ff.

389 So Stober, ZRP 2001, S. 260 sowie F. Huber, Gefahrenabwehr, S. 339 und 344. Ähnlich Pitschas, DÖV 1997, S. 394f. Vgl. auch Kirsch, KJ 2002, S. 233f. Kritisch v. Danwitz, KritV 85 (2002), S. 352.

ren möchte, ist zu konstatieren, daß sie sich mittlerweile als feste Größen auf dem deutschen Sicherheitsmarkt etabliert haben. Zumindest in Großstädten gehören deren Mitarbeiter seit einiger Zeit zum normalen Erscheinungsbild: Die U-Bahn-Fahrt begleiten häufig Mitarbeiter privater Sicherheitsdienste[390], an den Eingängen zahlreicher Kaufhäuser sind sie anzutreffen und auch beim Spaziergang im Park sind sie gegenwärtig[391]. Angesichts dieser Entwicklung auf dem Gebiet der Gefahrenvorsorge und Gefahrenabwehr ist die Frage naheliegend, inwieweit dies zu einer differenzierten Betrachtung der rechtlichen Befugnisse von Mitarbeitern privater Sicherheitsunternehmen führen muß.

Die kurze Aufzählung der verschiedenen Tätigkeiten von Mitarbeitern privater Sicherheitsdienste zeigt außerdem, daß es „den" Beschäftigten eines privaten Sicherheitsdienstleisters nicht gibt. Insofern bedarf es zunächst einer Untersuchung der Grundlagen des privaten Sicherheitsgewerbes, bevor auf die Reichweite der Notwehr- und Nothilfebefugnis deren Mitarbeiter eingegangen werden kann.

A. Grundlagen des privaten Sicherheitsgewerbes

Innerhalb des privaten Sicherheitsgewerbes sind zwei Hauptformen der privaten Sicherheitsgewährung zu unterscheiden. Hierbei handelt es sich zum einen um selbständige Sicherheitsunternehmen, die durch Vertrag und gegen Bezahlung ihren Auftraggebern Sicherheitsdienstleistungen verkaufen. Zum anderen gibt es den Werkschutz. Dieser wird in zumeist größeren Wirtschaftsunternehmen errichtet und besteht oftmals allein aus Angehörigen des zu schützenden Unternehmens. Sein Aktionsradius beschränkt sich in der Regel auf das Betriebsgelände. Kennzeichnend für den Werkschutz ist seine Unselbständigkeit gegenüber dem Auftraggeber.[392] Da der Werkschutz keine Fremdschutz- sondern allein Eigenschutzaufgaben wahrnimmt und dabei meist keinerlei Kontakt zur Öffentlichkeit aufweist, wird sein Wirken nicht Gegenstand der Betrachtungen sein. Diese Konzentration auf selbständige Sicherheitsunternehmen schließt jedoch nicht die Frage danach aus, ob sich bestimmte Probleme auch beim Werkschutz finden lassen und ob einige für gewerbliche Sicherheitsdienstleister gefundene Grundsätze auch für diesen praktische Relevanz besitzen. Wenn aber im folgenden von den Grundlagen des privaten Sicherheitsgewerbes die Rede

---

390 Vgl. F.A.Z. vom 5.4.2005, S. 45 bzgl. Frankfurt/M, wo es aber um Angestellte des Ordnungsdienstes der Stadtwerke Verkehrsgesellschaft geht.

391 F.A.Z. vom 2.6.2004, S. 47 bzgl. Frankfurt/M (siehe aber auch F.A.Z. vom 24.2.2005, S. 52) oder F.A.Z. vom 9.4.2005, S. 69 bzgl. Freigericht.

392 Zum Werkschutz Gesemann, Öffentliche Sicherheit, S. 19f.; Gollan, Sicherheitsdienste, S. 52ff. (54f.); Mahlberg, Gefahrenabwehr, S. 41f.; Tischbein, Zusammenstellung, S. 41ff.

ist, so beziehen sich diese Ausführungen allein auf selbständige Sicherheitsunternehmen.

I. Die Entwicklung des privaten Sicherheitsgewerbes in Deutschland

Zwar tritt das private Sicherheitsgewerbe erst seit einigen Jahren verstärkt in das Bewußtsein der Menschen, dennoch stellt es kein neues Phänomen dar. Die Geschichte des privaten Sicherheitsgewerbes reicht auf dem Gebiet des heutigen Deutschlands weit über hundert Jahre zurück. Schon seit dem 15. Jahrhundert fungierten Nachtwächter in den Städten als Sicherheitsgewährende. Neben dem Ausschauhalten nach Bränden besaßen sie zahlreiche weitere Aufgaben. Sie kontrollierten Türen und Fenster von Wohn- und Geschäftshäusern und kümmerten sich um Straftaten und „sozial unerwünschtes Verhalten" wie Trunkenheit, Betteln oder Fluchen.[393] Allerdings wurden sie nicht privat beauftragt, sondern waren kommunale Angestellte. Insofern lassen sich Nachtwächter nicht allein als Vorfahren von Mitarbeitern privater Sicherheitsdienste begreifen. Polizisten und kommunale Ordnungskräfte lassen sich ebenso auf sie zurückführen.[394] Die Zeit des Nachtwächterwesens dauerte bis zum Ende des 19. Jahrhunderts. Nach einer Änderung des Polizeikostengesetzes und einer Umorganisation des Nachtwachwesens wurden schließlich 1895 die letzten Nachtwächter abgelöst.[395]

Als weitere Vorläufer des modernen privaten Sicherheitsgewerbes sind die sog. „Hüttenpolizisten" und „Zechenwehren" anzusehen. Erstere waren öffentliche Beamte, die zum Teil auf dem Hüttengelände stationiert und vom Hüttenbetreiber bezahlt wurden. Zechenwehren bestanden aus loyalen Arbeitnehmern, deren maßgebliche Aufgabe die Zerschlagung von Streiks war. Rechtlich gesehen hatten sie die Stellung von Hilfspolizisten.[396]

1901 wurde mit dem „Hannoverschen Wach- und Schließ-Institut" das erste Unternehmen auf deutschem Boden gegründet, das selbständig, privat und individuell auf den Kunden ausgerichtet Sicherheitsdienstleistungen anbot. Dieser

---

393 Gollan, Sicherheitsdienste, S. 25f.; Ottens-Wackerhagen/Olschok, Recht, C Rn. 19; vgl. auch F. Huber, Gefahrenabwehr, S. 42 und Nelken, Bewachungsgewerbe, S. 20ff. und 25ff.

394 Gollan, Sicherheitsdienste, S. 25f.; Lee, Privatisierung, S. 42f.; Mahlberg, Gefahrenabwehr, S. 25. Vgl. F. Huber, Gefahrenabwehr, S. 42f. und Mohrdieck, Privatisierung, S. 25.

395 Nelken, Bewachungsgewerbe, S. 47f.; Ottens-Wackerhagen/Olschok, Recht, C Rn. 19. Ausführlich Gollan, Sicherheitsdienste, S. 27ff.

396 Zum Ganzen wiederum Gollan, Sicherheitsdienste, S. 32ff. Ausführlich Jessen, Polizei, S. 119ff. und 139ff. Vgl. auch Beste/Voß, Privatisierung, S. 219.

Gründung folgten in relativ kurzer Zeit zahlreiche weitere, so daß schon vier Jahre später in 60 Städten Wach- und Schließgesellschaften tätig waren. Zu den Tätigkeitsbereichen gehörte etwa die Bewachung von Fabrik- oder Hafenanlagen, Warenhäusern aber auch militärischer Liegenschaften.[397]

Neben diesen Unternehmen, die die unterschiedlichsten Dienstleistungen anboten, entstanden weitere Sicherheitsdienstleister, die sich auf bestimmte Aufgaben im Sicherheitssektor spezialisierten. Es handelt sich hierbei um Detekteien, Auskunfteien und sog. Haushüter bzw. Homesitter.[398] Während sich die Auskunfteien eher der Peripherie des privaten Sicherheitsgewerbes zuordnen lassen, da sie sich lediglich mit der Beschaffung von wirtschaftlich interessanten Informationen beschäftigen und so beispielsweise dem Schutz vor Fehlinvestitionen dienen[399], können die beiden anderen Sicherheitsdienstleister zum Kernbereich der Sicherheitsgewährleistung gezählt werden. Detekteien, die erste wurde 1860 in Dresden gegründet, geht es häufig darum, bereits abgeschlossene Sachverhalte aufzuklären und gegebenenfalls rechtliche Schritte gegen ermittelte Täter einzuleiten. Die Haushüter, die erst seit etwa 20 Jahren auftreten, haben die Aufgabe, während der Abwesenheit des Kunden in dessen Haus oder Wohnung einzuziehen und dort präsent zu sein. Durch die Anwesenheit des Haushüters, der die Rolläden betätigt und den Briefkasten leert, sollen potentielle Einbrecher abgeschreckt werden.[400]

Es zeigt sich somit, daß die Ursprünge der privaten Sicherheitsdienstleister sehr weit zurückreichen. Seit etwa 150 Jahren treten private Sicherheitsanbieter auf den Markt, deren Dienstleistungen sich an die Bürger richten und von diesen auch privat zu finanzieren sind. Der historische Abriß stützt die These, daß es den einheitlichen Sicherheitsdienstleister nicht gibt.

II. Quantitative Aspekte des privaten Sicherheitsgewerbes

Um die Bedeutung des privaten Sicherheitsgewerbes in Deutschland einschätzen zu können, hilft ein Blick auf dessen quantitative Aspekte. Problematisch hierbei ist, daß es an verläßlichem Zahlenmaterial fehlt, aus dem sich eindeutig die zahlenmäßige Entwicklung des privaten Sicherheitsgewerbes ablesen läßt. Dies rührt daher, daß das Statistische Bundesamt steuerpflichtige Unternehmen erst ab einem bestimmten Jahresumsatz erfaßt und somit etliche kleinere Firmen aus der amtlichen Statistik herausfallen.[401] Für das Jahr 2001 wird meist von einer

397 Gollan, Sicherheitsdienste, S. 40f. Vgl. auch Ottens-Wackerhagen/Olschok, Recht, C Rn. 20f.

398 Gollan, Sicherheitsdienste, S. 46ff.

399 Gollan, Sicherheitsdienste, S. 50f.; Peilert, Auskunftei- und Detekteigewerbe, S. 62.

400 Wiederum Gollan, Sicherheitsdienste, S. 46ff. und 51f.

401 Gesemann, Öffentliche Sicherheit, S. 22; Gollan, Sicherheitsdienste, S. 56.

Beschäftigtenzahl von 145.000 Mitarbeitern in ca. 2.700 Unternehmen ausgegangen. Der Umsatz wird auf etwa 3,64 Milliarden Euro taxiert.[402] Unabhängig von den konkreten Zahlen geht der Trend hin zu mehr sicherheitsanbietenden Unternehmen, mehr Beschäftigten und mehr Umsatz. Unbestritten handelt es sich bei dem privaten Sicherheitsgewerbe um eine Wachstumsbranche.[403]

Die Unternehmensstruktur in der Sicherheitsbranche ist sehr unterschiedlich. Während es einige große Unternehmen mit Tausenden von Mitarbeitern gibt, handelt es sich bei der Mehrzahl der Firmen um eher kleine bis mittelständische Betriebe. Auch Ein-Mann-Firmen sind keine Seltenheit.[404]

III. Tätigkeitsbereiche des privaten Sicherheitsgewerbes

Das private Sicherheitsgewerbe bietet mittlerweile eine fast unüberschaubare Palette an Dienstleistungen an. Vorbei sind die Zeiten, in denen lediglich die Revierbestreifung und die Bewachung einzelner Objekte durch dauernde Anwesenheit des Wachpersonals zum Programm gehörten. Allerdings stellt die letztgenannte sog. Separatbewachung immer noch das Haupteinsatzgebiet der privaten Sicherheitsdienstleister dar. Konkret handelt es sich hierbei etwa um die Bewachung von Fahrzeugen auf Parkplätzen und in Parkhäusern, die Sicherung und Bewachung von Fabriken, Lagerhallen oder Großbaustellen und auch den Schutz von Ausstellungsräumen, Banken und Warenhäusern.[405] Daneben werden Ordnungsdienste bei Massenveranstaltungen wie Fußballspielen, Straßenfesten oder Konzerten angeboten. Private Sicherheitsunternehmen stellen Leibwächter für den Personenschutz und übernehmen Geld- und Werttransporte. Auch erstellen sie Sicherheitskonzepte für Unternehmen, installieren Alarman-

---

402 Vgl. Gesemann, Öffentliche Sicherheit, S. 23f.; Kirsch, Private Sicherheitsdienste, S. 14 und Mohrdieck, Privatisierung, S. 26, zum Teil unter Berufung auf Angaben des BDWS. Für das Jahr 2004 geht der BDWS (http://www.bdws.de/cms/index.php unter dem Suchwort „Statistiken“) von einer Beschäftigtenzahl von 172.000 aus, wobei diese Zahl aufgrund der Neuregelung der geringfügigen Beschäftigungsverhältnisse nicht mit den Vorjahren vergleichbar ist.

403 Beinhofer, BayVBl. 1997, S. 481; Beste/Voß, Privatisierung, S. 221; dies.; Verformungen, S. 313; Brauser-Jung/M. Lange, GewArch 2003, S. 224; v. Danwitz, KritV 85 (2002), S. 347; Gesemann, Öffentliche Sicherheit, S. 35; Götz, NVwZ 1998, S. 680; Gusy, StWP 5 (1994), S. 201; ders., Polizeirecht[6], Rn. 160; F. Huber, Gefahrenabwehr, S. 44f.; Hueck, Der Staat 36 (1997), S. 214; Jeand'Heur, AöR 119 (1994), S. 107f.; Kämmerer, Privatisierung, S. 388; Lisken/Denninger-Lisken/Denninger, Polizeirecht[4], C Rn. 174; Rixen, DVBl. 2007, S. 223; Schulte, DVBl. 1995, S. 130; Tischbein, Zusammenstellung, S. 176.

404 Gesemann, Öffentliche Sicherheit, S. 25; Mahlberg, Gefahrenabwehr, S. 33.

405 Gesemann, Öffentliche Sicherheit, S. 27; Ottens-Wackerhagen/Olschok, Recht, C Rn. 21; Stacharowsky, KrimJour 1985, S. 228.

lagen und betreuen diese. Sie werden zur Bewachung von militärischen Anlagen und zu Streifengängen in Innenstädten, Bahnhöfen und Flughäfen eingesetzt. Außerdem wirken sie bei der Geschwindigkeits- und Parkraumüberwachung mit.[406]

IV. Gesetzliche Grundlagen des privaten Sicherheitsgewerbes

Obwohl in letzter Zeit der Ruf nach einem speziellen Gesetz für das private Sicherheitsgewerbe immer lauter wurde[407], konnte sich die Politik bislang nicht dazu durchringen, ein solches zu schaffen. Die Vorschriften, die für Mitarbeiter und Inhaber privater Sicherheitsunternehmen relevant sind, finden sich in verschiedenen Gesetzen und Verordnungen. Verfassungsrechtlich ist die Tätigkeit der Mitarbeiter privater Sicherheitsunternehmen auf die Freiheit der Berufswahl und der Berufsausübung des Art. 12 I GG zurückzuführen. Auch können sich die Sicherheitsunternehmen selbst auf dieses Grundrecht berufen, da es auf inländische juristische Personen des Privatrechts wesensmäßig anwendbar ist.[408] Im Gewerberecht beschäftigt sich § 34a GewO und die hierzu ergangene Verordnung über das Bewachungsgewerbe (BewachV) mit der Zulässigkeit von privaten Sicherheitsunternehmen, die gewerbsmäßig Leben oder Eigentum fremder Personen bewachen wollen. Es wird geregelt, welche Voraussetzungen der Inhaber und seine Mitarbeiter zu erfüllen haben. § 34a I 3 Nr. 1 GewO verlangt etwa vom Inhaber, daß er die für einen Gewerbebetrieb erforderliche Zuverlässigkeit besitzt. Gem. § 34a IV GewO kann ihm die Beschäftigung von Personen, die die für das Bewachungsgewerbe erforderliche Zuverlässigkeit nicht besitzen, behördlich untersagt werden. Interessant ist, daß § 34a GewO selbst keine Aussagen über die Befugnisse der Mitarbeiter privater Sicherheitsunternehmen trifft. In § 34a V GewO wird lediglich auf die Jedermanns- und Selbsthilferechte hingewiesen sowie auf die eventuell gesetzlich übertragenen Befugnisse. Die BewachV beschäftigt sich zum Beispiel mit dem Unterrich-

---

406 Guter Überblick über die verschiedenen Tätigkeiten des privaten Sicherheitsgewerbes bei Gesemann, Öffentliche Sicherheit, S. 30f.; Götz, NVwZ 1998, S. 680; Gollan, Sicherheitsdienste, S. 73ff. (sehr ausführlich); Mahlberg, Gefahrenabwehr, S. 33f. und Stober/Olschok-Wackerhagen/Faulstich-Goebel, Handbuch, B Rn. 14. Mitarbeiter privater Sicherheitsunternehmen werden selbst von der US-Armee für einen Einsatz im Irak angeworben.

407 Jeand'Heur, AöR 119 (1994), S. 129; Krölls, GewArch 1997, S. 455; Möller, DSD 3/1996, S. 16; Pitschas, DÖV 1997, S. 397; ders., Sicherheitsgewerbe, S. 106; Roßnagel, ZRP 1983, S. 62; Steegmann, Privatisierung, S. 250. A.A. z.B. Beinhofer, BayVBl. 1997, S. 486; Möstl, Garantie, S. 311 und Stober, GewArch 2002, S. 132.

408 Hammer, DÖV 2000, S. 618; Pitschas, Sicherheitsgewerbe, S. 60. Allgemein zur Anwendbarkeit des Art. 12 I GG auf juristische Personen etwa Sachs-Tettinger/Mann, Art. 12, Rn. 22ff. oder v. Münch/Kunig-Gubelt, Art. 12, Rn. 6f., jeweils m.w.N.

tungsverfahren, durch das „die im Bewachungsgewerbe tätigen Personen mit den für die Ausübung des Gewerbes notwendigen rechtlichen Vorschriften und fachspezifischen Pflichten und Befugnissen sowie deren praktischer Anwendung" vertraut gemacht werden sollen (vgl. § 1 BewachV). Ferner werden die Vorschriften des WaffG – vor allem § 28 WaffG – für Inhaber und Mitarbeiter privater Sicherheitsunternehmen relevant, wenn bei Bewachungsaufträgen Schußwaffen mitgeführt werden sollen. Zu den gesetzlichen Grundlagen des privaten Sicherheitsgewerbes sind auch diejenigen Vorschriften zu zählen, die es ermöglichen, hoheitliche Befugnisse auf Mitarbeiter privater Sicherheitsunternehmen zu übertragen. Dabei handelt es sich etwa um § 1 III UZwGBw, nach dem zivile Personen mit der Bewachung von Bundeswehrbereichen unter Inanspruchnahme der Befugnisse des UZwGBw beauftragt werden können. Weiter besteht die Möglichkeit, daß die Luftfahrtbehörden die ihnen obliegende Aufgabe des Schutzes des zivilen Luftverkehrs gem. § 5 V LuftSiG auf Mitarbeiter privater Sicherheitsunternehmen übertragen. Nach § 5 V LuftSiG können diese hoheitliche Befugnisse in Anspruch nehmen, um Personen oder Gepäck zu durchsuchen. Von den Vorschriften, nach denen hoheitliche Befugnisse übertragen werden können, sind diejenigen Normen abzugrenzen, durch die der Staat Privaten bestimmte Eigensicherungspflichten auferlegt. Hierzu zählt § 7 II Nr. 5 AtG, durch den Betreibern kerntechnischer Einrichtungen eine selbständige Sicherungspflicht auferlegt wird. Auch statuieren §§ 8 und 9 LuftSiG Eigensicherungspflichten des Verkehrsflughafenbetreibers bzw. des Luftfahrtunternehmers. Die Besonderheit der staatlich auferlegten Eigensicherungspflicht besteht darin, daß dem Eigensicherungsverpflichteten keine hoheitlichen Befugnisse zur Erfüllung dieser Pflicht übertragen werden. Er selbst und die von ihm beauftragten Privaten sind in der Regel allein auf die Jedermannsrechte verwiesen.

Diese Jedermannsrechte besitzen für Mitarbeiter privater Sicherheitsunternehmen in der Praxis eine erhebliche Relevanz, da die Mehrzahl der Aufträge des privaten Sicherheitsgewerbes nicht mit der Übertragung hoheitlicher Befugnisse verbunden ist[409]. Im Rahmen dieser Rechte ist vor allem an die Notwehr- und Nothilfevorschriften des § 32 StGB, des § 227 BGB und des § 15 OWiG zu denken. Ebenfalls können die Notstandsvorschriften des § 34 StGB und des § 16 OWiG für die Rechtfertigung des Mitarbeiters eines privaten Sicherheitsunternehmens von Bedeutung sein. Auch die zivilrechtlichen Notstandsvorschriften (§§ 228, 904 BGB) dienen mitunter als Eingriffsgrundlage. Schließlich ist noch § 127 I StPO zu berücksichtigen, der Privaten ein Recht zur vorläufigen Festnahme einräumt.

Die genannten Jedermannsrechte sind selbständige Rechte jedes Privaten. Das bedeutet, daß die Auftraggeber privater Sicherheitsunternehmen diese Rechte

409 F. Huber, Gefahrenabwehr, S. 66f. mit Fn. 110.

nicht ausdrücklich oder konkludent auf die Angehörigen der von ihnen mit Sicherungs- bzw. Überwachungsaufgaben betrauten Unternehmen übertragen müssen. Anders sieht das bei den Rechten aus, die sich nicht als eigenständig darstellen, sondern an bestimmte Rechtspositionen des Auftraggebers anknüpfen. Bei diesen abgeleiteten Rechten handelt es sich zum einen um die zivilrechtlichen Selbsthilferechte. Zum anderen ist an die abgeleitete Wahrnehmung des Hausrechts zu denken. Letzteres wird als Gesamtheit der rechtlich geschützten Befugnisse, über bestimmte geschützte Bereiche tatsächlich verfügen zu können, definiert.[410] Zu beachten ist, daß das Hausrecht keine Grundlage für dessen gewaltsame, in Rechte anderer eingreifende Durchsetzung ist.[411] Anders ausgedrückt: dem Hausrecht selbst ist nicht die Befugnis zu zwingen immanent. Allerdings kann der rechtswidrige Angriff auf dieses Recht eine Notwehr- bzw. Nothilfesituation darstellen, in der das Hausrecht auf Grundlage des § 32 StGB verteidigt werden kann.[412] Bei den Selbsthilferechten können die in §§ 859, 860 BGB geregelten Besitzschutzrechte für Mitarbeiter privater Sicherheitsunternehmen von Bedeutung sein. Hierbei ist zu beachten, daß es den Mitarbeitern privater Sicherheitsdienste an dem für die Annahme von Besitz erforderlichen Kriterium des Besitzbegründungswillens fehlt.[413] Sie selbst sind somit keine Besitzer, sondern können lediglich Besitzdiener im Sinne des § 855 BGB sein. In dieser Funktion haben sie aber die Möglichkeit, die von § 859 BGB gewährten Rechte für ihren Auftraggeber auszuüben. Hierzu zählt gem. § 859 I BGB die Befugnis, sich der „verbotene(n) Eigenmacht mit Gewalt zu erwehren". Neben diesem als „Besitzwehr" zu bezeichnenden Recht normieren § 859 II und III BGB die sog. „Besitzkehr". Auch dieses Recht dürfen Mitarbeiter eines privaten Sicherheitsdienstes für ihre Auftraggeber ausüben, sofern es ihnen von diesen übertragen wurde.[414] Des weiteren besteht die Möglichkeit, Mitarbeitern privater Sicherheitsunternehmen die in §§ 229ff. BGB geregelten Selbsthilferechte des Anspruchsinhabers zur Ausübung zu übertragen. Diese hätten dann beispiels-

410 Tröndle/Fischer, § 123, Rn. 2; F. Huber, Gefahrenabwehr, S. 77; Wessels/Hettinger, Strafrecht BT/1, Rn. 573.

411 Honigl, Tätigwerden, S. 62; F. Huber, Gefahrenabwehr, S. 78; Schnekenburger, Rechtsstellung, S. 126.

412 F. Huber, Gefahrenabwehr, S. 78; Lee, Privatisierung, S. 88f.; Mahlberg, Gefahrenabwehr, S. 182; Peilert, Auskunftei- und Detekteigewerbe, S. 500f.; Schnekenburger, Rechtsstellung, S. 126. Nicht überzeugend hingegen eine Entscheidung des OLG Frankfurt (NJW 1994, S. 946f. mit krit. Anm. Löwisch/Rieble, NJW 1994, S. 2596), in der die Notwehrfähigkeit des Hausrechts abgelehnt wird.

413 F. Huber, Gefahrenabwehr, S. 73; Mahlberg, Gefahrenabwehr, S. 163.

414 Zu der Inanspruchnahme der Besitzschutzrechte durch Mitarbeiter privater Sicherheitsdienste vgl. Honigl, Tätigwerden, S. 64f.; F. Huber, Gefahrenabwehr, S. 73ff.; Mahlberg, Gefahrenabwehr, S. 163ff.; Schnekenburger, Rechtsstellung, S. 168f. Warum Kirsch, Private Sicherheitsdienste, S. 208 davon ausgeht, daß auf Grundlage des § 859 BGB kein Zwang eingesetzt werde dürfe, bleibt offen.

weise das abgeleitete Recht, im Rahmen der Bewachung von Sachgütern Herausgabe- und Schadensersatzansprüche geltend zu machen.[415] Schließlich wird zum Teil[416] das Selbsthilferecht des Eigentümers aus § 903 BGB in die für das private Sicherheitsgewerbe relevanten Vorschriften eingereiht. Diese Vorschrift gibt jedoch ebenso wie das Hausrecht keine Befugnis zur Gewaltausübung. Der von dieser Norm gegenüber einer unbefugten Einwirkung auf das Eigentum gewährte Abwehranspruch ist lediglich auf gerichtlichem Wege oder aber im Rahmen der Notwehr gem. § 227 BGB zu verwirklichen. Insofern ist die praktische Relevanz des § 903 BGB für die Mitarbeiter des privaten Sicherheitsgewerbes als gering einzuschätzen.[417]

Der Überblick über die verschiedenen, die Ausübung des privaten Sicherheitsgewerbes beeinflussenden Normen zeigt, daß dessen Mitarbeiter sowohl auf spezialgesetzlicher Grundlage unter Gewährung hoheitlicher Befugnisse als auch aufgrund eigener Jedermanns- bzw. abgeleiteter Selbsthilferechte tätig werden können. Es gibt keine Normen, die eine generelle Einschränkung der Befugnisse der Mitarbeiter privater Sicherheitsunternehmen bedingen.

V. Formen der Veranlassung des Tätigwerdens von Mitarbeitern privater Sicherheitsdienste

Schon aus der Darstellung der das private Sicherheitsgewerbe betreffenden Normen läßt sich herauslesen, daß das Auftreten privater Sicherheitsdienste verschiedene Ursachen und Auftraggeber haben kann. Man kann die verschiedenen Tätigkeitsarten dahingehend kategorisieren, daß man zwischen staatlicher und privater Beauftragung unterscheidet. Bei der staatlichen Beauftragung ist noch einmal zwischen unmittelbarer staatlicher Beauftragung und mittelbarer staatlicher Beauftragung zu differenzieren.

1. Unmittelbar staatlich veranlaßtes Tätigwerden

Teilweise vergibt der Staat selbst Aufträge an das private Sicherheitsgewerbe. In solchen Fällen wird gemeinhin vom „unmittelbar staatlich veranlaßten Tätigwerden privater Sicherheitsunternehmen" gesprochen.[418] Dies ist etwa bei der

---

415 F. Huber, Gefahrenabwehr, S. 76 im Anschluß an Peilert, Auskunftei- und Detekteigewerbe, S. 498.

416 Honigl, Tätigwerden, S. 65; Kirsch, Private Sicherheitsdienste, S. 208.

417 F. Huber, Gefahrenabwehr, S. 75; Mahlberg, Gefahrenabwehr, S. 168; Schnekenburger, Rechtsstellung, S. 167f. Vgl. auch Eberstein, BB 1980, S. 866 und Peilert, Auskunftei- und Detekteigewerbe, S. 494, die § 903 BGB lediglich in der Überschrift neben den §§ 858ff. BGB erwähnen.

418 F. Huber, Gefahrenabwehr, S. 141; Krölls, GewArch 1997, S. 450.

Bewachung militärischer Anlagen oder sonstiger Gebäude der öffentlichen Hand der Fall. In diesem Zusammenhang ist auch an den Schutz von öffentlichen Verkehrsmitteln und vor allem deren Infrastruktur wie Flughäfen und Bahnhöfen zu denken. In diesen Bereichen überträgt der Staat seine eigenen Gefahrenabwehraufgaben häufig auf private Sicherheitsunternehmen. Rechtlich gesehen bestehen verschiedene Möglichkeiten, wie dies geschehen kann. Einerseits können Angehörige privater Sicherheitsdienste mit einzelnen Aufgaben der staatlichen Gefahrenabwehr einschließlich der Wahrnehmung hoheitlicher Befugnisse beliehen werden. § 5 V LuftSiG und § 1 III UZwGBw stellen solche Beleihungstatbestände dar[419]. Der Beliehene handelt zwar in eigenem Namen, ist aber als Teil der staatlichen Verwaltung an Grundrechte gebunden. Er hat sein Ermessen pflichtgemäß auszuüben und muß den Grundsatz der Verhältnismäßigkeit beachten. Die Beleihung darf weiterhin nur durch oder aufgrund eines Gesetzes erfolgen.[420] Anderseits ist es aber auch möglich, daß Mitarbeiter privater Sicherheitsunternehmen im Wege der Verwaltungshilfe von der öffentlichen Hand herangezogen werden. Charakterisierend für die Verwaltungshilfe ist, daß die eingesetzten Personen oder Unternehmen unselbständig Hilfstätigkeiten im Auftrag und nach Weisung der Behörde wahrnehmen. Die Privaten werden hier als bloßes Werkzeug in die Erledigung hoheitlicher Aufgaben eingebunden. Einer ausdrücklichen gesetzlichen Ermächtigung bedarf es hierfür nicht.[421] Schließlich besteht noch die Möglichkeit, daß der Staat Mitarbeiter privater Sicherheitsdienste engagiert, ohne daß diesen der Status eines Verwaltungshelfers oder Beliehenen zukommt. Dies ist häufig bei der Bewachung öffentlicher Einrichtungen wie Polizeigebäuden der Fall.[422]

2. Mittelbar staatlich veranlaßtes Tätigwerden

Es gibt Bereiche, in denen der Staat wirtschaftlichen Unternehmen wie Kernkraftwerksbetreibern oder Eigentümern von Verkehrsflughäfen und Luftfahrtunternehmen durch Gesetz Eigensicherungspflichten auferlegt.[423] Sinn und Zweck

419 Burgi, FS Maurer, S. 582; Schnekenburger, Rechtsstellung, S. 112ff.; vgl. auch Beinhofer, BayVBl. 1997, S. 481f. sowie F. Huber, Gefahrenabwehr, S. 55ff. und 148f.

420 Burgi, Privatisierung, S. 80f.; ders., FS Maurer, S. 585 und 588; Krölls, GewArch 1997, S. 446; Lee, Privatisierung, S. 36; Maurer, Verwaltungsrecht, § 23, Rn. 56ff.; Peine, Verwaltungsrecht, Rn. 110; Scholz, NJW 1997, S. 15f.; Tischbein, Zusammenstellung, S. 37f.

421 OLG Hamm, NVwZ-RR 1999, S. 223f.; Krölls, GewArch 1997, S. 447; Peine, Verwaltungsrecht, Rn. 109; Pitschas, Sicherheitsgewerbe, S. 66; Scholz, NJW 1997, S. 16.

422 Vgl. z.B. Peilert, DVBl. 1999, S. 285 sowie Gramm, VerwArch 90 (1999), S. 345f. und Nitz, Sicherheit, S. 69ff.

423 Vgl. § 7 II Nr. 5 AtG und §§ 8, 9 LuftSiG.

dieser Eigensicherungspflichten ist, daß die betroffenen Unternehmen angehalten werden, ihre eigenen Rechtsgüter vor Mißbrauch und rechtswidrigen Angriffen Dritter zu schützen.[424] Diese Eigensicherungspflichten müssen nicht von den Unternehmen selbst – etwa durch einen eigenen Werkschutz – wahrgenommen werden. Sie können sich zur Erfüllung dieser Pflichten auch Dritter – zum Beispiel privater Sicherheitsunternehmen – bedienen.[425] Mit der Auferlegung dieser Eigensicherungspflichten ist in der Regel keine Übertragung hoheitlicher Befugnisse verbunden. Zum Teil wird davon ausgegangen, daß es sich bei der durch die gesetzliche Verpflichtung zur Eigensicherung beabsichtigten Gefahrenabwehr dem Grunde nach um eine normalerweise durch die Polizei wahrzunehmende öffentliche Aufgabe des Staates handelt. Begründet wird dies damit, daß primärer Schutzzweck der Eigensicherungspflichten die Abwehr von Gefahren von der Allgemeinheit ist. Außerdem ließen sich die Gefahren, denen durch die Regelung von Eigensicherungspflichten vorgebeugt werden sollen, nicht primär auf die zu sichernde Anlage selbst, sondern vielmehr auf die allgemeine politische Situation zurückführen.[426]

Es ist nicht zu bestreiten, daß durch gesetzliche Eigensicherungspflichten nicht nur die eigenen Rechtsgüter des zur Sicherung Verpflichteten, sondern auch fremde Rechtsgüter geschützt werden. Beispielsweise profitiert auch die Allgemeinheit vom Ausbleiben terroristischer Angriffe auf Kernkraftwerke. Daneben ist auch einer Rückführung der zu verhindernden Gefahren auf die allgemeine politische Situation und nicht auf die Anlage selbst zuzustimmen. Gleichwohl darf nicht verkannt werden, daß die gesetzliche Pflicht zur privaten Gefahrenvorsorge an eine von vornherein bestehende Verpflichtung und Verantwortung zur Sicherung der eigenen Rechtsgüter anknüpft.[427] Es läßt sich eine Parallele zu § 14 II 2 StVO ziehen, der dem Fahrzeugführer vorschreibt, bei Verlassen des Kraftfahrzeugs dieses gegen unbefugte Benutzung zu sichern. Auch in solch einem Fall geht die Gefahr nicht von dem Kraftfahrzeug selbst aus, sondern ist in äußeren, vom Fahrzeugführer nicht beeinflußbaren Umständen angelegt. Trotzdem wird man schwerlich behaupten können, daß dem Fahrzeugführer durch die Verpflichtung des § 14 II 2 StVO eine an sich durch die Polizei wahrzunehmende öffentliche Aufgabe übertragen wird. Es ist mithin davon auszugehen, daß die gesetzliche Auferlegung von Eigensicherungspflichten nicht eine Übertragung einer an sich staatlichen Aufgabe auf Private darstellt. Vielmehr sollen Private in ihrer Selbstverantwortlichkeit bestärkt und an ihr ohnehin bestehendes

---

424 Ehlers, FS Lukes, S. 345f.; Krölls, GewArch 1997, S. 447; Möstl, Garantie, S. 349.

425 Pitschas, Sicherheitsgewerbe, S. 69. Vgl. auch Brauser-Jung/M. Lange, GewArch 2003, S. 228 und Krölls, GewArch 1997, S. 447 und 455.

426 So F. Huber, Gefahrenabwehr, S. 142f. Vgl. auch BVerwG, DVBl. 1989, S. 518; Gusy, DÖV 1996, S. 576; Krölls, GewArch 1997, S. 447.

427 Möstl, Garantie, S. 349.

Interesse zur Sicherung der eigenen Anlage erinnert werden.[428] Da sich die Unternehmen in den Fällen einer gesetzlich auferlegten Eigensicherungspflicht nicht freiwillig für oder gegen eine Sicherung ihrer Anlage entscheiden können, sondern vom Staat dazu gezwungen werden, ist das Tätigwerden privater Sicherheitsunternehmen als „mittelbar staatlich veranlaßt" zu bezeichnen.[429]

3. Privat veranlaßtes Tätigwerden

Schließlich können private Sicherheitsunternehmen von natürlichen oder juristischen Personen beauftragt werden, ohne daß diese hierzu vom Staat verpflichtet wären. Naturgemäß sind die von Privaten beauftragten Mitarbeiter privater Sicherheitsunternehmen allein auf eigene oder abgeleitete Jedermanns- bzw. Selbsthilferechte verwiesen. Grund für die Beauftragung privater Sicherheitsunternehmen ist häufig die aufgrund gestiegener Kriminalitätsraten entstandene hohe Kriminalitätsfurcht.[430] Diese bedingt nicht allein die eigene Beauftragung privater Sicherheitsunternehmen. Vielmehr reagieren auch Verkehrsgesellschaften oder Ladenpassagenbetreiber auf die in der Bevölkerung bestehenden Ängste, Opfer einer Straftat zu werden, in dem sie zur Beruhigung ihrer potentiellen Kunden Wachpersonal beschäftigen.[431] Des weiteren kann die Beauftragung privater Sicherheitsunternehmen auch aufgrund versicherungsvertraglicher Pflichten erfolgen, da zum Teil Schadensversicherer ihre Kunden zu bestimmten Eigensicherungsmaßnahmen verpflichten.[432]

VI. Vergleich der Rechte und Tätigkeiten von Mitarbeitern privater Sicherheitsunternehmen und Polizeibeamten

Zum Teil wird angenommen, daß Mitarbeiter privater Sicherheitsunternehmen funktional als Polizeiersatz wirken und sich ihre Eingriffe als quasi-polizeilich

---

428 Möstl, Garantie, S. 349f.

429 F. Huber, Gefahrenabwehr, S. 141.

430 So auch Beste/Voß, Privatisierung, S. 219; Brauser-Jung/M. Lange, GewArch 2003, S. 224; Gesemann, Öffentliche Sicherheit, S. 35; Schnekenburger, Rechtsstellung, S. 123. Vgl. hierzu auch Mohrdieck, Privatisierung, S. 30f. und Bernhardt, Kurzstatement, S. 59f. Allgemein zur Kriminalitätsfurcht und zum Sicherheitsgefühl Feltes, Kriminalistik 2003, S. 277ff.

431 Vgl. Hammer, DÖV 2000, S. 614; Rupprecht, DSD 2/1999, S. 24; Voß, NKP 2/1993, S. 39f.

432 Bracher, Gefahrenabwehr, S. 55; v. Danwitz, KritV 85 (2002), S. 351; Mahlberg, Gefahrenabwehr, S. 39; Schnekenburger, Rechtsstellung, S. 124. Ferner Lisken/Denninger-Lisken/Denninger, Polizeirecht[4], C Rn. 175.

darstellen.[433] Sollte sich diese These als stichhaltig erweisen, indem sich herausstellt, daß Mitarbeiter privater Sicherheitsunternehmen grundsätzlich die gleichen Aufgaben besitzen oder in bestimmten Bereichen gar „polizeiersetzend“ tätig werden, könnte dies von erheblichem Einfluß auf die Reichweite der Notwehr- und Nothilfebefugnisse von Mitarbeitern privater Sicherheitsunternehmen sein. In diesem Zusammenhang ist zu bedenken, daß alle staatlichen Eingriffe dem Grundsatz der Verhältnismäßigkeit unterliegen. Es ist vorstellbar, daß die Befugnisse von Angehörigen gewerblicher Sicherheitsunternehmen auf Basis der für sie in der Praxis wichtigsten[434] Norm zur Rechtfertigung von „Betriebsunfällen“[435] – § 32 StGB – über die polizeilichen Befugnisse hinausgehen. Dies gilt es in einem weiteren Schritt zu untersuchen.

Zu beachten ist, daß bei dieser Betrachtung das Tätigwerden privater Sicherheitsdienste als beliehene Unternehmen außen vor zu bleiben hat. In solchen Fällen werden Mitarbeiter privater Sicherheitsunternehmen gerade mit der Wahrnehmung hoheitlicher Aufgaben betraut, bei deren Ausübung sie sich hoheitlicher Befugnisse bedienen können. Sie sind dabei an das gesamte öffentliche Recht, also auch an den Verhältnismäßigkeitsgrundsatz, gebunden. Ob sie sich daneben noch auf Notwehr bzw. Nothilfe berufen können, ergibt sich nicht aus einem Vergleich ihrer Rechte und Befugnisse mit denen von Polizeibeamten, sondern ist das Ergebnis einer Wertung.

1. Auftreten

Ebenso wie Polizeibeamte können Mitarbeiter privater Sicherheitsdienste allein oder in Gruppen auftreten. Ob die eine oder die andere Variante gewählt wird, liegt in der Art der Tätigkeit begründet. Handelt es sich etwa um ein relativ kleines Einzelobjekt, was dauerhaft im Rahmen einer Separatbewachung zu sichern ist, bietet sich der Einsatz eines einzelnen Wachmanns an, der notfalls über Funk Hilfe anfordern kann.[436] Umgekehrt werden Tätigkeiten, die abstrakt mit einem erhöhten Gefährdungsgrad einhergehen, meist zu zweit ausgeübt. Zu nennen ist etwa die Bestreifung von Fußgängerzonen oder öffentlichen Verkehrsmitteln.

Daß Mitarbeiter privater Sicherheitsunternehmen Uniformen tragen, ist keine Seltenheit. In § 12 S. 2 BewachV wird Wachpersonen, die eingefriedetes Besitz-

---

433 Arzt, FS Kleinknecht, S. 4; Gunia, Garantenstellungen, S. 160; Thieme, W+S Information 163 (1985), S. 78. Vgl. auch Kargl, NStZ 2000, S. 8; Peilert, Auskunftei- und Detekteigewerbe, S. 467; Pitschas, Sicherheitsgewerbe, S. 87 und Weichert, Privatisierung, S. 274f.

434 Vgl. Stober/Olschok-Peilert, Handbuch, G Rn. 3; Schulte, DVBl. 1995, S. 133 sowie Tischbein, Zusammenstellung, S. 111 und 199.

435 Pitschas, DÖV 1997, S. 396.

436 Vgl. Kusch, Die Polizei 1977, S. 15.

tum in Ausübung ihres Dienstes betreten sollen, das Tragen von Dienstkleidung sogar zur Pflicht gemacht. Dabei hat der Bewachungsunternehmer gem. § 12 S. 1 BewachV dafür Sorge zu tragen, daß die Uniformen seiner Mitarbeiter nicht mit denen der Angehörigen von Streitkräften oder behördlichen Vollzugsorganen verwechselt werden können. Dadurch läßt sich jedoch auch nicht immer verhindern, daß seine uniformierten Mitarbeiter bei ihren Einsätzen als „City-Streifen" mit polizeilichen Fußstreifen verwechselt werden – vor allem bei Dunkelheit[437].

Ein Unterschied zwischen privaten Sicherheitsunternehmen und Polizei könnte sich im Hinblick auf die Örtlichkeit, in der sie auftreten, ergeben. Man könnte annehmen, daß Mitarbeiter privater Sicherheitsunternehmen räumlich gesehen in der Sphäre des Privaten handeln, während Polizeibeamte ihren Dienst in der Öffentlichkeit verrichten. Diese Abgrenzung nach dem Ort des Auftretens ist jedoch für sich genommen zu grob. Angehörige privater Sicherheitsunternehmen treten zwar häufig auf Privatgrundstücken auf, weil dies von ihren Auftraggebern so gewünscht wird. Dies schließt aber nicht aus, daß auch Polizeikräfte bei Vorliegen der rechtlichen Voraussetzungen in Privaträumen und auf Privatgelände tätig werden.[438] Umgekehrt ist das Einsatzgebiet der Mitarbeiter privater Sicherheitsdienste nicht auf den privaten Bereich ihrer Auftraggeber beschränkt. Bestimmte Tätigkeiten des privaten Sicherheitsgewerbes wie der Personenschutz oder die Sicherung von Werttransporten lassen sich nur im öffentlichen Raum ausüben. Zustimmung verdient deswegen eine These Gusys, daß die privaten Schützer dort anzutreffen sind, wo sich die zu schützenden Rechtsgüter oder ihre Träger aufhalten.[439] Polizeibeamte und Mitarbeiter privater Sicherheitsunternehmen unterscheiden sich allenfalls graduell nach dem Ort ihres Auftretens.[440] Zusammenfassend ist davon auszugehen, daß sich das Auftreten von Polizeibeamten und Mitarbeitern privater Sicherheitsdienste vielfach gleicht.

2. Ausrüstung

Weiter ist fraglich, ob sich die polizeiliche Ausrüstung mit der des privaten Sicherheitsgewerbes vergleichen läßt. Dabei darf nicht übersehen werden, daß die Ausrüstung der Angehörigen der Sicherheitsunternehmen uneinheitlich ist.[441] Trotzdem ist ein Blick auf die materielle Ausstattung, die ihnen zur Verfügung stehen kann, unentbehrlich. Häufig werden Funkgeräte, Taschenlampen, Pfef-

437 Vgl. Beste/Voß, Privatisierung, S. 227 und Gusy, Polizeirecht[6], Rn. 160. Vgl. ferner F.A.Z. vom 15.10.2005, S. 67 („CDU kritisiert Uniform der ‚Ein-Euro-Jobber'").

438 Honigl, Tätigwerden, S. 83.

439 Gusy, VerwArch 92 (2001), S. 346.

440 So auch Gusy, VerwArch 92 (2001), S. 346; Honigl, Tätigwerden, S. 83.

441 Bernhardt, Kurzstatement, S. 60; Fechner, Grenzen, S. 217f.

fersprays und Schlagstöcke mitgeführt. Auch kann zum Teil auf Videokameras, Nachtsichtgeräte und Diensthunde zurückgegriffen werden. Zahlreiche gewerbliche Sicherheitsunternehmen besitzen einen Fuhrpark mit Motorrädern, Personenkraftwagen und mitunter sogar Spezialfahrzeugen für den Werttransport. In größeren Unternehmen ist die Einrichtung einer Alarmzentrale die Regel.[442] Abhängig von der Art der konkreten Aufgabe werden bei einigen Einsätzen Schußwaffen mitgeführt. Namentlich Geld- und Werttransporte sowie die Bewachung von Kernkraftwerken werden meist bewaffnet durchgeführt.[443] Grundsätzlich können Polizeibeamte auf eine entsprechende Ausstattung zurückgreifen. Die Länderpolizeien verfügen etwa über Einsatzleitstellen, Funkgeräte, Funkstreifenkraftwagen, Schlagstöcke, Pistolen und Maschinenpistolen.[444]

Es zeigt sich, daß die Ausrüstung, die Mitarbeitern privater Sicherheitsunternehmen zur Verfügung stehen kann, nicht wesentlich hinter der des Polizeibeamten zurückbleibt. Lediglich der Zugriff auf Maschinenpistolen ist allein Polizeibeamten vorbehalten.[445]

3. Ausbildung

Bei einem Vergleich zwischen der Ausbildung eines Polizeibeamten und der eines Mitarbeiters eines privaten Sicherheitsunternehmens ist zu bedenken, daß die Ausbildung im privaten Sicherheitsgewerbe nicht einheitlich ist. Bestimmte Mindestvoraussetzungen sind in der BewachV normiert. Inhaber von Sicherheitsunternehmen und deren Mitarbeiter haben sich in der Regel gem. § 1 II BewachV einem Unterrichtungsverfahren durch die Industrie- und Handelskammern zu unterziehen. Diese zwischen 40 und 80 Stunden dauernde Unterrichtung umfaßt gem. § 4 BewachV zum Beispiel die Sachgebiete „Recht der öffentlichen Sicherheit und Ordnung einschließlich Gewerberecht und Datenschutzrecht", „Bürgerliches Gesetzbuch" und „Straf- und Strafverfahrensrecht einschließlich Umgang mit Waffen". Für die Erledigung ausgewählter Aufgaben, wie Kontrollgänge im öffentlichen Verkehrsraum, wird gem. § 34a I 5 GewO, § 5a BewachV das Ablegen einer Sachkundeprüfung verlangt. Eine

442 Vgl. in bezug auf die Ausrüstung des privaten Sicherheitsgewerbes Ottens-Wackerhagen/Olschok, Recht, C Rn. 68f.; Stacharowsky, KrimJour 1985, S. 231 und Weichert, Privatisierung, S. 265f.

443 Blum, W+S Information 162 (1985), S. 14; Fechner, Grenzen, S. 217; Stacharowsky, KrimJour 1985, S. 231. Es wird angenommen, daß zwischen 6 und 15 % der Mitarbeiter des privaten Sicherheitsgewerbes Schußwaffenträger sind, vgl. Gesemann, Öffentliche Sicherheit, S. 61.

444 Hierzu Lisken/Denninger-Hilse, Polizeirecht[3], B Rn. 79.

445 Stacharowsky, KrimJour 1985, S. 231f. Vgl. aber auch Gunia, Garantenstellungen, S. 101.

Pflicht zur Weiterbildung besteht nicht. Gleichwohl wird es zur Firmenphilosophie einiger in der Sicherheitsbranche tätiger Unternehmen gehören, daß sie sich um die Weiterbildung ihrer Mitarbeiter kümmern und diese etwa auf Lehrgänge schicken.[446] Dies führt dazu, daß einige Angehörige des Sicherheitsgewerbes besser ausgebildet sind als andere. Hierbei ist auch zu berücksichtigen, daß die Stundenzahl der Unterrichtung erst 2003 erhöht wurde, so daß die schon länger bei privaten Sicherheitsunternehmen Beschäftigten nur 24 statt 40 Stunden unterrichtet wurden. Die Ausbildung der Polizeibeamten dauert ungleich länger und richtet sich nach den eingeschlagenen Laufbahnen, also danach, ob der Bewerber im mittleren Dienst[447] oder im gehobenen bzw. höheren Polizeivollzugsdienst antritt. Sie dauert zwischen zwei und drei Jahren. Eine ständige Weiterbildung der Polizeibeamten wird von den Bundesländern gewährleistet.[448]

Bei dieser großen Diskrepanz zwischen der Ausbildungszeit von Polizeibeamten und Mitarbeitern privater Sicherheitsunternehmen wird schnell klar, daß selbst der gut unterrichtete und sich weiterbildende Wachmann keine annähernd an die eines Polizeibeamten heranreichende Ausbildung besitzt.[449] Im Unterschied zu der Ausrüstung bleibt das Ausbildungsniveau eines Angehörigen des privaten Sicherheitsgewerbes erheblich hinter dem eines Polizeibeamten zurück.[450]

4. Aufgaben und Ziele

Sofern private Sicherheitsunternehmen von Privaten beauftragt werden, besteht ihre Aufgabe darin, individuelle Rechtsgüter zu schützen.[451] Bei diesen Rechtsgütern handelt es sich häufig um das Eigentum ihres Auftraggebers. Es kommt auch nicht selten vor, daß private Sicherheitsunternehmen daneben die körperliche Unversehrtheit ihrer Kunden bzw. derjenigen, an deren Schutz dem Auftraggeber gelegen ist[452], zu bewahren haben. Rechtsgüter der Allgemeinheit befinden sich grundsätzlich nicht im Fokus der privaten Sicherheitsdienstleister.

---

446 Vgl. Kunz, ZStW 95 (1983), S. 975 Fn. 6; Gunia, Garantenstellungen, S. 98 Fn. 419.

447 In einigen Bundesländern (z.B. Hessen) wurde der mittlere Dienst abgeschafft.

448 Zur Aus- und Fortbildung der Polizeibeamten vgl. Lisken/Denninger-Hilse, Polizeirecht[3], B Rn. 78 und Gunia, Garantenstellungen, S. 96ff.

449 Ausnahmen hierzu können die geprüfte Werkschutzkraft und die Sicherheitsfachkraft darstellen.

450 Fechner, Grenzen, S. 216; Gunia, Garantenstellungen, S. 96ff. (101). Vgl. auch Blum, W+S Information 162 (1985), S. 13f.

451 Beinhofer, BayVBl. 1997, S. 481; Möstl, Garantie, S. 306; Tischbein, Zusammenstellung, S. 218ff.

452 Zu denken ist hier an die (potentiellen) Kunden, deren Sicherheit in Objekten der Verkehrsgesellschaften oder in Ladenpassagen durch die Beauftragung eines privaten Sicherheitsdienstes gewährleistet werden soll.

Ebenfalls gehört es nicht zu ihren Aufgaben, sich um die Individualrechtsgüter zu kümmern, zu deren konkretem Schutz sie nicht engagiert wurden.

Das Ziel, welches das private Sicherheitsgewerbe und dessen Mitarbeiter bei seinem Tätigwerden primär verfolgt, liegt klar auf der Hand: Es geht um das eigennützige Motiv der Vertragserfüllung. Fremdnütziges Handeln kommt nur sehr selten vor.[453] Private Sicherheitsunternehmen müssen gegenüber ihren Auftraggebern darlegen, daß sich ihre Beschäftigung „lohnt".[454] Dazu werden zum Teil „Erfolgsnachweise" benötigt. Diese Nachweise variieren je nach konkretem Einsatzgebiet. Beispielsweise wird der Ladendetektiv durch eine gewisse Anzahl von Festnahmen oder dem Hinweis auf einen spürbar verringerten „Schwund" in den Regalen den Erfolg seiner Beschäftigung belegen können. In anderen Bereichen wird das Ausbleiben von rechtswidrigen Angriffen auf die zu schützende Liegenschaft Erfolg genug sein. Ob ihr Tätigwerden Kriminalität tatsächlich bekämpft, was zum Teil bezweifelt wird[455], kann den Angehörigen des privaten Sicherheitsgewerbes im Grunde gleichgültig sein. Schließlich kommt es häufig allein auf das Sicherheitsgefühl ihrer Auftraggeber bzw. der zu schützenden Personen an. In diesem Zusammenhang darf nicht vergessen werden, daß es kein Ziel von privaten Sicherheitsunternehmen sein kann, das Sicherheitsgefühl der sie beauftragenden bzw. der von ihnen zu schützenden Personen nachhaltig so sehr zu beeinflussen, daß Sicherheitsdienstleistungen nicht mehr nachgefragt werden.[456] Dieser Ansicht wird vor allem von Interessenvertretern des privaten Sicherheitsgewerbes entgegengehalten, es sei unzutreffend, daß das Gewerbe das subjektive Unsicherheitsgefühl der Bevölkerung nutze, um Geschäfte mit der Angst zu betreiben. Es werde lediglich eine konkrete Nachfrage befriedigt.[457] Darauf ist zu entgegnen, daß das eine das andere nicht ausschließt. Das private Sicherheitsgewerbe hat sich in irgendeiner Art und Weise als unentbehrlich darzustellen. Dabei muß es zum einen die Sicherheit und vor

---

453 Arzt, FS Kleinknecht, S. 7 mit Fn. 20; Kargl, NStZ 2000, S. 8; Möstl, Garantie, S. 309. Vgl. auch Albrecht, Vergessene Freiheit, S. 111 und Sundermann, Schußwaffengebrauch, S. 166.

454 Beste, Policing the Poor, S. 203f.; Beste/Voß, Privatisierung, S. 224. Ferner Kirsch, KJ 2002, S. 237.

455 Zum Teil wird eine Umlenkung der Kriminalität auf diejenigen, die sich die Beschäftigung von Mitarbeitern privater Sicherheitsunternehmen nicht leisten können oder wollen, angenommen, so von Hoffmann-Riem, ZRP 1977, S. 280; Honigl, Tätigwerden, S. 89 und Schuster, Die Polizei 1989, S. 7. Vgl. auch Albrecht, Weg in die Sackgasse, S. 251. A.A. Bueß, Sicherheitsdienste, S. 49; Eberstein, BB 1980, S. 868; Mahlberg, Gefahrenabwehr, S. 92ff.

456 Arzt, Recht und Ordnung, S. 52; Hoffmann-Riem, ZRP 1977, S. 279; Honigl, Tätigwerden, S. 43; Kube, Kriminalistik 2001, S. 463. Ferner Albrecht, Vergessene Freiheit, S. 111; Lee, Privatisierung, S. 45 und 51 sowie Schuster, Die Polizei 1989, S. 7.

457 So ausdrücklich Ottens-Wackerhagen/Olschok, Recht, C Rn. 48.

allem das Sicherheitsgefühl ihrer Auftraggeber bzw. des zu schützenden Personenkreises erhöhen und zum anderen darauf hinweisen, welche negativen Konsequenzen mit der Beendigung ihrer Tätigkeit einhergehen würden. An der nachhaltigen Verbesserung des Sicherheitsgefühls kann dem privaten Sicherheitsgewerbe nur soviel gelegen sein, als dies nicht zu seinen Lasten in Form von Auftragsrückgängen geht. Private Sicherheitsunternehmen handeln grundsätzlich aus einer eigennützigen Motivation heraus.

In jedem Bundesland gehört die Abwehr von Gefahren für die öffentliche Sicherheit zu den Aufgaben der Polizeibehörden. Zum Teil wird als weiteres zu schützendes Gut die öffentliche Ordnung angesehen.[458] Unter den Begriff der öffentlichen Sicherheit werden die Unverletzlichkeit der Rechtsordnung, der Bestand des Staates und seiner Einrichtungen sowie subjektive Rechte und Rechtsgüter des einzelnen subsumiert.[459] Wie sich schon aus der Definition ergibt, hat die Polizei auch Belange der Allgemeinheit und des Staates zu schützen. Insofern geht ihr Auftrag zum Teil über den eines Privaten hinaus, da dieser auf den Schutz von Individualrechtsgütern beschränkt ist. Private Individualrechtsgüter indessen werden nur unter bestimmten Voraussetzungen in den Kreis der polizeilichen Schutzgüter erhoben. Unstrittig werden solche Individualrechtsgüter erfaßt, deren Schutz auch im öffentlichen Interesse liegt wie etwa Leben, Gesundheit und Freiheit.[460] Bei den Rechtsgütern, an deren Schutz kein öffentliches Interesse existiert, besteht dennoch eine Handlungsverpflichtung der Polizei, wenn der Schutz der Gerichte, die hier an sich zuständig sind, zu spät käme oder wenn bei Unterlassen der polizeilichen Hilfe die Verwirklichung des Rechts vereitelt oder wesentlich erschwert wäre.[461] Es zeigt sich, daß die Polizei nicht per se zuständig ist, wenn einem Individualrechtsgut eine Gefahr droht. Hier läßt sich eine Parallele zum privaten Sicherheitsgewerbe ziehen, daß auch nicht bei der Gefährdung eines jeden Individualrechtsguts einschreitet. Ein grundlegender Unterschied zwischen Polizeibehörden und privaten Sicherheitsunternehmen besteht aber darin, daß die Polizei nicht zwischen den verschiedenen Rechtsgutträgern unterscheidet. Das private Sicherheitsgewerbe hingegen differenziert zwischen den Rechtsgütern, zu deren Schutz sie beauftragt wurden und denen, wo dies nicht der Fall ist.

Bei ihrem Handeln lassen sich Polizeibeamte vom öffentlichen Interesse leiten. Der Staat erfüllt durch sie eine ihm von Verfassungs wegen obliegende, ge-

---

458 Vgl. die Nachweise landespolizeilicher Vorschriften bei Gunia, Garantenstellungen, S. 91 Fn. 379f.

459 Vgl. statt aller Pieroth/Schlink/Kniesel, Polizei- und Ordnungsrecht, § 8, Rn. 3.

460 Götz, Polizei- und Ordnungsrecht, Rn. 92; Gusy, Polizeirecht[6], Rn. 86; Knemeyer, Polizei- und Ordnungsrecht, Rn. 135. Vgl. auch Pieroth/Schlink/Kniesel, Polizei- und Ordnungsrecht, § 8, Rn. 6.

461 Vgl. Gusy, Polizeirecht[6], Rn. 93ff.; Knemeyer, Polizei- und Ordnungsrecht, Rn. 135.

meinwohlorientierte Staatsaufgabe der Gewährleistung öffentlicher Sicherheit und Ordnung.[462] Das polizeiliche Handeln ist auf das Wohl der Allgemeinheit ausgerichtet und somit grundsätzlich als fremdnützig zu qualifizieren. Den Polizeibeamten geht es nicht darum, sich unentbehrlich zu machen. Im Unterschied zu privaten Sicherheitsdiensten richten sie ihren Fokus nicht so sehr auf das Sicherheitsgefühl der Bevölkerung, da es sich hierbei nicht um ein eigenständiges, polizeilich zu schützendes Rechtsgut handelt.[463]

5. Rechte und Befugnisse

Angesichts der häufigen Kritik, daß Mitarbeiter privater Sicherheitsdienste zum Teil mehr Rechte als Polizeibeamte besäßen[464], stellt sich die Frage, inwieweit sich die privaten Notwehr- und Nothilfebefugnisse mit den polizeilichen Befugnissen decken. Ein partielles Hinausgehen der Befugnisse eines Privaten über die eines Polizeibeamten wäre von vornherein zu verneinen, wenn § 32 StGB eine hoheitliche Ermächtigungsgrundlage darstellen würde. Dieser Ansicht, deren Anhängerschaft[465] immer weiter abzunehmen scheint, kann aus zahlreichen gewichtigen Gründen nicht gefolgt werden. Beispielsweise enthält § 32 StGB keine Zuständigkeitsregelung. Die Entstehungsgeschichte dieser Norm spricht auch gegen ihre Auslegung als hoheitliche Ermächtigungsgrundlage. Noch schwerwiegender ist der Einwand, daß bei Eingriffen in die Rechtsgüter des Bürgers unter Berufung auf § 32 StGB gegen das staatsrechtliche Bestimmtheitsgebot[466] verstoßen würde, da nicht vorhersehbar ist, welcher Amtsträger mit welchem konkreten Mittel wann in seine Rechtsgüter eingreifen darf. Mithin kann § 32 StGB nicht dem polizeilichen Befugniskanon zugerechnet werden.[467]

---

462 Vgl. Beinhofer, BayVBl. 1997, S. 481; Gunia, Garantenstellungen, S. 92; Möstl, Garantie, S. 309; Krölls, GewArch 1997, S. 448; Scholz, NJW 1997, S. 15; Sundermann, Schußwaffengebrauch, S. 166.

463 Gusy, VerwArch 92 (2001), S. 361ff. Das soll jedoch nicht heißen, daß das Sicherheitsgefühl bei der Polizei keine Beachtung findet. Vielmehr wird es so sein, daß ein „lageangepaßtes positives Sicherheitsgefühl" in der Bevölkerung einen Erfolg für die Polizei darstellt, vgl. hierzu auch Kube, Kriminalistik 2001, S. 463 und Kötter, Der Staat 43 (2004), S. 378.

464 Hoffmann-Riem, ZRP 1977, S. 282f.; Jeand'Heur, AöR 119 (1994), S. 128f.; Pausch/Böttcher, Polizei in Frankfurt am Main 1992, S. 31; Stacharowsky, KrimJour 1985, S. 233; Steegmann, Privatisierung, S. 250.

465 Sch/Sch-Lenckner/Perron, § 32, Rn. 42a ff.; Bockelmann, FS Dreher, S. 247; R. Lange, JZ 1976, S. 547; Schwabe, NJW 1977, S. 1906; ders., Notrechtsvorbehalte, S. 56; LK[11]-Spendel, § 32, Rn. 275. Zuletzt Herzberg, JZ 2005, S. 321f.

466 Hierzu etwa Maurer, Staatsrecht I, § 8, Rn. 47f.

467 So die wohl heute h.M. NK-F. Herzog, § 32, Rn. 82f.; SK-StGB-Günther, Vor § 32, Rn. 70 und § 32, Rn. 16; Beaucamp, JA 2003, S. 405; Beisel, JA 1998, S. 721f.; Erb,

a. Vergleich zwischen § 32 StGB und den polizeilichen Befugnissen

In zeitlicher Hinsicht darf aufgrund des § 32 StGB nur dann eingeschritten werden, wenn ein gegenwärtiger Angriff vorliegt. Im Polizeirecht besteht häufig die Möglichkeit, schon bei dem Vorliegen einer Gefahr tätig zu werden. Insofern kann der Polizeibeamte in der Regel früher als der Private eingreifen. Ein weiterer Unterschied besteht darin, daß der Angriff im Rahmen der Notwehr rechtswidrig zu sein hat und sich die Abwehrhandlung allein gegen den Angreifer richten darf. Dagegen kommt es im Polizeirecht grundsätzlich nicht auf die Rechtswidrigkeit eines Verhaltens an. Auch der Unbeteiligte, der sog. Nichtstörer, kann in Anspruch genommen werden.[468] Bei abstrakter Betrachtung des Merkmals der Erforderlichkeit gleicht sich der Maßstab, der an polizeiliches und an privates Handeln anzulegen ist. In beiden Fällen muß das eingesetzte Mittel zur Angriffs- bzw. Gefahrenabwehr geeignet sein. Weiter muß unter mehreren zur Verfügung stehenden gleich wirksamen Mitteln das mildeste gewählt werden.[469] Konkret wird es meist so sein, daß Polizeibeamte aufgrund ihrer Ausrüstung und Ausbildung mildere Mittel zur Hand haben. Insofern können Handlungen von Polizeibeamten nicht erforderlich sein, während die gleiche Handlung, würde sie von einem Privaten vorgenommen, erforderlich wäre. Grundsätzlich sind im Rahmen des § 32 StGB keinerlei Verhältnismäßigkeitserwägungen im engeren Sinne anzustellen. Allein die Notwehr- und Nothilfeeinschränkungen bei Vorliegen eines krassen Mißverhältnisses lassen sich als Ergebnis einer solchen Verhältnismäßigkeitserwägung bezeichnen.[470] Anders stellt sich die Sachlage im Polizeirecht dar. Wie bei allen staatlichen Eingriffen ist auch bei den polizeilichen die Verhältnismäßigkeit im engeren Sinne zu wahren. Dies bedeutet, daß die polizeiliche Maßnahme angemessen sein muß. Ob dem so

---

Jura 2005, S. 29; Fahl, JR 2004, S. 188; Götz, Polizei- und Ordnungsrecht, Rn. 414; Guldi, VBlBW 1996, S. 238; Gusy, Polizeirecht^{6}, Rn. 176ff.; M. Jakobs, DVBl. 2006, S. 86f.; Jerouschek, JuS 2005, S. 301f.; Kirchhof, Notwehr, S. 77; ders., NJW 1978, S. 972f.; ders., JuS 1979, S. 430; Klose, ZStW 89 (1977), S. 79; Knemeyer, Polizei- und Ordnungsrecht, Rn. 374; Neuhaus, GA 2004, S. 526; Pieroth/Schlink/Kniesel, Polizei- und Ordnungsrecht, § 12, Rn. 22ff.; Renzikowski, Notstand, S. 297; Rogall, JuS 1992, S. 558f.; Rudolphi, GS Kaufmann, S. 372; SK-StGB-ders., Vor § 331, Rn. 12; Wagenländer, Rettungsfolter, S. 83ff. (92); Wölfl, Jura 2000, S. 232.

468 Zum Ganzen Kirchhof, NJW 1978, S. 970; Nitz, Sicherheit, S. 129; Tischbein, Zusammenstellung, S. 159.

469 Für das strafrechtliche Notwehrrecht Sch/Sch-Lenckner/Perron, § 32, Rn. 34; Wessels/Beulke, Strafrecht AT, Rn. 335. Für das Polizeirecht Götz, Polizei- und Ordnungsrecht, Rn. 337; Gusy, Polizeirecht^{6}, Rn. 398; Knemeyer, Polizei- und Ordnungsrecht, Rn. 290ff. Zu beachten ist, daß im Polizeirecht die Geeignetheit des Mittels meist nicht im Rahmen der Erforderlichkeit geprüft wird.

470 Vgl. Ehlers, FS Lukes, S. 353; Peilert, Auskunftei- und Detekteigewerbe, S. 464f.

ist, ergibt sich aus einer Güterabwägung zwischen den Belangen des einzelnen und denjenigen der Allgemeinheit.[471] Dies führt dazu, daß der Private in bestimmten Konstellationen auf Grundlage des § 32 StGB handeln dürfte, während das Polizeirecht ein Einschreiten verwehrt. Daneben muß die Notwehrhandlung grundsätzlich nicht angedroht werden, während die Polizeigesetze[472] die Androhung des unmittelbaren Zwanges als Ausdruck der Verhältnismäßigkeit[473] für den Regelfall vorschreiben. Insofern führt die Notwendigkeit der Berücksichtigung der Verhältnismäßigkeit (i.e.S.) im Polizeirecht dazu, daß in bestimmten Fällen die polizeilichen Eingriffsbefugnisse hinter denen der Notwehr und Nothilfe zurückbleiben.

b. Insbesondere: Die Zulässigkeit des Schußwaffengebrauchs

Diese These könnte weitere Stützung durch einen Vergleich der Zulässigkeit des Schußwaffengebrauchs im Rahmen des Notwehr- und Nothilferechts und des Polizeirechts erfahren. Schließlich handelt es sich bei den Restriktionen, die dem polizeilichen Schußwaffengebrauch auferlegt sind, um Ausprägungen des Grundsatzes der Verhältnismäßigkeit.[474] Im Notwehr- und Nothilferecht bestehen grundsätzlich keine Einschränkungen hinsichtlich des Schußwaffeneinsatzes. Daß hier häufig die Einhaltung der sozialethischen Grenzen besonders streng geprüft wird, ist kein Spezifikum des Schußwaffeneinsatzes, sondern rührt daher, daß das Schießen meist gravierende Folgen nach sich zieht und insofern ein Verstoß gegen die sozialethischen Notwehr- und Nothilfegrenzen näherliegt als bei einer nur körperlichen Gegenwehr. Im Grunde darf jedes Individualrechtsgut mittels lebensgefährlichem Schußwaffeneinsatz verteidigt werden, sofern dieser Ultima ratio der Verteidigung ist. Insbesondere ist er nicht im Falle der Verteidigung von Sachgütern ausgeschlossen. Der Einsatz einer Schußwaffe ist, sofern es die konkrete Kampflage zuläßt, anzudrohen. Auch kann zunächst die Abgabe eines Warnschusses notwendig sein.[475]

---

471 Götz, Polizei- und Ordnungsrecht, Rn. 341; Gusy, Polizeirecht[6], Rn. 399; Knemeyer, Polizei- und Ordnungsrecht, Rn. 302ff.; Pieroth/Schlink/Kniesel, Polizei- und Ordnungsrecht, § 10, Rn. 30; Nitz, Sicherheit, S. 130. Die Angemessenheit einer Maßnahme wird z.B. von Art. 4 II BayPAG; §§ 4 II HSOG, 5 II PolGBW; 2 II SaarlPolG gefordert.

472 Vgl. z.B. Art. 64 BayPAG; §§ 53 HSOG; 52 II PolGBW; 54 I SaarlPolG; 32 II SächsPolG.

473 Schwabe, JZ 1974, S. 637; ders., Notrechtsvorbehalte, S. 20.

474 Götz, Polizei- und Ordnungsrecht, Rn. 408; Knemeyer, Polizei- und Ordnungsrecht, Rn. 373; Thewes, Rettungs- oder Todesschuß, S. 40f.

475 Zum (lebensgefährlichen) Schußwaffeneinsatz in Notwehr vgl. Sch/Sch-Lenckner/Perron, § 32, Rn. 37; Tröndle/Fischer, § 32, Rn. 16d; Kühl, Strafrecht AT, § 7, Rn. 105; Wessels/Beulke, Strafrecht AT, Rn. 335f.; Fahl, Jura 2003, S. 63f.

Alle Landespolizeigesetze beschäftigen sich intensiv mit der Zulässigkeit des Schußwaffengebrauchs im Rahmen der Ausübung unmittelbaren Zwanges.[476] Dies beginnt häufig damit, daß die verschiedenen zugelassenen Waffen aufgezählt werden. Im Unterschied zum Notwehr- bzw. Nothilferecht ist der Polizeibeamte in der Wahl seiner Hilfsmittel nicht frei. Da der Einsatz der Schußwaffe die Anwendung unmittelbaren Zwanges darstellt, verlangen die Landespolizeigesetze dessen vorherige Androhung. Allein zur Abwehr einer gegenwärtigen Gefahr für Leib oder Leben kann auf dieses Erfordernis verzichtet werden. Hier ergeben sich keine größeren Diskrepanzen zum Notwehr- und Nothilferecht. Besonderes Augenmerk ist auf die Situationen zu legen, in denen der Schußwaffengebrauch gegen Personen nach dem Polizeirecht zulässig ist. Im präventivpolizeilichen Bereich beschränkt sich sein Einsatz auf die Abwehr einer Gefahr für Leib oder Leben sowie auf die Verhinderung der unmittelbar bevorstehenden Begehung oder Fortsetzung eines Verbrechens oder eines Vergehens unter Anwendung oder Mitführung von Schußwaffen oder Explosivmitteln.[477] Es ist somit dem Polizeibeamten verwehrt, zur Verhinderung einer Freiheitsberaubung (§ 239 I StGB) von seiner Schußwaffe Gebrauch zu machen. Ebenso muß er den mit Millionenbeute flüchtenden Dieb entkommen lassen, wenn dessen Flucht nur mittels eines Schußwaffeneinsatzes zu verhindern ist. Schließlich darf auch der bevorstehende Anschlag auf eine Versorgungseinrichtung (§ 316b I StGB) nicht durch polizeilichen Schußwaffengebrauch unterbunden werden.[478] Hingegen dürfte ein Privater den Beginn oder die Fortsetzung eines der genannten Vergehen regelmäßig durch den Gebrauch der Schußwaffe verhindern. In diesem Zusammenhang ist auch zu berücksichtigen, daß der polizeiliche Schußwaffengebrauch gegen Personen in einer Menschenmenge unzulässig ist, wenn erkennbar Unbeteiligte mit hoher Wahrscheinlichkeit gefährdet werden und der Schußwaffeneinsatz nicht das einzige Mittel zur Abwehr einer Lebensgefahr ist.[479] Im Rahmen der Notwehr und Nothilfe dürfen zwar keine Unbeteiligten verletzt werden; deren Gefährdung ist jedoch nicht untersagt.[480] Mithin ist festzustellen, daß es auch beim Schußwaffengebrauch Konstellationen gibt, in denen dem Polizeibeamten öffentlich-rechtlich die Hände gebunden sind, während ein Privater einschreiten dürfte.

---

476 Vgl. z.B. §§ 55ff. HSOG.

477 Art. 67 I Nr. 1 und 2 BayPAG; §§ 61 I Nr. 1 und 2 HSOG; 54 I Nr. 1a und b PolGBW; 57 II Nr. 1 und 2 SaarlPolG; 34 I Nr. 1a und b SächsPolG. Generell hierzu Götz, Polizei- und Ordnungsrecht, Rn. 408.

478 Beispiele nach Seebode, FS Klug, S. 362 und Schwabe, JZ 1974, S. 637.

479 Art. 66 IV BayPAG; §§ 62 I HSOG; 53 II PolGBW; 56 II SaarlPolG; 33 II SächsPolG.

480 Götz, Polizei- und Ordnungsrecht, Rn. 414; Rupprecht, JZ 1973, S. 264; Schwabe, JZ 1974, S. 638. A.A. Mertins, GA 1979, S. 58.

6. Zwischenergebnis

Es zeigt sich, daß sich zwischen Mitarbeitern privater Sicherheitsunternehmen und Polizeibeamten zahlreiche Parallelen ziehen lassen. Bei beiden handelt es sich um Professionelle, die das Rechtsgut „Sicherheit" im Visier haben[481]. Ein Unterschied in der Art und der Örtlichkeit des Auftretens besteht häufig nicht. Polizeibeamte und Angehörige des privaten Sicherheitsgewerbes können sowohl im privaten Bereich als auch im öffentlichen Verkehrsraum uniformiert tätig werden. Die materielle Ausrüstung ist häufig vergleichbar. Das Ausbildungsniveau der Angehörigen privater Sicherheitsunternehmen bleibt allerdings weit hinter dem der staatlichen Gefahrenabwehrorgane zurück.

Sofern gewerbliche Sicherheitsdienste privat beauftragt werden, überschneiden sich die Aufgaben der beiden Sicherheitsdienstleister nur partiell. Rechtsgüter der Allgemeinheit werden exklusiv von den staatlichen Sicherheitsorganen geschützt. Die Schnittmenge der Aufgaben des privaten Sicherheitsgewerbes und denen der Polizei besteht im Schutz von Individualrechtsgütern. Dabei darf nicht verkannt werden, daß es nur selten vorkommt, daß der Schutz eines Individualrechtsgutes nicht vom polizeilichen Handlungsauftrag umfaßt ist. Insofern ist der Bereich, der allein von Mitarbeitern privater Sicherheitsdienste besetzt werden kann, relativ gering. Ein Unterschied besteht aber bei der Aufgabenwahrnehmung im Bereich des Individualrechtsgüterschutzes. Während die Polizei grundsätzlich nicht dauerhaft ein konkretes Individualrechtsgut schützt, besitzen private Sicherheitsunternehmen häufig die Aufgabe, gerade dies zu tun. In dem Rahmen, in dem sich polizeilicher Schutz für ein Individualrechtsgut durch das Auftreten von Mitarbeitern privater Sicherheitsunternehmen praktisch erübrigt, kann durchaus davon gesprochen werden, daß gewerbliche Sicherheitsunternehmen als Polizeiersatz fungieren. An dieser Bewertung ändert sich auch nichts, wenn man die unterschiedliche Handlungsmotivation des privaten Sicherheitsgewerbes und der Polizei berücksichtigt. Daß ersteres allein die eigenen Interessen und die des Auftraggebers im Blick hat, während letztere als Ziel das gemeinwohlorientierte Handeln sieht, spricht nicht gegen die Annahme einer bereichsspezifischen, tatsächlichen Substitution von Polizeibeamten durch Mitarbeiter privater Sicherheitsunternehmen.

Die polizeilichen Befugnisse gehen zum Teil über die durch § 32 StGB verliehenen hinaus, zum Teil stehen sie aber auch hinter diesen zurück.[482] Regelmäßig ist der polizeiliche Handlungsraum viel früher als der der Notwehr und Nothilfe

---

481 Götz, NVwZ 1998, S. 680; Olschok-Tautenhahn, Die Polizei 1994, S. 35; Pitschas, DÖV 2002, S. 225; Stober, DSD 2/1998, S. 29; ders., ZRP 2001, S. 260; ders., GewArch 2002, S. 129.

482 So auch F. Huber, Gefahrenabwehr, S. 140; Kirchhof, Notwehr, S. 73; ders., NJW 1978, S. 970; Möstl, Garantie, S. 310f.; Nitz, Sicherheit, S. 129ff.

eröffnet. Ist aber eine Notwehr- bzw. Nothilfelage zu bejahen, darf in der Regel intensiver in die Rechtsgüter des Angreifers eingegriffen werden, als dies auf Grundlage des Polizeirechts möglich ist.[483] Verantwortlich hierfür ist, daß jede staatliche Eingriffsmaßnahme zwingend dem Grundsatz der Verhältnismäßigkeit unterliegt und somit angemessen d.h. verhältnismäßig i.e.S. sein muß. Dagegen ist die Verhältnismäßigkeit der Verteidigungshandlung gerade keine Voraussetzung für eine Rechtfertigung nach § 32 I StGB. Diese Diskrepanz zwischen dem Notwehr- und Nothilferecht und dem Polizeirecht zeigt sich besonders in der Frage nach der Zulässigkeit des Schußwaffengebrauchs. In bestimmten Konstellationen ist dem Polizeibeamten der Einsatz der Schußwaffe polizeirechtlich untersagt, während der Private in Notwehr oder Nothilfe von der Schußwaffe rechtmäßig Gebrauch machen kann.

Durch die Möglichkeit, aufgrund des Notwehr- und Nothilferechts massive Eingriffe in fremde Rechtsgüter vorzunehmen, durch das häufig uniformierte Auftreten in Gruppen, durch die Ausrüstung mit allerlei technischen und sonstigen Hilfsmitteln, durch das planmäßige und organisierte Vorgehen ergibt sich, daß sich die These, wonach sich Eingriffe von Mitarbeitern privater Sicherheitsunternehmen nicht selten als quasi-polizeilich darstellen, als zutreffend erweist.

B. Umfang der Notwehr- und Nothilfebefugnis von Mitarbeitern privater Sicherheitsunternehmen

Die vorstehenden Ausführungen haben ergeben, daß sich Aufgaben und Tätigkeiten des privaten Sicherheitsgewerbes und der Polizei in tatsächlicher Hinsicht vielfach gleichen. Dabei gehen die Befugnisse der Notwehr und Nothilfe zum Teil über die durch die Landespolizeigesetze gewährten hinaus. Diese partielle Erweiterung des privaten Handlungsspielraums in einer Notsituation gegenüber dem polizeilichen ist keine allein bei Angehörigen privater Sicherheitsdienste auftretende Besonderheit. Jeder Private, der sich in einer Notwehr- oder Nothilfesituation befindet, darf die Rechtsgüter des Angreifers zum Teil gravierender beeinträchtigen, als dies Polizeibeamten gestattet ist. Während letzterer Befund in der Regel kritiklos hingenommen wird, entzünden sich gerade bei der Inanspruchnahme der Notrechte durch Mitarbeiter privater Sicherheitsunternehmen in letzter Zeit erhebliche Kontroversen. Mittlerweile wird in zahlreichen strafrechtlichen Lehrbüchern[484] und in der Kommentarliteratur[485] der ausdrückliche Hinweis gegeben, daß sich Mitarbeiter privater Sicherheitsdienste selbstverständlich uneingeschränkt auf Notwehr und Nothilfe berufen können. Dies zeigt,

483 Tischbein, Zusammenstellung, S. 158f.

484 Etwa Kühl, Strafrecht AT, § 7, Rn. 139 und Roxin, AT I, § 15, Rn. 123.

485 Bspw. LK[12]-Rönnau/Hohn, § 32, Rn. 205; MüKo-StGB-Erb, § 32, Rn. 163 und Sch/Sch-Lenckner/Perron, § 32, Rn. 42.

daß es inzwischen für besonders erwähnenswert gehalten wird, daß die Notrechte auch in vollem Umfang auf die „professionellen Privaten" Anwendung finden. Eine ausgiebige Auseinandersetzung mit der Problematik unterbleibt aber meist.

I. Notwendigkeit einer Einschränkung

Die Notwendigkeit einer Einschränkung der Notwehr- und Nothilfebefugnisse von Mitarbeitern privater Sicherheitsdienste könnte sich vor allem aus der Berücksichtigung verfassungsrechtlicher Direktiven ergeben. Dabei ist stets zu bedenken, daß es sich bei den Angehörigen des privaten Sicherheitsgewerbes nicht um eine homogene Gruppe handelt. Dies führt dazu, daß zum Teil je nach Auftrag und Auftraggeber zwischen den einzelnen privaten Sicherheitsdienstleistern zu differenzieren ist. In diesem Zusammenhang bedarf ein nur bei Beliehenen auftretendes Problem vorab besonderer Erwähnung. Ebenso wie bei Polizeibeamten stellt sich hier die Frage, ob sie sich neben den ihnen eigens verliehenen Befugnissen zur (verwaltungsrechtlichen) Rechtfertigung auch auf Notwehr und Nothilfe berufen können.

1. § 32 StGB als hoheitliche Ermächtigungsgrundlage für Mitarbeiter privater Sicherheitsunternehmen

Es erscheint nicht von vornherein ausgeschlossen, daß § 32 StGB für beliehene Angehörige privater Sicherheitsunternehmen neben den speziell verliehenen hoheitlichen Befugnissen für die Beurteilung der Verwaltungsrechtsmäßigkeit ihrer Handlungen Bedeutung besitzt. Allerdings ist zu bedenken, daß Mitarbeiter privater Sicherheitsunternehmen, bei denen eine Beleihung mit der Wahrnehmung hoheitlicher Aufgaben erfolgt, gerade Teil der staatlichen Verwaltung sind. Ebenso wie die unmittelbaren staatlichen Organe sind sie an das gesamte öffentliche Recht, also auch an Grundrechte und den Verhältnismäßigkeitsgrundsatz, gebunden. Auch ihnen stehen spezielle Handlungsformen des öffentlichen Rechts zur Verfügung, deren Inanspruchnahme von nicht beliehenen Privaten ausgeschlossen ist. Es würde eine Umgehung[486] der speziellen öffentlich-rechtlichen Befugnisse bedeuten, wenn neben diesen die privaten Notrechte als hoheitliche Ermächtigungsgrundlage herangezogen würden. Die Beleihung hat gerade nicht zur Folge, daß sich Beliehener und Privater gleichgeordnet gegenüberstehen. Auf der einen Seite befindet sich ein Hoheitsträger, auf der anderen Seite der Bürger.[487] Das staatsrechtliche Bestimmtheitsgebot ist insoweit zu be-

---

486 Beaucamp, JA 2003, S. 403; Beisel, JA 1998, S. 721f.; Witzstrock, Todesschuß, S. 85f.; Wölfl, Jura 2000, S. 232. Vgl. auch Grebing, GA 1979, S. 101.

487 Maurer, Verwaltungsrecht, § 23, Rn. 59.

achten, als der Bürger im vorhinein abschätzen können muß, wann und inwieweit der Beliehene in seine Rechtsgüter wird eingreifen dürfen. Dies wird nicht beachtet, wenn man dem Beliehenen in öffentlich-rechtlicher Hinsicht die Berufung auf § 32 StGB zugestände. Des weiteren ist zu bedenken, daß sich der Gesetzgeber bei der Schaffung der speziellen Beleihungstatbestände Gedanken über die genaue Reichweite der übertragenen Befugnisse macht. Diese exakte Festlegung der verliehenen Rechte wäre redundant, könnte sie doch zum Teil durch die Berufung auf Notwehr und Nothilfe umgangen werden. Schließlich ist zu bedenken, daß es bei gemeinsamen Gefahrenabwehraktionen von Polizeibeamten und Angehörigen privater Sicherheitsunternehmen zu der Situation kommen könnte, daß erstere den linken Arm des Angreifers öffentlich-rechtlich festhalten, während letztere den rechten Arm auf Grundlage des § 32 StGB ergreifen.[488] Noch bedenklicher in diesem Zusammenhang ist die Konstellation, in der das staatliche Gefahrenabwehrorgan weiß, daß ihm seine Befugnisse ein Eingreifen nicht gestatten, und es insofern den Beliehenen vorschickt, der auf Grundlage des § 32 StGB die Situation im Einklang mit dem Verwaltungsrecht bereinigen dürfte.[489]

Es bleibt somit festzuhalten, daß dem Staat in dieser Hinsicht die Flucht ins Privatrecht versperrt ist. Der Beliehene kann sich ebenso wie das unmittelbar staatliche Organ zur öffentlich-rechtlichen Rechtfertigung seiner Handlungen allein auf die speziellen hoheitlichen Ermächtigungsgrundlagen berufen. Eine Handlung, die davon nicht erfaßt wird, ist verwaltungsrechtswidrig.[490] Die Wirkung des § 32 StGB beschränkt sich auch für den Beliehenen auf den Binnenbereich des Strafrechts.

---

488 Beispiel bei Schulte, DVBl. 1995, S. 135.

489 Man denke an die Konstellation, in der ein Soldat und ein nach § 1 III UZwGBw beliehener Mitarbeiter eines privaten Sicherheitsunternehmens gemeinsam eine Liegenschaft der Bundeswehr bewachen und über Monitor eine Person mit gestohlenen Gegenständen wegrennen sehen. Beiden ist klar, daß allein ein Schußwaffeneinsatz den fliehenden Dieb aufhalten könnte. Dieser kann hier aber dem Soldaten aufgrund des § 15 UZwGBw untersagt sein; auch der Beliehene besitzt keine spezielle öffentlich-rechtliche Ermächtigungsgrundlage. Dürfte er dennoch seine Schußwaffe auf Grundlage des § 32 StGB einsetzen, um den fliehenden Dieb aufzuhalten?

490 F. Huber, Gefahrenabwehr, S. 150; Nitz, Sicherheit, S. 127. Vgl. auch Bracher, Gefahrenabwehr, S. 149ff. und Schulte, DVBl. 1995, S. 135, deren Ausführungen sich allerdings auf staatlich veranlaßte Gefahrenabwehr durch private Sicherheitskräfte beziehen, bei der keine öffentlich-rechtliche Eingriffsbefugnisse verliehen wurden. Ähnlich Götz, Statement, S. 42 und Peilert, DVBl. 1999, S. 287.

2. Verfassungsrechtliche Bedenken

Ein gewichtiges Moment, das häufig in die verfassungsrechtliche Diskussion der Tätigkeit privater Sicherheitsunternehmen eingeführt wird, ist eine mögliche Gefährdung des staatlichen Gewaltmonopols. Genau genommen ist in diesem Zusammenhang von zwei großen Problemkreisen zu sprechen. Zum einen ist es vor dem Hintergrund des staatlichen Gewaltmonopols problematisch, welche vom Staat wahrgenommenen Aufgaben überhaupt einer Privatisierung zugänglich sind, mithin auf private Sicherheitsunternehmen übertragen werden können. Zum anderen wird darüber gestritten, inwiefern die Ausübung von Notwehr und Nothilfe durch Mitarbeiter privater Sicherheitsdienste das staatliche Gewaltmonopol tangiert.

a. Gefährdung des staatlichen Gewaltmonopols

Die aufgezeigten Problemkreise hängen zum Teil eng zusammen, ohne jedoch regelmäßig miteinander verknüpft zu sein. Ist es beispielsweise dem Staat verwehrt, gewisse Aufgaben zu privatisieren, so stellt sich in diesem Zusammenhang nicht die Frage nach den Befugnissen von Mitarbeitern privater Sicherheitsdienste. Umgekehrt stellt sich bei rein privater Beauftragung von gewerblichen Sicherheitsdiensten meist nicht die Frage nach den Grenzen zulässiger Privatisierung. Da es hier um die Reichweite der Notwehr- und Nothilfebefugnisse von Mitarbeitern privater Sicherheitsdienste geht, interessiert das Problem „Grenzen zulässiger Privatisierung" nur insofern, als dies Einfluß auf die Verteidigungsbefugnisse der „professionellen Privaten" haben könnte[491].

aa. Notwehr und Nothilfe im Bereich des staatlichen Gewaltmonopols

Die Beantwortung der Frage, inwiefern die professionelle Notwehr- oder Nothilfeausübung im Widerspruch zum staatlichen Gewaltmonopol steht, ist abhängig davon, wie man das Verhältnis Notwehr/Nothilfe – staatliches Gewaltmonopol definiert. Wenn man davon ausgeht, daß Notwehr und Nothilfe von vornherein nicht in den Bereich des staatlichen Gewaltmonopols fallen, kann es durch die professionelle Ausübung von Notwehr und Nothilfe nicht beeinträchtigt werden.[492] Meist werden jedoch Notwehr und Nothilfe als „Ausnahme(n) vom staat-

---

491 Zu den Grenzen zulässiger Privatisierung im Bereich der inneren Sicherheit z.B. Gramm, VerwArch 90 (1999), S. 329ff.

492 Schmidhäuser, GA 1991, S. 123f. Kargl, ZStW 110 (1998), S. 48f. meint, daß „die Notwehrlage von vornherein dem Zuständigkeitsbereich des staatlichen Gewaltmonopols entzogen" sei. Vgl. auch dens., NStZ 2000, S. 12f.

lichen Gewaltmonopol"[493] angesehen. Andere wiederum bezeichnen diese Notrechte als „Durchbrechung"[494] oder „Einschränkung"[495] des staatlichen Gewaltmonopols. Ebenso findet sich die Aussage, daß Notrechte die „Kehrseite"[496] des Gewaltmonopols seien. Teilweise wird die Einräumung eines privaten Rechts zur Notwehr und Nothilfe auch als Verzicht auf das Gewaltmonopol des Staates angesehen[497]. Im Grunde verbirgt sich hinter diesen verschiedenen Formulierungen die gemeinsame Linie, daß Notwehr und Nothilfe in den Bereich des staatlichen Gewaltmonopols fallen. Folgt man dieser Ansicht, besteht die Möglichkeit eines Konflikts zwischen professioneller Ausübung von Notwehr und Nothilfe und dem staatlichen Gewaltmonopol.

Der Begriff des staatlichen Gewaltmonopols geht auf Max Weber[498] zurück. Insofern ist er ein relativ junger Begriff, während die dahinter steckende Idee viel älter ist, da sie sich schon auf die Souveränitätslehre Jean Bodins zurückführen läßt.[499] Zunächst ist zu beachten, daß der Begriff „Gewalt" hier nicht mit der Staatsgewalt gleichgesetzt werden darf. Gewalt bedeutet vorliegend die physische Gewaltanwendung.[500] Das Grundgesetz selbst schweigt zum Begriff des staatlichen Gewaltmonopols. Deswegen herrscht auch Streit über die zutreffende Verortung dieses Prinzips. In erster Linie scheint es im Rechtsstaatsprinzip (Art. 20 III, 28 I GG) verankert zu werden.[501] Teilweise wird das Gewaltmonopol des Staates aber auch als von Art. 33 IV GG erfaßt angesehen.[502] Viel wichtiger als die genaue Einordnung des staatlichen Gewaltmonopols ist an dieser

---

493 Aus dem staatsrechtlichen Schrifttum z.B. Götz, HbdStR, § 79, Rn. 32; Isensee, FS Eichenberger, S. 27; ders., Grundrecht, S. 56; Krölls, NVwZ 1999, S. 234. Für das strafrechtliche Schrifttum z.B. Ebert, AT, S. 71; Lesch, Notwehrrecht, S. 57; Mitsch, JA 1989, S. 83f.; Pelz, NStZ 1995, S. 305; Schroeder, Rechtfertigung, S. 537 (in FS Maurauch, S. 127 wählt Schroeder noch die Formulierung „Verzicht auf das staatliche Gewaltmonopol", die wiederum von Courakis, Sozialethische Begründung, S. 28 aufgenommen wurde).

494 Adler, Nothilfe, S. 79; Albrecht, Vergessene Freiheit, S. 110f.; Gunia, Garantenstellungen, S. 136; Keller, Rechtliche Grenzen, S. 364; Kirsch, Private Sicherheitsdienste, S. 209; Olschok, DSD 2/1997, S. 7; Tischbein, Zusammenstellung, S. 146.

495 F. Huber, Gefahrenabwehr, S. 132; Peilert, Auskunftei- und Detekteigewerbe, S. 217f.; Perron, Rechtfertigung, S. 81.

496 Lagodny, Strafrecht, S. 268.

497 Lührmann, Tötungsrecht, S. 24; Schroeder, FS Maurach, S. 127.

498 Vgl. Weber, Wirtschaft und Gesellschaft, S. 29, 518f. und 821f.

499 Zu den historischen Grundlagen vgl. etwa Becker, NJW 1995, S. 2077ff.; Faller, FS Geiger, S. 5ff. und Schwegmann, VR 1987, S. 217ff.

500 Vgl. Götz, HbdStR, § 79, Rn. 29; Isensee, FS Eichenberger, S. 24. Zum Gewaltbegriff ausführlich Haurand, Kriminalistik 1997, S. 773ff.

501 So jedenfalls Burgi, Privatisierung, S. 188 m.N. Vgl. auch Honigl, Tätigwerden, S. 79f. und Schulte, DVBl. 1995, S. 132.

502 Hammer, DÖV 2000, S. 617f.

Stelle jedoch dessen Inhalt. Wie sich schon in groben Zügen aus dem Ausdruck „staatliches Gewaltmonopol" erschließen läßt, bedeutet dies zuvörderst, daß allein der Staat zur Erfüllung seiner Aufgaben Gewalt einsetzen darf. Bei dem Gewalteinsatz hat er die rechtsstaatlichen Bindungen und Formen zu beachten.[503] Allerdings würde man zu kurz greifen, wenn man das staatliche Gewaltmonopol mit dem alleinigen Recht des Staates zur Gewaltausübung gleichsetzen wollte. Der Staat darf Regeln schaffen, in denen er die Ausübung von Gewalt anderer kanalisiert, er also nicht selbst die Gewalt ausübt, sondern nur über die Zulässigkeit ihres Einsatzes entscheidet.[504]

Sinn und Zweck der Monopolisierung des Einsatzes bzw. der Gestattung des Einsatzes von Gewalt ist es, den (Rechts-)Frieden zwischen den Menschen sicherzustellen. Häufig werden Menschen nicht freiwillig Regeln befolgen und „Frieden halten". Der Staat braucht deswegen die Fähigkeit, sein gesetztes Recht gegen Widerstrebende durchzusetzen. Hierzu bedarf es unter Umständen der Anwendung physischer Gewalt. Das staatliche Gewaltmonopol bildet also die Grundlage für hoheitliche Rechtssetzungs- und Rechtsanwendungsgewalt.[505] Gäbe es das staatliche Gewaltmonopol nicht, bestünde auch keine innere Souveränität.[506] Grundsätzlich verlangen Menschen nach Sicherheit und Frieden. Unabhängig von der Auffassung über den vorstaatlichen Zustand[507] muß konstatiert werden, daß die verschiedenen rivalisierenden „innerstaatlichen" Mächte im Mittelalter die gewaltsamen Auseinandersetzungen im Innern (Stichwort: „Fehde") nicht wirksam bekämpfen konnten. Es fehlte eine mit hinreichenden Machtmitteln ausgestattete Zentralinstanz.[508] Die Menschen lebten weitgehend in ungesicherten und unfriedlichen Verhältnissen. Erst durch die Monopolisierung der Gewalt wird der Staat zum Friedensverband.[509] Mit dem Verzicht der Bürger auf Ausübung ihrer Privatgewalt bzw. mit der Wegnahme des Rechts der Selbstjustiz durch den Staat korrespondiert eine Schutzpflicht des Staates.[510] Er

---

503 Burr, JR 1996, S. 230; Maurer, Staatsrecht I, § 1, Rn. 14; Merten, Rechtsstaat, S. 36f.; Scholz, NJW 1983, S. 707.

504 Burgi, Privatisierung, S. 187; Gusy, VerwArch 92 (2001), S. 347; Haurand, Kriminalistik 1997, S. 778; Rixen, DVBl. 2007, S. 229.

505 Isensee, FS Eichenberger, S. 25. Vgl. auch Faller, FS Geiger, S. 18 und Merten, Rechtsstaat, S. 67.

506 Isensee, FS Eichenberger, S. 25; Merten, Rechtsstaat, S. 32f.

507 Kant, Metaphysik der Sitten, S. 312 bezeichnet den Naturzustand nicht als einen Zustand der Ungerechtigkeit, sondern als einen Zustand der Rechtlosigkeit. Die Innehabung eines Rechtes sei hier immer nur provisorisch.

508 Becker, NJW 1995, S. 2077ff.; Merten, Rechtsstaat, S. 33. Zu den Konsequenzen des Fehlens einer starken Staatsgewalt vgl. Kapitel 1, B. II.

509 Kirchhof, Zulässigkeit, S. 94; Merten, Rechtsstaat, S. 33, ders., FS Doehring, S. 585.

510 Merten, Rechtsstaat, S. 60f.; ders., FS Doehring, S. 585; Schulte, DVBl. 1995, S. 132; K.-H. Schumann, RuP 1977, S. 91.

hat den Bürger vor rechtswidrigen Angriffen Dritter zu schützen. Praktisch geschieht dies durch die den staatlichen Bindungen unterliegenden hoheitlichen Organe. Da der Staat jedoch nicht zu jeder Zeit überall sein kann (und will), gibt es Situationen, in denen rechtswidrige Angriffe auf Bürger drohen und der Staat diese selbst nicht verhindern kann. In solchen Situationen hat der Staat dem Bürger den Einsatz der Privatgewalt zu gestatten. Als solche Gewaltgestattungen sind Notwehr und Nothilfe anzusehen.[511]

Nun wird teilweise argumentiert, daß die Notwehrlage von vornherein dem Zuständigkeitsbereich des staatlichen Gewaltmonopols entzogen sei, da es bei der Notwehr nicht um „Rechtsbewährung" im Sinne der Durchsetzung von Rechtsfolgen gehe.[512] Diese Auffassung erkennt zutreffend die Relevanz des staatlichen Gewaltmonopols für den „nach-notwehrrechtlichen" Bereich an – namentlich der Bereich, bei dem es um die Bestrafung des Täters geht. Sie übersieht aber, daß schon im Vorfeld des eigentlichen Angriffs die Gefahrenabwehr eine genuin staatliche Aufgabe ist, die mit der privaten Rechtsverteidigung in Konkurrenz stehen kann.[513] Im Moment des Angriffs besteht trotz Abwesenheit der Staatsorgane die Staatsaufgabe „Gefahrenabwehr" fort. Ferner würde die Differenzierung zwischen der Ebene, in der die Friedensstörung noch im Gange ist, und der Ebene danach zu dem untragbaren Ergebnis führen, daß der Staat sich während des gegenwärtigen, rechtswidrigen Angriffs herauszuhalten hätte. Er müßte sich darauf beschränken, erst nach Beendigung des Konflikts rechtsverfolgend einzugreifen. Zu diesem Zeitpunkt kommt die Hilfe des Staates für den Betroffenen unter Umständen aber viel zu spät.[514] Es ist ja gerade Sinn und Zweck des Staates, dem Bürger im Vorfeld und während des Angriffs schützend zur Seite zu stehen. Ansonsten könnte man auch nur schwerlich vom Staat als Friedensverband sprechen, wenn die Situation, in der der Bürger am ehesten zur Gewaltanwendung geneigt ist, der Monopolisierung staatlicher Gewalt entzogen sein sollte. Es läßt sich somit festhalten, daß die Notwehrlage vom Zuständigkeitsbereich des staatlichen Gewaltmonopols mitumfaßt ist. Mithin ist nicht von vornherein ausgeschlossen, daß die professionelle Ausübung von Notwehr und Nothilfe durch Mitarbeiter privater Sicherheitsunternehmen Bedenken im Hinblick auf das staatliche Gewaltmonopol ausgesetzt ist.

---

511 Burr, JR 1996, S. 230; Kargl, ZStW 110 (1998), S. 45; Merten, Rechtsstaat, S. 56f.; Weiner, Privatisierung, S. 131. Vgl. auch Mahlberg, Gefahrenabwehr, S. 104 Fn. 25.

512 Kargl, ZStW 110 (1998), S. 48; Schmidhäuser, GA 1991, S. 123f.

513 Lesch, Notwehrrecht, S. 57 Fn. 11; auch Stiller, Grenzen, S. 47f. Fn. 216.

514 So auch Kroß, Schweigegelderpressung, S. 34.

bb. Beeinträchtigung des staatlichen Gewaltmonopols durch professionell ausgeübte Notwehr und Nothilfe

Die Gewährleistung von Sicherheit ist keine ausschließlich den Polizeibehörden obliegende Aufgabe. Das staatliche Gewaltmonopol fordert kein staatliches Monopol der Gefahrenabwehr.[515] Insofern gibt es zahlreiche Aufgaben auf dem Gebiet „Sicherheit", welche von Privaten wahrgenommen werden können, ohne daß dadurch das staatliche Gewaltmonopol tangiert wird. Man denke etwa an mechanische Sicherungsmaßnahmen von Wohngebäuden oder ähnlichem. Die Installation von Alarmanlagen oder Sicherheitsschlössern stellt unstreitig keine das staatliche Gewaltmonopol beeinträchtigende Handlung dar, wenngleich es sich um eine Maßnahme auf dem Gebiet der Sicherheit handelt. Dabei ist unerheblich, ob die mechanischen Sicherheitsvorkehrungen von einem Privaten oder einem nicht-staatlichen Professionellen vorgenommen werden. In die Kategorie der Verhaltensweisen, die nicht im Widerspruch zum staatlichen Gewaltmonopol stehen, sind auch die rein beobachtenden Tätigkeiten Privater einzuordnen. Sowohl der Nachbar, der zufällig einen Einbruch beobachtet und dies den staatlichen Gefahrenabwehrbehörden anzeigt als auch der Mitarbeiter eines privaten Sicherheitsunternehmens, der einen Diebstahl wahrnimmt und daraufhin die Polizeibehörden verständigt, stellen keine Gefahr für das staatliche Gewaltmonopol dar[516].

Es darf aber nicht vergessen werden, daß bei den rein beobachtenden Tätigkeiten die Möglichkeit besteht, daß diese in eingreifende Tätigkeiten umschlagen. Außerdem können Mitarbeiter privater Sicherheitsunternehmen uniformiert und in größeren Gruppen auftreten. In diesem Zusammenhang werden häufig Bedenken dahingehend geäußert, daß mit dem Erstarken privater Sicherheitsdienste ein neues Macht- und Gewaltpotential entstehe[517]. Es wird von privaten „Hausmachten"[518] gesprochen und über „Privatarmeen"[519] diskutiert.

515 Götz, HbdStR, § 79, Rn. 32ff.; Gramm, VerwArch 90 (1999), S. 330; Peilert, DVBl. 1999, S. 284; Stober, NJW 1997, S. 893; ders., Quo vadis Sicherheitsgewerberecht, S. 48; ders., DSD 2/1998, S. 31; ders., DÖV 2000, S. 265; Zimmermann, Die Polizei 1994, S. 61.

516 Faller, FS Geiger, S. 12; Mahlberg, Gefahrenabwehr, S. 81; Schulte, DVBl. 1995, S. 131; Weiner, Privatisierung, S. 131. Vgl. auch Burgi, Privatisierung, S. 190.

517 Hoffmann-Riem, ZRP 1977, S. 279; Roßnagel, ZRP 1983, S. 62; ders., Radioaktiver Zerfall, S. 196; Schenkelberg, Kurzvortrag, S. 53; Störzer, KrimJour 1976, S. 34.

518 Kunz, ZStW 95 (1983), S. 979; Stacharowsky, KrimJour 1985, S. 232; Stümper, Kriminalistik 1975, S. 195.

519 Bueß, Sicherheitsdienste, S. 43; Faller, FS Geiger, S. 12f.; Mahlberg, Gefahrenabwehr, S. 80 und 86ff.; Pitschas, Sicherheitsgewerbe, S. 87. Vgl. auch Störzer, KrimJour 1976, S. 35 („Privatpolizei").

aaa. Private Sicherheitsdienste als Privatarmee

Insbesondere die Interessenvertreter des privaten Sicherheitsgewerbes treten jeglichen Bedenken, daß durch das Erstarken des privaten Sicherheitsgewerbes die Gefahr von Privatarmeen entstehe, vehement entgegen[520]. Hierbei erhalten sie zum Teil Unterstützung. Dabei wird keinesfalls in Abrede gestellt, daß das staatliche Gewaltmonopol der Schaffung von Privatarmeen entgegenstehe. Nur weise das private Sicherheitsgewerbe momentan keinerlei Merkmale auf, die es erlaubten, es als „Privatarmee" oder private „Hausmacht" anzusehen.[521]

Gemeinhin wird eine Armee als militärisch organisierte und ausgerüstete größere Zahl von Personen angesehen.[522] Zuzugeben ist, daß zahlreiche Sicherheitsunternehmen nicht die Anzahl von Beschäftigten haben, bei der man berechtigterweise von einer „größeren Anzahl von Personen" sprechen kann – erinnert sei nur an die zahlreichen Ein-Mann-Firmen. Auch bleibt die Ausrüstung der Mitarbeiter privater Sicherheitsdienste meist erheblich hinter derjenigen von Angehörigen der Armee zurück.[523] Schließlich ist zu bedenken, daß ein einheitliches Zusammenwirken und Vorgehen der verschiedenen im Bereich des privaten Sicherheitsgewerbes tätigen Firmen wegen der zwischen diesen bestehenden Konkurrenzsituation nahezu undenkbar ist.[524] Insofern könnte man hier sehr schnell zu dem Ergebnis gelangen, daß tatsächlich keine Gefahr der Schaffung von Privatarmeen besteht.

Allerdings scheint diese Bewertung der Sonderstellung der größeren, eine Vielzahl von Mitarbeitern beschäftigenden Sicherheitsunternehmen nicht gerecht zu werden. Diese verfügen über die personellen Ressourcen, die notwendig sind, um im Hinblick auf die Anzahl der Personen von einer „Armee" sprechen zu können. Des weiteren besteht innerhalb dieser großen Unternehmen keine Konkurrenzsituation, so daß ein einheitlich geplantes und organisiertes Vorgehen einer größeren Anzahl von Personen denkbar ist. Daß selbst Angehörige großer Firmen nicht immer auf Revolver oder Pistolen zurückgreifen können, spricht nicht gegen eine eventuelle Klassifizierung als „Privatarmee". Zumindest

520 Hammacher, DNP 1980, S. 260f. spricht von „bare(m) Unsinn". Er führt aus, daß „(d)as Gerede vom ‚unkontrollierten Machtpotential bzw. der Privatarmee' (...) schlichtweg wirklichkeitsfremd und absurd (ist)". Verhaltener in der Wortwahl, aber ebenso bestimmt Bueß, Sicherheitsdienste, S. 42ff.

521 Blum, W+S Information 162 (1985), S. 13; Bueß, Sicherheitsdienste, S. 42ff.; v. Danwitz, KritV 85 (2002), S. 354; Eberstein, BB 1980, S. 867; Kunz, ZStW 95 (1983), S. 979; Mahlberg, Gefahrenabwehr, S. 86ff.; Faller, FS Geiger, S. 13.

522 Bueß, Sicherheitsdienste, S. 43. Vgl. auch Blum, W+S Information 162 (1985), S. 13 und Mahlberg, Gefahrenabwehr, S. 87.

523 Bueß, Sicherheitsdienste, S. 43.

524 Bueß, Sicherheitsdienste, S. 43; Eberstein, BB 1980, S. 867; Mahlberg, Gefahrenabwehr, S. 88.

Schlagstock und Tränengas können zur Standardausrüstung gehören. Nach den tatsächlichen Gegebenheiten scheint es größeren Unternehmen praktisch möglich, Personengruppen zusammenzustellen, die der Ausrüstung und Erscheinung nach durchaus als „Privatarmee“ tituliert werden könnten. Insofern sind die Bedenken hinsichtlich des Entstehens einer Privatarmee nicht so einfach von der Hand zu weisen, wie dies häufig geschieht.

Indes zwingt die abstrakt bestehende Möglichkeit, daß sich aus Mitarbeitern privater Sicherheitsdienste „Privatarmeen“ bilden, nicht dazu, diesbezüglich einen Verstoß gegen das staatliche Gewaltmonopol anzunehmen. Denn diese Gefahr besteht nicht nur bei privaten Sicherheitsunternehmen. Ohne daß speziell an Bürgerwehren oder andere Nachbarschaftsprogramme gedacht wird, ist zu konstatieren, daß jedem hierarchisch strukturierten Zusammenschluß einer Vielzahl von Menschen diese Gefahr – wenn auch nur abstrakt – inne wohnt. Zweifellos fehlt es den meisten Vereinigungen an Ausrüstung, Ausbildung und vor allem dem Willen, eine „Privatarmee“ oder ähnliches zu bilden. Aber auch den Sicherheitsunternehmen fehlt es – zumindest im heutigen Deutschland – an diesem Willen. Es konnten keinerlei Bestrebungen beobachtet werden, aus denen geschlossen werden kann, daß dem nicht so ist[525]. Weiter ist zu bedenken, daß das einfache Recht Vorkehrungen trifft, welche die Gefahr des Entstehens von „Privatarmeen“ minimieren und zwar unabhängig, von welcher Seite diese Gefahr droht. So verbietet § 127 StGB die Bildung bewaffneter Gruppen. Auch das Versammlungsrecht hält zahlreiche Vorkehrungen bereit, um selbst schon dem Anschein einer sich versammelnden Privatarmee vorzubeugen.[526] Vor diesem Hintergrund ist die bei größeren Sicherheitsunternehmen abstrakt bestehende Gefahr der Bildung von Privatarmeen zu sehen. Sie hält sich in einem erträglichen Rahmen, der nicht mit dem staatlichen Gewaltmonopol konfligiert. Sofern die Regelungen des einfachen Rechts, die der Schaffung von Privatarmeen vorbeugen, bestehen bleiben und notfalls konsequent angewendet werden, ist auch in Zukunft keine Beeinträchtigung des staatlichen Gewaltmonopols durch aus Mitarbeitern privater Sicherheitsdienste bestehenden „Privatarmeen“ oder „Hausmachten“ zu befürchten.

---

525 Anders in Frankreich Mitte der 70er Jahre, wo „quasi milizähnliche Betriebseinheiten“, bestehend aus ehemaligen Fremdenlegionären, in unzulässiger Weise in die Abläufe legitimer Streikaktionen der Arbeiter eingriffen. Dort kam es zu erheblichen Ausschreitungen bei den Versuchen, die von den Arbeitern besetzten Unternehmen zu räumen, vgl. Störzer, KrimJour 1976, S. 36ff. Auf diesen weist auch Schuster, Die Polizei 1989, S. 6 hin.

526 Wie etwa durch das Uniformverbot gem. § 3 VersG. Vgl. zum Ganzen auch Kunz, ZStW 95 (1983), S. 979.

bbb. Private Sicherheitsdienste als neues Macht- und Gewaltpotential

Trotz dieser Überlegungen scheint es grundsätzlich denkbar, daß private Sicherheitsdienste in ihrer Eigenschaft als neues Macht- und Gewaltpotential das staatliche Gewaltmonopol unzulässigerweise tangieren, da die Begriffe „Privatarmee" bzw. „private Hausmacht" und „Macht- und Gewaltpotential" nicht dekkungsgleich sind. Versteht man unter „Macht" die Chance, „innerhalb einer sozialen Beziehung den eigenen Willen auch gegen Widerstrebende durchzusetzen"[527], gibt es neben dem Staat zahlreiche Personen, Personengruppen oder Institutionen, die Macht ausüben[528], ohne als Privatarmee oder private Hausmacht bezeichnet werden zu können. Diese nicht-staatlichen Machtpotentiale, seien sie politischer, gesellschaftlicher oder wirtschaftlicher Natur, werden jedenfalls vor dem Hintergrund des staatlichen Gewaltmonopols allgemein akzeptiert. Unabhängig davon, inwiefern man momentan privaten Sicherheitsdiensten wegen ihrer Zersplitterung überhaupt den Status eines Machtpotentials einräumen kann, spricht dies gegen ein unzulässiges Eingreifen privater Sicherheitsunternehmen in das staatliche Gewaltmonopol. Im Hinblick auf das Problem „Gewaltpotential" können die zu den Privatarmeen angestellten Überlegungen fruchtbar gemacht werden. Jedem Zusammenschluß einer gewissen Anzahl von Personen wohnt abstrakt die Gefahr inne, daß dadurch ein Gewaltpotential geschaffen wird, so daß die „Sonderrolle" des privaten Sicherheitsgewerbes etwas relativiert wird. Daneben ist auch hier auf die Regelungen des einfachen Rechts zu verweisen, die der Bildung privater Gewaltpotentiale entgegenstehen.

Festzuhalten ist somit, daß selbst wenn durch das Anwachsen privater Sicherheitsunternehmen ein neues Macht- und Gewaltpotential entsteht, darin keine unzulässige Beeinträchtigung des staatlichen Gewaltmonopols zu erblicken ist.

ccc. Zurückdrängung der privaten Unrechtsabwehr

Weiterhin werden Bedenken dahingehend geäußert, daß durch die vermehrte Inanspruchnahme von privaten Sicherheitsdiensten zum mitunter auch gewalttätigen Schutz privater Rechtsgüter eine rechtsstaatliche Errungenschaft auf der Strecke bleibe. Es handele sich hierbei um „die Verdrängung der Privatinitiative bei der Abwehr von Rechtsgutverletzungen durch staatliche Initiativen". Der rechtsstaatliche Fortschritt, die Selbsthilfe, das Faustrecht und die Rachejustiz

527 Weber, Wirtschaft und Gesellschaft, S. 28.

528 Merten, Rechtsstaat, S. 31. Vgl. auch Haurand, Kriminalistik 1997, S. 775 und Lee, Privatisierung, S. 155.

als Formen strafrechtlicher Privatjustiz zurückgedrängt zu haben, sei durch das Tätigwerden privater Sicherheitsdienste gefährdet.[529]

An diesen Aussagen wird bereits von anderer Seite[530] zu Recht kritisiert, daß undifferenziert rechtmäßige und unrechtmäßige Formen der privaten „Rechtsausübung" nebeneinandergestellt werden. Unstreitig können das Faustrecht und die Rachejustiz heutzutage keine Berechtigung mehr besitzen. Hingegen ist die Selbsthilfe nur dann unzulässig, wenn sie gesetzlos ausgeübt wird.

Weiter ist zu bemängeln, daß nicht zwischen staatlich veranlaßtem und privat veranlaßtem Tätigwerden von Mitarbeitern privater Sicherheitsunternehmen unterschieden wird. Sofern es sich bei der privaten Sicherheitskraft um einen Beliehenen handelt, ist es der Staat selbst, der körperliche Gewalt ausübt. Das Handeln des Beliehenen bleibt auch in Notwehr und Nothilfe hoheitliches Handeln[531], auch wenn es sich als verwaltungsrechtswidrig darstellt. Insofern scheidet hier jedenfalls in bezug auf die „Verdrängung der Privatgewalt" eine Beeinträchtigung des staatlichen Gewaltmonopols aus, da es nicht der Private, sondern der Beliehene als Teil der staatlichen Verwaltung ist, der Gewalt einsetzt.[532] Ungleich schwieriger stellt sich die Bewertung des gewaltausübenden Verwaltungshelfers dar. Im Unterschied zum Beliehenen ist der Verwaltungshelfer nicht Teil der staatlichen Verwaltung. Er kann sich bei seiner Hilfstätigkeit im Auftrag und nach Weisung einer Behörde ausschließlich den Handlungsformen des Privatrechts bedienen. Das bedeutet, daß die von ihm ausgeübte Notwehr und Nothilfe keine hoheitliche Handlung ist. Insofern müßte man hier von einer „privat ausgeübten" Gewalt sprechen. Dies hieße jedoch die Umstände zu verkennen, die zum Einsatz der Gewalt durch den Privaten führen. Der Verwaltungshelfer wird für eine Behörde tätig. Er ist gleichsam ihr „Werkzeug"[533]. Läßt man die Fälle außer acht, in denen der Verwaltungshelfer „bei Gelegenheit" seiner Tätigkeit vom Notwehr- oder Nothilferecht Gebrauch macht[534], so drängt sich der Eindruck auf, den Staat als denjenigen anzusehen, der hinter der

---

529 So Hoffmann-Riem, ZRP 1977, S. 279; Roßnagel, ZRP 1983, S. 62; ders., Radioaktiver Zerfall, S. 196. Vgl. auch Klose, ZStW 89 (1977), S. 66.

530 Bueß, Sicherheitsdienste, S. 44; Schwabe, ZRP 1978, S. 165.

531 Vgl. Kapitel 1, A. VIII.

532 Vgl. Gusy, Polizeirecht[4], Rn. 159 und Stober, GewArch 1997, S. 219. Vgl. hierzu auch Bueß, Sicherheitsdienste, S. 184f.; Scholz, NJW 1997, S. 15f. und Schulte, DVBl. 1995, S. 135.

533 Peine, Verwaltungsrecht, Rn. 109; Stober, GewArch 1997, S. 220; ders., DÖV 2000, S. 267f.; ders., ZRP 2001, S. 265. Scholz spricht in FS Friauf, S. 448 und NJW 1997, S. 16 davon, daß die Mitwirkung der Privaten lediglich „instrumentale" Bedeutung hätte.

534 Man denke hier an den „Ampelwartungs- und -programmierungsunternehmer" (Stober, DÖV 2000, S. 267), der während der Reparatur einer Ampel eine Körperverletzung beobachtet und dem Angriffsopfer tätlich zur Seite steht.

privat ausgeübten Gewalt steht und dessen Rechtskreis sie zuzuordnen ist[535]. Sofern die den Verwaltungshelfer beauftragende staatliche Stelle tatsächlich alle maßgeblichen Entscheidungen im konkreten Einzelfall selbständig trifft – und als eine maßgebliche Entscheidung ist der physische Gewalteinsatz auf Basis der Notrechte anzusehen –, bestehen keinerlei Bedenken, den Gewalteinsatz dem Staat zuzurechnen. Dabei darf aber nicht verkannt werden, daß dadurch die Handlung des Verwaltungshelfers nicht die Qualifikation als „privatrechtsförmig erbrachte" verliert. Es besteht allerdings ein solch enger Zusammenhang zu der hoheitlichen Entscheidung, mit der das „Ob" und das „Wie" des Einsatzes von Verwaltungshelfern bestimmt wird, daß es wenig sachgerecht erscheint, die vom Verwaltungshelfer ausgeübte Gewalt nicht der beauftragenden, staatlichen Stelle zuzurechnen. Insofern ist zu konstatieren, daß die Notwehr- und Nothilfeausübung von Mitarbeitern privater Sicherheitsdienste als Verwaltungshelfer keine privat ausgeübte Gewalt dergestalt darstellt, daß damit der rechtsstaatliche Fortschritt der Zurückdrängung der Privatgewalt gefährdet würde. Das staatliche Gewaltmonopol wird durch diese „Hilfsdienste" nicht unzulässig beeinträchtigt.[536]

Es bleiben somit das mittelbar staatlich veranlaßte und das privat veranlaßte Tätigwerden von Mitarbeitern privater Sicherheitsdienste übrig. Nur hier ist eine Desavouierung der rechtsstaatlichen Errungenschaft der Zurückdrängung der privaten Unrechtsabwehr nicht von vornherein ausgeschlossen. Bei näherem Hinsehen greifen diese Bedenken jedoch nicht durch. Das staatliche Gewaltmonopol gilt nicht absolut. Durch die Anerkennung der Notrechte bringt der Staat zum Ausdruck, daß er nicht jede privat ausgeübte Gewalt mißbilligt. Insofern wird die Privatgewalt nicht vollkommen, sondern nur teilweise zurückgedrängt. Das staatliche Gewaltmonopol verpflichtet den Staat, die Selbsthilferechte hinsichtlich ihrer tatbestandlichen Voraussetzungen zu reglementieren und die Grenzen der Privatgewalt aufzuzeigen.[537] Dieser Verpflichtung ist der Staat mit der Schaffung des § 32 StGB nachgekommen. Sofern die tatbestandlichen Voraussetzungen dieser Norm vorliegen und von den durch sie gewährten Befugnissen Gebrauch gemacht wird, ist schwerlich davon auszugehen, daß die an sich zurückgedrängte Privatgewalt wieder auflebt, da die hier ausgeübte Gewalt nicht vom Staat zurückgedrängt wurde. Der Staat hat sich entschieden, daß er in bestimmten Situationen nicht auf dem Monopol legitimer Gewaltausübung behar-

535 Dagegen Burgi, Privatisierung, S. 192f.

536 Vgl. auch Stober, DÖV 2000, S. 268; ders., ZRP 2001, S. 265 und Rupprecht, DSD 2/1999, S. 25, wo allerdings nicht ganz klar wird, ob nur die Beauftragung bzw. Präsenz des Verwaltungshelfers oder auch ein etwaiger Gewalteinsatz vor dem Hintergrund des staatlichen Gewaltmonopols als unbedenklich angesehen werden.

537 Jeand'Heur, AöR 119 (1994), S. 118f.; Krölls, GewArch 1997, S. 448; Mahlberg, Gefahrenabwehr, S. 82f.; Nitz, Sicherheit, S. 548.

ren will bzw. kann, und zwar unabhängig davon, wer letztlich die Abwehrhandlung vornimmt.[538] Mithin besteht auch im Hinblick auf das mittelbar staatlich veranlaßte und privat veranlaßte Tätigwerden von Mitarbeitern privater Sicherheitsunternehmen keine Gefahr, daß die rechtsstaatliche Errungenschaft der Zurückdrängung von Privatgewalt in Frage gestellt wird.

ddd. „Flucht ins Privatrecht"

Allerdings könnte das Tätigwerden privater Sicherheitskräfte auf dem Gebiet der Gefahrenabwehr unter Anwendung von Notwehr und Nothilfe eine unzulässige „Flucht ins Privatrecht" darstellen und insofern das staatliche Gewaltmonopol unterminieren. Hier bietet sich wiederum eine Trennung zwischen staatlich und privat veranlaßtem Tätigwerden von Mitarbeitern privater Sicherheitsunternehmen an; vor allem wenn man berücksichtigt, daß von einer Flucht ins Privatrecht häufig nur dann gesprochen wird, wenn der Staat auf Grundlage des Privatrechts tätig wird, um rechtsstaatliche Bindungen zu umgehen[539], was bei privat veranlaßtem Tätigwerden von privaten Sicherheitskräften zunächst sehr zweifelhaft erscheint.

(1) Bei staatlich veranlaßtem Tätigwerden

Mitarbeiter privater Sicherheitsdienste werden in unmittelbarem staatlichen Auftrag häufig als Beliehene oder als Verwaltungshelfer tätig. Sofern es sich bei dem Mitarbeiter eines privaten Sicherheitsunternehmens um einen Beliehenen handelt, besitzt dieser besondere hoheitliche Befugnisse, mittels derer er einseitig verbindliche Anordnungen gegenüber dem Bürger treffen kann. Dies schließt wie im Fall der §§ 1 III, 9ff. UZwGBw die Befugnis zum Einsatz unmittelbaren Zwanges ein. Daneben scheidet eine Inanspruchnahme der strafrechtlichen Notrechte als Ermächtigungsgrundlage für das Handeln des Beliehenen aus. Es ist ihm sogar verwaltungsrechtlich untersagt, von diesen Gebrauch zu machen. Da es der Staat ist, der seine Aufgabe durch den Beliehenen selbst wahrnimmt, unterliegt auch der Beliehene allen staatlichen Bindungen. Insofern liegt hier bereits keine Flucht ins Privatrecht vor. Der Beliehene darf im Rahmen seiner Aufgaben allein auf die ihm übertragenen öffentlich-rechtlichen Befugnisse zurückgreifen. Der Staat hat sicherzustellen, daß diese Befugnisse den Aufgaben entsprechend ausreichend und angemessen sind. Insofern wird im Regelfall keine Notwendigkeit bestehen, daß der Beliehene während seiner Tätigkeit auf den strafrechtlichen Rechtfertigungsgrund der Notwehr oder Nothilfe ausweicht. Das bedeutet, daß bei einem mit hoheitlichen Befugnissen beliehenen Mitarbeiter

538 Vgl. Faller, FS Geiger, S. 12 und Mahlberg, Gefahrenabwehr, S. 82ff.
539 Vgl. z.B. Maurer, Verwaltungsrecht, § 3, Rn. 9.

eines privaten Sicherheitsunternehmens nicht von einer Flucht ins Privatrecht gesprochen werden kann.[540] Dies gilt aber nur solange, wie nicht planmäßig auf § 32 StGB ausgewichen wird. Wenn der Staat dem Beliehenen nicht die hoheitlichen Befugnisse gewährt, die dieser zur ordnungsgemäßen Erfüllung der ihm übertragenen Aufgaben benötigt, umgeht der Staat die öffentlich-rechtlichen Bindungen mit der Folge, daß eine unzulässige Flucht ins Privatrecht zu bejahen ist.

Fraglich ist nunmehr, welche Bewertung die Sachverhalte zu erfahren haben, in denen der Staat als Auftraggeber des privaten Sicherheitsgewerbes in Erscheinung tritt, ohne zugleich obrigkeitliche Befugnisse zu verleihen. Zu denken ist vor allem an die private Sicherheitskraft als Verwaltungshelfer. Aber auch die Konstellationen, in denen dieser Status den vom Staat engagierten privaten Sicherheitskräften nicht zukommt, sind zu berücksichtigen.

Der Staat bedient sich der Privaten entweder zur Erfüllung wirklich staatlicher Aufgaben, wie der Gewährleistung öffentlicher Sicherheit, oder auch dazu, wie ein privater Auftraggeber seine Einrichtungen zu schützen und deren Hausrecht zu sichern.[541] Vor allem im ersten Fall ist zweifelhaft, ob dies nicht eine unzulässige Flucht ins Privatrecht darstellt. Grundsätzlich hat der Staat diejenigen Gefahrenabwehraufgaben, deren Ausübung häufig mit der Anwendung körperlicher Gewalt verbunden ist, durch eigene Organe wahrzunehmen. Diese unterliegen bei der Gewaltausübung den rechtsstaatlichen Bindungen wie dem Verhältnismäßigkeitsgrundsatz. Überträgt der Staat diese Aufgaben privaten Sicherheitsunternehmen zur privatrechtsförmigen Erledigung, werden damit die von ihm zu beachtenden rechtsstaatlichen Bindungen umgangen.[542] Der Staat nimmt hier mittelbar ein Instrumentarium in Anspruch, dessen Wahrnehmung ihm aus gutem Grund nicht zusteht. Seine Handlungen sind allein an speziellen, öffentlich-rechtlichen Ermächtigungsgrundlagen zu messen. Das hat zur Folge, daß ihm teilweise dort ein Einschreiten verwehrt ist, wo ein Privater dies auf Grundlage der Notrechte könnte. Dieser Einschränkung der Handlungsbefugnis kann sich der Staat nicht dadurch entledigen, daß er Private mit den von ihm wahrzunehmenden Aufgaben betraut, ohne ihnen zugleich hoheitliche Befugnisse zuzugestehen, damit die beauftragten Privaten auf Grundlage der strafrechtlichen Notrechte einschreiten. Zutreffend wird in diesem Zusammenhang von einer „planmäßige(n) Instrumentalisierung privater Gewaltbefugnisse zu öffentlichen

540 Vgl. F. Huber, Gefahrenabwehr, S. 150; Schulte, DVBl. 1995, S. 135.

541 Vgl. F. Huber, Gefahrenabwehr, S. 143f.; Möstl, Garantie, S. 360; Krölls, GewArch 1997, S. 450.

542 Bracher, Gefahrenabwehr, S. 150; F. Huber, Gefahrenabwehr, S. 145f.; Hueck, Der Staat 36 (1997), S. 219f.; Krölls, GewArch 1997, S. 450; ders., NVwZ 1999, S. 234; Schulte, DVBl. 1995, S. 135; Weiner, Privatisierung, S. 136.

Zwecken" gesprochen[543]. Dieser Auffassung kann man nicht entgegenhalten, daß der Gewalteinsatz des Privaten ein privater bleibe, denn schließlich erfolgt er allein aufgrund staatlicher Veranlassung. Die private Sicherheitskraft würde sich ohne den staatlichen Auftrag nicht in der Situation befinden, in der sie auf Grundlage des § 32 StGB eine an sich vom Staat selbst zu erfüllende Aufgabe wahrnimmt. Hier kann man sogar dem Staat in gewisser Hinsicht ein „unehrliches Handeln" vorwerfen. Er legt sich selbst und seinen Organen rechtsstaatliche Fesseln an, die einen Freiheitsgewinn für die Bürger bedeuten. Durch zahlreiche Normen drückt er dies auch nach außen aus[544]. „Durch die Hintertür"[545] nimmt er dem Bürger aber wieder die gewonnene Freiheit, indem er sich zur Erfüllung der ihm obliegenden Aufgaben Privater bedient, die den rechtsstaatlichen Fesseln gerade nicht unterliegen. Dies wird von ihm nicht hinlänglich nach außen kundgetan. Erinnert sei daran, daß die Verwaltungshilfe oder andere Formen privatrechtsförmigen Tätigwerdens für den Staat in der Regel keine ausdrückliche gesetzliche Grundlage besitzen. Mithin ist festzuhalten, daß das unmittelbar staatlich veranlaßte Tätigwerden privater Sicherheitskräfte zur Erfüllung staatlicher Aufgaben auf Basis der Jedermannsrechte eine unzulässige Flucht ins Privatrecht darstellt und das staatliche Gewaltmonopol massiv tangiert.

Ob dies auch auf die Sachverhalte zutrifft, in denen der Staat private Sicherheitsunternehmen nicht mit der Wahrnehmung spezifisch staatlicher Aufgaben beauftragt, sondern wie ein Privater Schutz für seine Einrichtungen verlangt, ist zweifelhaft. Vor allem in bezug auf das Hausrecht ist zu diskutieren, ob in dessen privatrechtsförmiger Verteidigung eine unzulässige Flucht ins Privatrecht zu sehen ist. In diesem Zusammenhang ist zu beachten, daß das Fehlen effektiver staatlicher Hilfe Voraussetzung eines jeden Notrechtsgebrauchs durch Private ist. § 229 BGB fordert als eine Voraussetzung der Selbsthilfe, daß „obrigkeitliche Hilfe nicht rechtzeitig zu erlangen ist". Insofern ist es unzulässig, daß der Staat seine Einrichtungen und sein Hausrecht nicht oder nur unzureichend durch polizeiliche Mittel schützt, um Situationen der Not aufkommen zu lassen, in denen Private auf Grundlage der Jedermannsrechte den erforderlichen Schutz leisten können.[546] Dem mag man entgegenhalten, daß sich der Staat mit seinem

543 Bracher, Gefahrenabwehr, S. 150; Krölls, GewArch 1997, S. 450; ders., NVwZ 1999, S. 234; Schulte, DVBl. 1995, S. 135; Weiner, Privatisierung, S. 136. „Dem Grunde nach" zustimmend auch F. Huber, Gefahrenabwehr, S. 146.

544 Man denke hier nur an die Normen der Landespolizeigesetze, die ausdrücklich die Angemessenheit der polizeilichen Maßnahme fordern, vgl. hierzu die Nachweise in Fn. 471.

545 Schulte, DVBl. 1995, S. 135. Ihm folgend Weiner, Privatisierung, S. 137.

546 Greifeld, DÖV 1981, S. 912; Krölls, GewArch 1997, S. 450. Vgl. hierzu auch Schnekenburger, Rechtsstellung, S. 133.

Interesse an der Integrität seiner Einrichtungen oder bei der Wahrnehmung des Hausrechts nicht wesentlich von Privatpersonen unterscheidet, die ja auch ihre Rechtsgüter auf Grundlage des § 32 StGB verteidigen dürfen. Dabei bliebe jedoch unberücksichtigt, daß es dem Privaten im Unterschied zum Staat in aller Regel nicht möglich ist, die eigenen Rechtsgüter im Gefahrenvorfeld einem effektiven polizeilichen Schutz zu unterwerfen. Insofern ist der Bürger zur privatrechtsförmigen Gefahrenvorsorge angehalten. Allein der Staat besitzt die Möglichkeit, seine Einrichtungen permanent durch eigene Organe zu schützen. Insofern ist davon auszugehen, daß jegliche Form der unmittelbaren staatlichen Beauftragung von Mitarbeitern privater Sicherheitsunternehmen, die nicht mit der Verleihung obrigkeitlicher Befugnisse einhergeht, aber bei der der Gewalteinsatz auf Grundlage der Jedermannsrechte staatlicherseits gefordert oder gutgeheißen wird, sich als unzulässige Flucht ins Privatrecht darstellt. Vor dem Hintergrund des staatlichen Gewaltmonopols kann dies nicht akzeptiert werden. Dabei sei nur noch einmal zur Klarstellung darauf hingewiesen, daß es hier immer nur um die Gewaltausübung von privaten Sicherheitskräften auf Basis der Notrechte geht. Beobachtende und kontrollierende Tätigkeiten können selbstverständlich von Mitarbeitern privater Sicherheitsunternehmen in staatlichem Auftrag wahrgenommen werden, ohne daß dies zu einer Beeinträchtigung des staatlichen Gewaltmonopols führt.

Im Rahmen des staatlich veranlaßten Tätigwerdens von Mitarbeitern privater Sicherheitsdienste wurde bisher nur diskutiert, ob die unmittelbare staatliche Beauftragung eine unzulässige Flucht ins Privatrecht darstellt. Dabei ist nicht ausgeschlossen, daß sich das Problem der unzulässigen Flucht auch bei mittelbar staatlich veranlaßtem Tätigwerden von privaten Sicherheitskräften stellt, also immer dann, wenn Unternehmen die ihnen gesetzlich auferlegten Eigensicherungspflichten durch Mitarbeiter privater Sicherheitsunternehmen erfüllen. Geht man davon aus, daß sich der primäre Schutzzweck der Eigensicherungspflichten nicht auf die Rechtsgüter des Betreibers oder andere Individualrechtsgüter richtet, sondern im Schutz der Allgemeinheit zu sehen ist[547], bietet sich eine Übertragung der im Hinblick auf Verwaltungshelfer und andere in staatlichem Auftrag tätige Nicht-Beliehene entwickelten Grundsätze an. Auch hier müßte von einer unzulässigen Flucht ins Privatrecht ausgegangen werden.[548] Indes wurde bereits abgelehnt, in der Auferlegung von Eigensicherungspflichten eine Übertragung einer an sich staatlichen Aufgabe zu sehen. Mithin läßt sich das oben gefundene Ergebnis nicht ohne weiteres auf das mittelbar staatlich veranlaßte Tätigwerden übertragen.

547 F. Huber, Gefahrenabwehr, S. 142. Vgl. hierzu auch Bracher, Gefahrenabwehr, S. 154ff. und dens., DVBl. 1989, S. 521.

548 So dann auch F. Huber, Gefahrenabwehr, S. 142ff. (146).

Einer Lösung dieses Problems könnte man sich durch eine genauere Betrachtung der Eigensicherungspflichten annähern. Inhalt dieser Verpflichtungen ist die Aufforderung an die Unternehmen, einen Grundschutz in baulicher, technischer und personeller Hinsicht sicherzustellen.[549] Das bedeutet, daß im Rahmen von Eigensicherungspflichten nicht allein an personelle Maßnahmen wie das Aufstellen eines Werkschutzes zu denken ist. Die nicht-personellen Maßnahmen werden in der Diskussion meist ausgeblendet, scheinen sie doch vor dem Hintergrund des staatlichen Gewaltmonopols als unproblematisch. In die Kategorie der weitgehend unstrittigen Maßnahmen sind auch die rein beobachtenden Tätigkeiten der im Rahmen von Eigensicherungspflichten beauftragten Personen einzuordnen. Die private Sicherheitskraft, die den potentiellen Störer eines Kernkraftwerks über Monitor beobachtet und die staatlichen Gefahrenabwehrorgane informiert, erfüllt keine an sich dem Staat obliegende Aufgabe. Dies belegt noch einmal, daß es unzutreffend ist, die Erfüllung gesetzlich auferlegter Eigensicherungspflichten grundsätzlich als Wahrnehmung einer an sich staatlichen Aufgabe anzusehen. Wenn allerdings Eigensicherungspflichten verlangen, daß ein bewaffneter Werkschutz aufgestellt wird, der die Zeit bis zum Eintreffen der staatlichen Gefahrenabwehrorgane mittels der Anwendung der privatrechtlichen Notrechtsbefugnisse überbrückt – wie dies von § 7 II Nr. 5 AtG bestimmt wird[550] –, so könnte dies eine unterschiedliche Bewertung erfordern. In diesen Situationen verlangt der Staat vom Privaten die Ausübung von physischer Gewalt, die mitunter gravierende Folgen für das Opfer nach sich ziehen kann. Anders kann die Verpflichtung zur Aufstellung eines bewaffneten Werkschutzes nicht verstanden werden.[551] Dieser – so die gesetzgeberische Konzeption – soll die staatlichen Polizeikräfte bis zu ihrem tatsächlichen Erscheinen substituieren, ohne dabei hoheitliche Befugnisse zu besitzen oder an rechtsstaatliche Grundsätze gebunden zu sein. Dies ist vor dem Hintergrund des Stichwortes „keine Flucht ins Privatrecht" unzulässig.[552] Während präventive Sicherheitsmaßnahmen der zur Eigensicherung verpflichteten Unternehmen nicht primär der Erfüllung einer an sich staatlichen Aufgabe dienen, muß im Gegensatz hierzu die gewalttätige Abwehr von Angriffen auf diese Unternehmen durch von ihnen zu diesem Zwecke vorgehaltenem Personal als die Erfüllung einer vorrangig staatlichen Aufgabe qualifiziert werden. Damit umgeht der Staat die von ihm zu be-

---

549 Bracher, Gefahrenabwehr, S. 48f.; Pitschas, Sicherheitsgewerbe, S. 69.

550 Vgl. hierzu Lukes, ET 25 (1975), S. 27ff.; Kröll s, GewArch 1997, S. 455 und Ehlers, FS Lukes, S. 347f.

551 Ehlers, FS Lukes, S. 347f.

552 Im Ergebnis ebenso Bracher, Gefahrenabwehr, S. 154ff. und F. Huber, Gefahrenabwehr, S. 146. Wohl auch Krölls, NVwZ 1999, S. 234, der aber nur sehr undeutlich auf das mittelbar staatlich veranlaßte Tätigwerden von privaten Sicherheitskräften eingeht. Vgl. auch dens., GewArch 1997, S. 455, wo die Verpflichtung des § 7 II Nr. 5 AtG im Hinblick auf Art. 33 IV GG gewürdigt wird.

achtenden rechtsstaatlichen Bindungen, wie etwa den Verhältnismäßigkeitsgrundsatz. Insofern ist auch bei mittelbar staatlich veranlaßtem Tätigwerden privater Sicherheitskräfte von einem Instrumentalisieren der Notrechte auszugehen. Dies stellt eine unzulässige Flucht ins Privatrecht dar und berührt somit in unstatthafter Weise das staatliche Gewaltmonopol.

Was die Intensität der Berührung des staatlichen Gewaltmonopols angeht, fällt auf, daß diese variiert. Das hängt damit zusammen, daß das Ausmaß der Zuständigkeit und Verantwortung des Staates nicht für alle diskutierten Bereiche das gleiche ist. Es gibt Bereiche – wie beispielsweise die Bewachung von Polizeigebäuden – für die allein der Staat zuständig ist. Wenn er sich dort durch Private vertreten läßt, ohne ihnen hoheitliche Befugnisse zu übertragen, ist die Beeinträchtigung des staatlichen Gewaltmonopols hoch. Von einer geringeren Beeinträchtigung ist dort auszugehen, wo die Nothilfeausübung auch unmittelbar Privatinteressen dient, wie im Falle des mittelbar staatlich veranlaßten Tätigwerdens gewerblicher Sicherheitskräfte.

Ob bei rein privat veranlaßtem Tätigwerden immer noch von einer unzulässigen Flucht des Staates ins Privatrecht gesprochen werden kann, oder ob dort nicht schon vielmehr der Bereich betroffen ist, der in der alleinigen oder zumindest hauptsächlichen Zuständigkeit der Privaten liegt, ist im folgenden zu untersuchen.

(2) Bei privat veranlaßtem Tätigwerden

Wenn sich ein privater Auftraggeber Mitarbeiter gewerblicher Sicherheitsunternehmen bedient, ohne daß dies auf eine gesetzliche Verpflichtung zurückzuführen ist, ist die Annahme einer unzulässigen Flucht des Staates ins Privatrecht prima facie eher fernliegend. Indes zeigt sich bei näherer Betrachtung, daß sich auch bei rein privat veranlaßtem Tätigwerden die Frage stellt, inwieweit der Staat unzulässigerweise auf Instrumente des Privatrechts ausweicht. Ein besonders prägnanter Fall ist in diesem Zusammenhang der, in dem sich der Staat systematisch aus der Schutzgewährung zugunsten Privater zurückzieht und so privaten Sicherheitsunternehmen das Feld überläßt.[553] Wenn staatliche Gefahrenabwehrorgane planmäßig bestimmte Wohnviertel nicht oder nur unzureichend bestreifen und deren Bewohner mehr oder minder deutlich aufgefordert sind, selbst für ihren Schutz zu sorgen, wird die Aufgabe der Sicherheitsgewährleistung in der Regel auf Mitarbeiter privater Sicherheitsunternehmen delegiert.

553 Haurand, Kriminalistik 1997, S. 778f.; Weiner, Privatisierung, S. 138ff. Vgl. auch Gusy, StWP 5 (1994), S. 204ff.; dens., Polizeirecht[6], Rn. 163; Hammer, DÖV 2000, S. 620; Kötter, Der Staat 43 (2004), S. 384f.; Krölls, NVwZ 1999, S. 234; Möller, DSD 3/1996, S. 17 und Tischbein, Zusammenstellung, S. 233f.

Ganz davon abgesehen, daß diese Art der Entziehung bzw. Minimierung hoheitlichen Schutzes gegen staatliche Schutzpflichten verstieße[554], läge eine unzulässige Flucht ins Privatrecht vor, da mit den Mitteln des Privatrechts planmäßig öffentliche Aufgaben wahrgenommen würden.

Aber auch dort, wo nicht von einem „systematischen" Entzug staatlichen Schutzes gesprochen werden kann, ist zu fragen, ob die Schutzgewährung durch den Staat vor dem Hintergrund des staatlichen Gewaltmonopols noch zu akzeptieren ist. Hier ist zunächst an die Sicherheitsgewährleistung innerhalb sog. semi-öffentlicher Räume zu denken. Dabei handelt es sich um Straßen, Wege und Passagen, die juristisch einem privaten Nutzungsregime unterliegen, faktisch jedoch öffentlich und zur Benutzung durch die Allgemeinheit vorgesehen sind, wie etwa Bahnhöfe oder Ladenpassagen und Einkaufscenter.[555] Dadurch, daß semi-öffentliche Räume in Privateigentum stehen und von Privaten betrieben werden, herrscht hier kein öffentliches, sondern ein privates Hausrecht, was häufig mit Hilfe von gewerblichen Sicherheitsunternehmen durchgesetzt wird. Da der Eigentümer regelmäßig ein großes Interesse an einer intensiven Nutzung des semi-öffentlichen Raumes durch die Allgemeinheit besitzt, wird sich das Hausrecht häufig gegen diejenigen richten, die in den Augen der Allgemeinheit als „störend" empfunden werden, wie zum Beispiel Obdachlose oder Bettler. Dies ist nicht nur insofern problematisch, als es so zu einer Ausgrenzung eines Teils der Bevölkerung kommt[556], sondern auch dahingehend, daß sich in den semi-öffentlichen Räumen häufig auch Infrastruktureinrichtungen der öffentlichen Hand befinden, auf deren Benutzung die „Unerwünschten" angewiesen sein können[557].

Da diejenigen, deren Anwesenheit im semi-öffentlichen Raum nicht erwünscht ist, häufig von Mitarbeitern privater Sicherheitsunternehmen unter Berufung auf das Notwehr- bzw. Nothilferecht entfernt werden[558], stellt sich auch hier die Frage, ob dies nicht eine unzulässige Flucht ins Privatrecht seitens des Staates darstellt. Dem Staat ist vorzuwerfen, daß er der Entwicklung auf dem Gebiet der Sicherheitsgewährleistung innerhalb des semi-öffentlichen Raumes weitgehend tatenlos zuschaut. Es ist faktisch so, daß der Zuständigkeitsbereich der staatlichen Gefahrenabwehrorgane innerhalb der semi-öffentlichen Bereiche zum

---

554 Vgl. hierzu Merten, Rechtsstaat, S. 60f.; dens., FS Doehring, S. 585; Isensee, HbdStR, § 111, Rn. 137ff. und Lee, Privatisierung, S. 145.

555 Guter Überblick etwa bei Gusy, VerwArch 92 (2001), S. 364ff. Vgl. auch Lee, Privatisierung, S. 71 und Rixen, DVBl. 2007, S. 224 – letzterer zu privatisierten Bahnhöfen der Deutschen Bahn.

556 Voß, NKP 2/1993, S. 41.

557 Wie z.B. Beratungsstellen der Stadtwerke, Notrufsäulen und sogar Polizeidienststellen. Vgl. Gusy, VerwArch 92 (2001), S. 364.

558 Vgl. hierzu Möller, DSD 3/1996, S. 15. Ferner Kirsch, KJ 2002, S. 238.

Großteil durch „vorgelagerte private Kontrolleinrichtungen" gefiltert wird[559]. Die Betreiber der semi-öffentlichen Räume dürfen ihr Hausrecht durch eigene Beschäftigte durchsetzen. Es besteht keine Verpflichtung, hierfür die staatlichen Gefahrenabwehrorgane in Anspruch zu nehmen. Insofern werden zahlreiche Konflikte innerhalb der semi-öffentlichen Bereiche in den Formen des Privatrechts gelöst, weil dies vom Staat zugelassen und gebilligt wird. Mithin ist es unzutreffend, das Tätigwerden von Mitarbeitern privater Sicherheitsunternehmen in semi-öffentlichen Bereichen allein als „Privatangelegenheit" des Betreibers zu qualifizieren.[560] Die Privaten nehmen hier die Funktionen der staatlichen Gefahrenabwehrorgane wahr, indem sie praktisch die öffentliche Sicherheit und Ordnung innerhalb des semi-öffentlichen Raumes schützen, wobei sie sich aber im Unterschied zu staatlichen Organen allein von privaten Interessen leiten lassen. Trotzdem ist es mittelbar der Staat, der hiervon profitiert. Er kann bei seinen begrenzten Ressourcen nicht überall sein, um alle schutzwürdigen und -bedürftigen Rechtsgüter zu sichern. Insofern setzt der Staat Prioritäten.[561] Bei der Kalkulation, inwieweit ein semi-öffentlicher Raum zu schützen ist, wird er den dort agierenden privaten Sicherheitsdienst mit in seine Rechnung einbeziehen und dies bei der von ihm selbst zu besorgenden Sicherheitsgrundversorgung berücksichtigen. Vor dem Hintergrund des staatlichen Gewaltmonopols stellt dies einen unzulässigen Rückzug des Staates aus der Gewährleistungsverantwortung für die öffentliche Sicherheit dar. Ähnlich wie bei der Bewachung öffentlicher Gebäude durch private Sicherheitsunternehmen ist auch hier davon zu sprechen, daß der Staat durch die Minimalisierung polizeilichen Schutzes mehr oder weniger planmäßig Situationen der Not schafft, in denen gewerbliche Sicherheitskräfte unter Berufung auf Notwehr und Nothilfe auf den Plan treten.[562] Dies stellt sich als unzulässige Flucht ins Privatrecht dar. Das Handeln der privaten Organisationseinheiten ist ein Handeln für den Staat. Anders als bei Privatbürgern kann der Staat darauf vertrauen, daß Mitarbeiter privater Sicherheitsunternehmen einschreiten und von ihren Notrechten Gebrauch machen, da hierfür eine vertragliche Verpflichtung besteht. Man könnte die Mitarbeiter privater Sicherheitsunternehmen in dieser Hinsicht als „De-facto-Beliehene"[563] ansehen, da

559 So die Formulierung von Beste/Voß, Privatisierung, S. 230. Ähnlich Voß, NKP 2/1993, S. 39.

560 Vgl. Gusy, VerwArch 92 (2001), S. 366; Krölls, NVwZ 1999, S. 234. Siehe auch dens., GewArch 1997, S. 451. Stober weist (in: Quo vadis Sicherheitsgewerberecht, S. 62 und DSD 2/1998, S. 35) in diesem Zusammenhang jedoch darauf hin, daß der Rechtsinhaber bei der Zulassung öffentlichen Verkehrs nicht schlechter gestellt werden dürfe, wenn der Hausrechtsbereich in nicht zulässiger Weise genutzt wird.

561 Isensee, HbdStR, § 111, Rn. 144f.; Gusy, StWP 5 (1994), S. 205ff.

562 So auch Krölls, NVwZ 1999, S. 234.

563 Hiervon zu unterscheiden ist der „faktisch Beliehene", von dem man spricht, wenn der Staat ohne gesetzliche Regelung Entscheidungsbefugnisse auf einen Privaten über-

diese selbständig an sich staatliche Aufgaben wahrnehmen, ohne daß der Staat diese beauftragt und ohne daß staatliche Bindungen berücksichtigt werden müßten.

Nunmehr stellt sich die Frage, ob sich diese Ergebnisse auf Konstellationen übertragen lassen, in denen weder von einem systematischen Entzug staatlichen Schutzes gesprochen werden kann, noch ein Tätigwerden von Mitarbeitern privater Sicherheitsunternehmen in semi-öffentlichen Bereichen vorliegt. Hier bietet sich eine Trennung zwischen den Fällen an, in denen gewerbliche Sicherheitskräfte allein auf privatem Grund ohne Publikumsverkehr tätig werden und sonstigen Fällen. In ersteren kann nicht davon gesprochen werden, daß sich der Staat seiner Aufgabe entzieht. In einer arbeitsteilig organisierten Gesellschaft müssen eigene Rechte und Pflichten nicht höchstpersönlich ausgeübt werden. Sie können grundsätzlich auf Dritte übertragen werden.[564] Sofern Mitarbeiter privater Sicherheitsunternehmen allein auf privatem Grund ohne Publikumsverkehr tätig werden, nehmen sie in Vertretung des Eigentümers dessen originäre Aufgaben wahr. An sich staatliche Aufgaben werden von ihnen nicht ausgeübt. Sie werden nicht stellvertretend für staatliche Gefahrenabwehrorgane tätig. Daß dieser Bereich in der hauptsächlichen Zuständigkeit der Privaten liegt, zeigen auch die zahlreichen Regelungen, welche die staatlichen Gefahrenabwehrorgane bei ihrem Tätigwerden auf privaten Grundstücken und in Wohnungen zu beachten haben, wie etwa Art. 13 GG oder §§ 38f. HSOG. Des weiteren ist zu bedenken, daß private Individualrechtsgüter nur in Ausnahmefällen in den Kreis polizeilicher Schutzgüter einbezogen werden. Hier ist der Bereich betroffen, in dem die private Zuständigkeit so sehr die staatliche überwiegt, daß selbst das in Rechtsgüter Dritter eingreifende Tätigwerden gewerblicher Sicherheitsdienste nicht als „staatsersetzend" angesehen werden kann. Eine Flucht des Staates ins Privatrecht liegt nicht vor.[565]

Schwieriger stellt sich die Sachlage dar, wenn privat engagierte Sicherheitskräfte im öffentlichen Raum oder im privaten Raum mit Publikumsverkehr auf Basis von Notwehr und Nothilfe einschreiten. Dies könnte als die Erfüllung einer an sich den staatlichen Gefahrenabwehrorganen obliegenden Aufgabe angesehen werden.[566] Dabei soll natürlich nicht verkannt werden, daß beispielsweise die

---

trägt, zu deren Übertragung es eines Beleihungstatbestandes bedürfte. Vgl. hierzu etwa Burgi, FS Maurer, S. 586f. und Hoppe/Bleicher, NVwZ 1996, S. 423.

564 Stober, GewArch 1997, S. 222; ders., NJW 1997, S. 894; ders., Quo vadis Sicherheitsgewerberecht, S. 52; ders., DÖV 2000, S. 263. Vgl. auch Kämmerer, Privatisierung, S. 393 und Lee, Privatisierung, S. 142.

565 Vgl. Weichert, Privatisierung, S. 277.

566 Zum Teil wird bereits in der schlichten Präsenz privater Sicherheitskräfte im öffentlichen Raum ein Verstoß gegen das staatliche Gewaltmonopol gesehen, vgl. Bernhardt, Kurzstatement, S. 58. Siehe auch Schöpflin, Kriminalistik 1993, S. 691, der in der An-

Begleitung von Werttransporten oder die Einlaßkontrolle vor Diskotheken keine genuin staatlichen Aufgaben sind und auch nicht zu solchen gemacht werden sollen. Die in Rede stehenden Tätigkeiten weisen aber einen großen Bezug zur Öffentlichkeit und damit ein erhöhtes Konfliktpotential auf. Die Annahme eines erhöhten Konfliktpotentials speist sich auch daraus, daß gewerbliche Sicherheitskräfte zum Einsatz der Notrechte vertraglich verpflichtet werden und dazu auch meist konstitutionell in der Lage sind. Weiß der Staat, daß Geldtransporte von bewaffneten gewerblichen Sicherheitskräften bewacht werden, wird er deren Schutz durch eigenes Personal reduzieren. Ähnlich sieht die Situation im Hinblick auf andere Tätigkeiten von Mitarbeitern privater Sicherheitsdienste im öffentlichen oder privaten Raum mit Publikumsverkehr aus. Durch die Ausübung von Notwehr und vor allem Nothilfe wird der Staat entlastet. Würden die staatlichen Sicherheitsorgane soweit präsent sein, daß sie jederzeit bei einem Überfall auf einen Geldtransport einschreiten könnten – was auch zu ihren Aufgaben gehört –, wäre der Schutz der Werttransporte durch private Sicherheitsdienste entbehrlich. Gleiches gilt für die Einlaßkontrolle vor Diskotheken: Könnte sich der Diskothekenbetreiber sicher sein, daß der renitente Besucher, dem der Zutritt verweigert wurde, notfalls innerhalb kürzester Zeit und vor einer Eskalation der Lage von den staatlichen Gefahrenabwehrorganen entfernt werden würde, müßte kein privater Sicherheitsdienst beschäftigt werden. Es zeigt sich, daß vor allem bei der von Mitarbeitern privater Sicherheitsunternehmen geübten Nothilfe im öffentlichen und im privaten Raum mit Publikumsverkehr teilweise von einer Übernahme von an sich staatlichen Aufgaben auszugehen ist.[567]

Daß die Erfüllung öffentlicher Aufgaben durch Private unter Anwendung von Gewalt in anderen Fällen angenommen und sogar weitgehend akzeptiert wird, auch wenn keine individuelle staatliche Beauftragung vorliegt, zeigt ein Blick auf die Festnahmebefugnis des § 127 I 1 StPO. Diese dient dem öffentlichen Interesse an wirksamer Strafverfolgung. Der Festnehmende handelt „pro magistratu", also an Stelle der prinzipiell zuständigen, aber nicht rechtzeitig erreichbaren oder nicht einsatzfähigen Obrigkeit.[568] Bei allen Unterschieden, die zwischen Notwehr- bzw. Nothilferecht und Festnahmerecht bestehen, zeigt sich aber dennoch, daß an sich privates Handeln ein Handeln im öffentlichen Interesse und für den Staat darstellen kann.

---

sicht, den Einsatz privater Sicherheitskräfte auf öffentlichen Verkehrsflächen abzulehnen, eine „Grundsatzposition" sieht. Unklar Finnberg, W+S Information 1978, S. 180.

567 Vgl. hierzu auch Thieme, W+S Information 163 (1985), S. 78f. sowie Hoffmann-Riem, Öffentliches Recht, S. 282.

568 RGSt 17, 127 (128); BayOLG, MDR 1986, S. 957; KK-StPO-Boujong, § 127, Rn. 6; Meyer-Goßner, § 127, Rn. 1; Roxin, Strafverfahrensrecht, § 31, Rn. 4; ders., AT I, § 17, Rn. 22; v. Danwitz, KritV 85 (2002), S. 358.

Nebenbei sei noch bemerkt, daß der Privatbürger sich in der Regel in einer Ausnahmesituation befindet, wenn er mit einem Angriff auf sich selbst oder einen anderen konfrontiert wird[569]. Mitarbeiter privater Sicherheitsdienste mit Kontakt zur Öffentlichkeit sind häufig auf Konflikte vorbereitet und besitzen eine Ausrüstung, die ihnen in solchen Fällen hilft. Es soll nicht bestritten werden, daß auch Mitarbeiter privater Sicherheitsunternehmen von Angriffen überrascht werden[570]; dennoch befinden sie sich in einer Position, welche sie deutlich vom Normalbürger abhebt. Während dieser überlegt, was zu tun ist, ob Flucht, Verteidigung oder „Hilfe holen" opportun ist, spult die gewerbliche Sicherheitskraft ihr Routineprogramm[571], bestehend aus der Notwehr- und vor allem Nothilfe, ab. Der Staat richtet sich hierauf ein und profitiert vom Tätigwerden der privaten Sicherheitsunternehmen.

Es ist somit festzuhalten, daß privat veranlaßtes Tätigwerden von Mitarbeitern privater Sicherheitsunternehmen, welches in öffentlichen Räumen oder in privaten Räumen mit Publikumsverkehr stattfindet und mit der Ausübung von Notwehr und Nothilfe einhergeht, sich als eine Flucht des Staates ins Privatrecht darstellt[572], selbst dann, wenn noch nicht von einem systematischen Entzug staatlichen Schutzes geredet werden kann. Allein das privat veranlaßte Tätigwerden gewerblicher Sicherheitskräfte in privaten Räumen ohne Kontakt zur Öffentlichkeit entgeht dem Verdikt der „Flucht ins Privatrecht", auch wenn es zur Ausübung von Notwehr und Nothilfe kommt.

(3) Zwischenergebnis

Von den verschiedenen Tätigkeiten, die von Mitarbeitern privater Sicherheitsdienste in staatlichem oder privatem Auftrag ausgeübt werden und die mit der Ausübung von Notwehr und Nothilfe einhergehen, sind vor dem Hintergrund

---

569 v. Danwitz, KritV 85 (2002), S. 361; Hoffmann-Riem, ZRP 1977, S. 283; Pitschas, Sicherheitsgewerbe, S. 158; Roßnagel, ZRP 1983, S. 62.

570 Bueß, Sicherheitsdienste, S. 55; Mahlberg, Gefahrenabwehr, S. 124; Peilert, Auskunftei- und Detekteigewerbe, S. 470; Pitschas, Sicherheitsgewerbe, S. 158. A.A. Hoffmann-Riem, ZRP 1977, S. 283; Hueck, Der Staat 36 (1997), S. 219 und Roßnagel, ZRP 1983, S. 62.

571 v. Danwitz, KritV 85 (2002), S. 361 spricht davon, daß Nothilfe für private Wachleute bedeute, eine „Standardmaßnahme" zu vollziehen. Kritisch zu der Annahme, daß die Abwehr von Rechtsgutsverletzungen zur täglichen Routine gehöre, steht Peilert, Auskunftei- und Detekteigewerbe, S. 470.

572 Ähnlich wohl Krölls, NVwZ 1999, S. 234f., der aber nur auf den „systematischen Rückzug der staatlichen Gewalt" abstellt. Vgl. auch Pitschas, DÖV 1997, S. 400, der das in Rechtsgüter Dritter eingreifende Tätigwerden gewerblicher Sicherheitskräfte im öffentlichen Verkehrsraum eingeschränkt wissen will. Siehe aber nunmehr dens., Sicherheitsgewerbe, S. 166f.

des staatlichen Gewaltmonopols lediglich diejenigen als unbedenklich einzustufen, bei denen entweder eine wirksame Beleihung stattfindet oder die auf privatem Grund ohne Publikumsverkehr ausgeübt werden. In den anderen Fällen bedient sich der Staat mehr oder weniger geplant privaten Gewaltbefugnissen zu öffentlichen Zwecken. Dies wird besonders dort offensichtlich, wo der Staat unmittelbar als Auftraggeber des privaten Sicherheitsgewerbes in Erscheinung tritt. Weniger deutlich wird es in den Fällen, wo gewerbliche Sicherheitskräfte im Auftrag Privater auf privatem Grund mit Publikumsverkehr tätig werden. Gemeinsam ist diesen und anderen Konstellationen jedoch die Bewertung als unzulässige Flucht ins Privatrecht, die zu einer Unterminierung des staatlichen Gewaltmonopols führt.

eee. Regel-Ausnahme-Verhältnis

Eng mit diesen Überlegungen hängen die Bedenken zusammen, daß bei einer routinemäßigen Inanspruchnahme von Notwehr und Nothilfe durch Mitarbeiter privater Sicherheitsunternehmen diese nicht mehr als Ausnahme vom staatlichen Gewaltmonopol angesehen werden könnten. Vielmehr würde die gesetzlich vorgesehene Ausnahme zur Regel.[573]

Zum Teil wird versucht, diesen Einwurf mit dem Hinweis zu begegnen, daß sich gewerbliche Sicherheitskräfte ja nur dann auf Notwehr und Nothilfe berufen könnten, wenn deren tatbestandliche Voraussetzungen vorliegen. Es stehe nicht in ihrer Macht, Situationen der Not zu schaffen, in denen sie Notrechte ausüben, so daß sie Notwehr und Nothilfe nicht zu ihren Standardmaßnahmen umgestalten könnten.[574]

Jedoch greift dieser Einwand zu kurz. Das Problem besteht nicht darin, daß private Sicherheitskräfte Situationen der Not schaffen, sondern in Situationen der Not einschreiten. Das staatliche Gewaltmonopol verpflichtet den Staat, seine Bürger notfalls mit Gewalt vor rechtswidrigen Angriffen zu schützen. Der Regelfall besteht in der staatlichen Schutzgewährung.[575] Zieht sich der Staat mit seinen Organen soweit zurück, daß häufiger Mitarbeiter privater Sicherheitsunternehmen als staatliche Gefahrenabwehrorgane in Situationen der Not helfend vor Ort sind, ist die staatliche Hilfe nicht mehr der Regelfall, sondern die Ausnahme. Das ist vor dem Hintergrund des staatlichen Gewaltmonopols mehr als bedenklich. Dabei ist zu berücksichtigen, daß dieses Problem vor allem bei der Nothilfe relevant ist, da gewerbliche Sicherheitskräfte wie staatliche Gefahrenabwehrorgane in der Regel durch eine Nothilfesituation zum Einschreiten veran-

---

573 Vgl. Jeand'Heur, AöR 119 (1994), S. 127f. und Weiner, Privatisierung, S. 138.

574 Schnekenburger, Rechtsstellung, S. 142.

575 Siehe hierzu oben B. I. 2. a. aa.

laßt werden. Die Befürchtung, daß es zu einer Umkehrung von Ausnahme und Regel im Hinblick auf die privat und staatlich ausgeübte Gewalt kommen könnte, besitzt somit zumindest bezüglich der Nothilfe ihre Berechtigung.

fff. Unberührtheit des staatlichen Kompetenzbereichs

Vor allem Stober geht davon aus, daß das staatliche Gewaltmonopol durch die privat-professionelle Nothilfe nur dann betroffen wäre, wenn diese in den staatlichen Kompetenzbereich eingriffe. Rechtssystematisch sei dies aber nicht der Fall, da der Beauftragte nicht mehr Rechte besäße, als der Auftraggeber übertragen oder kraft Gesetz ausüben könne.[576]

Diese Gleichsetzung von Eingriff in den staatlichen Kompetenzbereich und Berührung des staatlichen Gewaltmonopols überzeugt jedoch nicht. Das staatliche Gewaltmonopol fordert mehr als die formelle Beachtung des staatlichen Kompetenzbereichs. Es geht auch darum, daß der Staat seinen Kompetenzbereich mittels eigener Organe manifestiert, indem er den ihm zustehenden Bereich auch tatsächlich in Anspruch nimmt. Dies führt dazu, daß in bestimmten Fällen sogar eine Pflicht staatlicher Organe besteht, Gewalt einzusetzen.[577] Naturgemäß kann dieser Pflicht nur nachgekommen werden, wenn staatliche Organe präsent sind. Zieht der Staat seine eigenen Organe soweit zurück, daß in Situationen der Not primär Private – und hier ist vor allem an gewerbliche Sicherheitskräfte zu denken – Erste Hilfe leisten, dann greifen die Privaten zwar nicht formell in den staatlichen Kompetenzbereich ein, materiell erfährt er aber eine bedenkliche Relativierung. Der vom Staat wahrzunehmende Bereich ist eben nicht erst dann betroffen, wenn Private damit beginnen, in Eigeninitiative die öffentliche Ordnung zu verteidigen.[578] Wenn angeführt wird, daß gewerbliche Sicherheitskräfte nicht mehr Rechte als die ihnen vom Auftraggeber oder vom Gesetz übertragenen in Anspruch nehmen könnten, spricht diese Aussage in ihrer Pauschalität weder für noch gegen einen Verstoß gegen das staatliche Gewaltmonopol. Gehen nämlich die staatlichen Gewaltgestattungen soweit, daß man nicht mehr guten Gewissens von einem „Monopol“ staatlicher Gewalt sprechen kann[579], liegt

576 Stober, NJW 1997, S. 893; ders., Quo vadis Sicherheitsgewerberecht, S. 49f.; ders., DSD 2/1998, S. 31; ders., DÖV 2000, S. 263. Ähnlich, aber zurückhaltender in der Formulierung Weiner, Privatisierung, S. 134f. („Das staatliche Gewaltmonopol wäre zumindest dann betroffen, wenn…“).

577 Bracher, Gefahrenabwehr, S. 110f.; Burr, JR 1996, S. 231; Merten, Rechtsstaat, S. 60.

578 Vgl. hierzu aber Stober, NJW 1997, S. 893; dens., Quo vadis Sicherheitsgewerberecht, S. 49f.; dens., DSD 2/1998, S. 31; dens., DÖV 2000, S. 263.

579 Sehr bedenklich stimmt der Einwand von Glavic-Czepluch/Eschenbruch, Handbuch, H Rn. 20, die deutlich fragen, „ob man überhaupt noch von einem Gewaltmonopol des Staates sprechen kann“. Vgl. hierzu auch Gusy, DÖV 1996, S. 576.

zwar formell kein Verstoß gegen das staatliche Gewaltmonopol vor, materiell hätte es aber seine Legitimation verloren. Ohne im einzelnen klären zu können, inwieweit es dem Staat erlaubt ist, die private Gewaltausübung zuzulassen, ist festzustellen, daß die Existenz von gesetzlichen Gewaltgestattungsnormen und die auf deren Grundlage erfolgte Ausübung privater Gewalt nicht per se über alle Bedenken im Hinblick auf das staatliche Gewaltmonopol erhaben ist. Die formelle Unberührtheit des staatlichen Gewaltmonopols kann somit nicht als alleiniges Argument dafür ins Feld geführt werden, daß die privat-professionelle Nothilfe vor dem Hintergrund des staatlichen Gewaltmonopols als unbedenklich einzustufen ist.

ggg. Unterscheidung Notwehr – Nothilfe

Die vorstehenden Ausführungen zeigen, daß das Vorgehen privater Sicherheitskräfte auf Grundlage des § 32 StGB zum Teil erheblichen Bedenken hinsichtlich des staatlichen Gewaltmonopols ausgesetzt ist. Dabei wurde implizit, aber nicht immer ausdrücklich zwischen Notwehr- und Nothilfeausübung unterschieden, was hier nachzuholen ist.

Private Sicherheitskräfte werden nicht deswegen beschäftigt, damit sie ihre eigenen Rechtsgüter schützen. Vielmehr sollen die Rechtsgüter und Interessen ihres Auftraggebers oder die des von ihm begünstigten Personenkreises gewahrt werden. Auch wenn es im Rahmen des Tätigwerdens privater Sicherheitskräfte zu gegen sie selbst gerichteten Angriffen kommen sollte, besteht ihr Auftrag primär darin, Nothilfe zu leisten.[580] Insoweit ist der Auftrag von Mitarbeitern privater Sicherheitsunternehmen und der von hoheitlichen Gefahrenabwehrorganen ähnlich strukturiert. Abgesehen von der Problematik, wie zu verfahren ist, wenn Notwehr und Nothilfe ineinander übergehen, ist anzuerkennen, daß nur bei der Nothilfeausübung von einer „staatsersetzenden" Funktion ausgegangen werden kann. Wird die private Sicherheitskraft während ihres Dienstes attackiert, ohne daß der Angriff einen funktionalen Bezug zu der beruflichen Tätigkeit aufweist[581], besteht kein Konflikt mit dem staatlichen Gewaltmonopol. Allein die Nothilfe weist eine spezifische Nähe zum staatlichen Gefahrenabwehrrecht auf.[582] Der Staat instrumentalisiert die privaten Sicherheitskräfte nur insofern,

580 Mahlberg, Gefahrenabwehr, S. 83f.; Möstl, Garantie, S. 303. Vgl. auch F. Huber, Gefahrenabwehr, S. 64 sowie Tischbein, Zusammenstellung, S. 111 und 199, wo aber nur undifferenziert auf § 32 StGB im Allgemeinen abgestellt wird.

581 Man denke hier an den Wachmann in einem Einkaufscenter, der angegriffen wird, weil dessen goldene Uhr die Begehrlichkeiten des Angreifers weckt.

582 Vgl. in diesem Zusammenhang auch G. Jakobs, AT, 12. Abschn., Rn. 7 mit Fn. 9, der es in verwaltungsrechtlicher Terminologie so ausdrückt, daß privat organisierte Not-

als diese auf Basis des § 32 StGB „für andere" einschreiten. Dabei spielt es grundsätzlich keine Rolle, ob es sich bei dem Dritten um den Staat selbst oder um eine natürliche oder juristische Person des Privatrechts handelt. Es soll nicht geleugnet werden, daß auch bei der Verteidigung in einer Notwehrlage Gewalt ausgeübt wird, die wegen des staatlichen Gewaltmonopols an sich dem Staat vorbehalten ist. Dem kann aber insofern keine Bedeutung beigemessen werden, als nur die vom Staat instrumentalisierte private Gewaltausübung vor dem Hintergrund des staatlichen Gewaltmonopols Bedenken auslöst. Insgesamt kommt man zu dem Ergebnis, daß die seltenen Fälle, in denen die private Sicherheitskraft während ihres Dienstes Notwehr übt, ohne daß dies im Zusammenhang mit deren beruflicher Tätigkeit steht, dem staatlichen Gewaltmonopol nicht zuwiderlaufen. Mithin ist zwischen professioneller Notwehr- und Nothilfeausübung zu unterscheiden.[583] Nebenbei sei noch bemerkt, daß dies dazu führt, daß an sich der Begriff „professionelle Notwehrausübung" unzutreffend ist, da die Profession darin besteht, anderen zu helfen.

cc. Zwischenergebnis

Das vermehrte Auftreten von privaten Sicherheitskräften führt dazu, daß einige Autoren die Gefahr des Entstehens von Privatarmeen oder neuen Macht- und Gewaltpotentialen heraufbeschwören. Vor dem Hintergrund des staatlichen Gewaltmonopols ist diese Gefahr aber zu vernachlässigen. Als sehr problematisch in bezug auf das staatliche Gewaltmonopol stellt es sich jedoch dar, daß der Staat unmittelbar oder mittelbar vor allem von der Nothilfeausübung von Mitarbeitern privater Sicherheitsunternehmen profitiert. Die private Gewaltbefugnis „Nothilfe" wird von seiten des Staates instrumentalisiert, sofern sie nicht allein privat veranlaßt auf privatem Grund ohne Publikumsverkehr ausgeübt wird. Dies stellt sich als unzulässige Flucht ins Privatrecht dar und kann wegen des staatlichen Gewaltmonopols nicht akzeptiert werden.

b. Unvereinbarkeit mit dem Funktionsvorbehalt des Art. 33 IV GG

Eng mit der Problematik, inwieweit die professionelle Notwehr- und Nothilfeausübung mit dem staatlichen Gewaltmonopol konfligiert, scheinen die aus

---

wehrhilfen gegen den „Anschluß- und Benutzungszwang" bezüglich der Polizei verstoßen.

583 Zahlreiche Autoren diskutieren dann auch vornehmlich die professionelle Not-*Hilfe*, vgl. Möstl, Garantie, S. 302ff.; Rössmann, W+S Information 1978, S. 171ff.; Stober, NJW 1997, S. 889ff.; dens., Quo vadis Sicherheitsgewerberecht, S. 40ff.; dens., DSD 2/1998, S. 31f.; dens., DÖV 2000, S. 263; Weiner, Privatisierung, S. 132ff.

Art. 33 IV GG resultierenden Bedenken gegen ein in Rechtsgüter Dritter eingreifendes Tätigwerden gewerblicher Sicherheitskräfte verbunden[584]. Art. 33 IV GG, der bestimmt, daß die Ausübung hoheitsrechtlicher Befugnisse als ständige Aufgabe in der Regel Angehörigen des öffentlichen Dienstes zu übertragen ist, die in einem öffentlich-rechtlichen Dienst- und Treueverhältnis stehen, soll unter anderem sicherstellen, daß besondere Aufgaben im Interesse einer möglichst zuverlässigen, effektiven und von Individualinteressen freien Erledigung Beamten vorbehalten werden.[585] Vom Wortlaut her ist Art. 33 IV GG allerdings nicht einschlägig, wenn es darum geht, inwieweit sich Mitarbeiter privater Sicherheitsunternehmen, die von Privaten beauftragt werden, auf Notwehr und Nothilfe berufen können. Ausdrücklich werden nur die Fälle erfaßt, in denen der Staat Tätigkeiten und Befugnisse im Bereich der Gefahrenabwehr überträgt.[586]

Selbst in diesen Konstellationen ist die Anwendbarkeit des Art. 33 IV GG aber nicht immer unumstritten. Einerseits wird vertreten, daß sich der Anwendungsbereich dieser Norm nur auf die Frage erstreckt, welche Aufgaben von Berufsbeamten erfüllt werden müssen und nicht sonstigen Angehörigen des öffentlichen Dienstes überlassen werden dürfen. Andererseits wird argumentiert, daß Art. 33 IV GG sich auch damit beschäftigt, inwieweit obrigkeitliche Befugnisse auf Privatpersonen übertragenen werden können. Letztgenannter Ansicht ist zuzustimmen. Es wäre unverständlich, wenn Art. 33 IV GG zwar der Übertragung bestimmter Befugnisse auf Angestellte oder Arbeiter des öffentlichen Dienstes entgegenstünde, nicht jedoch der Übertragung auf Private.[587] Das bedeutet, daß der Anwendungsbereich des Art. 33 IV GG nicht von vornherein verschlossen ist, wenn der Staat unmittelbar als Auftraggeber des privaten Sicherheitsgewerbes in Erscheinung tritt. Dreh- und Angelpunkt der Frage, ob das staatlich veranlaßte Tätigwerden von Mitarbeitern privater Sicherheitsunternehmen auf Basis des § 32 StGB gegen Art. 33 IV GG verstößt, ist nunmehr die Auslegung des Begriffes „hoheitsrechtliche Befugnisse“.

Zum Teil wird darauf hingewiesen, daß hierunter vor allem diejenigen Verwaltungsmaterien zu verstehen seien, die sich als unmittelbarer Bestandteil des staatlichen Gewaltmonopols erweisen.[588] Von anderer Seite wird in die gleiche Richtung gehend angeführt, daß Art. 33 IV GG auch die Wahrnehmung aller

584 Vgl. Bracher, DVBl. 1989, S. 520f. und Honigl, Tätigwerden, S. 79ff.

585 Bracher, Gefahrenabwehr, S. 64f.; ders., DVBl. 1989, S. 521; Glavic-Czepluch/Eschenbruch, Handbuch, H Rn. 11; Gramm, VerwArch 90 (1999), S. 359.

586 Glavic-Czepluch/Eschenbruch, Handbuch, H Rn. 11; Möstl, Garantie, S. 356. Vgl. auch Bracher, Gefahrenabwehr, S. 123ff.

587 Im Ergebnis ebenso Bracher, Gefahrenabwehr, S. 64; F. Huber, Gefahrenabwehr, S. 153; Schnekenburger, Rechtsstellung, S. 183. Vgl. zum Streitstand Bracher, Gefahrenabwehr, S. 62ff. m.N.

588 Ossenbühl, Eigensicherung, S. 42f.

Aufgaben erfaßt, „die für den Bestand des Gemeinwesens von erheblicher Bedeutung sind und zu deren reibungsloser Erfüllung der Staat als Auswirkung des Gewaltmonopols verpflichtet ist“[589]. Diese Aussagen sind dahingehend zusammenzufassen, daß davon ausgegangen wird, daß Art. 33 IV GG ein staatliches Gewaltmonopol voraussetzt und dieses zur Grundlage hat.[590] Folge davon ist, daß sich die im Hinblick auf das staatliche Gewaltmonopol vorgenommenen Überlegungen mit den hier in bezug auf Art. 33 IV GG anzustellenden dekken.[591] Neue Erkenntnisse für die Frage, ob das Berufen von Mitarbeitern privater Sicherheitsunternehmen auf § 32 StGB als verfassungsrechtlich bedenklich anzusehen ist, sind somit nicht zu erwarten.

Von anderer Seite aus wird bei Art. 33 IV GG allein auf den Verhältnismäßigkeitsgrundsatz abgestellt, um zu bestimmen, welche Tätigkeiten von Privaten wahrgenommen werden dürfen. Jedoch kommt auch diese Ansicht nicht ohne ein Rekurrieren auf das staatliche Gewaltmonopol aus, um festzulegen, welche Aufgaben der Staat selbst auszuüben hat und welche nicht.[592] Das bedeutet, daß auch hier vornehmlich die im Rahmen der Diskussion des staatlichen Gewaltmonopols aufgetretenen Probleme aktuell werden.

Es zeigt sich, daß im Rahmen des Art. 33 IV GG immer auch das staatliche Gewaltmonopol zu berücksichtigen ist. Für die hier in Rede stehende Problematik, inwieweit das Tätigwerden von gewerblichen Sicherheitskräften auf Grundlage des § 32 StGB als verfassungsrechtlich problematisch anzusehen ist, liefert der Funktionsvorbehalt des Art. 33 IV GG keine weiterführenden Erkenntnisse[593].

c. Demokratieprinzip

Gegen das Tätigwerden von privaten Sicherheitskräften wird zum Teil vorgebracht, daß damit eine Gefahr für das Demokratieprinzip einhergehe. Private Sicherheitskräfte seien, anders als die Polizei, nicht in eine demokratische Struktur und Kontrolle eingebunden. Eine Folge hiervon sei, daß derjenige, der über den Einsatz privater Sicherheitskräfte verfügen kann, mit dem Staat in einem

589 Honigl, Tätigwerden, S. 87. Vgl. auch Benda-Isensee, HbdVerfR, § 32, Rn. 59.
590 So auch die Zusammenfassung von Schnekenburger, Rechtsstellung, S. 184.
591 Vgl. Schnekenburger, Rechtsstellung, S. 184.
592 Bracher, Gefahrenabwehr, S. 76ff.
593 Der Funktionsvorbehalt besitzt eine große Bedeutung für die Beantwortung der Frage, welche Bereiche von Privaten im Wege der Beleihung wahrgenommen werden dürfen, was aber nicht Gegenstand dieser Untersuchung ist. Hammer, DÖV 2000, S. 618 meint in diesem Zusammenhang, daß Art. 33 IV GG eine über die Statuierung eines staatlichen Gewaltmonopols hinausreichende Wirkung enthielte, „indem er regelmäßig eine Aufgabenerledigung durch *Beamte* verlangt und damit einer Beleihung Privater mit Hoheitsbefugnissen (…) enge Grenzen setzt“ (Hervorhebung im Original).

sehr sensiblen Bereich konkurriere. Hierbei handele es sich um die Entscheidungsmacht über den Einsatz organisierter Gewalt.[594] Im Rahmen dieser Kritik wird nicht immer deutlich zwischen dem Ent- und Bestehen von gewerblichen Sicherheitsunternehmen als solchen und der Anwendung von Notwehr- und Nothilfebefugnissen durch private Sicherheitskräfte differenziert. Auch wenn diese beiden Punkte eng miteinander zusammenhängen, kommt es vorliegend vor allem auf den letzteren an.

Wesentlicher Bestandteil des Demokratieprinzips ist die in Art. 20 II 1 GG verankerte Forderung, daß alle Staatsgewalt vom Volk auszugehen hat. Dieses Prinzip der Volkssouveränität bedeutet konkret, daß die Ausübung staatlicher Macht der Legitimation durch das Volk bedarf und „in einer ununterbrochenen demokratischen Legitimationskette" auf das Volk zurückführbar sein muß.[595] Es darf dabei nicht übersehen werden, daß die Rückkoppelung einer konkreten Person an den Volkswillen mit zunehmender Länge der Legitimationskette abnimmt. Das führt dazu, daß die personelle Legitimation des konkreten Amtswalters häufig nicht mehr als eine Fiktion darstellt.[596] Das Entscheidende dieser „ununterbrochenen demokratischen Legitimationskette" liegt darin begründet, daß der handelnde Amtswalter grundsätzlich in den hierarchischen Behördenaufbau eingegliedert ist, wodurch ein Weisungs- und Verantwortungszusammenhang begründet wird.[597] Üben private Sicherheitskräfte in privatem Auftrag Notwehr und Nothilfe aus, läßt sich ihr Handeln selbstverständlich nicht auf demokratisch legitimierte staatliche Organe zurückführen und muß auch in der Regel nicht vor diesen verantwortet werden. Indes führt dies nicht zu einem Verstoß gegen das Demokratieprinzip. Dieses Prinzip erlangt nämlich nur gegenüber dem Staat, anderen Gebietskörperschaften und politischen Parteien (vgl. Art. 21 III GG) Geltung.[598] Sofern die Notwehr- oder Nothilfeausübung von gewerblichen Sicherheitskräften mit einem privaten Auftrag einhergeht, kann sich eine Gefährdung des Demokratiegebotes somit allein dann ergeben, wenn der Staat staatliche Macht faktisch an Private abgibt. Die diesbezüglich bestehenden verfassungsrechtlichen Bedenken wurden bereits im Rahmen der Diskussion der

---

594 Hoffmann-Riem, ZRP 1977, S. 278f. Ähnlich Möller, DSD 3/1996, S. 16; Roßnagel, ZRP 1983, S. 62; ders., Radioaktiver Zerfall, S. 196f.; Stacharowsky, KrimJour 1985, S. 232.

595 BVerfGE 83, 60 (73); 93, 37 (67f.); Degenhart, Staatsrecht I, Rn. 24f.; Maurer, Staatsrecht I, § 7, Rn. 28.

596 Vgl. Nitz, Sicherheit, S. 422 m.N.

597 Nitz, Sicherheit, S. 422 im Anschluß an Benda-Isensee, HbdVerfR, § 32, Rn. 20ff.

598 Peilert, Auskunftei- und Detekteigewerbe, S. 223f.; Schnekenburger, Rechtsstellung, S. 221; Stern, Staatsrecht I, § 18 III 1, S. 627f. Vgl. auch Burgi, Privatisierung, S. 128; Glavic-Czepluch/Eschenbruch, Handbuch, II Rn. 17; F. Huber, Gefahrenabwehr, S. 162 und Lee, Privatisierung, S. 154.

Gefährdung des staatlichen Gewaltmonopols akzentuiert und bedürfen hier keiner weitergehenden Erörterung.

Eine unterschiedliche Bewertung könnten aber die Fälle erfordern, in denen der Staat als Auftraggeber des privaten Sicherheitsgewerbes in Erscheinung tritt und von dessen Beschäftigten den Einsatz von Notwehr und Nothilfe fordert. Hier bedarf es einer Unterscheidung zwischen Beliehenen und Nicht-Beliehenen. Auch wenn ein Beliehener (verwaltungsrechtswidrig) Notwehr oder Nothilfe übt, verliert er nicht seine durch den Beleihungsakt entstandene personell-demokratische Legitimation.[599] Der Beliehene ist in die staatliche Organisationsstruktur mit eingebunden und unterliegt Aufsichts-, Weisungs- und Kontrollrechten. Durch die Notwendigkeit einer hinreichenden gesetzlichen Grundlage für die Beleihung wird sichergestellt, daß sich die demokratische Legitimation gerade auf den konkreten Tätigkeitsbereich des Beliehenen bezieht. Somit verstößt die Notrechtsausübung von Beliehenen nicht gegen das Demokratieprinzip. Für die sonstigen in staatlichem Auftrag tätigen Mitarbeiter privater Sicherheitsunternehmen, also zum Beispiel Verwaltungshelfer, gilt das, was im Hinblick auf die privat Beauftragten gesagt wurde. Auch ihr Tätigwerden bedarf keiner demokratischen Legitimation.[600] Es bestehen nur die bereits erörterten Bedenken bei der faktischen Abgabe staatlicher Macht an den im staatlichen Auftrag tätigen Nicht-Beliehenen. Es ist somit festzustellen, daß die Gefahrenabwehr von Mitarbeitern privater Sicherheitsunternehmen auf Basis des § 32 StGB im Grunde keinen Verstoß gegen das Demokratieprinzip darstellt. Die in diesem Zusammenhang geäußerten Zweifel werden schon vom staatlichen Gewaltmonopol erfaßt und können keine weitergehenden Forderungen begründen.[601]

Nur kurz sei noch der Frage nachgegangen, inwieweit allein das Bestehen von privaten Sicherheitsunternehmen in Konflikt mit dem Demokratieprinzip gerät. Davon abgesehen, daß innerhalb eines Gemeinwesens zahlreiche hierarchisch strukturierte Vereinigungen bestehen, die keinem unmittelbaren staatlichen Lenkungseinfluß unterliegen, würde die Verwirklichung der Forderung nach unmittelbarer staatlicher Kontrolle von privaten Sicherheitsunternehmen zu deren vollständiger Eingliederung in den Staat führen. Vor allem in Anbetracht der zahlreichen Aufgaben des privaten Sicherheitsgewerbes, die nicht mit dem Einsatz von Gewalt einhergehen – zum Beispiel Absperrmaßnahmen auf Volksfesten, die Installation von Alarmanlagen –, würde die Verstaatlichung des privaten Sicherheitsgewerbes zu einem Verstoß gegen die Berufsfreiheit des Art. 12 I GG führen. Auch müßte man dann an die Verstaatlichung weiterer tatsächlicher

599 Vgl. Nitz, Sicherheit, S. 424.
600 Burgi, Privatisierung, S. 338.
601 Vgl. auch Schnekenburger, Rechtsstellung, S. 221f.

oder angeblicher nicht-staatlicher Machtpotentiale denken – eine erschreckende Vorstellung! Im Ergebnis ist somit das Bestehen von privaten Sicherheitsunternehmen im Hinblick auf das Demokratieprinzip unbedenklich.[602]

d. Vorbehalt des Gesetzes

Teilweise wird gefordert, den Geltungsbereich des Gesetzesvorbehalts auch auf private Sicherheitsunternehmen zu erstrecken. Diejenigen nicht-staatlichen Träger politischer und ökonomischer Macht, die den individuellen Entfaltungsraum des Bürgers ebenso wie staatliche Machtträger beschränken können, seien nur dann zum Handeln befugt, wenn dafür eine gesetzliche Grundlage besteht. Die Notrechte würden allerdings als gesetzliche Grundlage ausscheiden, da sie eine andere Qualität bei der Anwendung durch professionelle Nothelfer bekämen.[603]

Gegen diese unmittelbare Anwendung der Verfassungsbindung staatlicher Gewalt auf die Tätigkeit des privaten Sicherheitsgewerbes ist vorzubringen, daß der Gesetzesvorbehalt vor dem Hintergrund eines Staatsverständnisses entwikkelt wurde, das die Sphären Staat und Gesellschaft strikt trennte.[604] Es sollte verhindert werden, daß der Staat unkontrolliert individuelle oder gesellschaftliche Rechtspositionen beschränkt. Insofern ist es auch allein der Staat, dessen Handlungen von der direkten Bindungskraft des Gesetzesvorbehalts erfaßt werden.[605] Selbst wenn sich das Handeln Privater faktisch wie staatliches Handeln darstellt, ändert sich an diesem Ergebnis nichts. Das schließt nicht aus, daß der Staat aufgrund anderer verfassungsrechtlicher Wertungen zur speziellen Regelung der Befugnisse des privaten Sicherheitsgewerbes verpflichtet sein kann. Das Fehlen einer solchen führt aber nicht zu einem Verstoß gegen den Vorbehalt des Gesetzes.

e. Sozialstaatsprinzip

Im Rahmen einer verfassungsrechtlichen Würdigung des privaten Sicherheitsgewerbes wird in der Regel nicht darauf eingegangen, ob speziell die Notwehr- und Nothilfeausübung von gewerblichen Sicherheitskräften gegen das Sozial-

---

602 So auch im Ergebnis Götz, HbdStR, § 79, Rn. 32; Mahlberg, Gefahrenabwehr, S. 91; Peilert, Auskunftei- und Detekteigewerbe, S. 225; ders., DVBl. 1999, S. 284; Schwabe, ZRP 1978, S. 165. Vgl. auch F. Huber, Gefahrenabwehr, S. 161ff. und Schnekenburger, Rechtsstellung, S. 220ff.

603 Hoffmann-Riem, ZRP 1977, S. 283f. Vgl. auch Rössmann, W+S Information 1978, S. 171.

604 Jeand'Heur, AöR 119 (1994), S. 119f. Diese Entwicklungsgeschichte des Gesetzesvorbehalts wird auch von Hoffmann-Riem (in: ZRP 1977, S. 283) nicht bestritten.

605 Jeand'Heur, AöR 119 (1994), S. 120; Kämmerer, Privatisierung, S. 393.

staatsprinzip verstößt. Wie beim Demokratieprinzip wird vornehmlich diskutiert, ob das Bestehen und Tätigwerden des privaten Sicherheitsgewerbes an sich mit dem Sozialstaatsprinzip konfligiert. Dabei kommt es meist zu einer Hervorhebung dreier Punkte: Die Kommerzialisierung der Sicherheit führe zu einer Bevorteilung der finanziell bessergestellten Bevölkerungsteile, habe einen Umlenkungseffekt der Kriminalität auf weniger geschützte Objekte zur Folge und bedeute die Nichtberücksichtigung des Resozialisierungsgedankens.[606] Sicherlich sind diese Thesen vor dem Hintergrund des Sozialstaatsprinzips zu diskutieren. Dennoch ist ein wenig verwunderlich, warum sich – soweit ersichtlich – keine explizite Beurteilung des Gewalteinsatzes von gewerblichen Sicherheitskräften auf Grundlage des § 32 StGB findet.

Die soziale Staatsaufgabe, die ausdrücklich in Art. 20 I GG und Art. 28 I GG angesprochen wird, richtet sich als Staatszielbestimmung in erster Linie an den Gesetzgeber. Er hat das Sozialstaatsprinzip in allen Bereichen des Rechts umzusetzen.[607] Diese objektive Verfassungsnorm gibt als solche dem Bürger keine subjektiven Rechte. Allein in Verbindung mit Grundrechten sind subjektivrechtliche Wirkungen denkbar.[608] Viel schwieriger als die Bestimmung des Adressaten des Sozialstaatsprinzips ist dessen Konkretisierung.[609] Dadurch, daß es in praktisch allen Rechtsbereichen Bedeutung erlangen und dabei in sehr unterschiedlichen Ausprägungen auftreten kann, ist es nicht möglich, eine abschließende, griffige Definition für das Sozialstaatsprinzip zu finden. Trotz dieses Befundes kann aber die grundsätzliche Ausrichtung dieser Staatszielbestimmung kurz und prägnant mit der Formulierung „Schutz des Schwächeren" umschrieben werden.[610]

In einer Situation, in der privat-professionell Nothilfe geübt wird, könnte das Sozialstaatsprinzip in zwei Richtungen Geltung erlangen. Zum einen könnte derjenige, dessen Rechtsgüter angegriffenen werden und der sich zur Abwehr dieses Angriffs privater Sicherheitskräfte bedient, in gewisser Hinsicht als

606 Vgl. die dahingehende Zusammenfassung bei Peilert, Auskunftei- und Detekteigewerbe, S. 227ff.

607 Maurer, Staatsrecht I, § 8, Rn. 69; Waltermann, Sozialrecht, Rn. 14.

608 Badura, Staatsrecht, D Rn. 36; Maurer, Staatsrecht I, § 8, Rn. 69ff.; Bieback, Jura 1987, S. 234ff.

609 Grewe, DRZ 4 (1949), S. 351 spricht in diesem Zusammenhang von einem „substanzlosen Blankettbegriff". Vgl. auch Stern, Staatsrecht I, § 21 II 4, S. 909: „(...) daß das sozialstaatliche Prinzip es mit sich bringt, funktionell ohne Grenzen zu sein.".

610 BVerfGE 26, 16 (37); 45, 376 (387); Sachs-Sachs, Art. 20, Rn. 46; Stern, Staatsrecht I, § 21 II 2, S. 893; Leisner, NJW 2001, S. 1330f. Vgl. auch Zippelius/Würtenberger, Staatsrecht, § 13 I 2, S. 118, die sich bei ihrem Hinweis, daß die soziale Rechtsauffassung „zur Einebnung nicht gerechtfertigter gesellschaftlicher Machtunterschiede die Schwachen stützen und die Starken beschränken (will)" der Terminologie Radbruchs (in: Rechtsphilosophie, § 8, S. 69) bedienen.

„schwach“ anzusehen sein, denn Angreifer suchen sich meist ein vermeintlich unterlegenes Opfer aus. Ganz davon abgesehen, ob das Opfer auch wirklich immer unterlegen ist, muß bezweifelt werden, daß diese Unterlegenheit regelmäßig aus einer sozialen Schwäche heraus resultiert. Das Abstellen auf den „Schutz des Schwächeren“ bedeutet somit nicht, daß das Sozialstaatsprinzip auf die Seite des Angegriffenen tritt. Wenn sich allerdings der Staat in bestimmten Bereichen komplett aus der Gewährleistung öffentlicher Sicherheit zurückzieht und Private in diesem Zusammenhang zu „Selbstversorgern“ werden müssen, verstößt der Staat gegen die dem Sozialstaatsprinzip innewohnende Gewährleistungsfunktion für die Erhaltung der Rechtssicherheit im Sinne des Rechtsschutzes.[611] Dies könnte von den Auftraggebern des privaten Sicherheitsgewerbes vorgebracht werden, was im Ergebnis aber nicht dazu führt, daß diese als Kompensation private Sicherheitskräfte mit weiten Nothilfebefugnissen beschäftigen dürfen.

Zum anderen könnte aber eine Berücksichtigung des Sozialstaatsprinzips im Hinblick auf die Rechtsgüter des „Nothilfeopfers“ fordern, die Nothilfebefugnis gewerblicher Sicherheitskräfte einzuschränken. Dafür spricht, daß der Staat, wenn er selbst die Angriffsabwehr vornimmt, rechtsstaatlichen Bindungen unterworfen ist. Wenn er sich seiner Verantwortung entzieht und privaten Sicherheitskräften mit ihren Notrechten das Feld der Gewährleistung öffentlicher Sicherheit überläßt, stellt er den Angegriffenen schutzlos in bezug auf die Bindungen, die beim Einsatz staatlicher Gewalt zu beachten sind.[612] Eine vor dem Sozialstaatsprinzip bedenkliche Entwicklung! Allerdings ist auch hier zweifelhaft, ob das Nothilfeopfer allein aus diesem Gedanken heraus als „sozial schwach“ anzusehen ist. Zu bedenken ist auch, daß sich die Nothilfeausübung eines rein Privaten möglicherweise genauso gravierend für das Nothilfeopfer darstellt wie die eines Privat-Professionellen. Obwohl letztgenanntes Argument zutrifft, besteht dennoch ein nicht zu unterschätzender Unterschied zwischen rein Privaten und gewerblichen Sicherheitskräften. Der Staat verläßt sich nur auf die Nothilfeausübung von Mitarbeitern privater Sicherheitsunternehmen und nicht auf diejenige von „normalen“ Privaten. Nur erstgenannte werden vom Staat instrumentalisiert. Weiterhin besteht nur bei Mitarbeitern privater Sicherheitsunternehmen die Gefahr, daß sie durch ihre Nothilfeausübung dem beobachtenden Bürger vorgaukeln, schneller und effektiver als die staatlichen Gefahrenabwehrbehörden zu arbeiten.[613]

---

611 Vgl. Tiemann, Der Staat 16 (1977), S. 187 und Peilert, Auskunftei- und Detekteigewerbe, S. 231.

612 Vgl. Peilert, Auskunftei- und Detekteigewerbe, S. 231.

613 Vgl. Helmers/Murck, Die Polizei 1994, S. 67 und Honigl, Tätigwerden, S. 89, wo jeweils die Gefahr eines Vertrauensschwundes in die polizeiliche Arbeit problematisiert

Wenn weiter davon gesprochen wird, daß die Notwehr- und Nothilfeausübung gewerblicher Sicherheitskräfte gegen den aus dem Sozialstaatsprinzip fließenden Resozialisierungsgedanken streitet[614], dann ist darauf zu erwidern, daß auch die staatlichen Gefahrenabwehrorgane in Situationen der Not nicht primär die Resozialisierung des Täters im Auge haben. Vielmehr sind sie häufig wegen des Legalitätsprinzips zum Einschreiten verpflichtet. Obwohl private Sicherheitskräfte den Angreifer meist den staatlichen Organen zuführen werden, besteht für diese hierfür abgesehen von §§ 138, 258 StGB keinerlei Verpflichtung. Selbst wenn private Sicherheitskräfte auf Basis des § 32 StGB einschreiten, den Angreifer nach § 127 I StPO festnehmen und ihn dann der Polizei oder Staatsanwaltschaft übergeben, können diese bei ihrem weiteren Vorgehen den Opportunitätsgrundsatz berücksichtigen, ganz im Sinne der von Hoffmann-Riem umschriebenen Resozialisierung.[615] Die Notwehr- und Nothilfeausübung gewerblicher Sicherheitskräfte verstößt somit nicht gegen den im Sozialstaatsprinzip beinhalteten Resozialisierungsgedanken.[616]

Insgesamt bleibt festzustellen, daß das Sozialstaatsprinzip für die Beantwortung der Frage, ob eine Einschränkung der Befugnisse gewerblicher Sicherheitskräfte verfassungsrechtlich geboten ist, nicht allzu viel hergibt, auch wenn sich das in Rechtsgüter Dritter eingreifende Tätigwerden von Mitarbeitern privater Sicherheitsunternehmen auf Grundlage des § 32 StGB als nicht immer unproblematisch im Hinblick auf das Sozialstaatsprinzip darstellt.

f. Subsidiaritätsprinzip

Nachdem zahlreiche Bedenken gegen die Berufung gewerblicher Sicherheitskräfte vor allem auf die Nothilfe diskutiert wurden, geht es mit dem Subsidiaritätsprinzip nun um einen Grundsatz, der für eine volle Inanspruchnahme der von § 32 StGB gewährten Befugnisse durch Mitarbeiter des privaten Sicherheitsgewerbes sprechen könnte. Inhalt des Subsidiaritätsprinzips ist, daß sich der Staat bei der Erfüllung gesellschaftlicher Funktionen zurückzuhalten hat, soweit diese von kleineren gesellschaftlichen Einheiten wahrgenommen werden können. Der Staat hat sich zugunsten der Entfaltung privater Initiative möglichst zu beschränken.[617] Diese Gedanken werden namentlich von Mahlberg dafür heran

---

wird. Siehe auch Rössmann, W+S Information 1978, S. 172. Ferner Lisken/Denninger-Lisken/Denninger, Polizeirecht[4], C Rn. 175.

614 Hoffmann-Riem, ZRP 1977, S. 280.

615 So der zutreffende Hinweis von Schnekenburger, Rechtsstellung, S. 210f.

616 F. Huber, Gefahrenabwehr, S. 170f.; Mahlberg, Gefahrenabwehr, S. 94f.; Peilert, Auskunftei- und Detekteigewerbe, S. 236. Ferner Lee, Privatisierung, S. 159.

617 Bueß, Sicherheitsdienste, S. 47f.; Mahlberg, Gefahrenabwehr, S. 53ff., 56; Thieme, W+S Information 163 (1985), S. 76, jeweils m.w.N.

gezogen, der privaten Unrechtsabwehr auf Basis der Notrechte den Vorrang vor der staatlichen einzuräumen. Er geht davon aus, daß im präventiven bzw. „auch-präventiven“ Bereich der Gefahrenabwehr von einem überlappenden Kompetenzbereich polizeilicher und privater Eingriffsbefugnis auszugehen ist. Wegen des Subsidiaritätsprinzips habe hier die private Aufgabenerledigung den Vorzug.[618] Mit dieser Argumentation könnte man für eine möglichst weite Inanspruchnahme der Notwehr- und Nothilfebefugnisse von Mitarbeitern privater Sicherheitsunternehmen streiten: Nur bei umfassenden Gefahrenabwehrbefugnissen könne der verfassungsrechtlich eingeräumte Vorrang der privaten Gefahrenabwehr auch tatsächlich ausgefüllt werden.[619] Ganz davon abgesehen, ob das Subsidiaritätsprinzip überhaupt im Rahmen einer verfassungsrechtlichen Untersuchung angeführt werden kann[620], sind die Folgerungen Mahlbergs scharf zu kritisieren. Wenngleich die private Aufgabenerfüllung im Bereich der Leistungsverwaltung zu vertretbaren und wünschenswerten Ergebnissen kommen mag, ist sie im Bereich der Eingriffsverwaltung – und hierzu gehört die hoheitliche Gefahrenabwehr – fehl am Platz. Die hoheitlichen Gefahrenabwehrorgane müßten die Privatgewalt der Bürger nur dann unterbinden, wenn diese dazu selbst nicht in der Lage sind. Es käme zu einer Umverteilung der Zuständigkeiten für die Gewaltausübung. Nicht mehr der Staat wäre der primär zur Gewaltausübung Berechtigte, sondern der Bürger. Das staatliche Gewaltmonopol widerspricht aber einem solchen Verständnis. Insofern geht die Argumentation mit dem Subsidiaritätsprinzip zur Umgrenzung der Notwehr- und Nothilfebefugnisse der Mitarbeiter privater Sicherheitsunternehmen fehl. Es bleibt bei dem grundsätzlichen Vorrang der staatlichen Rechtsgutsicherung.[621] Das Subsidiaritätsprinzip kann somit weder für eine primäre Gefahrenabwehrzuständigkeit von gewerblichen Sicherheitskräften noch für eine möglichst weitgehende Berufung auf Notwehr und Nothilfe in Anspruch genommen werden.

g. Staatliche Schutzpflicht

Aus verfassungsrechtlicher Sicht könnten schließlich staatliche Schutzpflichten die Ansicht stützen, die eine Beschränkung der von § 32 StGB gewährten Befugnisse für Mitarbeiter privater Sicherheitsunternehmen fordert.

---

618 Mahlberg, Gefahrenabwehr, S. 133.

619 Diesen Schluß zieht Mahlberg (in: Gefahrenabwehr, S. 111ff., 124 und 151) jedoch nicht, indem er Notwehr und Nothilfe ganz allgemein dem Verhältnismäßigkeitsgrundsatz unterstellt.

620 R. Herzog, Der Staat 2 (1963), S. 412ff. bestreitet, daß der Subsidiaritätsgedanke dem Grundgesetz zu entnehmen ist.

621 Im Ergebnis ebenso Bueß, Sicherheitsdienste, S. 47f.; Gunia, Garantenstellungen, S. 152f.; Hoffmann-Riem, ZRP 1977, S. 281; Isensee, HbdStR, § 111, Rn. 143; Jeand'Heur, AöR 119 (1994), S. 127f.; Möstl, Garantie, S. 312f.

aa. Allgemeines

Unabhängig von der genauen Herleitung staatlicher Schutzpflichten[622] ist weitgehend anerkannt, daß der Staat für einen effektiven Grundrechtsschutz den einzelnen auch vor Verletzungen aus dem nichtstaatlichen Bereich zu bewahren hat.[623] Die Funktion der Grundrechte erschöpft sich nicht in der Gewährleistung des status negativus, also darin, als Abwehrrechte gegenüber staatlichen Eingriffen zu fungieren. Vielmehr ist der Staat im Rahmen der Erfüllung seiner Schutzverpflichtung aufgefordert, aktiv zu werden, um ein geschütztes Rechtsgut vor Verletzungen oder Gefährdungen vor allem durch Private zu bewahren.[624] Diese Grundsätze, die vom Bundesverfassungsgericht anhand von Fällen zum Schutz von Leben und Gesundheit entwickelt wurden, lassen sich auf alle anderen Freiheitsrechte übertragen.[625] Dabei ist die staatliche Schutzverpflichtung nicht immer gleich stark ausgeprägt. Kann etwa die Grundrechtsverletzung im Nachhinein nicht mehr korrigiert werden, ist die Erfüllung der Schutzpflicht dem Staat mit besonderem Nachdruck aufgegeben.[626] Neben diesem besitzen noch andere Parameter, wie der Rang des in Frage stehenden Rechtsgutes oder die Schutzbedürftigkeit potentieller Opfer, Einfluß auf den Umfang der vom Staat zu realisierenden Schutzpflichten.[627]

bb. Betroffene Schutzpflichten

Bei der Notwehr- und Nothilfeausübung von Mitarbeitern privater Sicherheitsunternehmen können grundrechtliche Schutzpflichten bei allen am Konflikt beteiligten Personen relevant werden. Für eine Einschränkung der aus § 32 StGB resultierenden Befugnisse gewerblicher Sicherheitskräfte sind jedoch vornehmlich die Schutzpflichten von Bedeutung, die dem Staat gegenüber dem ursprünglichen Angreifer obliegen. Wenn man davon ausgeht, daß die Notwehr- und Nothilfeausübung von Mitarbeitern privater Sicherheitsunternehmen in der Regel mit Eingriffen in die körperliche Integrität des ursprünglichen Angreifers einhergehen, sind es vor allem die aus Art. 2 II 1 GG resultierenden Schutzpflichten für Leben und körperliche Unversehrtheit, die durch eine unbeschränk-

---

622 Hierzu ausführlich Dietlein, Schutzpflichten, S. 34ff.

623 BVerfGE 39, 1 (42); 46, 160 (164f.); 79, 174 (201f.); Sachs-Murswiek, Art. 2, Rn. 24; Dietlein, Schutzpflichten, S. 74; Epping, Grundrechte, Rn. 115; E. Klein, NJW 1989, S. 1633f.; H. H. Klein, DVBl. 1994, S. 490.

624 Hesse, Grundzüge, Rn. 350.

625 Sachs-Murswiek, Art. 2, Rn. 25; Alexy, Theorie, S. 410; Isensee, Grundrecht, S. 33; Stern, Staatsrecht III/1, § 69 IV 5, S. 944; H. H. Klein, DVBl. 1994, S. 491.

626 Pieroth/Schlink, Grundrechte, Rn. 406; Peilert, Auskunftei- und Detekteigewerbe, S. 244f.

627 Vgl. die Zusammenstellung bei Peilert, Auskunftei- und Detekteigewerbe, S. 243.

te Notwehr- und Nothilfeausübung gewerblicher Sicherheitskräfte tangiert sein könnten. Bei lebensgefährlichen Eingriffen privater Sicherheitskräfte wird die Pflicht des Staates, sich schützend und fördernd vor das Leben zu stellen[628], betroffen. Auch aus Art. 2 II 1 GG resultiert die Schutzpflicht, die den Staat auf den Plan ruft, wenn sich der Eingriff von Mitarbeitern privater Sicherheitsunternehmen „nur" auf die körperliche Unversehrtheit bezieht. Es ist natürlich nicht ausgeschlossen, daß die Verteidigung auch andere Rechtsgüter des Opfers beeinträchtigen kann, was aber zum einen bei der Notwehr und Nothilfe nur recht selten vorkommen wird, und zum anderen meist nicht zu besonders gravierenden Folgen für den Angreifer führt. Insofern können die aus anderen Grundrechten resultierenden Schutzpflichten vernachlässigt werden.

Wenn man auf den Rang der hauptsächlich durch Notwehr- und Nothilfeeingriffe beeinträchtigten Rechtsgüter abstellt, ist zu konstatieren, daß es sich um sehr gewichtige Positionen handelt, deren Verletzung zu teilweise irreparablen Schäden führen kann.[629] In diesem Zusammenhang ist jedoch zu beachten, daß die Notwehr- und Nothilfeausübung von Mitarbeitern privater Sicherheitsunternehmen in der Praxis eher selten mit irreparablen Schäden einhergeht, obwohl nicht bestritten werden soll, daß durch ihr Tätigwerden mannigfache Gefahren für Dritte entstehen können[630]. Fragt man nach der Schutzbedürftigkeit der potentiellen Opfer von Notwehr- und Nothilfeeingriffen von Mitarbeitern privater Sicherheitsunternehmen[631], bietet sich ein vielschichtiges Bild. Man könnte eine nur sehr eingeschränkte Schutzbedürftigkeit des Angreifers vertreten, da er sich auf die Seite des Unrechts begeben hat[632]. Jedoch bleibt auch der Rechtsbrecher Rechtsgenosse und verliert nicht seine Grundrechte.[633] Es ist nicht ausgeschlossen – vielmehr gut vorstellbar –, daß seine Rechte bei einer Abwägung mit denen des Angegriffenen bei Gleichwertigkeit zurückzutreten haben. Eine weitgehende und grundsätzliche Schutzlosstellung des Angreifers ist aber nicht vertretbar. Weiterhin können auch Unbeteiligte Opfer von (Putativ-)Notwehr- und Nothilfemaßnahmen von Mitarbeitern privater Sicherheitsunternehmen werden. Hier wird es oftmals so sein, daß sich der Betroffene unvermittelt einem Angriff von gewerblichen Sicherheitskräften ausgesetzt sieht, so daß er sich im Vorfeld

---

628 BVerfGE 39, 1 (42); 46, 160 (164); 90, 145 (195); Dreier-Schulze-Fielitz, Art. 2 II, Rn. 76; v. Münch/Kunig-Kunig, Art. 2, Rn. 55; Sachs-Murswiek, Art. 2, Rn. 188.

629 Pieroth/Schlink, Grundrechte, Rn. 406. Vgl. auch Isensee, Grundrecht, S. 38 und Peilert, Auskunftei- und Detekteigewerbe, S. 245.

630 Vgl. z.B. Gusy, StWP 5 (1994), S. 203; Möstl, Garantie, S. 352; Thieme, W+S Information 163 (1985), S. 77; Weichert, Privatisierung, S. 268 und auch Schwabe, JZ 1998, S. 74 Fn. 51.

631 Vgl. Peilert, Auskunftei- und Detekteigewerbe, S. 248.

632 Ausführlich zur Verantwortung des Angreifers für den Konflikt Kapitel 3, B. III. 2.

633 LK[11]-Spendel, § 32, Rn. 14; Alwart, JuS 1996, S. 954; B. Koch, ZStW 104 (1992), S. 806; Schmidhäuser, FS Honig, S. 192.

nur schwerlich dem Angriff entziehen kann. Da der Rechtsgüterschutz dort besonders wichtig ist, wo der Beeinträchtigung regelmäßig nicht ausgewichen werden kann[634], ist hier von einer sehr hohen Schutzbedürftigkeit der unbeteiligten Opfer von Mitarbeitern privater Sicherheitsunternehmen auszugehen. Nur der Vollständigkeit halber sei noch darauf hingewiesen, daß auch den Auftraggebern Einbußen durch eine unbeschränkte Notwehr- und Nothilfeausübung der von ihnen beschäftigten gewerblichen Sicherheitskräfte entstehen können, die aber zu vernachlässigen sind.

Es ist somit festzuhalten, daß die Notwehr- und Nothilfeausübung von Mitarbeitern privater Sicherheitsunternehmen Gefahren vor allem für die in Art. 2 II 1 GG geschützten Rechtsgüter Dritter in sich birgt, so daß hierauf bezogene Schutzpflichten relevant werden.[635]

cc. Umsetzung der Schutzpflichten

Bevor in einem weiteren Schritt darauf einzugehen ist, ob im Bereich der Notwehr- und Nothilfeausübung von Mitarbeitern privater Sicherheitsdienste von einem grundrechtswidrigen Unterlassen des Gesetzgebers auszugehen ist, bedarf es eines Blickes auf die schon vorhandenen Regelungen und Maßnahmen. Ganz grundsätzlich kommt der Staat seiner Schutzpflicht für Leben und körperliche Unversehrtheit durch die Schaffung der §§ 211ff., 223ff. StGB nach, die ein umfassendes Verbot von Tötungen und Körperverletzungen beinhalten. Dieses Verbot wird durch das Bestehen der Notrechte durchbrochen. Dabei ist jedoch zu bedenken, daß die Notrechts-Eingriffsbefugnisse nicht grenzenlos sind, sondern mehr oder weniger strenge Voraussetzungen an das eingreifende Tätigwerden stellen. Des weiteren sind die Normen des Waffengesetzes als solche anzusehen, die schutzpflichtrealisierend wirken. Aus dem Zivilrecht sind besonders die deliktsrechtlichen Normen, die Schadensersatzansprüche (§§ 823ff. BGB) beinhalten, im Zusammenhang mit der Schutzpflichtwahrnehmung zu nennen. Neben den genannten Normen, die nicht speziell auf das private Sicherheitsgewerbe gemünzt sind, kommen § 34a GewO und die BewachV als Ausdruck und Umsetzung grundrechtlicher Schutzpflichten allein für das private Sicherheitsgewerbe in Betracht.[636]

---

634 Peilert, Auskunftei- und Detekteigewerbe, S. 248 im Anschluß an E. Klein, NJW 1989, S. 1636.

635 Vgl. z.B. Kämmerer, Privatisierung, S. 393, der aber nicht speziell auf die Notwehr- bzw. Nothilfeausübung von gewerblichen Sicherheitskräften abstellt, sowie Jeand'Heur, AöR 119 (1994), S. 121f. und Peilert, Auskunftei- und Detekteigewerbe, S. 237ff. (letzterer bezogen auf Mitarbeiter von Auskunfteien und Detekteien).

636 Vgl. zu den vorhandenen Regelungen auch Möstl, Garantie, S. 352 und Peilert, Auskunftei- und Detekteigewerbe, S. 246f.

dd. Grundrechtswidriges Unterlassen

Trotz dieser zahlreichen Regelungen, die Eingriffe in Leben und körperliche Unversehrtheit durch Private verhindern sollen, könnte sich der gewährte Schutz im Hinblick auf die Notwehr- und Nothilfeausübung von Mitarbeitern privater Sicherheitsunternehmen als defizitär erweisen. Das Bestehen einer Schutzpflicht sagt nämlich noch nichts Zwingendes über deren Reichweite aus.[637] Man steht hier vor dem Problem, daß in der Regel kein bipolares Verhältnis „Staat – Bürger" vorliegt, sondern der Staat sich in der Position eines Mittlers zwischen den Interessen von zwei oder noch mehr Bürgern wiederfindet. Dabei fällt ihm die Rolle zu, einen schonenden Ausgleich zwischen den betroffenen Grundrechtspositionen herzustellen. An sich stellt dies keine Besonderheit dar, wenn man bedenkt, daß auch bei der klassischen Eingriffsrechtfertigung Grundrechte Dritter als kollidierendes Verfassungsrecht eine Rolle spielen können. Das Besondere der Situation, in der nach der Umsetzung von Schutzpflichten gefragt wird, ist, ab wann der Staat zu einem Grundrechtseingriff zu Gunsten des einen und zu Lasten des anderen Bürgers verpflichtet ist.[638] Dadurch, daß sich eine bestehende Schutzverpflichtung regelmäßig nicht durch eine einzelne Maßnahme umsetzen läßt, fällt es schwer, einen allgemeinen Maßstab für ein konkretes Tätigwerden der staatlichen Gewalt zu formulieren.[639] Insofern erkennt man in Rechtsprechung[640] und Literatur[641] einen weiten Einschätzungs-, Wertungs- und Gestaltungsspielraum des Gesetzgebers an. Das bedeutet konkret, daß eine Verletzung der Schutzpflichtdimension eines Grundrechts nur dann angenommen werden kann, wenn eine Evidenzkontrolle zu dem Ergebnis gelangt, daß staatliche Organe entweder vollkommen untätig geblieben oder die getroffenen Schutzmaßnahmen offensichtlich ungeeignet sind.[642] Auf den konkreten Fall bezogen kann nicht von einem Untätigbleiben des Gesetzgebers ausgegangen werden. Die Regelungen, die Eingriffe in Leben und körperliche Unversehrtheit untersagen, werden nur in Ausnahmefällen durch Notwehr und Nothilfe durchbrochen. Die Verteidigungsrechte knüpfen dabei an besondere Voraussetzungen an und lassen keine vollkommen unbeschränkte Verteidigungsmaßnahme zu. Selbst wenn Notwehr und Nothilfe unter Umständen die Tötung des Angreifers legitimieren, ohne daß hierbei eine umfassende Verhältnismäßigkeitsprüfung vorzu-

---

637 Hesse, Grundzüge, Rn. 350; Möstl, DÖV 1998, S. 1035.

638 Epping, Grundrechte, Rn. 118; Möstl, DÖV 1998, S. 1035f. Vgl. auch Stern, Staatsrecht III/1, § 69 IV 5 a, S. 946.

639 Epping, Grundrechte, Rn. 119; E. Klein, NJW 1989, S. 1637; Möstl, DÖV 1998, S. 1037.

640 Siehe nur BVerfGE 39, 1 (44); 77, 170 (214f.); 92, 26 (46).

641 Stern, Staatsrecht III/1, § 69 IV 6 b, S. 950; Hesse, Grundzüge, Rn. 350; E. Klein, NJW 1989, S. 1637; H. H. Klein, DVBl. 1994, S. 495; Möstl, DÖV 1998, S. 1038; Sohm, NZWehrr 1996, S. 99.

642 BVerfGE 77, 170 (215); 92, 26 (46).

nehmen ist, kann nicht davon ausgegangen werden, daß der Lebensschutz von den staatlichen Maßnahmen vernachlässigt wurde. Daneben darf nicht übersehen werden, daß nicht nur die gesetzliche Regelung als solche, sondern auch deren Auslegung und Anwendung durch Exekutive und Judikative bei der Frage nach einem Schutzpflichtverstoß relevant werden.[643] Bezüglich des Notwehr- und Nothilferechts sind somit auch die sozialethischen Einschränkungen mit in die Betrachtungen einzubeziehen. Dabei fällt auf, daß regelmäßig hohe Anforderungen an lebensgefährdende Notwehr- und Nothilfehandlungen gestellt werden. Beispielsweise bedarf es grundsätzlich der Abgabe eines Warnschusses, bevor gezielt auf den Angreifer geschossen werden darf. Richtet sich die Notwehr- oder Nothilfehandlung gegen einen Unbeteiligten, bleibt es bei der Strafbarkeit des „Verteidigers".[644] Durch diese Strafandrohung wird schon im Vorfeld darauf hingewirkt, daß sich der Notwehr- bzw. Nothilfeübende zunächst vergewissern muß, gegen wen er einschreiten darf. Es zeigt sich somit, daß die staatlichen Organe einen Mindeststandard an Grundrechtssicherheit bei der Notwehr- und Nothilfeausübung von Mitarbeitern privater Sicherheitsunternehmen gewährleisten. Weitergehende Forderungen, wie die Einschränkung der Nothilfebefugnis gewerblicher Sicherheitskräfte über den Verhältnismäßigkeitsgrundsatz, lassen sich aus der Schutzpflichtdimension der Grundrechte nicht gewinnen.

h. Zwischenergebnis

Die verfassungsrechtliche Untersuchung hat gezeigt, daß zahlreiche Bedenken, die ganz allgemein oder im besonderen gegen die Notwehr- und Nothilfeausübung von Mitarbeitern privater Sicherheitsunternehmen vorgebracht werden, im Ergebnis nicht überzeugen. Allerdings hat sich auch ergeben, daß dies nicht auf alle Bedenken zutrifft. Der Staat instrumentalisiert speziell die nothilfeausübenden Mitarbeiter privater Sicherheitsunternehmen für seine Zwecke, sofern diese nicht auf privatem Grund ohne Publikumsverkehr tätig werden.[645] Dies bewirkt aufgrund des Vorliegens einer unzulässigen Flucht ins Privatrecht eine Unterminierung des staatlichen Gewaltmonopols. Anders ist die Notwehrausübung zu bewerten. Zwar ist der Staat auch an dieser kraft normativer Erlaubnis beteiligt, was aber aufgrund der mangelnden Instrumentalisierung des Notwehrübenden nicht zu einer Beeinträchtigung des staatlichen Gewaltmonopols führt.

643 Möstl, DÖV 1998, S. 1036. Vgl. auch Epping, Grundrechte, Rn. 127 und Stern, Staatsrecht III/1, § 69 IV 6, S. 950.

644 Entweder nach §§ 211ff., 223ff. StGB oder, sofern ein Erlaubnistatbestandsirrtum anzunehmen ist, nach § 222 StGB bzw. § 229 StGB (strittig – zu den versch. Ansichten vgl. Kühl, Strafrecht AT, § 13, Rn. 70ff.; ferner Helmrich, JA 2006, S. 356f.).

645 Die Nothilfeausübung der Beliehenen sei hier vernachlässigt, da sie aus anderen Gründen unzulässig ist.

3. Einfachgesetzliche Bedenken

Neben den verfassungsrechtlichen Bedenken, die gegen die volle Inanspruchnahme des § 32 StGB durch Mitarbeiter privater Sicherheitsunternehmen anzuführen sind, könnten sich auch auf Ebene des einfachen Rechts Argumente finden lassen, die dafür oder dagegen sprechen. Dabei ist in erster Linie auf die Regelung des § 32 StGB selbst abzustellen.

a. Historische Betrachtung

Man könnte argumentieren, daß die Notwehr- und Nothilferegelung zu einer Zeit entstanden sei, in der das private Sicherheitsgewerbe noch nicht aktuell gewesen ist. Der damalige Gesetzgeber könne die neuen und komplizierten Sachverhalte, die dem Entstehen und Anwachsen des privaten Sicherheitsgewerbes entspringen, bei der Schaffung des Rechtfertigungsgrundes Notwehr/Nothilfe demnach nicht bedacht haben. Insofern sei vom historischen Standpunkt aus das Berufen von privaten Sicherheitskräften auf Notwehr und Nothilfe sehr kritisch zu betrachten.[646]

Problematisch bei dieser historischen Argumentation sind schon die zugrunde zu legenden Prämissen. Führt man das private Sicherheitsgewerbe bis auf seine Vorläufer ins 15. Jahrhundert zurück, hätte der Gesetzgeber durchaus die Möglichkeit besessen, deren „Sonderstellung" bei der Schaffung des Notwehr-/ Nothilfeparagraphen zu berücksichtigen. Überhaupt ist schon fraglich, auf welchen Gesetzgebungszeitpunkt man vernünftigerweise abzustellen hat. Man könnte auf das Preußische StGB von 1851 oder das RStGB von 1871 abstellen. Auch ist nicht ausgeschlossen, daß das Inkrafttreten des „neuen" § 32 StGB am 1.1.1975 als der maßgebliche Zeitpunkt anzusehen ist, obschon es zu keiner sachlichen Änderung kam. Zumindest hier bestand das private Sicherheitsgewerbe bereits mehr oder minder in seiner heutigen Form. Die genannten Unsicherheiten verbieten es, aus der historischen Argumentation überzeugende Schlüsse dahingehend zu ziehen, ob eine Berufung von Mitarbeitern privater Sicherheitsunternehmen auf § 32 StGB nicht oder nur eingeschränkt zu gestatten sei.[647]

---

646 Hoffmann-Riem, ZRP 1977, S. 282f.; Jeand'Heur, AöR 119 (1994), S. 129; Möller, DSD 3/1996, S. 16; Schenkelberg, Kurzvortrag, S. 53; Steegmann, Privatisierung, S. 249f.

647 Eberstein, BB 1980, S. 867; Ehlers, FS Lukes, S. 352. Vgl. auch Schnekenburger, Rechtsstellung, S. 143f. und Schulte, DVBl. 1995, S. 133, die in diesem Zusammenhang darauf hinweisen, daß der historischen Auslegung grundsätzlich eine nur subsidiäre Bedeutung zukommt.

b. Grammatikalische Auslegung

Im Wortlaut des § 32 StGB ist nicht der geringste Hinweis darauf enthalten, daß die Notwehr- und/oder Nothilfeausübung von bestimmten Personengruppen einer differenzierten Betrachtung bedarf. Es wird ganz allgemein davon ausgegangen, daß bei Vorliegen eines gegenwärtigen rechtswidrigen Angriffs jedermann unter den gleichen Voraussetzungen einschreiten darf. Die grammatikalische Auslegung des § 32 StGB spricht gegen eine Einschränkung der Notwehr- und/oder Nothilfebefugnisse von gewerblichen Sicherheitskräften.[648]

c. Systematik

Auch aus der Systematik des Gesetzes lassen sich keine Argumente für die Notwendigkeit einer Einschränkung der von gewerblichen Sicherheitskräften geübten Notwehr und Nothilfe entwickeln. Soll eine Regelung nur für einen bestimmten Personenkreis gelten, dann benennt das Gesetz diesen ausdrücklich. Beispielsweise wird in § 35 StGB der Kreis derjenigen beschränkt, die sich auf diese Norm berufen können. Bei § 32 StGB fehlt ein entsprechender Passus. Insofern sprechen systematische Erwägungen eher für eine umfassende Anwendbarkeit des § 32 StGB auf die Tätigkeit gewerblicher Sicherheitskräfte.

d. Telos

Schließlich könnten teleologische Überlegungen dazu führen, daß auch vom Standpunkt des einfachen Rechts eine Einschränkung der von § 32 StGB gewährten Befugnisse für Mitarbeiter privater Sicherheitsunternehmen zu fordern ist. Zum Teil wird gegen eine Berufung von gewerblichen Sicherheitskräften auf Notwehr und Nothilfe vorgebracht, daß diese Verteidigungsrechte dafür gedacht seien, dem hilflosen Bürger in einer Ausnahmelage ein Instrumentarium in die Hand zu geben, mit dem er diese unerwartet eingetretene Krisensituation bewältigen kann. Sie sollen jedoch nicht als Grundlage für das Routineprogramm des privaten Sicherheitsgewerbes dienen. Ansonsten erhielten die Notrechte eine neue Qualität.[649]

---

648 Beinhofer, BayVBl. 1997, S. 483; Bueß, Sicherheitsdienste, S. 54; Eberstein, BB 1980, S. 865; Ehlers, FS Lukes, S. 352f.; Schulte, DVBl. 1995, S. 133 und immer wieder Stober, GewArch 1997, S. 222; ders., NJW 1997, S. 894; ders., Quo vadis Sicherheitsgewerberecht, S. 52; ders., DÖV 2000, S. 263.

649 Bernhardt, Die Polizei 1994, S. 57; v. Danwitz, KritV 85 (2002), S. 360f.; Hoffmann-Riem, ZRP 1977, S. 283; Hueck, Der Staat 36 (1997), S. 219; Jeand'Heur, AöR 119 (1994), S. 128; Pausch/Böttcher, Polizei in Frankfurt am Main 1992, S. 31; Roßnagel, ZRP 1983, S. 62.

Abgesehen von einer Reihe grundsätzlicher Bedenken, die gegen eine besondere Berücksichtigung der Lage des Angegriffenen oder des Verteidigers bei der Bestimmung von Grund und Grenzen der Notwehr und Nothilfe sprechen[650], ist an dieser Stelle vorzubringen, daß auch Mitarbeiter privater Sicherheitsunternehmen überraschend in Notwehr- und Nothilfesituationen geraten können. Sie befinden sich zwar hinsichtlich Ausrüstung und Ausbildung in der Regel in einer vom Normalbürger abgehobenen Position, was aber nicht ausschließt, daß auch sie in bestimmten Situationen „hilflos" sein können. Auch ist zu bedenken, daß es Bürger gibt, die zulässigerweise Waffen tragen oder eine sportliche Ausbildung genossen haben, die sie zur gewalttätigen Abwehr von Angriffen besonders befähigt – man denke an den Boxer oder den Karateka. Diese Bürger sind hinsichtlich der Angriffsabwehr nicht ungeübt. Stellt man auf die Ungeübtheit oder Unausgerüstetheit des Verteidigers ab, deretwegen eine weite Notwehr- und Nothilfebefugnis erträglich sei, müßte man den Kreis derjenigen, deren von § 32 StGB gewährte Befugnisse zu beschränken sind, über die Mitarbeiter des privaten Sicherheitsgewerbes hinaus ziehen.[651] Der potentielle Notwehr- bzw. Nothilfeübende müßte vor der Verteidigungshandlung jeweils intensive Überlegungen dahingehend anstellen, ob er geübt oder ungeübt bzw. gut oder weniger gut ausgerüstet ist, um das „Ob" und das „Wie" seiner Verteidigungshandlung bestimmen zu können. Schon allein wegen der Rechtssicherheit wäre dies ein unerträgliches Ergebnis. Es zeigt sich somit, daß die Kritik daran, daß sich ein gut Ausgerüsteter und Ausgebildeter ebenso wie ein Normalbürger auf Notwehr und Nothilfe berufen kann, in ihren Konsequenzen nicht überzeugt.

Das bedeutet allerdings noch nicht, daß damit alle teleologischen Bedenken ausgeräumt sind. Vielmehr ist zu berücksichtigen, daß § 32 StGB eine freiheitsbeanspruchende Berechtigung darstellt.[652] Der Bürger bekommt durch diese Norm das Recht, in bestimmten Fällen in die Rechtsgüter eines anderen einzugreifen, wenn ihn der Staat nicht wirkungsvoll zu schützen vermag. Dem Staat selbst ist es verwehrt, sich auf § 32 StGB zu berufen. Treten Mitarbeiter privater Sicherheitsdienste für den Staat auf, indem sie Tätigkeiten vornehmen, die an sich Sache des Staates sind, und werden sie hierbei vom Staat instrumentalisiert, dann verkehrt sich die Funktion des § 32 StGB in ihr Gegenteil. Der Staat nimmt die von dieser Norm gewährten Befugnisse mittelbar selbst in Anspruch. Ebenso wie bei der verfassungsrechtlichen Untersuchung ist hier eine Trennung von Notwehr und Nothilfe vorzunehmen. Nur bei der Nothilfeausübung werden Mitarbeiter privater Sicherheitsunternehmen staatsersetzend tätig. Auf die Not-

650 Siehe hierzu auch Kapitel 3, A. III. 3.

651 Eberstein, BB 1980, S. 867; Schnekenburger, Rechtsstellung, S. 143. Vgl. auch Schwabe, ZRP 1978, S. 166.

652 v. Danwitz, KritV 85 (2002), S. 360f.; Jeand'Heur, AöR 119 (1994), S. 128; Stacharowsky, KrimJour 1985, S. 233; Steegmann, Privatisierung, S. 250.

wehrausübung gewerblicher Sicherheitskräfte lassen sich die angestellten teleologischen Erwägungen nicht übertragen, da allein die Nothilfe die besondere Nähe zum staatlichen Gefahrenabwehrrecht aufweist. Gegen diese Argumentation könnte man einwenden, daß die Landespolizeigesetze regelmäßig die Vorschriften über Notwehr und Notstand für unberührt erklären, so daß sich Polizeibeamte bei der Ausübung von Nothilfe hierauf berufen könnten. Es sei somit nicht einzusehen, warum in einer Situation, in der der Staat viel unmittelbarer von der Existenz des § 32 StGB profitiert, der handelnde Polizeibeamte gerechtfertigt sein kann, nicht aber die nothilfeübende private Sicherheitskraft.[653] In Anbetracht der Tatsache, daß bis heute kein umfassender Konsens in bezug auf die Anwendbarkeit und Reichweite des § 32 StGB für Amtsträger erzielt werden konnte, sind Zweifel an diesem Begründungsstrang angebracht. Läßt man die extensivste Auffassung außer Acht, die in § 32 StGB eine hoheitliche Ermächtigungsgrundlage erblickt, bleibt bei jeder Nothilfeausübung eines Polizeibeamten die Verwaltungsrechtswidrigkeit bestehen. Das Handeln unterliegt dem Verdikt der „Verwaltungs-“ bzw. „Polizeirechtswidrigkeit“. Das drückt aus, daß das staatliche Handeln gerade nicht rechtmäßig gewesen ist. Weiterhin darf ein praktischer Gesichtspunkt nicht aus den Augen verloren werden: In der Regel wird der Polizist die ihm drohenden Disziplinarmaßnahmen ernst nehmen und auf eine polizeirechtswidrige Nothilfeausübung verzichten. Insofern greift hier die Berücksichtigung der polizeilichen Notrechtsvorbehalte nicht, um eine umfassende Berufung von gewerblichen Sicherheitskräften auf § 32 StGB teleologisch abzusichern. Es zeigt sich somit, daß eine teleologische Interpretation des § 32 StGB Bedenken im Hinblick auf die professionelle Nothilfeausübung durch Mitarbeiter privater Sicherheitsunternehmen hervorruft. Dies gilt aber nicht für jede Art der professionell geleisteten Nothilfe.[654] Dort, wo nicht von einer staatlichen Instrumentalisierung der Nothilfe gesprochen werden kann, wie bei privat veranlaßtem Tätigwerden auf privatem Grund ohne Publikumsverkehr, greifen die teleologisch motivierten Bedenken nicht durch.

4. Rechtspolitische Erwägungen

Nur am Rande sei noch auf einige rechtspolitische Erwägungen eingegangen, die für oder wider eine umfassende Inanspruchnahme der Notwehr- und Nothilfebefugnisse von Mitarbeitern privater Sicherheitsunternehmen sprechen.

---

653 Vgl. Ehlers, FS Lukes, S. 352.

654 Anders insofern Hoffmann-Riem, ZRP 1977, S. 283f.; Jeand'Heur, AöR 119 (1994), S. 129; Pausch/Böttcher, Polizei in Frankfurt am Main 1992, S. 31; Roßnagel, ZRP 1983, S. 62, die jegliche Art der Nothilfeausübung von Mitarbeitern gewerblicher Sicherheitsunternehmen ablehnen.

Das private Sicherheitsgewerbe erfüllt zahlreiche Aufgaben, deren Wahrnehmung vor einiger Zeit noch staatlichen Gefahrenabwehrorganen oblag. In vielen Fällen kommt es zu einer Entlastung der Polizei. Man mag es begrüßen, daß Polizeibeamte von Tätigkeiten entbunden werden, für die sie überqualifiziert sind[655], doch sollte man hierbei nicht aus den Augen verlieren, daß durch die Ersetzung von staatlichen Organen durch Private immer auch ein Verlust an Freiheit einhergeht, da diese den staatlichen Bindungen, die eine freiheitswahrende Funktion besitzen, nicht unterliegen. Wenn teilweise[656] argumentiert wird, daß dadurch aber – unter dem Strich – ein Sicherheitsgewinn zu verbuchen sei, da sich zusätzlich zu den staatlichen Gefahrenabwehrorganen auch andere hauptberuflich um die Gewährleistung von Sicherheit bemühen, steht dies der obigen These nicht entgegen. Die Herstellung von Sicherheit und Freiheit sind nicht immer gleichlaufende Aufgaben, sondern können in ein Spannungsverhältnis zueinander treten. Das, was für den einen ein Gewinn an Sicherheit darstellt, kann für den anderen ein Verlust von Freiheit bedeuten.[657] Diese Problematik wird dann besonders aktuell, wenn man nicht auf das Tätigwerden des privaten Sicherheitsgewerbes als solches abstellt, sondern konkret auf die Notwehr- und Nothilfeausübung. Der Sicherheitsgewinn des Auftraggebers durch die Nothilfeausübung steht oftmals nicht im Verhältnis zu der Einbuße, die das Eingriffsopfer erleidet. Und dabei sind keineswegs nur die Fälle gemeint, in denen Mitarbeiter privater Sicherheitsunternehmen ihre Befugnisse zum Teil erheblich mißbrauchen.[658] Der Einwand, daß auch die Eingriffe des Jedermann-Nothelfers zu gravierenden Folgen für den Angreifer führen können, ist sachlich zutreffend, berücksichtigt aber zu wenig den Umstand, daß gewerbliche Sicherheitskräfte häufiger als der Normalbürger einschreiten und dabei meist auch Mittel zur Hand haben, die schwerwiegende Verletzungen zur Folge haben können, wie Schlagstock oder Schußwaffe. Auch ist zu bedenken, daß der Staat in Zeiten leerer Kassen um so stärker versucht sein könnte, sich mit seinen eigenen Organen weiter aus dem Gebiet der Sicherheitsgewährleistung zurückzuziehen, wenn er davon ausgehen kann, daß Mitarbeiter privater Sicherheitsdienste auf Grundlage des § 32 StGB zu umfassendem Einschreiten berechtigt sind.[659]

Teilweise wird argumentiert, daß es bei einer Ablehnung der Gleichstellung von Normalbürgern und gewerblichen Sicherheitskräften im Hinblick auf die von

---

655 Gusy, VerwArch 92 (2001), S. 357; Glavic-Schult, Handbuch, F Rn. 30; Olschok, DSD 2/1997, S. 8.

656 Bueß, Sicherheitsdienste, S. 49; Eberstein, BB 1980, S. 868; Schwabe, ZRP 1978, S. 165.

657 Götz, NVwZ 1998, S. 679; Gusy, DÖV 1996, S. 579; Holtfort, DuR 5 (1977), S. 407; Isensee, FS Eichenberger, S. 29.

658 Siehe hierzu die kurze Auflistung bei Nitz, Sicherheit, S. 139f.

659 Vgl. Hoffmann-Riem, Öffentliches Recht, S. 282.

§ 32 StGB gewährten Befugnisse zu einer Aufwertung des privaten Sicherheitsgewerbes käme, weil dann ein spezielles Befugnisgesetz zu schaffen sei.[660] Ganz abgesehen davon, ob tatsächlich ein spezielles Befugnisgesetz notwendig wäre, ist nur schwerlich denkbar, daß mit einer Beschneidung der Befugnisse von Mitarbeitern privater Sicherheitsunternehmen deren Aufwertung einhergeht. Vielmehr würde klargestellt, daß das private Sicherheitsgewerbe eben keine polizeilichen Befugnisse besitzt.

Schließlich käme es zu einer begrüßenswerten Abnahme privat ausgeübter Gewalt. Rechtspolitisch gesehen wäre dies eine durchaus erstrebenswerte Folge.[661] Natürlich wird dem Bürger, der sich nicht selbst zu schützen vermag, der „effektivste" Schutz genommen. Inwieweit das erträglich ist, hängt aber letztlich von der Ausgestaltung der Einschränkung der Befugnisse von Mitarbeitern privater Sicherheitsunternehmen ab und ist nicht per se als Argument gegen eine Beschränkung anzuführen.

Die kurzen Ausführungen belegen, daß einer Einschränkung der von § 32 StGB gewährten Befugnisse für gewerbliche Sicherheitskräfte keine zwingenden rechtspolitischen Erwägungen entgegenstehen. Es sprechen sogar einige Überlegungen stark dafür, nicht nur die Nothilfe- sondern auch die Notwehrbefugnis einzuschränken.[662]

5. Fazit

Verfassungsrechtliche Erwägungen führen zu der Annahme, daß eine umfassende Berufung von Mitarbeitern privater Sicherheitsunternehmen auf § 32 StGB sehr bedenklich, wenn nicht sogar inakzeptabel ist. Der Staat instrumentalisiert die privat-professionell ausgeübte Nothilfe, sofern diese nicht auf privatem Grund ohne Publikumsverkehr stattfindet. Das staatliche Gewaltmonopol wird dadurch unterminiert. Erhebliche Bedenken gegenüber einer umfassenden Nothilfebefugnis gewerblicher Sicherheitskräfte bestehen auch aufgrund von Schutzpflichten, die dem Staat gegenüber den Rechtsgütern der potentiellen Eingriffsopfer obliegen. Von einem verfassungswidrigen Unterlassen der staatlichen Organe kann in diesem Bereich jedoch nicht ausgegangen werden. Die Notwehrausübung hingegen stellt sich als verfassungsrechtlich unbedenklich dar.

---

660 Beinhofer, BayVBl. 1997, S. 483 und 486; Gunia, Garantenstellungen, S. 147f. Kritisch Möller, DSD 3/1996, S. 16 und Steegmann, Privatisierung, S. 251.

661 Vgl. Kapitel 1, A. IX. 2.

662 A.A. Mahlberg, Gefahrenabwehr, S. 150, was aber in Zusammenhang damit zu sehen ist, daß er Notwehr und Nothilfe dem Verhältnismäßigkeitsgrundsatz unterstellt.

Von der Warte des einfachen Rechts gesehen spricht allein der Telos des § 32 StGB gegen eine weitgehende Inanspruchnahme der Nothilfebefugnisse in den Bereichen, in denen Mitarbeiter privater Sicherheitsunternehmen staatliche Organe substituieren, während der Wortlaut und die Systematik des Gesetzes eine Unterscheidung von professioneller und sonstiger Nothilfe nicht zu stützen vermögen. Eine historische Betrachtung ist unergiebig.

Endlich haben sich keine rechtspolitischen Überlegungen herausarbeiten lassen, die entscheidend für die nothilferechtliche Gleichbehandlung von Normalbürger und professioneller Sicherheitskraft sprechen. Umgekehrt spricht einiges dafür, die von Mitarbeitern privater Sicherheitsunternehmen ausgeübte Gewalt einzuschränken.

Zusammengefaßt bedeutet dies, daß eine Notwendigkeit besteht, die Nothilfebefugnis von Mitarbeitern privater Sicherheitsunternehmen im Gegensatz zur Notwehrbefugnis für die meisten Fälle ihres Tätigwerdens einzuschränken.

II. Möglichkeiten einer Einschränkung

Die Feststellung, daß eine allumfassende Inanspruchnahme der Nothilfebefugnis durch Mitarbeiter privater Sicherheitsunternehmen nicht zu akzeptieren ist, beantwortet noch nicht die Frage, welche Konsequenzen aus dieser Erkenntnis zu ziehen sind. Man könnte zum einen vertreten, daß sich Mitarbeiter privater Sicherheitsunternehmen grundsätzlich nicht auf Nothilfe berufen dürfen. Zum anderen könnte man der Ansicht sein, daß die Nothilfebefugnis lediglich ihrem Umfang nach einzuschränken ist.

1. Versagung der Nothilfe

Am rigidesten ist die Ansicht, daß sich Mitarbeiter privater Sicherheitsunternehmen während ihrer Tätigkeit niemals auf Nothilfe berufen dürfen. Dies stellt die größtmöglichste Einschränkung dar. Mitarbeiter privater Sicherheitsdienste dürften beobachtende und sonstige Tätigkeiten vornehmen. Sobald sie allerdings in Rechtsgüter Dritter tätlich eingreifen, würden sie sich strafbar machen, sofern sie hierzu nicht in besonderen Normen ermächtigt werden.[663] Diese Ansicht räumt zwar alle gegen die privat-professionelle Nothilfeausübung bestehenden

663 So allen voran Hoffmann-Riem, ZRP 1977, S. 283. Ihm folgend Jeand'Heur, AöR 119 (1994), S. 129; Pausch/Böttcher, Polizei in Frankfurt am Main 1992, S. 31 und Roßnagel, ZRP 1983, S. 62. Vgl. auch Hoffmann-Riem, Öffentliches Recht, S. 282 (sehr viel vorsichtiger in der Formulierung als in erstgenanntem Beitrag). Diese Ansicht läßt Nitz, Sicherheit, S. 551 unberücksichtigt, wenn er behauptet, daß „ein generelles Verbot der Nothilfebefugnisse von niemandem gefordert wird". Vgl. ferner Albrecht, Vergessene Freiheit, S. 111.

Bedenken mit einem Schlag aus, könnte jedoch in ihren Konsequenzen zu weit gehen und insofern „das Kind mit dem Bade ausschütten".

a. Verfassungsrechtliche Bedenken

Gegen eine vollständige Versagung der in Rechtsgüter Dritter eingreifenden Nothilfe könnten verfassungsrechtliche Wertungen sprechen. Es ist denkbar, daß Art. 12 I GG, auf den sich Mitarbeiter privater Sicherheitsunternehmen im Rahmen ihrer beruflichen Tätigkeit berufen können, einer Versagung der Nothilfebefugnis entgegensteht. Dann müßte zunächst die Gewaltausübung in den Schutzbereich von Art. 12 I GG fallen. Bejahendenfalls wäre weiter zu prüfen, ob eine Berufsausübungs- oder eine Berufszulassungsschranke vorläge und eine dementsprechende Rechtfertigung des Eingriffs.

Allerdings sind bereits an der These, daß die Notrechtsausübung als Ausdruck der Berufsfreiheit verfassungsrechtlichen Schutz genießt, erhebliche Zweifel anzumelden. Aus der Gewährleistung wirtschaftlicher Betätigungsfreiheit läßt sich kein Anspruch auf Einräumung gewaltumfassender Nothilfebefugnisse folgern.[664] Sollte man die Ausübung der in Rechtsgüter Dritter eingreifenden Nothilfe gewerblicher Sicherheitskräfte dennoch als vom Schutzbereich des Art. 12 I GG erfaßt ansehen, wäre deren Versagung als Berufsausübungsregelung zu qualifizieren, die durch „vernünftige Erwägungen des Allgemeinwohls"[665] zu rechtfertigen wäre. Als solche käme etwa die „Zurückdrängung von Privatgewalt" in Betracht. Zur Erreichung dieses Zweckes wäre die Versagung gewalttätiger privat-professioneller Nothilfe geeignet. Ob eine solche auch erforderlich ist, bemißt sich danach, ob das mildeste zur Zweckverwirklichung geeignete Mittel gewählt wird.[666] Man könnte als milderes Mittel die Verkürzung der Nothilfebefugnisse statt deren Aufhebung in Erwägung ziehen. Eine gleiche Wirksamkeit wäre diesem Mittel aber nicht zu bescheinigen, so daß die vollständige Versagung die erforderliche Maßnahme darstellen würde. Schließlich müßte nach der Angemessenheit gefragt werden. In Anbetracht der Tatsache, daß der Staat das Gewaltmonopol und Schutzpflichten gegenüber den potentiellen Opfern von gewerblichen Sicherheitskräften besitzt, wäre die vollständige Versagung der Nothilfebefugnisse als angemessener Eingriff in die Berufsfreiheit zu qualifizieren. Mitarbeiter privater Sicherheitsunternehmen könnten weiterhin beobachtende Tätigkeiten wahrnehmen und im Notfall Unterstützung von staatlichen Gefahrenabwehrorganen anfordern. Lediglich ein geringer Teil ihrer beruflichen Tätigkeit wäre ihnen genommen. Mithin würde auch dann, wenn man die Nothilfebefugnisse vom Schutzbereich des Art. 12 I GG umfaßt

---

664 Vgl. Möstl, Garantie, S. 303f.

665 BVerfGE 13, 237 (240); 81, 70 (89); 87, 363 (385f.).

666 Vgl. nur Pieroth/Schlink, Grundrechte, Rn. 285.

ansieht, bei deren Versagung kein Verstoß gegen die dort verankerte Berufsfreiheit vorliegen.[667] Das gleiche gilt, wenn man statt auf Art. 12 I GG auf die allgemeine Handlungsfreiheit des Art. 2 I GG rekurriert.

Zweifel an einer vollständigen Versagung der Nothilfebefugnisse gewerblicher Sicherheitskräfte ergeben sich aber aus den Grundrechten ihrer Auftraggeber und sonstiger begünstigter Personen. Diese könnten durch eine Versagung der in Rechtsgüter Dritter eingreifenden privat-professionellen Nothilfe in verfassungsrechtlich nicht zu rechtfertigender Weise beschränkt werden. Konkret handelt es sich hierbei meist um die in Art. 2 II 1 und 2, 13 I und 14 I 1 GG geschützten Rechtspositionen. Soweit der Staat nicht präsent ist, um die betroffenen Rechtsgüter mit eigenen Organen zu schützen, besitzt ein jeder das Recht, selbst für deren Schutz zu sorgen. Dies schließt auch die gewalttätige Verteidigung mit ein. Daß die Angriffsabwehr nicht nur eigenhändig zu geschehen hat, wird teilweise aus der schutzpflichtrechtlichen Dimension der betroffenen Grundrechte gefolgert.[668] Andere wollen diese gar nicht bemühen, um die Inanspruchnahme professioneller Nothilfe über die Grundrechte des durch den Angriff Betroffenen abzusichern. Schon aus der freiheits- bzw. abwehrrechtlichen Funktion der Grundrechte sei zu folgern, daß man in der Abwehr rechtswidriger Angriffe vom Staat nicht übermäßig behindert und sich vor allem auch fremder Hilfe bedienen darf.[669]

In einer arbeitsteilig organisierten Gesellschaft ist man häufig zur effektiven Grundrechtsverwirklichung auf die Hilfe und Unterstützung anderer angewiesen. Vor allem die Schwachen würden durch ein vollständiges Verbot der professionellen Nothilfe übermäßig in ihren Grundrechten beeinträchtigt, was auch im Hinblick auf das Sozialstaatsgebot sehr bedenklich wäre. Auch käme es zu einer weitgehenden Schutzlosstellung juristischer Personen. Diese sind meist darauf angewiesen, durch private Sicherheitsdienste geschützt zu werden. Es ist unabhängig von der Herleitung davon auszugehen, daß die vollständige Versagung privat-professioneller Nothilfe einen nicht zu rechtfertigenden Eingriff in die Grundrechte ihrer Auftraggeber und sonstiger Begünstigter bedeuten würde. Dies wäre verfassungsrechtlich unzulässig.

---

667 Vgl. Möstl, Garantie, S. 303f. Zweifelnd Götz, Statement, S. 39f. („vielleicht noch hinnehmbar") und Schnekenburger, Rechtsstellung, S. 144 („würde […] zu Bedenken führen").

668 Bernsmann, ZStW 104 (1992), S. 308; Kämmerer, Privatisierung, S. 393; Krölls, NVwZ 1999, S. 234; Schulte, DVBl. 1995, S. 133; Stober, GewArch 1997, S. 222; ders., NJW 1997, S. 894; ders., Quo vadis Sicherheitsgewerberecht, S. 54; ders., DÖV 2000, S. 263; Stober/Olschok-Brauser-Jung, Handbuch, D Rn. 5ff.; Tischbein, Zusammenstellung, S. 232f.

669 Hammer, DÖV 2000, S. 618. Vgl. auch Erb, NStZ 2005, S. 594 und Möstl, Garantie, S. 304.

b. Einfachgesetzliche Bedenken

Neben den Schwierigkeiten, die eine vollständige Versagung der privat-professionellen Nothilfe im Hinblick auf den Wortlaut des § 32 StGB aufwirft, ist auch auf die aus § 34a V 1 GewO resultierenden Probleme hinzuweisen. Ausdrücklich wird hervorgehoben, daß sich gewerbliche Sicherheitskräfte auf die „Rechte, die Jedermann im Falle einer Notwehr" zustehen, berufen dürfen. Man könnte zwar davon ausgehen, daß der Wortlaut dieser Bestimmung einer vollständigen Versagung der Nothilfebefugnisse nicht im Wege steht, weil nur von „Notwehr" gesprochen wird. Dabei würde allerdings verkannt, daß das Gesetz in § 32 II StGB Notwehr als Oberbegriff für die Abwehr von Angriffen von sich selbst und anderen verwendet. Es sind keine Anhaltspunkte vorhanden, daß der Gesetzgeber bei der Schaffung des § 34a V 1 GewO von einem anderen Notwehrbegriff als dem des § 32 II StGB ausgegangen ist. Somit sprechen sowohl die Norm des § 32 StGB als auch die des § 34a V 1 GewO gegen eine vollständige Versagung der Inanspruchnahme von Nothilfebefugnissen durch Mitarbeiter privater Sicherheitsunternehmen.

2. Einschränkung der Nothilfe

Nachdem sich herauskristallisiert hat, daß eine vollständige Versagung der privat-professionell geübten Nothilfe an verfassungsrechtlichen und einfachgesetzlichen Gründen scheitert, stellt sich die Frage nach einer partiellen Einschränkung der Nothilfebefugnis. Dabei ist zunächst nach einem Maßstab zu suchen, der brauchbare Ergebnisse liefert, bevor dieser auf seine Kompatibilität mit dem geltenden Notwehr- und Nothilferecht hin untersucht wird.

a. Notwehr- bzw. Nothilfeprovokation

Man könnte versucht sein, die Maßstäbe der rechtlichen Beurteilung einer Notwehrprovokation auf die Nothilfeausübung von Mitarbeitern privater Sicherheitsunternehmen im Allgemeinen auszudehnen. Dies hätte den Vorteil, daß man sich innerhalb des Fahrwassers einer anerkannten Einschränkung des § 32 StGB bewegen würde, da weitgehend Übereinstimmung herrscht, daß bei Vorliegen einer Provokation das Notwehrrecht nicht voll zu gewähren ist[670].

---

670 Zur Notwehrprovokation vgl. etwa BGH, JR 1989, S. 160f. (mit Anm. Hohmann/Matt, JR 1989, S. 161f.); MüKo-StGB-Erb, § 32, Rn. 198ff.; SK-StGB-Günther, § 32, Rn. 121ff.; Kühl, Strafrecht AT, § 7, Rn. 207ff.

Unabhängig davon, ob Notwehr- und Nothilfeprovokation überhaupt gleich zu behandeln sind[671], müßte sich das Verhalten der privaten Sicherheitskraft zunächst als eine Provokation darstellen. Innerhalb der Fallgruppe „Notwehrprovokation“ lassen sich die sog. „Absichtsprovokation“ und die auf andere Weise verschuldeten Angriffe unterscheiden. Erstgenannte Variante einer Notwehrprovokation ist gegeben, wenn der Notwehrübende seinen Kontrahenten gerade aus der Motivation heraus provoziert, um ihn später unter dem Deckmantel der Notwehr verletzen zu können.[672] Private Sicherheitskräfte suchen während ihrer Tätigkeit nicht die Konfrontation. Weder sie selbst noch ihre Auftraggeber führen die Notlage absichtlich herbei, um den Angreifer verletzen zu können. Insofern kann das Verhalten privater Sicherheitskräfte nicht mit der Absichtsprovokation verglichen werden.[673]

Allerdings könnte das Verhalten der gewerblichen Sicherheitskräfte als sonst schuldhafte Herbeiführung einer Notwehrlage zu werten sein. Fraglich ist hierbei, welche Qualität das den Angriff auslösende Vorverhalten besitzen muß. Zum Teil wird darauf abgestellt, daß das fragliche Verhalten selbst rechtswidrig gewesen sein muß, damit man von einem sonst schuldhaft herbeigeführten Angriff sprechen kann.[674] Andere weisen darauf hin, daß von einer rechtlichen Verantwortung des Angegriffenen schon bei sozialethischer Mißbilligung seines Vorverhaltens ausgegangen werden kann.[675]

Das Verhalten von Mitarbeitern privater Sicherheitsdienste, das nicht mit Eingriffen in Rechtsgüter Dritter einhergeht, ist zweifellos als rechtmäßig zu qualifizieren. Das Streifegehen, die Bewachung eines Gebäudes, das Reagieren auf einen Hilferuf usw. sind keine rechtswidrigen Verhaltensweisen. Nach erstgenannter Ansicht ist insofern eine Notwehrprovokation durch das Tätigwerden von gewerblichen Sicherheitskräften als solches zu verneinen. Weiter ist zu fragen, ob ein sozialethisch zu mißbilligendes Verhalten gegeben ist. Man könnte hier in Erwägung ziehen, daß sich Mitarbeiter privater Sicherheitsunternehmen häufig bewußt in die Gefahr begeben, von ihren Gewaltbefugnissen Gebrauch machen zu müssen. Sie setzen sich einem erhöhten Angriffsrisiko aus.[676] Würde

671 Siehe hierzu Mitsch, GA 1986, S. 534ff. Zur provozierten Nothilfe vgl. auch Norouzi, JuS 2004, S. 496f. und allgemein H.-J. Engels, Angriffsprovokation.

672 MüKo-StGB-Erb, § 32, Rn. 200; Kühl, Strafrecht AT, § 7, Rn. 228f.

673 Bueß, Sicherheitsdienste, S. 54; Mahlberg, Gefahrenabwehr, S. 125.

674 NK-F. Herzog, § 32, Rn. 121; SK-StGB-Günther, § 32, Rn. 125; Sch/Sch-Lenckner/Perron, § 32, Rn. 59; Maurach/Zipf, AT 1, § 26 II, Rn. 46; Roxin, ZStW 93 (1981), S. 90f.

675 BGH, NJW 1962, S. 308f. (mit abl. Bespr. Baumann, MDR 1962, S. 349f.); Wessels/Beulke, Strafrecht AT, Rn. 348; B. Schünemann, JuS 1979, S. 279.

676 Vgl. Mahlberg, Gefahrenabwehr, S. 125; Peilert, Auskunftei- und Detekteigewerbe, S. 474 und Pitschas, Sicherheitsgewerbe, S. 161.

man dies aber als sozialethisch mißbilligtes Verhalten betrachten, käme es zu einer grundsätzlichen und nicht zu akzeptierenden Einschränkung der Notwehrbefugnisse. Es gibt zahlreiche Situationen, in denen auch der Normalbürger ein erhöhtes Angriffsrisiko trägt und eher mit einem Angriff rechnet als sonst. Auch hier müßte von einer Notwehrprovokation ausgegangen werden mit den daraus resultierenden Folgen. Das Notwehrrecht der Frauen wäre in dunklen Parkhäusern eingeschränkt, bei nächtlichen Spaziergängen in Parkanlagen besäße man keine umfassende Verteidigungsbefugnis mehr und Fußgängerunterführungen wären auch und vor allem nachts zu meiden. Diese Konsequenzen sind unerträglich. Insofern ist der überwiegenden Ansicht zu folgen und davon auszugehen, daß es kein sozialethisch zu mißbilligendes Verhalten darstellt, wenn sich der spätere Verteidiger in Kenntnis der ihm potentiell drohenden Gefahr an den fraglichen Ort begibt.[677] Das bedeutet, daß das Verhalten von Mitarbeitern privater Sicherheitsdienste trotz des erhöhten Risikos, in gewalttätige Auseinandersetzungen verwickelt zu werden, nicht sozialethisch zu mißbilligen ist. Beide Ansichten kommen somit zu dem Ergebnis, daß sich das Tätigwerden gewerblicher Sicherheitskräfte nicht per se in die Kategorie der sonst verschuldeten Angriffe einordnen läßt. Mithin kann nicht von einer Notwehrprovokation ausgegangen werden.[678] Insofern verbietet es sich auch, die Einschränkungen des Notwehrrechts bei provozierten Angriffen ganz allgemein auf die Nothilfeausübung von Mitarbeitern privater Sicherheitsunternehmen zu übertragen.

b. Besondere Gefahrtragungspflichten

Ein weiterer Ansatzpunkt für die Gewinnung des Maßstabs, nach dem sich der Umfang der Nothilfeausübung von gewerblichen Sicherheitskräften zu richten hat, könnte sich aus besonderen Gefahrtragungspflichten ergeben. Diese werden in § 35 I 2 StGB für den entschuldigenden Notstand gesetzlich normiert. In § 34 StGB fehlt eine solche Regelung. Man ist sich allerdings weitgehend einig, daß besondere Gefahrtragungspflichten auch im Rahmen des rechtfertigenden Notstandes Berücksichtigung zu finden haben.[679] Dies führt dazu, daß Angehörige der betroffenen Personengruppe (Notstands-)Gefahren länger als Normalbürger

---

677 Baumann/Weber/Mitsch-Mitsch, AT, § 16, Rn. 72f.; Mahlberg, Gefahrenabwehr, S. 125f.; Schnekenburger, Rechtsstellung, S. 148.

678 So auch Bueß, Sicherheitsdienste, S. 54; Kunz, ZStW 95 (1983), S. 990; Mahlberg, Gefahrenabwehr, S. 125f.; Peilert, Auskunftei- und Detekteigewerbe, S. 474; Schnekenburger, Rechtsstellung, S. 148.

679 Sch/Sch-Lenckner/Perron, § 34, Rn. 34; Kühl, Strafrecht AT, § 8, Rn. 147; Wessels/Beulke, Strafrecht AT, Rn. 311. Umstritten ist die systematische Verortung der Gefahrtragungspflichten. Einerseits werden sie bei der Interessenabwägung diskutiert, andererseits bei der Angemessenheit. Vgl. hierzu die Nachweise bei Kühl, a.a.O. Fn. 242 und Gunia, Garantenstellungen, S. 102 Fn. 437.

standzuhalten haben.[680] Übertragen auf die Problematik der Nothilfebefugnisse gewerblicher Sicherheitskräfte könnte das bedeuten, daß diese leichtere Beeinträchtigungen der zu schützenden Güter hinzunehmen und/oder bei ihrem Einschreiten eine Güter- und Interessenabwägung vorzunehmen haben.[681]

Besondere Gefahrtragungspflichten bestehen für Angehörige bestimmter Berufe wie Polizeibeamte, Feuerwehrleute oder Soldaten, die sich ihren Pflichten zur Risikoübernahme nicht auf Kosten fremder Interessen entziehen dürfen. Für eine erhöhte Anforderung an die Rechtfertigung der Gefahrtragungsverpflichteten ist auch das Allgemeininteresse an der Funktionstüchtigkeit von Gefahrenabwehrinstitutionen wie Feuerwehr und Polizei anzuführen.[682] Es fällt auf, daß es sich bei diesen Gefahrtragungsverpflichteten um solche handelt, deren Wirken einen besonderen Dienst an der Gemeinschaft darstellt. Zum Teil wird aber auch die Auffassung vertreten, daß bei bestimmten, im Individualinteresse übernommenen Schutzpflichten von erhöhten Gefahrtragungsverpflichtungen auszugehen ist. So sei bei einer Garantenstellung gegenüber dem betroffenen Gut von einer erhöhten Opferpflicht auszugehen.[683]

Unabhängig davon, ob Mitarbeiter privater Sicherheitsunternehmen überhaupt eine Garantenstellung innehaben, bestehen die besonderen Gefahrtragungsverpflichtungen lediglich im Verhältnis zwischen Auftraggeber und privater Sicherheitskraft[684]. Eine Berücksichtigung der Gefahrtragungspflicht bei der Nothilfeausübung kann sich somit nicht opferschonend auswirken. Wenn man allerdings davon ausgeht, daß private Sicherheitskräfte ebenso wie Polizeibeamte im Dienste der Allgemeinheit stehen, lassen sich hieraus eventuell besondere Gefahrtragungspflichten entwickeln, die für eine Einschränkung der Nothilfebefugnisse fruchtbar gemacht werden können. Jedoch darf auch dann, wenn sich das Wirken von Mitarbeitern privater Sicherheitsunternehmen faktisch als Dienst an der Gemeinschaft darstellt, nicht verkannt werden, daß sich die von ihnen wahrgenommenen Schutz- und Überwachungsaufgaben auf den von ihrem Auftraggeber vorher definierten Bereich beschränken. Nur ihm gegenüber sind sie verpflichtet. Die Belange der Allgemeinheit werden zwar zum Teil tatsächlich beachtet; eine über das Zivilrecht hinausgehende rechtliche Verpflichtung besteht

---

680 Kühl, Strafrecht AT, § 8, Rn. 147; Lenckner, GA 1985, S. 311.

681 Zur Berücksichtigung einer erhöhten Gefahrtragungsverpflichtung bei der Notwehr des Polizeibeamten vgl. Thewes, Rettungs- oder Todesschuß, S. 57f.; Witzstrock, Todesschuß, S. 96.

682 Vgl. Sch/Sch-Lenckner/Perron, § 34, Rn. 34; Kühl, Strafrecht AT, § 8, Rn. 147; Gunia, Garantenstellungen, S. 102f. mit Fn. 441.

683 Sch/Sch-Lenckner/Perron, § 34, Rn. 34; G. Jakobs, AT, 13. Abschn., Rn. 28; Roxin, AT I, § 16, Rn. 66.

684 Gunia, Garantenstellungen, S. 103.

hierfür aber nicht.[685] Des weiteren ist zu bedenken, daß eine Einschränkung der Nothilfebefugnisse wegen einer besonderen Gefahrtragungspflicht des Nothelfers zu einer Verringerung des Schutzes des angegriffenen Rechtsgutes führt. Damit würde dem besonderen Rechtsverhältnis unzulässig eine Drittwirkung beigemessen.[686] Insofern ist davon auszugehen, daß Mitarbeitern privater Sicherheitsunternehmen lediglich im Verhältnis zu ihren Auftraggebern besondere Gefahrtragungspflichten obliegen können. Aus diesen Pflichten lassen sich jedoch keine Maßstäbe für eine allgemeine Nothilfeeinschränkung gewinnen.[687]

c. Berücksichtigung von § 127 I 1 StPO

Jedoch könnte § 127 I 1 StPO den Weg hin zu einer sinnvollen Begrenzung der Nothilfebefugnisse von Mitarbeitern privater Sicherheitsunternehmen weisen. Diese könnte so aussehen, daß die Restriktionen des Festnahmerechts auf die Nothilfe zu übertragen sind. Voraussetzung hierfür ist zunächst wiederum, daß sich solche Parallelen zwischen Festnahme- und Nothilfesituation ziehen lassen, daß eine vergleichbare rechtliche Bewertung angemessen erscheint.

aa. Zweck und Voraussetzungen des Festnahmerechts aus § 127 I 1 StPO

Das Festnahmerecht des § 127 I 1 StPO ermächtigt jedermann, den auf frischer Tat Betroffenen oder Verfolgten festzunehmen, sofern er der Flucht verdächtig ist oder seine Identität nicht sofort festgestellt werden kann. Eine wirksame Strafverfolgung wäre in einer Vielzahl von Fällen nicht gewährleistet, wenn Festnahmen nur von staatlichen Organen wie Staatsanwälten oder Polizeibeamten vorgenommen werden dürften und dies nur nach Erlaß eines Haftbefehls.[688] Fincke bemerkt in diesem Zusammenhang, daß keine Rechtsgemeinschaft darauf verzichten könne, „den Glücksfall der Beobachtung auf frischer Tat zu nutzen“[689]. Der Gesetzgeber schätzt den Strafverfolgungsanspruch so hoch ein, daß er Privaten die Befugnis einräumt, an Stelle staatlicher Organe eine öffentliche Aufgabe[690] wahrzunehmen. Selbst wenn mit der Festnahme des Täters mitunter

---

685 Gunia, Garantenstellungen, S. 102 mit Fn. 439.

686 Vgl. LK[11]-Hirsch, § 35, Rn. 55; SK-StGB-Rudolphi, § 35, Rn. 14. A.A. Sch/Sch-Lenckner/Perron, § 35, Rn. 28; Kühl, Strafrecht AT, § 12, Rn. 75.

687 Vgl. Gunia, Garantenstellungen, S. 102ff. Wenig aussagekräftig sind in diesem Zusammenhang die Bemerkungen von Honigl, Tätigwerden, S. 69 und Rössmann, W+S Information 1978, S. 172.

688 AK-Krause, § 127, Rn. 1; KK-StPO-Boujong, § 127, Rn. 1; Roxin, Strafverfahrensrecht, § 31, Rn. 1.

689 Fincke, JuS 1973, S. 87. Vgl. auch Kargl, NStZ 2000, S. 8.

690 Vgl. schon oben, B. I. 2. bb. ddd. (2).

Vorteile für den Festnehmenden verbunden sein mögen[691], dient § 127 I 1 StPO nicht der Sicherung individueller Ansprüche[692]. Auf dieser Linie befinden sich auch diejenigen, die das Festnahmerecht ausdrücklich als eine „Art eingeschränktes Behördenvertretungsrecht“[693] ansehen oder darauf hinweisen, daß der Bürger stellvertretend für den Staat tätig werde[694]. Diese Substitution staatlicher Organe durch Private hat zur Folge, daß sobald erstere zugegen sind, die Festnahmeberechtigung letzterer endet. Gegen den Willen staatlicher Organe dürfen Private das Festnahmerecht des § 127 I 1 StPO nicht ausüben.[695] Das macht auch vor dem Hintergrund Sinn, daß § 127 I 1 StPO als „Hilferuf des Staates“[696] anzusehen ist. In Fällen, in denen staatliche Organe vor Ort sind, die sich das Einmischen Privater verbitten, benötigt der Staat eben keine Hilfe.

Voraussetzung für die Festnahmeberechtigung des § 127 I 1 StPO ist zunächst das Vorliegen einer „frischen Tat“. Dabei ist nicht notwendig, daß die Tat von dem Festgenommenen wirklich begangen wurde. Vielmehr ist ausreichend, daß der Festnehmende nach pflichtgemäßer Prüfung aller erkennbaren objektiven Umstände von der Täterschaft des Festgenommenen überzeugt sein durfte. Für diese Ansicht spricht, daß es unbillig wäre, wenn dem zur Erfüllung einer öffentlichen Aufgabe herangezogenen Bürger nicht das Risiko eines schuldlosen Irrtums abgenommen würde. Ansonsten müßte man dem Bürger raten, das Festnahmerecht vorsichtshalber nie auszuüben. Außerdem ist zu berücksichtigen, daß es sich bei § 127 I um eine Vorschrift der StPO handelt. Man würde dem Prozeßrecht nicht gerecht werden, wenn für die verfahrenseinleitende Festnahme diejenige objektive Täterschaft gefordert würde, die erst am Ende eines Prozesses festgestellt werden soll.[697] Von einer „frischen“ Tat ist während des Tatvorgangs und kurz danach auszugehen.[698]

---

691 Beispielsweise wenn der Festnehmende zugleich im zivilrechtlichen Sinne Geschädigter ist und Ansprüche gegen den Festgenommenen geltend zu machen beabsichtigt.

692 Roxin, Strafverfahrensrecht, § 31, Rn. 4; ders., AT I, § 17, Rn. 22; Tischbein, Zusammenstellung, S. 153f.

693 KG, VRS 19 (1960), S. 116; AK-Krause, § 127, Rn. 3.

694 Schnekenburger, Rechtsstellung, S. 171; C. Schröder, Jura 1999, S. 12.

695 AK-Krause, § 127, Rn. 3; KK-StPO-Boujong, § 127, Rn. 21; Meyer-Goßner, § 127, Rn. 7.

696 Arzt, FS Kleinknecht, S. 3. Zustimmend AK-Krause, § 127, Rn. 3.

697 Strittig, wie hier z.B. BayOLG, MDR 1986, S. 956; AK-Krause, § 127, Rn. 4; KK-StPO-Boujong, § 127, Rn. 9; Pfeiffer, StPO, § 127, Rn. 2; Arzt, FS Kleinknecht, S. 6; Borchert, JA 1982, S. 342f.; Fincke, JuS 1973, S. 88ff.; Kargl, NStZ 2000, S. 9ff.; Kühne, Strafprozessrecht, Rn. 450 mit Fn. 2; Roxin, Strafverfahrensrecht, § 31, Rn. 4; ders., AT I, § 17, Rn. 24f. Dagegen OLG Hamm, NJW 1972, S. 1826; Meyer-Goßner, § 127, Rn. 4; Kühl, Strafrecht AT, § 9, Rn. 85f.; Schlüchter, Strafverfahren, Rn. 255; H. Schumann, JuS 1979, S. 560.

698 KK-StPO-Boujong, § 127, Rn. 10.

Ein weiteres Problem im Rahmen des § 127 I 1 StPO stellt sich bei der Frage, ob die Festnahme zu der Bedeutung der Flagranztat und der zu erwartenden Strafe oder Maßregel der Besserung und Sicherung in einem angemessenen Verhältnis stehen muß.

Teilweise wird davon ausgegangen, daß allein ein offensichtliches Mißverhältnis die Festnahmeberechtigung ausschließt.[699] Sehr viel enger ist die Ansicht, die das Festnahmerecht nur dann gewähren will, wenn keine Zweifel an der Verhältnismäßigkeit bestehen.[700] Schließlich wird argumentiert, daß es einer Prüfung der Verhältnismäßigkeit zwischen Flagranztat und Festnahme nicht bedürfe.[701] Vertreter der Ansicht, die die Beachtung der Verhältnismäßigkeit fordern, führen zum Teil an, daß die Situation der Festnahme mit der des § 112 I StPO vergleichbar sei, wo ausdrücklich das Erfordernis der Verhältnismäßigkeit aufgestellt ist. Nehme der im öffentlichen Interesse handelnde Private den Vollzug eines künftigen Haftbefehls gleichsam vorweg, müsse er auch den Grundsatz der Verhältnismäßigkeit beachten.[702] Gegen diese Argumentation spricht, daß § 127 StPO im Gegensatz zu § 112 I StPO die Situation des ersten Zugriffs umschreibt. Bei letztgenannter Norm kommt es nicht auf augenblickliches Handeln an, vielmehr bleibt Zeit für eine sorgsame Abwägung aller maßgeblichen Umstände des Einzelfalls. Gegen die Forderung nach einem angemessenen Verhältnis zwischen Festnahme und Flagranztat spricht ebenfalls, daß der Verhältnismäßigkeitgrundsatz bei der Einleitung eines Strafverfahrens nicht anwendbar ist, da ansonsten das Legalitätsprinzip aus den Angeln gehoben wäre. Schließlich ist zu bedenken, daß Schwierigkeiten bestehen, wo die Grenze zwischen „schweren" und „nicht so schweren" Taten zu ziehen ist – abgesehen davon, daß der Wortlaut des Gesetzes keine „schwere" Tat fordert.[703] Insofern ist der Ansicht zu folgen, die auf ein angemessenes Verhältnis zwischen Flagranztat und Festnahme verzichtet.

Auch interessant im Hinblick auf eine eventuelle Übertragung der das Festnahmerecht dominierenden Grundsätze auf die Nothilfeausübung von gewerblichen

---

699 KK-StPO-Boujong, § 127, Rn. 19; ähnlich LR-Hilger, § 127, Rn. 19; Schlüchter, Strafverfahren, Rn. 252; Mahlberg, Gefahrenabwehr, S. 155. Etwas unklar das BayOLG (in: MDR 1986, S. 956f.), das die Festnahme bei offensichtlichem Mißverhältnis ausschließt, gleichzeitig aber davon ausgeht, daß sich der Verhältnismäßigkeitsgrundsatz nicht auf die Berechtigung zur Festnahme überhaupt bezieht. Auch F. Huber, Gefahrenabwehr, S. 72 bezieht nicht deutlich Stellung.

700 SK-StPO-Paeffgen, § 127, Rn. 17; Naucke, SchlHA 1966, S. 101.

701 BGHSt 45, 378 (380f.); AK-Krause, § 127, Rn. 11; Borchert, JA 1982, S. 344; Kargl, NStZ 2000, S. 14; C. Schröder, Jura 1999, S. 12.

702 Vgl. LR-Hilger, § 127, Rn. 19; Naucke, SchlHA 1966, S. 101.

703 Vgl. AK-Krause, § 127, Rn. 11; Kargl, NStZ 2000, S. 14f; C. Schröder, Jura 1999, S. 11f.

Sicherheitskräften ist die Frage nach der Zulässigkeit einer Festnahme von Kindern. Gemeinhin wird davon ausgegangen, daß Kinder, also Personen unter 14 Jahren, vgl. § 19 StGB, § 1 II JGG, nicht nach § 127 I 1 StPO festgenommen werden dürften. Grund hierfür sei, daß Kinder keinen strafrechtlichen Sanktionen unterlägen.[704] Vereinzelt regt sich jedoch Widerspruch. Es wird darauf hingewiesen, daß man Kinder zum Zwecke der Feststellung der Personalien der Aufsichtspflichtigen festnehmen dürfe.[705] Andere wollen mit der Festnahme des Kindes die Frage klären, ob sich Dritte als mittelbare Täter strafbar gemacht haben.[706] Auch wird allgemein darauf aufmerksam gemacht, daß unter Berücksichtigung der zunehmenden schweren Kinderkriminalität unter dem Gesichtspunkt der Verbrechensbekämpfung die Festnahme von Kindern zum Zwecke der Identitätsfeststellung anzuerkennen sei.[707] Diese Argumente sind zwar bedenkenswert, überzeugen am Ende aber nicht. Zweck des § 127 I 1 StPO ist allein die Sicherung des Strafverfahrens. Ein solches wird gegen Kinder nicht durchgeführt. Der Anwendungsbereich dieser Norm würde überdehnt, wenn dem Wunsch nach Auffindung anderer Täter bzw. Taten oder nach Ergreifung außerhalb des Strafrechts liegender Maßnahmen hier Rechnung getragen würde.[708] Festnahmeberechtigt im Sinne von § 127 I 1 StPO ist ausweislich des Wortlauts jedermann. Im Gegensatz zum Notwehr- und Nothilferecht ist die Anwendbarkeit dieser Norm auf gewerbliche Sicherheitskräfte nahezu unbestritten.[709]

Der Vollständigkeit halber sei an dieser Stelle noch auf die Notwendigkeit des Vorliegens zumindest eines Festnahmegrundes hinzuweisen. Nur der Fluchtverdacht oder die fehlende Identitätsfeststellung begründen das Festnahmerecht. Verdunkelungs- oder Wiederholungsgefahr reichen nicht aus.[710]

bb. Parallelen von Festnahme- und Nothilfesituation

Der Blick auf Sinn und Zweck sowie die Voraussetzungen des Festnahmerechts erlaubt nun einen Vergleich zwischen diesem und dem Nothilferecht, wobei zu erörtern ist, ob tatsächlich der vielfach behauptete enge Zusammenhang zwi-

---

704 H.M., vgl. z.B. AK-Krause, § 127, Rn. 5; KK-StPO-Boujong, § 127, Rn. 8; Meyer-Goßner, § 127, Rn. 3a.

705 KG, JR 1971, S. 30.

706 Krause, FS Geerds, S. 497 m.N.

707 Pfeiffer, StPO, § 127, Rn. 2.

708 Meyer-Goßner, § 127, Rn. 3a; Roxin, AT I, § 17, Rn. 26 Fn. 35.

709 F. Huber, Gefahrenabwehr, S. 72. Kritisch jedoch v. Danwitz, KritV 85 (2002), S. 355ff. (358f.).

710 Zu den Festnahmegründen vgl. z.B. AK-Krause, § 127, Rn. 8ff. oder KK-StPO-Boujong, § 127, Rn. 15ff.

schen Notwehr bzw. Nothilfe und Festnahmerecht besteht[711]. Ohne der Begründung der Nothilfe vorgreifen zu wollen, muß konstatiert werden, daß Gemeinsamkeiten von Nothilfe und Festnahmerecht dergestalt bestehen, daß auf Grundlage dieser beiden Eingriffsrechte zumindest theoretisch fremdnützig gehandelt wird. Dem Nothelfer drohen ebensowenig wie dem Festnehmenden Einbußen an eigenen Individualrechtsgütern.[712] Im Unterschied zum Festnahmerecht verlangt jedoch die Nothilfesituation das wirkliche Vorliegen eines Angriffs. Es ist nicht ausreichend, wenn der Nothelfer lediglich vom Gegebensein eines solchen ausgeht. Dieser Angriff muß von einem Menschen ausgehen, worin wieder eine Parallele zum Festnahmerecht gezogen werden kann. Nur „Taten" von Menschen können ein Strafverfahren nach sich ziehen und insofern das Festnahmerecht auf den Plan rufen. Gemeinsam ist diesen Rechten auch, daß sie unabhängig von der Schwere der Anlaßtat bestehen. Ebensowenig wie das grundsätzliche Bestehen der Festnahmeberechtigung von Verhältnismäßigkeitserwägungen abhängig ist, unterliegen Notwehr und Nothilfe dem Grunde nach einer Verhältnismäßigkeitsprüfung. Die „Schwere" des rechtswidrigen Angriffs wirkt auf den Umfang der nach § 32 I, II StGB gestatteten Abwehrhandlung ein, besitzt aber keinen Einfluß auf das „Ob" der Verteidigung. Erheblich verschieden ist der zeitliche Anwendungsbereich bzw. die Zielrichtung der Nothilfebefugnis und des Festnahmerechts. Bei ersterer ist die Rechtsverletzung noch in vollem Gange. Ohne ein Einschreiten des Nothelfers intensiviert sich die Beeinträchtigung des angegriffenen Rechtsguts, was mitunter seinen völligen Verlust bedeuten kann. Durch die Hilfe eines anderen werden Rechtsgutsverletzungen verhindert oder zumindest in ihren Auswirkungen minimiert. Die Zielrichtung des Nothilferechts besteht somit in der Beendigung des aktuellen Rechtsbruchs. Hingegen geht es beim Festnahmerecht allein um die Rechtsverfolgung. Der Rechtsbruch ist regelmäßig unaufhebbar eingetreten. Mit Hilfe des § 127 I 1 StPO lassen sich rechtswidrige Taten oder wenigstens ihre Fortsetzung nicht verhindern. Es soll nur der geschehene Rechtsverstoß geahndet werden. Dieses Ziel erfährt nicht notwendigerweise eine Schmälerung, wenn das Festnahmerecht nicht im Moment der frischen Tat ausgeübt wird. Die für die Strafverfolgung zuständigen staatlichen Organe besitzen mannigfache Möglichkeiten, mit denen sie dem zunächst unerkannt entkommenen Täter auf die Spur kommen können.[713] Gemein-

711 Arzt, FS Schaffstein, S. 83; ders., FS Kleinknecht, S. 1; Hummler, Gewaltmonopol, S. 142; Mahlberg, Gefahrenabwehr, S. 130f. Fn. 17; Kroß, Schweigegelderpressung, S. 50; R. Lange, JZ 1976, S. 548; Schaffstein, MDR 1952, S. 133; Schmidhäuser, GA 1991, S. 109.

712 Arzt, FS Kleinknecht, S. 7; Kargl, NStZ 2000, S. 12. Vgl. auch Tischbein, Zusammenstellung, S. 153.

713 Vgl. AK-Krause, § 127, Rn. 2; LK[11]-Spendel, § 32, Rn. 10; Adler, Nothilfe, S. 151; Kargl, ZStW 110 (1998), S. 47f.; dens., NStZ 2000, S. 12; Krause, FS Geerds, S. 489f.; Schmidhäuser, GA 1991, S. 122f.

samkeiten bestehen wiederum bei der Person des durch den Eingriff Betroffenen. Sowohl Notwehr und Nothilfe als auch das Festnahmerecht gestatten nur die Beeinträchtigung von Rechtsgütern des Angreifers oder (vermeintlichen) Täters. Im Gegensatz zum rechtfertigenden oder entschuldigenden Notstand dürfen Rechtsgüter offensichtlich Unbeteiligter nicht in Anspruch genommen werden. Bei der Frage, inwieweit in Rechtsgüter von Kindern eingegriffen werden darf, unterscheiden sich Festnahmeberechtigung und Notwehr- bzw. Nothilferecht, da man sich und andere grundsätzlich gegen Angriffe von Kindern verteidigen darf. Dieser Unterschied wird jedoch dadurch nivelliert, daß der Umfang der Verteidigungsbefugnis in den fraglichen Fällen erheblich reduziert ist. Ein enger Zusammenhang von Festnahmerecht und vor allem Notwehr zeigt sich wieder im Tatsächlichen. Es wird selten so sein, daß sich der Festzunehmende „seinem Schicksal fügt" und sich festnehmen läßt. Vielmehr wird er sich häufig wehren und gegen den Festnehmenden vorgehen. Dieser befindet sich dann in einer Notwehrlage, in der er sich aufgrund des § 32 StGB verteidigen darf.[714]

Gerade beim Tätigwerden gewerblicher Sicherheitskräfte sind besondere Verknüpfungen zwischen den in Rede stehenden Rechtfertigungsgründen zu bemerken. In der Regel wird ihnen sowohl die Wahrnehmung von Nothilfebefugnissen als auch die Inanspruchnahme des Festnahmerechts vertraglich auferlegt. Das theoretisch fremdnützige Handeln wird grundsätzlich in Erfüllung dieser vertraglichen Verpflichtung geschehen.[715] Viel gewichtiger jedoch ist der Gesichtspunkt, daß der Bürger bei § 127 I 1 StPO unstreitig eine öffentliche Aufgabe erfüllt. In dieser Funktion ähnelt er dem nothelfenden Mitarbeiter eines privaten Sicherheitsunternehmens bei dessen staatlicher Instrumentalisierung. Beide nehmen eine Aufgabe wahr, die an sich Sache des Staates ist. Vor dem Hintergrund, daß das Festnahmerecht als Hilferuf des Staates anzusehen ist, leistet der Festnehmende bei der Inanspruchnahme des § 127 I 1 StPO praktisch „Nothilfe zugunsten des Staates"[716]. Eine solche Nothilfe liegt auch dann vor, wenn der Staat mehr oder weniger planmäßig die Nothilfeausübung gewerblicher Sicherheitskräfte zur Erfüllung seiner eigenen Aufgaben instrumentalisiert. Dabei ist unerheblich, daß in aller Regel lediglich das Bewußtsein vorliegt, in Erfüllung einer vertraglichen Pflicht zu handeln. Auch der Festnehmende wird seine Handlung grundsätzlich nicht als Nothilfe zugunsten des Staates bezeichnen.

---

714 AK-Krause, § 127, Rn. 14; Arzt, FS Kleinknecht, S. 10; Borchert, JA 1982, S. 344; Kühne, Strafprozessrecht, Rn. 457; Roxin, AT I, § 17, Rn. 28; C. Schröder, Jura 1999, S. 12.

715 Vgl. Arzt, FS Kleinknecht, S. 4 und 7 mit Fn. 20. Hier werden private Sicherheitsunternehmen als „private Festnahmeunternehmen" und „Festnahmeorganisationen" bezeichnet.

716 Vgl. Arzt, FS Schaffstein, S. 83 und auch Hummler, Gewaltmonopol, S. 142.

Insgesamt zeigt sich, daß neben einigen Unterschieden tatsächlich zahlreiche Parallelen zwischen § 127 I 1 StPO und § 32 StGB bestehen. Dabei weist speziell die Nothilfeausübung gewerblicher Sicherheitskräfte eine besondere Nähe zum Festnahmerecht im Allgemeinen auf. Diese enge Verbindung erlaubt es, Festnahmelage und Nothilfesituation gewerblicher Sicherheitskräfte miteinander zu vergleichen und die Eingriffsbefugnisse einander anzunähern, indem die an eine Festnahmehandlung anzulegenden Maßstäbe auf die Nothilfehandlung übertragen werden.[717]

cc. Annäherung der Eingriffsbefugnisse

Während umstritten ist, inwieweit Flagranztat und Festnahme in einem angemessenen Verhältnis zueinander stehen müssen, besteht überwiegend Übereinstimmung, daß sich die Festnahmemittel nach dem Verhältnismäßigkeitsgrundsatz zu richten haben[718]. Dies rührt daher, daß der staatliche Strafanspruch, dessen Verwirklichung das Festnahmerecht allein dient, grundsätzlich nicht höher einzuschätzen ist als die Gesundheit des Straftäters. Der Bürger, der bei der Festnahme eine öffentliche Aufgabe wahrnimmt, muß mit dem Verhältnismäßigkeitsgrundsatz eine der Bindungen beachten, die der staatlichen Gewaltausübung auferlegt sind.[719] Das bedeutet konkret, daß vom Festnahmerecht nur Körperverletzungen leichterer Art gestattet werden. Lebensgefährdende Eingriffe sind über § 127 I 1 StGB nicht zu rechtfertigen.[720] Problematisch ist, ob der Schußwaffengebrauch eine zulässige Maßnahme im Rahmen des Festnahmerechts darstellt. Teilweise wird davon ausgegangen, daß der Gebrauch der Schußwaffe schlechthin unzulässig ist.[721] Andere vertreten die Ansicht, daß zumindest das Abgeben von Warnschüssen eine zulässige Maßnahme darstellt.[722] Die weiteste Ansicht will notfalls sogar gezielte Schüsse auf den Täter als vom Festnahmerecht umfaßt ansehen.[723] Es kann nicht geleugnet werden, daß besonders bei gravierenden Straftaten ein hohes Bedürfnis danach besteht, den Täter der Strafverfolgung zuzuführen, was an Ort und Stelle mitunter nur durch den

---

717 Vgl. in diesem Zusammenhang auch G. Jakobs, AT, 12. Abschn., Rn. 10 und Kargl, NStZ 2000, S. 12.

718 RGSt 65, 392 (394); BGHSt 45, 378 (381); BayOLG, MDR 1986, S. 956f.; AK-Krause, § 127, Rn. 13f.; KK-StPO-Boujong, § 127, Rn. 27ff.; Borchert, JA 1982, S. 344; Kargl, NStZ 2000, S. 14; Roxin, Strafverfahrensrecht, § 31, Rn. 7ff.; C. Schröder, Jura 1999, S. 12. A.A. Arzt, FS Kleinknecht, S. 10.

719 BGHSt 45, 378 (381); Kargl, NStZ 2000, S. 14; C. Schröder, Jura 1999, S. 12f.

720 KK-StPO-Boujong, § 127, Rn. 27f.; Pfeiffer, StPO, § 127, Rn. 1 und 7.

721 AK-Krause, § 127, Rn. 14; Kühne, Strafprozessrecht, Rn. 455; Roxin, AT I, § 17, Rn. 28.

722 Pfeiffer, StPO, § 127, Rn. 7; Kühl, Strafrecht AT, § 9, Rn. 91.

723 BGH bei Holtz, MDR 1979, S. 985f.; LR-Hilger, § 127, Rn. 29.

Einsatz der Schußwaffe zu bewerkstelligen ist. Gleichwohl spricht gegen die Zulässigkeit des Schußwaffengebrauchs, daß ein Unschuldiger Opfer der Festnahmeaktivitäten sein könnte und auch bei Warnschüssen immer die Gefahr eines Fehlgehens besteht. Des weiteren ist zu bedenken, daß der Schußwaffengebrauch der staatlichen Organe durch die Landespolizeigesetze an bestimmte Voraussetzungen gebunden wird, die enger sind als die des § 127 StPO. Im Umkehrschluß folgt hieraus, daß der Private bei Ausübung des Festnahmerechts nicht mehr Rechte besitzen kann als der Polizeibeamte in Ausübung seines Dienstes und ihm insofern der Schußwaffengebrauch generell zu untersagen ist.[724]

Übertragen auf das Nothilferecht gewerblicher Sicherheitskräfte bedeutet das zunächst, daß auch diese lediglich unbewaffnet tätig werden dürften[725] oder ihnen in Nothilfesituationen die Verwendung der Schußwaffe zumindest untersagt wäre. Daneben erschiene es sachgerecht, dieses Verbot auch auf die Verwendung von Schreckschußwaffen und Gaspistolen auszudehnen, da diesen ein ähnlich hohes Gefährdungspotential wie Schußwaffen innewohnen kann.[726] Neben der Beschränkung der Nothilfemittel würde eine Berücksichtigung der Maßstäbe des § 127 I 1 StPO dazu führen, daß auch die Nothilfehandlung gewerblicher Sicherheitskräfte als solche zu begrenzen wäre. Sie dürften grundsätzlich keine lebensgefährlichen Verteidigungsmaßnahmen ergreifen. Weiterhin wären ihnen in der Regel solche Eingriffe verwehrt, die eine erhebliche Beeinträchtigung der körperlichen Unversehrtheit des Angreifers zur Folge haben. Wenn hier von „grundsätzlich" und „in der Regel" gesprochen wird, bedeutet dies, daß in Ausnahmefällen die Nothilfehandlung einer gewerblichen Sicherheitskraft selbst dann gerechtfertigt werden könnte, wenn diese das Leben des Angreifers gefährdet oder sonst eine erhebliche Beeinträchtigung seiner Rechtsgüter zur Folge hat. Dies beträfe allein diejenigen Konstellationen, in denen es eine Tötung oder schwerwiegende Körperverletzung zu verhindern gälte. Die Berücksichtigung des Grundsatzes der Verhältnismäßigkeit darf nicht dazu führen, daß Mitarbeiter privater Sicherheitsunternehmen zur Untätigkeit verurteilt wären, wenn sie beispielsweise das brutale Zusammenschlagen eines alten Mannes nur mittels der Vornahme gravierender Eingriffe verhindern könnten. Von diesen Fällen abgesehen würde die Nothilfebefugnis gewerblicher Sicherheitskräfte nur leichtere Eingriffe in die körperliche Unversehrtheit des Angreifers umfassen. Zur Rettung von Sachgütern – mögen sie für sich genommen auch noch so unersetzlich

---

724 Vgl. AK-Krause, § 127, Rn. 14; Kühne, Strafprozessrecht, Rn. 455; Borchert, JA 1982, S. 344; Roxin, AT I, § 17, Rn. 28.

725 Vgl. hierzu die Forderung von Pitschas, Sicherheitsgewerbe, S. 87 (anders noch ders. in: DÖV 1997, S. 400); Schenkelberg, Kurzvortrag, S. 55 und Steegmann, Privatisierung, S. 255.

726 Vgl. KG, VRS 19 (1960), S. 115f.

sein – dürften keine die Rechtsgüter des Angreifers erheblich tangierenden Eingriffe vorgenommen werden.[727] Mitarbeiter privater Sicherheitsdienste dürften sich zwar dem Angreifer in den Weg stellen und versuchen, ihn unter Anwendung „sanfter Gewalt" von seinem Vorhaben abzubringen. Weitergehende Eingriffe wären ihnen jedoch nicht gestattet. Zur Rettung des angegriffenen Rechtsguts bliebe ihnen nur noch die Alarmierung der staatlichen Gefahrenabwehrorgane übrig. Schließlich dürften gewerbliche Sicherheitskräfte nur solange Nothilfe üben, wie keine staatlichen Gefahrenabwehrorgane einsatzbereit vor Ort sind.

dd. Bedenken gegenüber dem Verhältnismäßigkeitsgrundsatz

Unabhängig von der Frage, inwieweit sich die Berücksichtigung des Verhältnismäßigkeitsgrundsatzes allgemein in eine Notwehr- und Nothilfebegründung einfügen läßt, könnte gegen dessen Übertragung auf die Nothilfeausübung gewerblicher Sicherheitskräfte eingewandt werden, daß Schwierigkeiten bei der Konkretisierung der Verhältnismäßigkeit bestehen, da sich aus ihr selbst keine materiellen Rechtsgrundsätze ableiten lassen. Der erstrebte Gewinn an Einzelfallgerechtigkeit werde nur um den Preis eines Verlusts an Rechtssicherheit und Rechtsgleichheit erreicht.[728]

Bei dieser Argumentation läßt man unbeachtet, daß der Verhältnismäßigkeitsgrundsatz von Rechtsprechung und Lehre im Rahmen des § 127 I 1 StPO hinreichend konkretisiert ist. Die Berücksichtigung der Verhältnismäßigkeit würde nicht zu einem „Abwägungsbrei" führen, in dem jedes Ergebnis begründbar wird. Natürlich gäbe es Grenzbereiche, wo die Beurteilung eines Verhaltens als (un-)verhältnismäßig nicht eindeutig auf der Hand läge. Das ist aber keine Besonderheit der Nothilfe. Auch beim Festnahmerecht fällt die Beantwortung der Frage, ob die Festnahmehandlung den Verhältnismäßigkeitsgrundsatz wahrt, mitunter schwer. Ferner ist zu bedenken, daß die historische Betrachtung des Notwehr- und Nothilferechts gezeigt hat, daß die von allen Verhältnismäßigkeitserwägungen freie Notwehrregelung erst ein Produkt neuerer Zeit ist. Auch fordern einige ausländische Strafrechtsordnungen, daß die Verteidigungshandlung und/oder deren Wirkung in einem angemessenen Verhältnis zum Angriff steht. Im Ergebnis sprechen somit die allgemeinen Schwierigkeiten, die bei der

727 Vgl. Lührmann, Tötungsrecht, S. 69ff. (85), wo ein Tötungsrecht zur Sachwertverteidigung grundsätzlich abgelehnt wird.

728 Vgl. Hassemer, FS Bockelmann, S. 227; Fechner, Grenzen, S. 174; Kratzsch, Grenzen, S. 170f.; Kroß, Schweigegelderpressung, S. 63; Mitsch, JA 1989, S. 80. Siehe auch Muckel, FS Schiedermair, S. 351. Die Kritik wird relativiert von Hill, HbdStR, § 156, Rn. 23.

Arbeit mit dem Verhältnismäßigkeitsgrundsatz entstehen, nicht gegen dessen Übertragung auf das Nothilferecht gewerblicher Sicherheitskräfte.[729]

ee. Vorteile einer Übertragung des Verhältnismäßigkeitsgrundsatzes

Die angestrebte Lösung würde eine zum Teil erhebliche Reduzierung der Eingriffsbefugnisse von Mitarbeitern gewerblicher Sicherheitskräfte bedeuten. Sie besäßen hauptsächlich nur noch Meldefunktionen und könnten doch in Situationen der höchsten Not helfend tätig werden. Der Staat könnte sich aber nicht mehr auf ein effektives Einschreiten gewerblicher Sicherheitskräfte verlassen und müßte diese Lücke durch eigene Gefahrenabwehrorgane füllen. Dabei bestünde die Möglichkeit, eigenes verbeamtetes Personal einzusetzen oder in gewissem Umfang auf mit hoheitlichen Befugnissen Beliehene zurückzugreifen. In beiden Fällen wären bei einem Einschreiten die Grundrechte und der Verhältnismäßigkeitsgrundsatz zu beachten, was einen Freiheitsgewinn des Bürgers zur Folge hätte. Vor allem aber wären die Bedenken im Hinblick auf das staatliche Gewaltmonopol auf ein Mindestmaß reduziert. Völlig ausräumen lassen sie sich zwar nicht, da – wie gesehen – eine völlige Versagung jeglicher in Rechtsgüter Dritter eingreifende privat-professionelle Nothilfeausübung aus verfassungsrechtlichen und einfachgesetzlichen Gründen scheitert. Durch eine Einschränkung der Nothilfebefugnisse über den Verhältnismäßigkeitsgrundsatz besäßen gewerbliche Sicherheitskräfte auch nicht mehr den „Effektivitätsvorsprung" gegenüber den staatlichen Gefahrenabwehrorganen. Im Bewußtsein der Bevölkerung würde das Vorurteil abgebaut, daß Private besser und schneller für ihren Schutz sorgen könnten als staatliche Organe, was rechtspolitisch gesehen zu begrüßen ist.[730]

3. Fazit

Die verfassungsrechtlich und einfachgesetzlich notwendige Einschränkung des Nothilferechts gewerblicher Sicherheitskräfte kann nicht in einer Reduzierung ihrer Befugnisse auf Null gesehen werden. Bei der Suche nach Maßstäben, die eine Begrenzung der von § 32 StGB gewährten Befugnisse im Falle der Fremdhilfe liefern, haben sich die an eine Notwehrprovokation anzulegenden als unbrauchbar erwiesen. Auch eine Berücksichtigung von Gefahrtragungspflichten führt nicht weiter. Brauchbare Maßstäbe liefert allein § 127 I 1 StPO. Die ohnehin schon zwischen § 32 StGB und § 127 I 1 StPO bestehenden Parallelen treten

729 Vgl. Mahlberg, Gefahrenabwehr, S. 152, der – allerdings ohne einen Bezug zu § 127 I 1 StPO herzustellen – darauf hinweist, daß der Verhältnismäßigkeitsgrundsatz bereits eine brauchbare Konkretisierung und Schematisierung erfahren hat.

730 Vgl. Helmers/Murck, Die Polizei 1994, S. 67 und Honigl, Tätigwerden, S. 89.

dann besonders deutlich hervor, wenn man die Nothilfeausübung einer durch den Staat instrumentalisierten privaten Sicherheitskraft mit der Inanspruchnahme des Festnahmerechtes vergleicht. Die Gemeinsamkeiten lassen es angemessen erscheinen, den die Festnahmehandlung dominierenden Verhältnismäßigkeitsgrundsatz auf die Nothilfehandlung gewerblicher Sicherheitskräfte zu übertragen.

3. Kapitel: Einschränkung der Nothilfe gewerblicher Sicherheitskräfte und die der Notwehr und Nothilfe zugrunde liegenden Prinzipien

Nachdem nun der Maßstab gefunden ist, der eine sach- und interessengerechte Einschränkung der Nothilfebefugnisse gewerblicher Sicherheitskräfte ermöglicht, stellt sich die Frage, ob dieser Maßstab in bereits vertretene Notwehr- und Nothilfemodelle integriert werden kann, oder nur im Rahmen eines „neuen" Modells bzw. Ansatzes Berücksichtigung finden kann. Dabei sind zwei Eigenschaften besonders wichtig, die das schließlich präferierte Notwehr- und Nothilfemodell aufzuweisen hat. Zunächst muß es die prinzipielle Gleichstellung und Weite des Notwehr- und Nothilferechts des Normalbürgers erklären können. Weiter muß Raum für die Integration des aus § 127 I 1 StPO gewonnenen Verhältnismäßigkeitsgrundsatzes in die Nothilfebefugnis gewerblicher Sicherheitskräfte bestehen.

A. Problemaufriß

Stellt man auf die Sichtweise des einzelnen Bürgers ab, so kann man das Notwehrrecht als „elementares Recht des Selbstschutzes"[731] begreifen. In einer Notsituation kommt es ihm darauf an, sich und seine Güter gegen rechtswidrige Angriffe zu verteidigen. Ob er mit seiner Handlung Einfluß auf potentielle Angreifer oder das Rechtsempfinden der Bevölkerung ausübt, wird dem Notwehrübenden recht gleichgültig sein. Insofern könnte man die Notwehr als eine Art „Urrecht"[732] eines jeden Menschen ansehen, welches dem Staat vorausgesetzt ist. Unter der Prämisse, daß es in einem Staat grundsätzlich die hoheitliche Gewalt ist, die den Schutz des Bürgers vor rechtswidrigen Angriffen zu gewährleisten hat, müßte man weiter davon ausgehen, daß in einer Situation, in der der Staat seiner Schutzpflicht aus tatsächlichen Gründen nicht nachkommen kann, das aus dem Selbsterhaltungstrieb abgeleitete, gleichsam überpositive Recht der Notwehr wieder auflebt.[733] Diese, nur auf die Perspektive des Angegriffenen abstellende Ansicht kann das Notwehrrecht scheinbar relativ zwanglos begründen. Allerdings ist es schwierig, Nothilfe von der Warte des Selbstschutzes zu begründen. Es mag sein, daß man sich durch den Angriff auf Angehörige oder

731 Maurach/Zipf, AT 1, § 26 I, Rn. 3; Stiller, Grenzen, S. 30; vgl. auch Klose, ZStW 89 (1977), S. 86f.

732 v. Bar, Gesetz und Schuld III, S. 139; Schütze, Lehrbuch, S. 108; Wössner, Notwehr, S. 56. Sax bezeichnet die Notwehr (in: JZ 1977, S. 329 Fn. 18) als eine „mit dem Recht als Recht sogleich mitgesetzte rechtliche Grundbefindlichkeit, die der gesetzlichen Normierung gar nicht bedürfte (...)". Vgl. ferner M. Jakobs, DVBl. 2006, S. 86 und Meyer/Ulbrich, JA 2006, S. 777f.

733 Stiller, Grenzen, S. 30f.

sonst nahestehende Personen gleichsam selbst angegriffen und betroffen fühlt. Man kann jedoch schwerlich davon ausgehen, daß jeder Angriff auf einen Fremden den natürlichen Instinkt der Selbstverteidigung bei einem unbeteiligten Dritten auslöst. Ändert man aber die Sichtweise und sieht das Notwehrrecht nicht als ein ursprüngliches, sondern als ein vom Staat auf den Bürger übertragenes Recht an, ergibt sich die Zulässigkeit der Nothilfe fast von selbst. Geht man weiter davon aus, daß der Staat ein Interesse an der Verhinderung und Beendigung rechtswidriger Angriffe besitzt und in Situationen, in denen er selbst nicht in der Lage ist, solche Angriffe durch eigene Organe zu verhindern, den Bürger gleichsam vor „seinen Karren der Unrechtsbekämpfung" spannt[734], sind sowohl Notwehr als auch Nothilfe als zulässige, gleichgeeignete Mittel zur Zweckerreichung anzuerkennen. Von diesem Blickwinkel aus dient die (Möglichkeit der) Ausübung von Notwehr und Nothilfe der Selbstbehauptung des Rechts, was meist mit „Rechtsbewährung" oder „sozialrechtlicher Seite der Notwehr" umschrieben wird. Beide Umschreibungen sind jedoch sprachlich nicht ganz glücklich gewählt.[735] Besser ist es, wenn man die Seite der Notwehr, die nur die Gesellschaft betrifft und allein von ihrer Sichtweise her bestimmt wird, als „überindividuell" bezeichnet.

Neben den Schwierigkeiten bei der genauen Benennung dieses Aspekts der Notwehr treten gewichtigere Probleme bei der Bestimmung des Umfangs des Notwehr- und Nothilferechts auf. So ist es beispielsweise problematisch festzustellen, in welchen konkreten Fällen die Rechtsordnung derart tangiert ist, daß sie einer Verteidigung bedarf[736].

Mithin zeigt sich, daß beide genannten Ansichten – also die auf den Selbstschutz abstellende individualistische und die von der Warte der Rechtsordnung das Notwehrrecht betrachtende überindividuelle Notwehrbegründung – gewisse Schwierigkeiten entweder in der Begründung und/oder bei der Bestimmung des

---

734 Vgl. B. Koch, ZStW 104 (1992), S. 792f.; Kroß, Schweigegelderpressung, S. 20ff.; Perron, Rechtfertigung, S. 87f.; Stiller, Grenzen, S. 31f.

735 Obwohl der Ausdruck „Rechtsbewährung" schon seit etlichen Jahrzehnten in diesem Zusammenhang verwendet wurde, macht erst 1994 Renzikowski, Notstand, S. 79 auf die sprachliche Ungenauigkeit dieses Begriffes aufmerksam: in der deutschen Sprache kann man nicht etwas bewähren, sondern etwas kann sich nur selbst bewähren. Durch eine Notwehrhandlung wird die Rechtsordnung (sprachlich) nicht bewährt. Aber auch die Umschreibung „sozialrechtliche Seite der Notwehr" überzeugt nicht ganz. Inhaltlich drückt sie zwar zutreffend das Gemeinte aus, also die Seite der Notwehr, die „die Gesellschaft bzw. die Gemeinschaft betrifft"; es besteht jedoch die Gefahr der Verwechslung dieses Ausdrucks mit den sog. „sozialethischen Einschränkungen" des Notwehrrechts, vgl. Roxin, ZStW 93 (1981), S. 71; Bitzilekis, Einschränkung, S. 47.

736 Man wird schwerlich davon ausgehen können, daß etwa der Diebstahl eines Euros durch ein Kind die Rechtsordnung so sehr beeinträchtigt, daß sie dem Angegriffenen die Befugnis zugesteht, äußerstenfalls das Kind zu töten.

Umfangs des Notwehr- und Nothilferechts besitzen. Die wohl noch herrschende Ansicht versucht den Gedanken des Selbstschutzes mit dem der „Bewehrung der Rechtsordnung“[737] zu verknüpfen und vertritt dementsprechend einen dualistischen Ansatz. Aber auch diese Ansicht ist der Kritik ausgesetzt. Man führt gegen sie ins Feld, daß das Verhältnis der beiden Grundgedanken zueinander weitgehend ungeklärt sei und im Prinzip jedes gewünschte Ergebnis erzielt werden könne.[738]

Trotz dieser nur sehr knappen Beschäftigung mit den verschiedenen Begründungsmodellen von Notwehr und Nothilfe ist deutlich geworden, wie sehr Umfang und Grenze der Selbst- und Fremdverteidigung nach § 32 StGB von der Auffassung über die dieser Regelung zugrunde liegenden Konzeption abhängen. Insofern stellt die Beschäftigung mit den verschiedenen Begründungsmodellen von Notwehr und Nothilfe keinen Selbstzweck dar, sondern ist ein unverzichtbares „Muß“ im Hinblick auf die zutreffende Erfassung von Umfang und Grenzen der Selbst- und Fremdverteidigung sowohl von Privaten als auch von gewerblichen Sicherheitskräften.

B. Die Begründung von Notwehr und Nothilfe

Im folgenden sind die verschiedenen Konzeptionen auf ihre Tragfähigkeit hinsichtlich der Begründung des Notwehr- und Nothilferechts zu untersuchen. Immer im Hinterkopf zu behalten ist, daß es um die Entwicklung eines Modells geht, das sowohl in der Lage ist, die umfassende Befugnis zur Notwehr- und Nothilfeausübung Privater zu erklären als auch Raum für die Beschränkung des Nothilferechts gewerblicher Sicherheitskräfte läßt. Vorteil einer monistischen Notwehr- und Nothilfekonzeption ist, daß diese nicht vor dem Problem steht, das Verhältnis der beiden Grundgedanken zueinander erörtern zu müssen. Eine monistische Begründung wäre wohl in der Lage, dem Rechtsanwender im Falle eines rechtswidrigen Angriffs konkretere Handlungsanweisungen geben zu können als eine Notwehr- und Nothilfebegründung, bei der je nach Einzelfall das eine Moment das andere überwiegt.[739]

737 Renzikowski, Notstand, S. 81.

738 Kroß, Schweigegelderpressung, S. 23; Lührmann, Tötungsrecht, S. 41; Pawlik, ZStW 114 (2002), S. 260ff.; Pitsounis, Notwehr, S. 258; Stiller, Grenzen, S. 35; Warda, Jura 1990, S. 347. Vgl. auch Vaxevanos, Notwehr, S. 104.

739 Stiller, Grenzen, S. 35.

I. Notwehrgrenzen – aus den die Notwehr tragenden Prinzipien heraus zu entwickeln?

Vor einer Diskussion der verschiedenen Begründungsmodelle mag man sich die Frage stellen, inwieweit sich Umfang und Grenzen von Notwehr und Nothilfe direkt in dem schließlich präferierten Modell finden lassen müssen, da methodisch gesehen auch die Möglichkeit besteht, Notwehr und Nothilfe allein unter Berücksichtigung externer Faktoren zu begrenzen. Eine solche externe Verengung würde die Übertragung des aus § 127 I 1 StPO gewonnenen Verhältnismäßigkeitsgrundsatzes darstellen, wenn sie nicht auch in den Grundgedanken des Notwehr- und Nothilferechts festgemacht werden kann.

Mittlerweile besteht weitgehend Einigkeit darüber, daß Notwehreinschränkungen nicht von außen an das Notwehrrecht herangetragen werden dürfen.[740] Diese Auffassung wird kaum hinterfragt; Widerspruch wird nur vereinzelt erhoben[741]. Für eine zutreffende Erfassung der Grenzen einer Rechtfertigung nach § 32 I StGB könnte dieser Frage jedoch eine nicht unerhebliche Relevanz zukommen. Es ist keinesfalls selbstverständlich, daß sich Umfang und Grenzen von Notwehr und Nothilfe lediglich aus den diese Verteidigungsrechte tragenden Prinzipien heraus entwickeln lassen. Allerdings besitzt diese Vorgehensweise den Vorteil, daß sie ein vorgefundenes oder entwickeltes System nicht verläßt und so prima facie eine größere Stringenz gegenüber den Ansichten aufweist, die sich offen für eine Begrenzung von Notwehr und Nothilfe durch extern zu gewinnende Faktoren aussprechen. Umgekehrt birgt eine Arbeitsweise, deren Prämisse es ist, daß Notwehreinschränkungen nur aus den Grundgedanken dieses Rechtsinstituts selbst heraus zu entwickeln sind, die Gefahr, sich in dem entwickelten System zu verlieren und möglicherweise weiterführende Gedanken nicht verarbeiten zu können.

Hic et nunc ist es noch nicht möglich, die oben aufgeworfene Frage abschließend zu beantworten: Ohne eine genaue Kenntnis der hinter der Regelung des § 32 StGB stehenden Prinzipien ist eine Entscheidung der Frage, ob sich Notwehr- und Nothilfeeinschränkungen lediglich aus diesen selbst heraus oder auch extern entwickeln lassen, nicht zu bewerkstelligen. Somit sind zunächst die Grundgedanken dieser Verteidigungsrechte zu untersuchen, um dann zu ent-

740 Bitzilekis, Einschränkung, S. 44 und 104ff.; Bockelmann, FS Honig, S. 30; Bockelmann/Volk, AT, S. 94; Felber, Rechtswidrigkeit, S. 168; NK-F. Herzog, § 32, Rn. 98f.; Hirsch, FS Dreher, S. 217 Fn. 23; Jescheck/Weigend, AT, § 32 III 3, S. 345; Kaspar, GA 2007, S. 37; Kroß, Schweigegelderpressung, S. 20; Kühl, Jura 1990, S. 246f.; ders., Strafrecht AT, § 7, Rn. 164; Lenckner, GA 1968, S. 3ff.; Otto, FS Würtenberger, S. 138; Retzko, Notwehr, S. 93 und 144; H. Schumann, JuS 1979, S. 564; Stiller, Grenzen, S. 128.

741 Für eine externe Begründung der Notwehreinschränkungen plädieren etwa Neumann, Begründung, S. 225f. und Renzikowski, Notstand, S. 301.

scheiden, inwiefern sich aus ihnen heraus Leitlinien für Umfang und Grenze von Notwehr und Nothilfe entwickeln lassen.

Es soll nicht verhehlt werden, daß die Hoffnung gehegt wird, ein System zu finden oder zu entwickeln, das in sich geschlossen ist, also schon selbst die Grenzen von Notwehr und Nothilfe aufzeigt oder den Weg für eine Einschränkung weist. Erst wenn feststeht, daß dies nicht möglich ist, wird die Frage relevant, inwieweit es zulässig ist, Notwehr- und Nothilfeeinschränkungen ausschließlich extern herzuleiten und welche Parameter dabei zu beachten wären.

Hinzuweisen ist noch darauf, daß es vorliegend nicht um die Entwicklung der idealen Notwehr- und Nothilferegelung geht – so sie sich denn überhaupt entwickeln ließe. Vielmehr muß der Wortlaut des § 32 StGB der Ausgangs- und Endpunkt einer Betrachtung sein, die Sinn und Zweck der dahinter stehenden Intention zu ergründen versucht.[742] Die Begründung von Notwehr und Nothilfe muß mit der gesetzlichen Grundlage in Einklang zu bringen sein.[743]

II. Überindividuelle Begründung von Notwehr und Nothilfe

Teilweise wird versucht, die Zulässigkeit von Notwehr und Nothilfe allein aus dem Gedanken der Selbstbehauptung des Rechts heraus zu erklären. Diese Sichtweise, die den seine Rechtsgüter schützenden Angegriffenen fast völlig ausblendet, wird nur noch relativ selten vertreten. Eifrigster Verfechter einer überindividuellen Notwehrbegründung ist Schmidhäuser.[744] Insofern dient sein Modell als Grundlage für eine Auseinandersetzung mit der rein überindividuellen Deutung von Notwehr und Nothilfe.

1. Der überindividuelle Ansatz Schmidhäusers

Ausgehend von der Prämisse, daß es sich bei der Notwehr um eine Kollision von Gütern handeln müsse, versucht Schmidhäuser darzulegen, warum in einer bestimmten Situation „der Achtungsanspruch, der von dem einen Gut ausgeht,

---

742 Fuchs, Grundfragen, S. 29.

743 Retzko, Notwehr, S. 131.

744 Schmidhäuser, FS Honig, S. 185ff.; ders., Notwehr, S. 57f.; ders., AT Lb, Kap. 9, Rn. 86ff.; ders., AT Sb, Kap. 6, Rn. 51ff.; ders., GA 1991, S. 97ff. Neben Schmidhäuser vertreten auch Bitzilekis, Einschränkung, S. 62 und Haas, Notwehr, S. 216ff. eine rein überindividuelle Notwehrbegründung. Mahlberg, Gefahrenabwehr, S. 106 und 112 (vgl. aber auch S. 137) geht in eine ähnliche Richtung, wenn er meint, daß (jedenfalls) primäre „ratio der Notwehr (bzw. Nothilfe) ihre überindividuelle, sozialrechtliche Eingriffserlaubnis zum Kampf gegen Störungen der Rechtsordnung ist“.

hinter dem von dem anderen Gut ausgehenden zurückgesetzt werden darf"[745]. Dabei dürfe man nicht die Güter, die durch einen rechtswidrigen Angriff betroffen werden, mit denjenigen abwägen, die durch die Verteidigungshandlung tangiert werden. Denn ansonsten wäre es nicht verständlich, warum beispielsweise der Angriff auf das Eigentum unter Umständen mit lebensgefährlichen Mitteln abgewehrt werden dürfe – schließlich sei der Wertaufruf, der von dem Leben des Angreifers ausgeht, gegenüber dem Wertaufruf, der aus dem Eigentum und der Entscheidungsfreiheit des Angegriffenen resultiert, als vorrangig anzusehen.[746] Es müsse sich also auf seiten des Verteidigers ein größeres Gewicht als die bloß rechtswidrige Handlung finden lassen. Schmidhäuser meint, dieses auf die Seite des Verteidigers tretende Moment in der „Geltung der Rechtsordnung im ganzen" gefunden zu haben: Rechtsgebote und -verbote haben sich gegenüber demjenigen, der sich offen gegen sie auflehnt, zu behaupten[747]. Im Falle eines rechtswidrigen Angriffs müsse bei der „Güterabwägung" grundsätzlich das Gut auf seiten des Angreifers zurücktreten, da auf Verteidigerseite „nicht etwa ein einzelnes Ordnungsprinzip innerhalb der Rechtsordnung, sondern *die empirische Geltung der Rechtsordnung* selbst"[748] trete.

In der empirischen Geltung der Rechtsordnung sieht Schmidhäuser die Grundlage des gedeihlichen Gemeinschaftslebens. Die Rechtsordnung, die nicht als eine vom Staat gesetzte, sondern als eine in der Gesellschaft lebendige verstanden werden soll, erfordere, daß die Menschen ihr Handeln nach den Werten, die zur Grundordnung des gesellschaftlichen Zusammenlebens gehören, ausrichten.[749] Durch den rechtswidrigen Angriff auf die Güter eines anderen zeige der Angreifer, daß er seine „Mitträgerschaft an der rechtlichen Grundordnung" ostentativ verneint. Damit greife er die empirische Geltung der Rechtsordnung selbst an.[750] Einschränkend bringt Schmidhäuser vor, daß zum Beispiel Kinder, Geisteskranke, Irrende usw. die Geltung der Rechtsordnung nicht in Frage stellen könnten. Insofern sei im Rahmen der Notwehrlage die Voraussetzung des „rechtswidri-

---

745 Schmidhäuser, FS Honig, S. 193; vgl. auch dens., AT Lb, Kap. 9, Rn. 86 und dens., AT Sb, Kap. 6, Rn. 51.

746 Schmidhäuser, FS Honig, S. 193; ders., AT Lb, Kap. 9, Rn. 86.

747 Schmidhäuser, FS Honig, S. 193; ders., Notwehr, S. 57f.; ders., AT Lb, Kap. 9, Rn. 86. Bertel, ZStW 84 (1972), S. 8f. argumentiert ähnlich, wenn er ausführt, daß es letztlich das Interesse, die Rechtsordnung gegen materielles Unrecht zu verteidigen, sei, dem der Gesetzgeber die Rechtsgüter des Angreifers opfert.

748 Hervorhebung bei Schmidhäuser, FS Honig, S. 193.

749 Schmidhäuser, FS Honig, S. 194; ders., AT Lb, Kap. 9, Rn. 86; vgl. auch dens., AT Sb, Kap. 6, Rn. 51.

750 Schmidhäuser, FS Honig, S. 194; ders., AT Lb, Kap. 9, Rn. 86; ders., AT Sb, Kap. 6, Rn. 51.

gen Angriffs" auf den „rechtswidrigen Geltungsangriff" zu beschränken.[751] Das Merkmal des „rechtswidrigen Geltungsangriffs" soll Raum für sachlich gebotene Differenzierungen bieten. So besitze der heimliche Diebstahl eine andere Qualität als der bewaffnete Angriff eines Räubers. In dem einen Fall sei eine ganz andere Reaktion als in dem anderen Fall am Platze.[752]

Zwei Punkte Schmidhäusers Konzeption lohnt es noch besonders hervorzuheben. Zum einen verneint Schmidhäuser einen Geltungsangriff selbst bei bewußt rechtswidrigem Verhalten dort, wo jemand etwas tut, was ständig alle ungehindert, ja sogar ungestraft tun.[753] Zum anderen ist zu beachten, daß es bei der Frage nach einem Geltungsangriff grundsätzlich nicht auf den Wert des durch den konkreten Angriff betroffenen Objektes ankommt. Im äußersten Fall sei es sogar erlaubt, um eines geringen Gutes wegen einen Menschen zu töten. Dies nämlich in den Fällen, in denen die Rechtsordnung einen „offenen Triumph" gegen ihre Geltung nicht hinzunehmen brauche.[754]

Gegen diese überindividuelle Notwehrkonzeption wurde erhebliche Kritik erhoben.[755] Dies veranlaßte Schmidhäuser, seine Konzeption geringfügig zu überarbeiten. Er verwirft nunmehr die Forderung nach einem Angriff auf die „empirische Geltung der Rechtsordnung". Statt dessen schlägt er vor, die Notwehrlage als *„die sich in einem rechtswidrigen Angriff äußernde grobe Rechtsmißachtung"* zu bezeichnen.[756] Trotz der Korrektur seines ursprünglichen Ansatzes bleibt Schmidhäuser aber weiterhin seiner These treu, daß das Notwehr- und Nothilferecht ohne Hinzunahme individueller Momente zu begründen ist.

Die Revision seiner Ansicht läßt jedoch die Kritiker nicht verstummen. Ob diese Kritik berechtigt ist oder nur auf einer Reihe von (mutwilligen) Mißverständnissen[757] beruht, wird sich im folgenden zeigen.

---

751 Schmidhäuser, FS Honig, S. 194ff.; ders., Notwehr, S. 58; ders., AT Lb, Kap. 9, Rn. 86; ders., AT Sb, Kap. 6, Rn. 51.

752 Schmidhäuser, FS Honig, S. 195.

753 Schmidhäuser, FS Honig, S. 197f.; ders., AT Lb, Kap. 9, Rn. 96. Vgl. auch dens., AT Sb, Kap. 6, Rn. 66, wo Schmidhäuser allerdings ein anderes Beispiel wählt.

754 Schmidhäuser, FS Honig, S. 198. Vgl. auch dens., AT Sb, Kap. 6, Rn. 75, wo Schmidhäuser allerdings nicht so weit geht, positiv das Herabschießen eines Landstreichers vom Kirschbaum als unter Umständen berechtigt zu bezeichnen. Im Gegensatz zu den Ausführungen in FS Honig, S. 198, beschränkt er sich in seinem Studienbuch darauf, Fälle aufzuzählen, in denen er gerade keinen Geltungsangriff erblickt.

755 Vgl. nur Hirsch, FS Dreher, S. 218ff.; Wagner, Notwehrbegründung, S. 13ff. (vor allem S. 17ff.).

756 Schmidhäuser, GA 1991, S. 118f., Hervorhebung im Original.

757 Vgl. z.B. die in diese Richtung gehende Anmerkung bei Schmidhäuser, GA 1991, S. 131 Fn. 120.

Zunächst fällt auf, daß nach Schmidhäusers Ansicht nur Nothilfe zugunsten der Rechtsordnung geleistet werden kann. Der Angegriffene verteidigt nicht seine konkret betroffenen Güter, sondern allein die normative Geltung der Rechtsordnung.[758] Schmidhäuser trennt zwar ausdrücklich zwischen Notwehr und Nothilfe, indem er Notwehr als den Oberbegriff und Nothilfe im Grunde als einen Unterbegriff der Notwehr versteht.[759] Es macht für ihn aber keinen praktischen Unterschied, ob man selbst angegriffen wird oder ob man einem anderen bei der Abwehr eines gegenwärtigen, rechtswidrigen Angriffs beisteht. Die Frage, ob Notwehr und Nothilfe ihrem Umfang nach gleich zu behandeln sind, stellt sich bei dieser überindividuellen Konzeption nicht. Man muß sogar soweit gehen zu behaupten, daß diese Ansicht keinerlei Differenzierungen zwischen Notwehr und Nothilfe zuläßt, da die normative Geltung der Rechtsordnung ihre Verteidigung vom Nothilfeübenden in gleicher Weise verlangt wie vom Notwehrübenden. Es wäre somit nicht möglich, nur die Nothilfebefugnisse gewerblicher Sicherheitskräfte zu beschränken. Auch beim Selbstschutz müßten alle rechtswidrig Angegriffenen die gleichen Verteidigungsrechte haben. Diese zuletzt genannte Konsequenz widerspricht nicht dem Wortlaut des § 32 II StGB. Allerdings konfligiert Schmidhäusers Ansicht, die allein Nothilfe zugunsten der normativen Geltung zuläßt, mit dem Wortlaut der Notwehrregelung, da dort ausdrücklich von der Abwendung des Angriffs „von sich oder einem anderen" gesprochen wird. Der Wortlaut deutet also darauf hin, daß der Gesetzgeber wohl davon ausging, daß die Notwehr (zumindest) auch eine individualrechtliche Komponente aufweist.[760]

Zudem ist an der rein überindividuellen Sichtweise Schmidhäusers problematisch, daß die Gefahr besteht, daß Notwehr und Nothilfe zu einem allgemeinen Unrechtsverhinderungsrecht erweitert werden. Wenn die Notwehr der Verteidigung der normativen Geltung der Rechtsordnung dient, dann müßte jeder Angriff auf irgendein Rechtsgut das Notwehr- oder Nothilferecht auslösen. Dieses wäre nicht mehr auf die Abwehr von Angriffen auf Individualrechtsgüter beschränkt. Rechtsgüter der Allgemeinheit wären praktisch unbeschränkt notwehrfähig.[761] Dem steht jedoch entgegen, daß grundsätzlich nur Individualrechtsgüter notwehr- und nothilfefähig sind. Schmidhäuser versucht den Vorwurf, ein all-

---

758 Vgl. Hirsch, FS Dreher, S. 220; Stiller, Grenzen, S. 39; Wagner, Notwehrbegründung, S. 24.

759 Schmidhäuser, Notwehr, S. 55. Vgl. auch seine Terminologie in AT Lb, Kap. 9, Rn. 106.

760 Adler, Nothilfe, S. 78; Fuchs, Grundfragen, S. 43; Stiller, Grenzen, S. 39; Vaxevanos, Notwehr, S. 103; Wagner, Notwehrbegründung, S. 24.

761 LK[12]-Rönnau/Hohn, § 32, Rn. 67; Kargl, ZStW 110 (1998), S. 50; Kasiske, Jura 2004, S. 833; Kroß, Schweigegelderpressung, S. 30; Neumann, Zurechnung, S. 162; ders., Begründung, S. 220; Stiller, Grenzen, S. 37f.; vgl. auch Montenbruck, Thesen zur Notwehr, S. 25.

gemeines Unrechtsverhinderungsrecht zu propagieren, durch den Hinweis zu entkräften, daß die Notwehr schließlich an einen dringlichen Handlungsbedarf gebunden sei.[762] Nun mag man dem entgegnen, daß dieser dringliche Handlungsbedarf im Grunde immer dann besteht, wenn ein gegenwärtiger rechtswidriger Angriff stattfindet. Schmidhäuser meint jedoch, daß die Gefahrlage bei der Notwehr mehr voraussetze. Dieses „Mehr" sei in der „groben Rechtsmißachtung" zu sehen, die der Angriff darstellen müsse. Ganz davon abgesehen, daß dieser Begriff relativ konturlos[763] ist, erklärt dieser Zusatz zum gegenwärtigen rechtswidrigen Angriff nicht, warum beispielsweise die öffentliche Ordnung selbst nicht nothilfefähig ist, wenn sie in grob rechtsmißachtender Weise angegriffen wird.

Weiterer Kritikpunkt an der überindividuellen Deutung der Notwehr und Nothilfe ist, daß die Nothilfe ohne Rücksicht auf den Willen des Angegriffenen für zulässig erklärt wird. Grundsätzlich ist es aber so, daß der Angegriffene selbst entscheiden kann, ob er sich helfen lassen oder nicht eher leichtere Einbußen an Gütern in Kauf nehmen möchte.[764] Um Schmidhäusers Ansicht in dieser Beziehung zu retten, könnte man vorbringen, daß der Angegriffene sich lediglich mit dem Angriff einverstanden erklären müsse, so daß dann kein Angriff mehr auf die normative Geltung der Rechtsordnung vorläge und dementsprechend auch kein Nothilferecht. Dem ist jedoch entgegenzuhalten, daß das passive Erdulden eines Angriffs keinesfalls immer im Sinne eines Einverständnisses oder einer Einwilligung zu deuten ist. Das Geschehenlassen des Angriffs kann aus den unterschiedlichsten Beweggründen heraus resultieren. Der vom Angriff Betroffene möchte vielleicht eine Eskalation verhindern und wehrt sich deswegen nicht.[765] In dieser Situation dann aber das Vorliegen eines rechtswidrigen Angriffs grundsätzlich zu verneinen – was auch die spätere Bestrafung des Angreifers verhindern würde –, ist nicht sach- und interessengerecht. Wäre das Nothilferecht tatsächlich vollkommen unabhängig vom Verteidigungswillen des Angegriffenen, um im Falle eines rechtswidrigen Angriffs die Unverbrüchlichkeit der Rechtsordnung zu demonstrieren, liefe dies auf ein Negieren der Subjektstellung des Angegriffenen hinaus. Der auf ihn persönlich erfolgte Angriff wird als (willkommener?) Anlaß genommen, um die Selbstbehauptung des Rechts darzustellen. Der Angegriffene gerät in eine Art Objektstellung. Seine Belange wer-

762 Schmidhäuser, GA 1991, S. 113f. und 117.

763 Schmidhäuser, GA 1991, S. 119 gibt zu, daß dieser noch kein fest umrissener ist. Vgl. auch die an diesem Begriff geübte Kritik von Kroß, Schweigegelderpressung, S. 30f.

764 Vgl. schon die Hinweise in Kapitel 1, B. VII., Fn. 253, sowie Sch/Sch-Lenckner/Perron, § 32, Rn. 25/26; Kargl, ZStW 110 (1998), S. 64; Neumann, Begründung, S. 220.

765 Zu den unterschiedlichen Ablehnungsmotivationen Seuring, Nothilfe, S. 25ff.; Sternberg-Lieben, JuS 1999, S. 445.

den nicht mehr wahrgenommen oder dem Interesse der Rechtsordnung untergeordnet. Insofern spricht auch die Annahme der Unabhängigkeit der Nothilfe vom Verteidigungswillen des Angegriffenen gegen Schmidhäusers Notwehrkonzeption.[766]

Weiter sind auch Bedenken gegen die Stellung des Angreifers in Schmidhäusers Konzeption anzumelden. Während bei Hegel der Frage, inwieweit die Konfliktbeteiligten nach Beendigung des Konflikts noch in der Lage sind, ihre Wünsche und Bedürfnisse zu verfolgen, eine eigenständige Bedeutung zukommt, scheint Schmidhäuser einseitig den Blick auf die Unverbrüchlichkeit der Rechtsordnung zu lenken. Dabei besteht die Gefahr, die Person des Angreifers aus den Augen zu verlieren. Dieser erscheint vom Blickwinkel der Rechtsordnung aus nur als „Störfaktor“ und nicht als Mensch mit eigenen schützenswerten Interessen, deren Schutz auch zum Zeitpunkt des Angriffs nicht vollkommen aufgehoben ist.[767] Zutreffend zieht Neumann hier eine Parallele zur Idee der Friedlosigkeit, da sowohl bei dieser als auch bei Schmidhäusers Konzept der Gedanke, daß der Angreifer sich außerhalb der Rechtsordnung gestellt hat und deswegen die Folgen seines Handelns zu tragen hat, propagiert wurde bzw. wird.[768] Kommt es nur auf die Verteidigung der Rechtsordnung im Moment eines gegenwärtigen rechtswidrigen Angriffs an, wird der Angreifer genauso wie der Angegriffene bei der Nothilfe in eine Objektsituation gedrängt. An ihm wird ein Exempel statuiert. Die Behandlung des Angreifers soll als Anschauungsmaterial für die These von der Unverbrüchlichkeit der Rechtsordnung dienen. In einem Staat jedoch, der mit Recht die Würde des Menschen als obersten Verfassungswert anerkennt[769], ist dies nicht zulässig. Es ist somit zu konstatieren, daß die Behandlung

766 So auch Ludwig, Angriff, S. 59; Stiller, Grenzen, S. 41. Man muß sich nur die absurden Konsequenzen von Schmidhäusers Ansicht an einem Beispiel (in Anlehnung an Seier, NJW 1987, S. 2480 und Sternberg-Lieben, JuS 1999, S. 445) ausmalen: Sohn S zerschmeißt auf einem Balkon das teure Geschirr seiner Mutter M. Diese bittet ihn inständig damit aufzuhören, schreitet aber nicht weiter ein, weil sie ihren Sohn nicht verletzen möchte. Von der Straße aus wird dieses Treiben von zahlreichen Menschen mit angesehen. Soll nun derjenige, der einen Revolver besitzt, von unten diesen eine grobe Rechtsmißachtung darstellenden Angriff durch einen mehr oder weniger gezielten Schuß beenden dürfen, weil dies das einzige Mittel zur Verhinderung der Zerstörung des ganzen Geschirrs ist?

767 Neumann, Begründung, S. 223; ihm folgend Stiller, Grenzen, S. 50.

768 Neumann, Begründung, S. 223. Zur Friedlosigkeit vgl. Kapitel 1, B. II. Es lassen sich auch Gemeinsamkeiten mit dem Feindstrafrecht erblicken, wenn G. Jakobs, HRRS 2004, S. 88ff. argumentiert, daß der prinzipiell Abweichende keine Garantie personalen Verhaltens biete und er deshalb nicht als Bürger behandelt werden könne, sondern als Feind bekriegt werden müsse, a.a.O., S. 93 und 95.

769 BVerfGE 5, 85 (204); 27, 1 (6); 32, 98 (108); v. M/K/S-Starck, Art. 1, Rn. 27; Haurand/Vahle, NVwZ 2003, S. 518; Kratzsch, GA 1971, S. 69; Lührmann, Tötungsrecht, S. 2; Sundermann, Schußwaffengebrauch, S. 56.

des Angreifers in einer überindividuellen Notwehrkonzeption im Sinne von Schmidhäuser gegen eine solche spricht.[770]

Problematisch an Schmidhäusers Konzeption ist auch, daß er dort einen Geltungsangriff verneint, wo jemand ein bewußt rechtswidriges Verhalten an den Tag legt, dieses Verhalten aber grundsätzlich ungehindert bzw. ungestraft hingenommen wird. Hier wird die Rechtsposition des Angegriffenen ausschließlich von der faktischen Anerkennung seitens seiner Mitmenschen bestimmt.[771] Davon abgesehen, daß diese Auffassung zu einer erheblichen Rechtsunsicherheit führen würde[772], widerspricht sie dem den Normen innewohnenden Regelungscharakter. Diese würden dann nur noch die Funktion von „bloßen Beschreibungen einer empirischen Regelmäßigkeit gesellschaftlicher Verhaltensmuster" erfüllen.[773] Insofern führt Schmidhäusers Ansicht in eine Antinomie. Entweder nimmt die faktische Geltung eines Rechtssatzes durch einen Angriff keinen Schaden, dann wäre auch eine Verteidigung der Rechtsordnung nicht erforderlich. Oder aber der Angriff verneint durch „seine normative Kraft des Faktischen" die Geltung der Rechtsordnung. Dies hätte zur Folge, daß nichts Verteidigungswertes übrig bliebe, da eine insoweit ungültige Rechtsordnung keiner Verteidigung bedarf.[774]

Neben den bereits angesprochenen Bedenken gegen Schmidhäusers Konzeption wird häufig darauf verwiesen, daß eine überindividuelle Deutung der Notwehr und Nothilfe im Widerspruch zum staatlichen Gewaltmonopol steht.[775] Da Notwehr und Nothilfe in dessen Anwendungsbereich fallen, ist ein Verstoß nicht von vornherein ausgeschlossen. Das staatliche Gewaltmonopol geht mit dem grundsätzlichen Gewaltverbot zwischen Privaten einher. Bei einer rein überindividuellen Betrachtung muß man davon ausgehen, daß jedem Bürger im Moment des Angriffs, soweit der Staat selbst nicht schützend eingreifen kann, eine staatliche Aufgabe übertragen wird. Das Notwehr- und Nothilferecht muß bei dieser Sichtweise zwangsläufig auf einer staatlichen Delegation beruhen.[776] Bei solch einer Delegation müßten die staatlichen Bindungen, denen die ansonsten zustän-

---

770 B. Koch, ZStW 104 (1992), S. 793f.; Neumann, Begründung, S. 223; Pitsounis, Notwehr, S. 262f.; Renzikowski, Notstand, S. 93f.; Stiller, Grenzen, S. 50f.

771 Renzikowski, Notstand, S. 84.

772 Wie bzw. wodurch können Normen identifiziert werden, deren Übertretung grundsätzlich hingenommen wird?

773 Vgl. Renzikowski, Notstand, S. 84 m.N.

774 Insoweit treffend Renzikowski, Notstand, S. 84. Ihm folgend Klesczewski, FS E.A. Wolff, S. 235.

775 Stiller, Grenzen, S. 47f.; Kroß, Schweigegelderpressung, S. 33ff.; Wagner, Notwehrbegründung, S. 23ff.

776 So auch Kroß, Schweigegelderpressung, S. 33f.; Ludwig, Angriff, S. 62f.; Stiller, Grenzen, S. 47f.; Wagner, Notwehrbegründung, S. 27.

digen hoheitlichen Organe unterliegen, immer auch auf den Delegaten weitergegeben werden. Konkret kommt hier der Verhältnismäßigkeitsgrundsatz als eine von Hoheitsträgern zu beachtende Einschränkung in Betracht. Als plakatives Beispiel staatlicher Bindungen beim Gewalteinsatz mögen die zahlreichen Beschränkungen dienen, die die Landespolizeigesetze in den jeweiligen Regelungen über den Schußwaffeneinsatz[777] aufstellen. Im Gegensatz zu diesen Regelungen und zu §§ 34 StGB, 228 BGB verlangt § 32 StGB aber grundsätzlich keine Verhältnismäßigkeitsprüfung. Dies erscheint unerklärlich im Hinblick darauf, daß jeder Bürger und eben nicht nur die gewerbliche Sicherheitskraft bei der Ausübung von Notwehr und Nothilfe wie die staatlichen Organe eine öffentliche Aufgabe wahrnehmen soll. Insofern verstößt die rein überindividuelle Deutung des Notwehr- und Nothilferechts von Schmidhäuser gegen das staatliche Gewaltmonopol.[778]

Nur kurz sei hier noch auf eine weitere Unstimmigkeit innerhalb der überindividuellen Theorie Schmidhäusers hingewiesen. Als Konsequenz der personalen Unrechtslehre wird heutzutage fast allgemein das Erfordernis eines subjektiven Rechtfertigungselements für die Notwehr- und Nothilfe-Rechtfertigung verlangt.[779] Dieses wird meist dergestalt vorliegen, daß der Verteidiger Gewalt anwendet, um eigene oder fremde Güter vor rechtswidrigen Angriffen zu schützen. Er wird aber wohl äußerst selten, um nicht zu sagen niemals, den Angriff in dem Bewußtsein abwehren, hierdurch für die Selbstbehauptung des Rechts zu streiten.[780] Dieser Argumentation wird des öfteren entgegengehalten, daß sie unzulässigerweise die ratio des Notwehrrechts mit den subjektiven Zielen des Handelnden verwechsele. Es komme nicht primär auf die Ziele des Verteidigers, sondern auf den hinter der Normierung des Notwehrrechts stehenden Zweck an.[781] Richtig an diesem Vorhalt ist, daß die subjektiven Vorstellungen der Bürger keine zwingenden dogmatischen Folgen haben können. In der Tat könnte der Staat in der Normierung des Notwehrrechts die grundsätzlich eigensüchtige Motivation des Verteidigers für seine Zwecke ausgenutzt haben.[782] Allerdings würde sich das Notwehrsystem als weltfremd im Hinblick auf Vorstellungen aller Bürger erweisen, die eine allgemeine soziologische Tatsache darstellen. Des

---

777 Vgl. z.B. §§ 54ff. HSOG. Zum polizeilichen Schußwaffengebrauch ganz allgemein etwa Gusy, Polizeirecht[6], Rn. 448ff. und Mußgnug, Schußwaffengebrauch.

778 Wie hier auch Kroß, Schweigegelderpressung, S. 33ff. und Stiller, Grenzen, S. 48, jeweils m.w.N.

779 Zum sog. „Verteidigungswillen" Sch/Sch-Lenckner/Perron, § 32, Rn. 63. Ausführlich Prittwitz, GA 1980, S. 381ff.; ders., Jura 1984, S. 74ff. und Geppert, Jura 2007, S. 33ff.

780 Kroß, Schweigegelderpressung, S. 32; Wagner, Notwehrbegründung, S. 17.

781 Bitzilekis, Einschränkung, S. 59f.; Schmidhäuser, GA 1991, S. 132.

782 Marxen, Grenzen, S. 31; Kroß, Schweigegelderpressung, S. 32f.; Stiller, Grenzen, S. 40.

weiteren wäre sehr fraglich, mit welchem Recht der Staat den Einzelnen für seine Zwecke in Anspruch nehmen darf. Insofern vermag der Einwand der Vertreter der überindividuellen Theorie bezüglich der Argumentation mit dem Verteidigungswillen im Endeffekt nicht zu überzeugen.[783]

Man steht mithin vor dem Befund, daß eine rein überindividuelle Deutung des Notwehr- und Nothilferechts schwerwiegenden Bedenken ausgesetzt ist. Die Vorteile, die dieser Konzeption zum Teil auch von ihren Gegnern bescheinigt werden, erweisen sich bei näherem Hinsehen partiell als Nullsummenspiel. So muß beispielsweise für die zwanglose Erklärung des Nothilferechts der hohe Preis der Unabhängigkeit der Nothilfe vom Willen des Angegriffenen bezahlt werden. Anders ausgedrückt wird der Gewinn, der bei der Erklärung des Nothilferechts gemacht wird, durch den Verlust des Selbstbestimmungsrechts des Angegriffenen aufgezehrt. Durch die zwangsläufige Gleichbehandlung von Notwehr und Nothilfe in Schmidhäusers System kann auch das angestrebte Ergebnis – Einschränkung nur der Nothilfebefugnisse gewerblicher Sicherheitskräfte – von diesem nicht verwirklicht werden. Einem rein überindividuellen Verständnis von Notwehr und Nothilfe im Sinne Schmidhäusers kann somit nicht gefolgt werden.

2. Weitere überindividuelle Erklärungsansätze

Soweit ersichtlich, fand Schmidhäusers Modell nirgendwo ungeteilte Zustimmung. Das heißt allerdings nicht, daß er der einzige blieb, der glaubt, bei der Begründung des Notwehr- und Nothilferechts auf individuelle Gesichtspunkte verzichten zu können. Das Modell Bitzilekis' geht in eine ähnliche Richtung.

a. Das Notwehrrecht als Mittel der „Bewährung" der Rechtsordnung nach Bitzilekis

Nachdem Bitzilekis scharfe Kritik an Schmidhäusers Ansatz der Verteidigung der „empirischen Geltung der Rechtsordnung" übt, versucht er zu ergründen, was sich eigentlich hinter dem Begriff der „Rechtsordnung" verbirgt.[784] Er kommt zu dem Ergebnis, daß sie „diejenige soziale Wertordnung (ist), die durch ihre Normen unmittelbar eine verhaltensausrichtende Wirkung auf die Bürger erreichen will, um einen rechtlich geordneten Zustand von Rechtsgütern zu erreichen"[785]. Da die Erhaltung der Rechtsordnung voraussetze, daß rechtswidrige Angriffe soweit wie möglich verhindert werden müssen, verleihe sie jedem die

783 So auch Kroß, Schweigegelderpressung, S. 32f. und Kioupis, Notwehr, S. 34.

784 Bitzilekis, Einschränkung, S. 51ff. (53ff.).

785 Bitzilekis, Einschränkung, S. 55.

Befugnis, sich präventiv gegen das drohende Unrecht zu wehren. Somit sei Notwehr als ein bedingter Schutz der Rechtsordnung durch den einzelnen zu verstehen, wobei sich das Notwehrrecht als ein vom Staat auf den Bürger delegiertes darstelle.[786] Der Verzicht auf ein selbständig individuelles Element bei Notwehr und Nothilfe gründet sich nach Ansicht Bitzilekis' darin, daß der Rechtsgüterschutz und der Schutz der Rechtsordnung unzertrennlich miteinander verbunden seien. Die Rechtsordnung als das *Allgemeine* manifestiere sich im *Besonderen* jedes einzelnen Rechtsgutes.[787] Konsequenz dieser Ansicht ist somit, daß Notwehr und Nothilfe als zwei auf derselben Ebene angesiedelte verschiedene Institute angesehen werden. Der Unterschied liegt in der Terminologie Bitzilekis' im Besonderen – Schutz der eigenen/fremden Rechtsgüter –, da beide im Allgemeinen denselben Bezugspunkt – „Bewährung" der Rechtsordnung – haben.[788] Da die Notwehrlage überindividuell zu betrachten sei, wird jedem Verteidigungsbereiten die Befugnis erteilt, sich gegen das Unrecht zur Wehr zu setzen. Der Nothelfer besitze ein eigenes, nicht vom Angegriffenen abgeleitetes Verteidigungsrecht.[789] Was die notwehrfähigen Rechtsgüter anbetrifft, so tritt Bitzilekis offen für die Notwehrfähigkeit aller Rechtsgüter ein mit Ausnahme derjenigen, die „den Bestand des Staates, die Bildung und Äußerung des staatlichen Willens und Macht und die öffentliche Ordnung" betreffen.[790] Damit propagiert er im Prinzip ein allgemeines Unrechtsverhinderungsrecht. Darüber hinaus scheint die Unterscheidung zwischen den Rechtsgütern, die nach Bitzilekis notwehrfähig sein sollen und solchen, denen er diese Eigenschaft abspricht, nicht ganz stimmig. So wäre etwa ein Notwehrrecht gegen den im Straßenverkehr Trunkenen gegeben (§ 316 I bzw. II StGB), nicht aber gegen denjenigen, der den Bestand des Staates angreift. Wenn aber Bitzilekis das hinter § 316 StGB stehende Interesse in Leben, Gesundheit und Eigentum einer mehr oder weniger großen Vielzahl von Personen erblickt[791], so wäre es nur konsequent, wenn er dieselben Rechtsgüter auch durch Angriffe auf den Bestand des Staates als zumindest mittelbar bedroht ansieht und den Bürgern in diesen Fällen eine außerhalb des Art. 20 IV GG liegende Verteidigungsbefugnis zugesteht. Zwar sind die Bedenken Bitzilekis' gegen die umfassende Zulässigkeit der Staatsnot-

786 Bitzilekis, Einschränkung, S. 58f. (59): „(Notwehr) ist eine bedingte Übertragung der Befugnis zur Abwehr eines rechtswidrigen Angriffs in die Hand des einzelnen".

787 Bitzilekis, Einschränkung, S. 60f., Hervorhebungen im Original.

788 Bitzilekis, Einschränkung, S. 61, vgl. auch S. 72: „Notwehr und Nothilfe liegt ein gemeinsamer Gedanke zugrunde".

789 Bitzilekis, Einschränkung, S. 72.

790 Bitzilekis, Einschränkung, S. 68f.

791 Bitzilekis, Einschränkung, S. 68.

hilfe gewichtig[792]; sie vermögen aber die Widersprüchlichkeit bei der Bestimmung der notwehrfähigen Rechtsgüter nicht zu beseitigen.[793]

Die Behandlung von Notwehr und Nothilfe in dieser überindividuellen Konzeption Bitzilekis' wurde schon kurz angesprochen. Da Notwehr und Nothilfe zwei nebeneinanderstehende Rechtfertigungsgründe darstellen, ist nach Bitzilekis' Konzept eine unterschiedliche Behandlung der beiden Notrechte grundsätzlich denkbar. Diese Ansicht wird dadurch genährt, daß nach Meinung Bitzilekis' der Notwehr- bzw. Nothilfeübende bei der Abwehrhandlung verpflichtet ist, solche Wertungsgesichtspunkte zu respektieren, bei denen es sich um wesentliche Bestandteile und allgemeine Wertungen der Rechtsordnung handelt.[794] Da diese allgemeinen Wertungen keine absoluten sind, sondern einem steten Wandlungsprozeß unterliegen[795], erscheint es durchaus möglich, daß sich aus der Rechtsordnung eine Wertung dergestalt herauskristallisieren läßt, daß Nothilfe gewerblicher Sicherheitskräfte einen geringeren Umfang besitzt bzw. besitzen soll als Notwehr.

Man muß Bitzilekis zugute halten, daß seine Konzeption einige bei Schmidhäuser auftretende Widersprüche nicht aufweist. So kann er im Gegensatz zu Schmidhäuser die Existenz von Nothilfe und Notwehr erklären. An den neuralgischen Punkten sind jedoch gegen die überindividuelle Notwehrkonzeption Bitzilekis' im Grunde die gleichen Bedenken anzumelden wie gegen die Begründung Schmidhäusers. So wird auch hier das Notwehr- bzw. Nothilferecht als ein vom Staat delegiertes angesehen, ohne daß diskutiert wird, inwieweit dies überhaupt möglich ist und welche staatlichen Bindungen hierbei mit übertragen werden müßten. Daneben bestehen Bedenken hinsichtlich der Stellung des Angreifers. Bitzilekis schafft es auch nicht, die Schwierigkeiten, die ein überindividuelles Notwehrverständnis bezüglich des Verteidigungswillens besitzt, überzeugend auszuräumen.

Obwohl die Notwehrkonzeption Bitzilekis' Raum für eine Differenzierung von Notwehr und Nothilfe läßt, was für die Einschränkung der Nothilfebefugnisse gewerblicher Sicherheitskräfte unerläßlich ist, kann ihr aufgrund der zahlreichen Unstimmigkeiten im Allgemeinen nicht gefolgt werden.[796]

---

792 Zum Beispiel die Gefahr der Legalisierung des Bürgerkrieges oder des politischen Mordes, so Bitzilekis, Einschränkung, S. 69f. (70) unter Berufung auf Mayer, Strafrecht, S. 183 und 204.

793 Im Ergebnis auch Kroß, Schweigegelderpressung, S. 37.

794 Bitzilekis, Einschränkung, S. 107f.

795 Bitzilekis, Einschränkung, S. 108.

796 Vgl. auch Ludwig, Angriff, S. 46 und Kroß, Schweigegelderpressung, S. 36ff.

b. Die Kombination von Zurechnung und Entlastung bei Haas

Schließlich ist noch Haas als Vertreter einer rein überindividuellen Notwehrkonzeption anzuführen.[797] Sein vorrangiges Ziel ist es, eine Erklärung dafür zu finden, warum bei § 32 StGB im Gegensatz zu den §§ 34 StGB, 228 BGB keine Güterabwägung vorzunehmen ist. Nachdem er zu der Erkenntnis kommt, daß weder der Selbsterhaltungstrieb, der Ausdruck in § 35 StGB gefunden habe und Nothilfe nicht erklären könne, noch der private, auch im Rahmen des rechtfertigenden Notstands geleistete Güterschutz die Besonderheit, also die Schärfe, des Notwehrrechts gegenüber dem Notstandsrecht erklären kann, bleiben ihm hierfür allein überindividuelle Gesichtspunkte übrig.[798] Im Ergebnis findet bei ihm die Notwehr zum einen ihre Erklärung in der Möglichkeit, den dem ursprünglichen Angreifer entstehenden Schaden durch den rechtswidrigen Angriff diesem selbst zuzurechnen. Er hat durch seinen Angriff rechtlich normierte Erwartungen enttäuscht, was zur Folge hat, daß nun auch seine Erwartungen nicht mehr respektiert werden müssen. Zum anderen erfahre der Verteidiger Entlastung für die von ihm angerichteten Schäden, da er durch die Abwehr des Angriffs tendenziell die Aufrechterhaltung der in der Form des Rechts geschaffenen Ordnung stärkt.[799] Weiter soll die Kommunikation über eine stattgefundene Notwehr das Vertrauen der Bevölkerung in die Rechtsordnung stärken.[800] Nothilfe soll ebenso wie bei Bitzilekis kein übertragenes Selbstverteidigungsrecht des Angegriffenen, sondern ein eigenständiges Recht des Nothelfers darstellen, welches grundsätzlich nicht vom Willen des Angegriffenen abhängig ist.[801]

Daß diese Unabhängigkeit der Nothilfe vom Willen des Angegriffenen, etwa im Hinblick auf dessen Subjektstellung, sehr bedenklich ist, wurde bereits erläutert. Auch wird der Angreifer bei Haas insoweit instrumentalisiert, als er dazu dient, die Rechtstreue der Bevölkerung zu erhalten und zu bestärken. Überspitzt gesagt, muß der rechtswidrig Angreifende äußerstenfalls die Tötung hinnehmen, damit die Möglichkeit besteht, daß über die ausgeübte Notwehr kommuniziert und somit die Rechtsordnung stabilisiert wird.[802] Des weiteren widerspricht Haas' Definition vom rechtswidrigem Angriff als Angriff „unter zurechenbarer

---

797 Haas, Notwehr, S. 143ff. (216ff.).

798 Haas, Notwehr, S. 196f., 202 und 216ff. Der Vollständigkeit halber sei noch erwähnt, daß Haas nicht allein die beiden o.g. individuellen Momente untersucht, sondern auch z.B. den Verwirkungsgedanken oder das Bedürfnis nach Rache. Im Endeffekt erblickt er jedoch keine spezifischen, gerade das Notwehrrecht kennzeichnenden Momente.

799 Haas, Notwehr, S. 356.

800 Haas, Notwehr, S. 217ff.

801 Haas, Notwehr, S. 220ff. (222) und 281.

802 Haas, Notwehr, S. 220 und 355. Kritisch zu dieser Konsequenz von Haas' Ansicht auch B. Koch, ZStW 104 (1992), S. 793.

Mißachtung des Rechts“[803] dem Wortlaut des § 32 StGB, der keinen schuldhaften Angriff verlangt.[804]

Zugute halten muß man Haas, daß er das Problem, inwieweit bei einem überindividuell konzipierten Notwehr- und Nothilferecht staatliche Bindungen zu berücksichtigen sind, erkennt und diskutiert. Er ist der Ansicht, daß das Fehlen dieser Beschränkungen beim Notwehrrecht darauf zurückzuführen sei, daß nur beim Staat die Gefahr des Ausuferns und des Mißbrauchs der Eingriffsrechte bestehe. Nur an ihn könne die normative Erwartung gestellt werden, eine Konfliktbeilegung in maßvoller, abwägender Weise herbeizuführen.[805] Dagegen ist vorzubringen, daß es empirisch nicht belegbar ist, daß solche Erwartungen überhaupt und nur an den Staat gestellt werden. Auch besteht grundsätzlich bei Privaten, die (mehr oder weniger professionell) Notwehr- und Nothilfe ausüben, die Gefahr des „Machtmißbrauchs“. Haas meint zwar, daß ein qualitativer Unterschied zwischen der Notwehrhandlung eines Privaten und der Zwangsausübung eines Polizisten insofern bestehe, als die Maßnahme eines Polizisten unmittelbar den Rückschluß auf die von diesem repräsentierte organisierte staatliche Macht zuläßt. Dies sei bei der Handlung eines Privaten nicht der Fall.[806] Diese These gerät jedoch ein wenig in Konflikt mit Haas’ Verständnis von der Wirkung der ausgeübten Notwehr auf das Bewußtsein der Bevölkerung. Wenn beispielsweise uniformierte Angehörige von Bürgerwehren oder Mitarbeiter privater Sicherheitsdienste rechtmäßig im Rahmen der Notwehr und Nothilfe unproportionale Verteidigungshandlungen zum Schutz eines geringwertigen Gutes vornehmen, würde in der Kommunikation über solche Fälle bestimmt nicht besonders hervorgehoben, daß diese Maßnahmen schließlich nicht unmittelbar auf den Staat zurückzuführen seien.

Aufgrund der angezeigten Probleme kann auch die überindividuelle Notwehrkonzeption von Haas Notwehr und Nothilfe nicht überzeugend erklären.[807]

III. Individuelle Begründung von Notwehr und Nothilfe

Es hat sich gezeigt, daß eine Konzeption, die sich allein auf überindividuelle Momente stützt, Notwehr und Nothilfe nicht widerspruchsfrei erfassen kann. Ganz davon abgesehen, daß teilweise eine Unterscheidung von Notwehr und Nothilfe überhaupt nicht möglich ist, kann eine solche somit nicht als Grundlage

803 Haas, Notwehr, S. 240 und 356.

804 Dieses Problem stellt sich übrigens auch bei der Konzeption Schmidhäusers, vgl. hierzu Bitzilekis, Einschränkung, S. 53; Kroß, Schweigegelderpressung, S. 36; Roxin, ZStW 93 (1981), S. 82f.

805 Haas, Notwehr, S. 274f.

806 Haas, Notwehr, S. 274.

807 Im Ergebnis auch Roxin, ZStW 93 (1981), S. 72f.

für eine Notwehr- und Nothilfebegründung dienen, bei der nur die Nothilfebefugnisse gewerblicher Sicherheitskräfte durch den Verhältnismäßigkeitsgrundsatz des § 127 I 1 StPO begrenzt werden.

Folglich müssen sich auf der Seite des Verteidigers oder auf der des Angegriffenen Punkte finden lassen, die entweder für sich allein genommen oder unter Hinzuziehung überindividueller Gedanken das Notwehr- und Nothilferecht im Allgemeinen und im Besonderen zu begründen vermögen. Diese Aspekte könnten dann auch entscheidend für die Bestimmung von Umfang und Grenzen der Selbst- und Fremdverteidigung sein. Wie schon erwähnt, wird einer rein individuellen Notwehr- und Nothilfekonzeption häufig vorgeworfen, daß sie nicht in der Lage sei, die Nothilfe schlüssig zu erklären. Da dies prima facie ein plausibler und gewichtiger Einwand ist, wird diesem bei der Behandlung der verschiedenen individuellen Modelle besonderes Augenmerk zu schenken sein.

1. Koordinations- bzw. Vertragsmodelle

So wie schon Kant und Hegel bei der Notwehr dem Verhältnis zwischen Angreifer und Angegriffenem große Beachtung schenkten, versuchen auch heutzutage einige Autoren, dieses Verhältnis für Begründung und Umfang von Notwehr und Nothilfe fruchtbar zu machen.

a. Das Koordinationsmodell Hruschkas

Hruschka untersucht die Konsequenzen des Verstoßes gegen eine Regelbefolgungspflicht im Verhältnis zweier Subjekte. Er entdeckt dabei zwei alternative Möglichkeiten. Entweder schulde nur einer der Beteiligten dem anderen die Befolgung einer Pflicht oder beide würden sich gegenseitig die Regelbefolgung schulden (jeweils bezogen auf dasselbe Regelsystem). Im ersten Fall bestünde zwischen beiden Subjekten ein Subordinationsverhältnis, da nur der Verpflichtete gegenüber dem Berechtigten zur Regelbefolgung verpflichtet wäre. Im zweiten Fall sei von einem Koordinationsverhältnis zu sprechen, da sowohl der eine als auch der andere wechselseitig Verpflichteter und Berechtigter bezüglich der Einhaltung der Regeln ist. Beide würden sich die Befolgung desselben Systems gegenseitig schulden.[808] Im Hinblick auf die Annahme eines Koordinationsverhältnisses stellt sich nun die Frage, ob und wenn ja, inwieweit auf einen bevorstehenden oder schon begangenen Regelverstoß reagiert werden darf. Grundsätzlich kommen zwei Möglichkeiten in Betracht. Entweder der bevorstehende oder bereits geschehene Regelverstoß hat keinerlei Auswirkungen in dem Sinne, daß der Verpflichtete weiter an die Regeln gebunden ist, auch wenn der andere,

808 Hruschka, FS Dreher, S. 199.

dem er verpflichtet ist, seinerseits diese Regelbindung nicht beachtet hat. Im Endeffekt läuft dies auf die Annahme eines Subordinationsverhältnisses heraus, da der andere sich ohne Konsequenzen so verhalten kann, als ob er die Regeln gar nicht einzuhalten hätte.[809] Die zweite Möglichkeit besteht darin, daß der Regelverstoß des anderen die Regelbefolgungspflicht des Verpflichteten komplett beseitigt. Konsequenz wäre, daß überhaupt kein auf die Befolgung eines Regelsystems bezogenes Koordinationssystem mehr bestünde, weil die Regelbefolgungspflicht entfiele.[810] Beide Extrempositionen vermögen nach Ansicht Hruschkas nicht zu befriedigen. Die Lösung der Problematik ist in der Anerkennung einer Reaktionsbefugnis zu suchen, die sich in der Mitte der beiden Positionen befindet. Diese Befugnis zu maßvoller Reaktion soll einen extrasystematischen[811] Rechtfertigungsgrund liefern, der allein durch die Annahme eines Koordinationsverhältnisses bedingt ist.[812]

Grundlage des Notwehrrechts ist also die Gleichberechtigung der Menschen im Rahmen eines Koordinationsverhältnisses. Soweit der Verpflichtete dem Berechtigten gegenüber die Regelbefolgungspflicht verletzt, ist auch der Angegriffene nicht mehr an die Pflicht zur Regelbefolgung gebunden.[813] Positiv an diesem Ansatz ist, daß Hruschkas Notwehrbegründung ohne Hinzuziehung überindividueller Gesichtspunkte auskommt.[814] Des weiteren kann er die grundsätzlich fehlende Güterabwägung bei der Notwehr plausibel erklären. Soweit nur auf die Verletzung der Regelbefolgungspflicht abgestellt wird, ist es irrelevant, welches konkrete Gut auf seiten des Angreifers oder auf seiten des Verteidigers betroffen ist. Weiterhin steht die fehlende Ausweichpflicht bei der Notwehr mit Hruschkas Konzeption in Einklang, da bei Annahme einer solchen ein Subordinationsverhältnis zwischen Angreifer und Angegriffenem vorliegen würde.[815]

Kritik ist aber an seiner Ansicht dergestalt zu üben, daß sie die Nothilfe nicht überzeugend erklären kann. Zwar übersieht Hruschka die Fremdhilfe nicht, indem er davon ausgeht, daß „der Gefährdete (sich) Helfer heranziehen“ kann; diese haben dann aber kein eigenes, sondern ein abgeleitetes Verteidigungs-

809 Hruschka, FS Dreher, S. 199.
810 Hruschka, FS Dreher, S. 199.
811 Extrasystematisch insofern, als dieser Rechtfertigungsgrund, der die Einhaltung der Verhaltensanweisungen des Regelsystems, auf das er sich bezieht, dispensiert, nicht auf der Ebene des Systems selbst steht, sondern dem System gegenüber eine Metaregel formuliert, vgl. Hruschka, FS Dreher, S. 190. Siehe hierzu Neumann, GA 1985, S. 392ff. und Joerden, JuS 1992, S. 26.
812 Hruschka, FS Dreher, S. 200.
813 Hruschka, Strafrecht, S. 137; Fuchs, Grundfragen, S. 60.
814 Kroß, Schweigegelderpressung, S. 45.
815 Vgl. Hruschka, Strafrecht, S. 136ff.

recht.[816] Dies kann aber nicht die Tatsache erklären, daß – bei Annahme einer Regelbefolgungspflicht im Gegenseitigkeitsverhältnis – der Helfer, demgegenüber keine Pflicht verletzt wurde, regelmäßig die gleichen Befugnisse wie der Angegriffene besitzen soll. Dabei ist gleichgültig, ob es sich bei dem Helfer um einen Mitarbeiter des privaten Sicherheitsgewerbes handelt oder nicht. Die alleinige Berücksichtigung des Zwei-Personen-Verhältnisses zwischen Angreifer und Angegriffenem bietet grundsätzlich keinen Ansatzpunkt für die überzeugende Integration der Nothilfe.[817] Will man diesen Gesichtspunkt unbeachtet lassen und gleich auf den Umfang der Nothilfe zusteuern, muß man davon ausgehen, daß Notwehr und Nothilfe zwangsläufig den gleichen Umfang hätten, da allein auf das Verhältnis Angreifer – Angegriffener abgestellt wird. Für eine differenzierende Behandlung von Notwehr und Nothilfe wäre kein Raum. Neben den Schwierigkeiten bei der Erklärung der Nothilfe wirft Hruschkas fragmentarischer Ansatz das Problem auf, wo die Grenzen der Notwehrbefugnis zu ziehen sind. Der Ausdruck „Befugnis zu maßvoller Reaktion" läßt das Ergebnis völlig offen.[818] Das, was als positiv gelobt wurde – die überzeugende Erklärung der grundsätzlich fehlenden Güterabwägung –, wendet sich nun gegen Hruschkas Konzeption, da nicht erklärt werden kann, woher Einschränkungen des Notwehrrechts zu gewinnen sind und in welchem Umfang diese bestehen. Zuletzt ist noch eine weitere Schwierigkeit an Hruschkas Ansatz hervorzuheben. Er geht davon aus, daß allein der vorsätzlich schuldhafte Angriff das Koordinationsverhältnis beeinträchtigten kann.[819] Dem steht jedoch der Wortlaut des § 32 StGB entgegen, der einen vorsätzlichen und schuldhaften Angriff nicht erfordert.

Hruschkas Gegenseitigkeitsverhältnis ist somit nicht in der Lage, Notwehr und Nothilfe überzeugend zu begründen.[820] Es ist deswegen abzulehnen. Im übrigen weist es auch keinen Ansatzpunkt für die Integration des Verhältnismäßigkeitsgrundsatzes für die Nothilfeausübung gewerblicher Sicherheitskräfte auf.

b. Notwehr als „Wiederherstellung des Koordinationsverhältnisses" nach Renzikowski

Ähnlich wie Hruschka geht auch Renzikowski davon aus, daß die Notwehrbefugnis die Wiederherstellung des Koordinationsverhältnisses zwischen Angreifer und Angegriffenem ist. Durch einen rechtswidrigen Angriff manifestiere sich

816 Hruschka, FS Dreher, S. 207.

817 Kroß, Schweigegelderpressung, S. 45; Schmidhäuser, GA 1991, S. 115.

818 Koriath, FS Müller-Dietz, S. 377.

819 Hruschka, Strafrecht, S. 139ff. Hierzu M. Koch, Nothilfe, S. 112 und Retzko, Notwehr, S. 131ff.

820 Im Ergebnis auch Frister, GA 1988, S. 300; M. Koch, Nothilfe, S. 112; Kroß, Schweigegelderpressung, S. 46; Retzko, Notwehr, S. 131ff.; Schmidhäuser, GA 1991, S. 115.

die Kooperationsverweigerung des Angreifers, auf die das Angriffsopfer seinerseits mit einem Kooperationsabbruch reagieren dürfe. Die Regelbefolgungspflicht sei aber nur insoweit suspendiert, als es zur Abwehr der Störung des Kooperationsverhältnisses notwendig sei.[821] Sinn und Zweck der Notwehr ist folglich die Verhinderung der Umwandlung des Gleichordnungsverhältnisses in eines der Subordination.[822] Ebenso wie Hruschka sieht Renzikowski grundsätzlich keinen Spielraum für das Verhältnismäßigkeits- bzw. Güterabwägungsprinzip. Äußerstenfalls sei auch die Tötung des Angreifers als erforderliche Verteidigung gerechtfertigt.[823] Nothilfe wird von Renzikowski als ein vom Angegriffenen abgeleitetes Recht angesehen. Er glaubt, dieses widerspruchsfrei in sein System einbauen zu können, indem er davon ausgeht, daß das Grundprinzip der Notwehr nicht allein die eigenhändige Abwehr von Störungen im Koordinationsverhältnis durch das Angriffsopfer verlange. Es bestehe ein allgemeines Interesse an dem Institut der Nothilfe, da jeder einzelne daran interessiert sei, daß er im Falle eines Angriffs auf fremde Hilfe zurückgreifen könne.[824]

Diese Begründung der Nothilfe überzeugt nicht. Zwar mag es sein, daß man grundsätzlich daran interessiert ist, fremde Hilfe in Anspruch nehmen zu können. Dies ändert aber nichts an der Tatsache, daß durch das Verhalten des Angreifers das Koordinationsverhältnis zwischen potentiellem Nothelfer und Angreifer überhaupt nicht tangiert wird. Die Gefahr, daß sich dieses Verhältnis in eines der Subordination umwandelt, besteht nicht. Im Prinzip müßte man sogar soweit gehen, den Nothelfer als denjenigen zu betrachten, der im Verhältnis zum Angreifer als erster die Kooperation beendet hat. Somit steht fest, daß Renzikowski ebenso wie Hruschka die Nothilfe nicht aus seinem System heraus plausibel begründen kann.[825]

Eine weitere Ungereimtheit in bezug auf Nothilfe besteht darin, daß Renzikowski auch Rechtsgüter des Staates, die diesem als Fiskus zustehen, als nothilfefähig ansieht.[826] Dann müßte Renzikowski aber auch so konsequent sein und ein Interesse des Staates an der Abwehr vorsätzlich rechtswidriger Angriffe auf seine Fiskalrechtsgüter bejahen. Damit würde er sich aber sehr weit von einer allein auf das Koordinationsverhältnis von Angreifer und Angegriffenem abstellenden Konzeption entfernen. Weitere Bedenken gegen Renzikowskis Konzeption sind dahingehend anzumelden, daß er wie Hruschka einen schuldhaften Angriff fordert[827], was nicht nur in bezug auf den Wortlaut des § 32 StGB pro-

821 Renzikowski, Notstand, S. 275.
822 Renzikowski, Notstand, S. 275.
823 Renzikowski, Notstand, S. 275.
824 Renzikowski, Notstand, S. 296.
825 Ebenso Kroß, Schweigegelderpressung, S. 45f. Fn. 164 und Perron, FS Eser, S. 1024.
826 Renzikowski, Notstand, S. 227 mit Fn. 283.
827 Renzikowski, Notstand, S. 283 und 301.

blematisch ist. Vielmehr kommt es zu einer unter Umständen nicht akzeptablen Schutzlosigkeit der Menschen, die einem Angriff eines schuldlos Handelnden ausgesetzt sind. Die Notwehrbefugnis wird ihnen verwehrt. Sie sollen allein die ihnen durch den Defensivnotstand gewährten Befugnisse in Anspruch nehmen dürfen.[828] Zwar mag der Umfang der Verteidigung nach dem Defensivnotstand bei Angriffen schuldlos Handelnder in vielen Fällen dem Umfang der „eingeschränkten" Notwehrbefugnis entsprechen, welche die herrschende Meinung in solch einer Konstellation im Rahmen des § 32 StGB gewährt; in Fällen allerdings, in denen sich der Angegriffene einem geisteskranken Amokläufer[829] gegenübersieht und keine Fluchtmöglichkeit besitzt, würden ihm die vom Defensivnotstand gewährten Rechte nicht weiterhelfen. In dieser Konstellation muß die Tötung des schuldlosen Angreifers in Notwehr erlaubt sein. Mithin kann auch Renzikowskis Notwehrbegründung nicht gefolgt werden.[830]

Es läßt sich festhalten, daß eine Notwehrkonzeption, die allein auf das Koordinationsverhältnis von Angreifer und Angegriffenem abstellt, zahlreiche Probleme aufwirft. Eine „abgestufte" Notwehrbefugnis wird im Grunde nicht zugelassen. Entweder besteht keine oder die volle Notwehrbefugnis. Sowohl Hruschkas als auch Renzikowskis Notwehrsystem können die Nothilfebefugnis nicht überzeugend erklären.

c. Das Vertragsmodell Hoyers

Möglicherweise lassen sich die aufgezeigten Schwierigkeiten dadurch ausräumen, daß neben dem Verhältnis zwischen Angreifer und Verteidiger auf eine dritte Koordinate abgestellt wird. Hoyer entwickelte ein in diese Richtung gehendes Vertragsmodell, wobei die dritte Koordinate die Rechtsordnung sein soll.[831] Er stützt seine Ausführungen auf die Annahme, daß zwischen Rechtsordnung und Rechtsunterworfenem ein Gegenseitigkeitsverhältnis besteht. Die Rechtsordnung verlange von jedem Bürger als potentiellem Täter den „Verzicht auf rechtswidriges Verhalten". Im Gegenzug biete sie aber auch jedem Bürger als mutmaßlichem Opfer das „Ausbleiben von rechtswidrig-schuldhaftem Ver-

828 Renzikowski, Notstand, S. 285.

829 Dieses Beispiel wählt Roxin, Kriminalpolitik, S. 31 Fn. 67, um Schmidhäusers These, daß zur Auslösung der Notwehrbefugnis ein schuldhafter Angriff erforderlich ist, anzuzweifeln.

830 So auch Retzko, Notwehr, S. 131ff. und Pawlik, ZStW 114 (2002), S. 281f. Fn. 106. Letztgenannter wirft Renzikowski vor, daß dieser die prima facie attraktiven Züge einer vertragstheoretischen Notwehrkonzeption für sich nutze, ohne aber den dafür zu entrichtenden Preis der Entnormativierung dieses Rechtsinstituts zu zahlen. Ergebnis hiervon sei eine unschlüssige Konzeption, die die Frage nach dem Ursprung des Notwehrrechts unbeantwortet läßt.

831 Hoyer, JuS 1988, S. 89ff. (95).

halten". Durch die vom Täter zu erbringende Leistung werde das Bestandsinteresse der beteiligten Rechtsgutsträger gesichert, während die Rechtsordnung das Vertrauensinteresse schütze.[832] Hoyer geht wie Hruschka und Renzikowski von einem Pflichtenverhältnis aus, wobei sich die Bürger allerdings nicht gegenseitig verpflichtet sind, sondern ein Dritter in Form der Rechtsordnung in ihre Mitte tritt. Die nicht an Verhältnismäßigkeitsgesichtspunkten orientierte Notwehrbefugnis wird von Hoyer folgendermaßen erklärt: Im Falle eines rechtswidrig-schuldhaften Angriffs habe der Angreifer seine gegenüber der Rechtsordnung bestehende Verpflichtung zur Unterlassung rechtswidriger Handlungen verletzt. Folge hiervon sei, daß die Rechtsordnung nun das Vertrauensinteresse des Angreifers vernachlässigen dürfe. Im Verhältnis zwischen Angegriffenem und Rechtsordnung zeige der Angriff, daß die Rechtsordnung nicht in der Lage gewesen sei, den Angegriffenen vor rechtswidrig-schuldhaften Aktionen zu schützen und daß sie somit sein Vertrauensinteresse enttäuscht habe. Deswegen entfalle seine synallagmatische Verpflichtung zur Vermeidung rechtswidriger Aktionen vollkommen. Der Angegriffene brauche weder das Vertrauens- noch das Bestandsinteresse des Angreifers bei seiner Verteidigung zu berücksichtigen.[833]

Zunächst fällt an Hoyers Konzeption auf, daß er trotz ausdrücklicher Befürwortung einer rein individualistischen Notwehrbegründung[834] die Rechtsordnung als gegenüber dem Bürger Berechtigten und Verpflichteten ansieht. Dies hat zur Folge, daß die Notwehr dadurch wieder der Wahrung gesellschaftlicher Interessen dient.[835] Außerdem ist sehr zweifelhaft, ob man wirklich ein vertragliches bzw. vertragsähnliches Verhältnis zwischen den Bürgern und „der Rechtsordnung" annehmen kann. Zutreffend weist Retzko darauf hin, daß die Rechtsunterworfenen ihren Gehorsam nicht der Rechtsordnung als solcher schulden. Die Rechtsordnung sei nur eine Institution, die rechtswidriges oder rechtmäßiges Verhalten definiere.[836] Zu kritisieren ist auch, daß Hoyers Notwehrverständnis zu statisch ist. Ebenso wie bei den bereits behandelten „Zwei-Personen-Modellen" besteht die Notwehrbefugnis entweder in vollem Umfang oder überhaupt nicht. Notwehreinschränkungen sind nicht denkbar, da das Vertrauensinteresse durch einen rechtswidrig-schuldhaften Angriff entweder komplett oder gar nicht enttäuscht würde. Grundsätzlich dürfte nach Hoyer notfalls der Angreifer selbst zum Schutze einer völlig geringwertigen Sache getötet werden. Einzige Einschränkung der Notwehrbefugnis ist die schon häufiger abgelehnte Forderung nach einem schuldhaften Angriff, wobei der schuldhafte Angriff – um ge-

---

832 Hoyer, JuS 1988, S. 94.
833 Hoyer, JuS 1988, S. 95.
834 Hoyer, JuS 1988, S. 91.
835 Kroß, Schweigegelderpressung, S. 43.
836 Retzko, Notwehr, S. 138 im Anschluß an Renzikowski, Notstand, S. 235.

nau zu sein – keine Einschränkung der Notwehr, sondern eine ihrer Voraussetzungen ist.

Auch ist ungeklärt, wie die Nothilfebefugnis mit diesem Vertragsmodell in Einklang gebracht werden kann. Hoyer erwähnt die Nothilfe lediglich am Anfang seiner Ausführungen.[837] Eine Überprüfung seines Modells anhand der Zulässigkeit der Nothilfe nimmt er jedoch nicht vor. Diese würde ihm auch nicht gelingen. Das Verhalten des Angreifers hat lediglich zur Folge, daß der durch den Angriff unmittelbar Betroffene von seiner Vertragspflicht entbunden wird. Dem unbeteiligten Nothelfer gegenüber hat sich die Rechtsordnung nicht vertragswidrig verhalten. Sein Vertrauensinteresse wurde nicht enttäuscht.[838] Man könnte daran denken, die Nothilfebefugnis unter Berücksichtigung der Grundsätze des Vertrags mit Schutzwirkung für Dritte[839] zu erklären. Hiergegen sind jedoch gewichtige Bedenken anzumelden. Die Konstellationen, die von einem Vertrag mit Schutzwirkung für Dritte umfaßt werden, haben mit der von Hoyer vorausgesetzten Situation nicht viel gemeinsam. In erstgenannter Konstellation geht es darum, Obhuts- und Sorgfaltspflichten eines Vertrages auf einen schutzbedürftigen Dritten auszudehnen, der eine eigene Verletzung erlitten hat. In Hoyers Modell wurde der Vertrag allein gegenüber dem Angegriffenen gebrochen. Der Nothelfer ist überhaupt nicht involviert. Neben diesen grundsätzlichen Bedenken gegen eine Übertragung der Grundsätze des Vertrages mit Schutzwirkung für Dritte darf auch nicht vergessen werden, daß von solch einem Vertrag nicht jeder beliebige Dritte geschützt wird[840]. Die Ausübung der Nothilfe müßte folglich auf einen bestimmten Personenkreis beschränkt werden. Festzuhalten ist somit, daß auch eine Anreicherung von Hoyers System um den Gedanken des Vertrages mit Schutzwirkung für Dritte die Nothilfe nicht zu erklären vermag.[841]

Es hat sich herausgestellt, daß auch die Annahme eines vertraglichen bzw. vertragsähnlichen Drei-Personen-Verhältnisses gravierende Mängel aufweist, so daß dieses System insgesamt nicht für eine überzeugende Begründung der Notwehr, geschweige denn der Nothilfe, taugt. Ferner wäre bei diesem Modell auch eine Differenzierung zwischen der von rein Privaten und Privat-Professionellen geleisteten Nothilfe nicht möglich.

---

837 Hoyer, JuS 1988, S. 92.

838 Vgl. Kroß, Schweigegelderpressung, S. 44; Retzko, Notwehr, S. 138 und Renzikowski, Notstand, S. 236. Ferner Vaxevanos, Notwehr, S. 156.

839 Hierzu Brox/Walker, Allg. Schuldrecht, § 33, Rn. 1ff.

840 Vgl. Brox/Walker, Allg. Schuldrecht, § 33, Rn. 7ff.; Medicus, Schuldrecht AT, Rn. 774ff.

841 Auch der Vertrag zugunsten Dritter (siehe hierzu Brox/Walker, Allg. Schuldrecht, § 32, Rn. 1ff.) kann nicht für eine Integration der Nothilfe in Hoyers System fruchtbar gemacht werden, da die zugrunde liegenden Konstellationen nicht vergleichbar sind.

2. Verantwortung des Angreifers für den Konflikt

Möglicherweise weist jedoch ein Modell, daß die Position des Angreifers in den Mittelpunkt aller Betrachtungen rückt, den Weg zu einer plausiblen Erklärung von Notwehr und Nothilfe. Zum Teil wird in der Literatur die Schärfe des Notwehrrechts gegenüber den Notstandsrechten damit begründet, daß es der Angreifer sei, der es bis zum Zeitpunkt der Verteidigungshandlung in der Hand habe, die für ihn und seine Rechtsgüter negativen Folgen einer Verteidigung selbst abzuwenden.[842] Bei Notstandsrechten sei der Gedanke zwischenmenschlicher Solidarität grundsätzlich zu beachten. Deswegen werde vom Notstandstäter regelmäßig eine Güterabwägung verlangt. Da sich der Angreifer bei der Notwehr wegen der eigenen Vermeidbarkeit der Notlage gar nicht erst in einer solchen befinde, komme hier auch nicht der Gedanke der zwischenmenschlichen Solidarität zum Tragen.[843] Verglichen mit dem Notstandstäter befinde sich der Angreifer nicht in einer schuldhaft verursachten Notstandslage, sondern in einer für den Gefährdeten selbst anders abwendbaren Gefahr.[844] Es werde vom Angreifer kein weiteres Verhalten verlangt als ein Verzicht auf den Angriff, wozu dieser ohnehin verpflichtet sei.[845]

Auf den ersten Blick scheint diese Ansicht genau in die richtige Richtung zu weisen. Die Annahme, daß der Angreifer grundsätzlich für einige Parameter innerhalb der Notwehrlage und -handlung verantwortlich ist, verdient Beifall. Durch seinen Angriff wird überhaupt erst die Notwehrlage begründet. Er bestimmt die zulässige Abwehrintensität, da die Abwehr die Grenze der Erforderlichkeit nicht überschreiten darf. Auch entscheidet er über die Gegenwärtigkeit des Angriffs.[846] Auf den zweiten Blick muß diese These aber Widerspruch hervorrufen. Diejenigen, die davon ausgehen, daß es der Angreifer jederzeit in der Hand hat, durch ein schlichtes Nichtweiterhandeln die Gegenwärtigkeit des Angriffs aufzuheben, verkennen, daß ein Angriff grundsätzlich auch in einem Unterlassen bestehen kann.[847] Selbst wenn man lediglich bei aktivem Tun das Vor-

---

842 Frister, GA 1988, S. 302f.; ders., AT, 16. Kap., Rn. 3f.; Mitsch, GA 1986, S. 545; ders., JA 1989, S. 84; Baumann/Weber/Mitsch-Mitsch, AT, § 17, Rn. 36; Retzko, Notwehr, S. 139ff. (144); Seesko, Notwehr, S. 111. Vgl. auch Alwart, JuS 1996, S. 954 in bezug auf die Erklärung des § 33 StGB sowie Erb, NStZ 2005, S. 595f. und Jerouschek, JuS 2005, S. 300.

843 Frister, GA 1988, S. 292f. und 302; ders. AT, 16. Kap., Rn. 4.

844 Frister, GA 1988, S. 302; vgl. auch Mitsch, JA 1989, S. 84.

845 Frister, GA 1988, S. 302; ders., AT, 16. Kap., Rn. 4; ähnlich Merten, FS Doehring, S. 595f.; Schmidhäuser, Notwehr, S. 64; ders., GA 1991, S. 107; Sundermann, NJW 1988, S. 3193 und Weichert, VBlBW 1991, S. 252.

846 Mitsch, JA 1989, S. 84.

847 Einen Angriff durch Unterlassen bejahen LK[12]-Rönnau/Hohn, § 32, Rn. 102; NK-F. Herzog, § 32, Rn. 11ff.; Blei, Strafrecht AT, § 39 I 1, S. 142; Ebert, AT, S. 72; Jescheck/Weigend, AT, § 32 II 1, S. 339; Lagodny, GA 1991, S. 303ff.; Wes-

liegen eines Angriffs anerkennt, sind Situationen denkbar, in denen ein Abbruch der Angriffshandlung tatsächlich nicht möglich ist.[848]

Was die Nothilfe anbetrifft, so wird auf sie meist nicht ausdrücklich eingegangen.[849] Allerdings läßt sie sich ohne größere Schwierigkeiten in ein System integrieren, welches auf die Verantwortlichkeit des Angreifers abstellt. Es ist dem Grunde nach vollkommen gleichgültig, wer den gegenwärtigen, rechtswidrigen Angriff abwehrt. Da nicht wie bei den Vertragsmodellen auf eine Pflichtverletzung des Angreifers abgestellt wird, befindet sich der Angegriffene dem Angreifer gegenüber in keiner besonderen Position. Es wäre unmöglich, zwischen Notwehr- und Nothilfeübenden oder nach der Profession des Verteidigers zu differenzieren. Der Angreifer würde durch den Abbruch seines Angriffs sowohl den Notwehr- als auch den Nothilfeeingriff verhindern können. Notwehr und Nothilfe scheinen von dieser Ansicht als zwei unabhängig voneinander bestehende Rechtsinstitute begriffen zu werden. Da der Rechtsgrund der Notwehr allein in der Person des Angreifers gesucht wird, müßte die Nothilfe als eigenes, nicht vom Notwehrrecht des Angegriffenen abhängiges Recht anzusehen sein.[850] Konsequenz hiervon wäre, daß Nothilfe grundsätzlich unabhängig vom Verteidigungswillen des Angegriffenen wäre, was aber nicht überzeugt. Bedenklich ist auch, daß im Prinzip die Tötung selbst zum Schutze einer völlig geringwertigen Sache zulässig sein müßte. Frister führt hierzu aus, daß die von ihm vertretene Notwehrkonzeption keine über die Erforderlichkeit hinausgehenden Einschränkungen der Notwehrhandlung, selbst bei Verteidigung eines geringwertigen Gutes, zu kennen scheint.[851] Wohl aus „humanem Empfinden"[852] zieht Frister diese letzte Konsequenz jedoch nicht. Vielmehr geht er davon aus, daß durch eine kraß unverhältnismäßige Verteidigungsmaßnahme dem Angreifer die Möglichkeit, die gegen ihn geübte Verteidigung von sich aus zu stoppen, genommen werde. Eine Rolle spiele auch, daß der Angreifer die Gefahr für seine eigenen Rechtsgüter häufig nicht ernst nehme. Diese Einschränkung des Notwehrrechts ließe sich zwar nicht aus seinem Grundgedanken ableiten, sei aber durchaus mit diesem vereinbar.[853] Ob dieser Weg der Gewinnung der Notwehrgrenzen gang-

---

sels/Beulke, Strafrecht AT, Rn. 326, wobei über die Voraussetzungen im einzelnen keine Einigkeit herrscht. A.A. z.B. Bockelmann/Volk, AT, S. 89.

848 Vgl. G. Jakobs, AT, 12. Abschn., Rn. 18 Fn. 34 und Vaxevanos, Notwehr, S. 152. Unklar Seesko, Notwehr, S. 111, der wohl davon ausgeht, daß der Angreifer immer in der Lage sei, den Entschluß zum Abbruch des Angriffs auszuführen.

849 Retzko, Notwehr, S. 161ff. prüft nur die Auswirkungen der Angriffsverursachung auf die Nothilfe, ohne diese ausdrücklich in den Kontext ihres Erklärungsmodells der Notwehr zu setzen.

850 So auch M. Koch, Nothilfe, S. 115.

851 Frister, GA 1988, S. 312.

852 So Koriath, FS Müller-Dietz, S. 375.

853 Frister, GA 1988, S. 312f.

bar ist, wurde bisher offen gelassen und muß auch hier nicht beantwortet werden, da Fristers Konzept aus anderen Gründen nicht gefolgt werden kann. Nicht nur bei einem krassen Mißverhältnis zwischen verteidigtem und beeinträchtigtem Rechtsgut wird dem Angreifer die Möglichkeit des Angriffsabbruchs genommen, sondern bei jeder Verteidigungshandlung. Insofern ist Frister in diesem Punkt inkonsequent.[854] Auch muß davon ausgegangen werden, daß der Angreifer die Gefahr für seine Rechtsgüter grundsätzlich nicht ernst nehmen wird, da er ansonsten nicht zum Angriff ansetzen würde. Macht man mit der Angreiferverantwortung Ernst, so wird man dem Angreifer sowohl im Falle eines krassen Mißverhältnisses zwischen angegriffenem und verteidigtem Rechtsgut als auch dann, wenn dies nicht vorliegt, das Risiko einer Fehleinschätzung der Gefahr für seine eigenen Rechtsgüter voll aufbürden müssen. Daß sich allein bei Vorliegen eines krassen Mißverhältnisses das Risiko der Fehleinschätzung zugunsten des Angreifers auswirken soll, erscheint nicht einsichtig.

Daneben ist fraglich, wann der Angreifer für die Abwehrfolgen verantwortlich gemacht werden kann. Zum Teil wird für die Entstehung des Notwehrrechts ein schuldhafter Angriff gefordert[855], was aber selbst von Vertretern der Ansicht, die auf die Interessenlage des Angreifers abstellt, kritisiert wird.[856] Diese gehen davon aus, daß die Zurechnung der Verantwortlichkeit des Angreifers nicht von der Schuldhaftigkeit des Angriffs bedingt ist, sondern über die objektive Pflichtwidrigkeit des Verhaltens des Angreifers erfolgt. Im Rahmen der Prüfung, ob der Angriff rechtswidrig gewesen ist, würde nicht nur das Erfolgsunrecht genügen, vielmehr sei auch das Vorliegen von Handlungsunrecht zu fordern. Daraus erkläre sich auch der Unterschied des Notwehrrechts zum Notstandsrecht des § 34 StGB. Bei diesem Recht könne nämlich auch unter den dort genannten Voraussetzungen eine Gefahr abgewendet werden, die durch sorgfaltspflichtgemäßes Verhalten entstanden sei.[857] Zieht man allein § 34 StGB in Betracht, dann mag einem diese Konkretisierung der Verantwortlichkeit plausibel erscheinen. Erweitert man aber den Blickwinkel und betrachtet § 229 BGB, dann kommen Zweifel hinsichtlich der Tragfähigkeit dieses Ansatzes auf. Auch der nach § 229 BGB Einstandspflichtige verwirklicht im Regelfall Erfolgs- und Handlungsunrecht.[858] Jedoch darf gegen ihn nicht unproportional vorgegangen

---

854 Koriath, FS Müller-Dietz, S. 375.

855 Frister, GA 1988, S. 305. Diese Ansicht gibt Frister auch in seinem Lehrbuch (AT, 16. Kap., Rn. 12) nicht auf – allerdings erkennt er an, daß der Wortlaut des Gesetzes ihr entgegensteht.

856 Retzko, Notwehr, S. 142ff.

857 Retzko, Notwehr, S. 142f.

858 Kroß, Schweigegelderpressung, S. 48.

werden.[859] In diesem Fall hat die Konfliktzurechnung nicht zur Folge, daß der Verantwortliche einer unverhältnismäßigen Behandlung ausgesetzt werden darf. Dies weckt Zweifel an der Stichhaltigkeit des genannten Versuchs der Konkretisierung der Verantwortlichkeit außerhalb der Forderung nach einem schuldhaften Angriff.

Festzuhalten ist somit, daß der Ansatz, das Recht der Notwehr und Nothilfe aus der Verantwortlichkeit des Angreifers für den Konflikt heraus zu erklären, auf unüberwindbare Schwierigkeiten stößt. Zwar verdient die Annahme, daß der Angreifer Notwehr- bzw. Nothilfelage und Verteidigungshandlung maßgeblich mitgestaltet, Zustimmung. Die Schlußfolgerungen, die hieraus gezogen werden, überzeugen jedoch nicht. Eine rein individualistische Notwehrbegründung, die auf die Verantwortlichkeit des Angreifers abstellt, ist schon allein deshalb abzulehnen. Schließlich besteht auch keine Möglichkeit, die Profession des Nothilfeübenden zu berücksichtigen, da der Fokus allein auf den Angreifer gerichtet ist.

3. Die besondere Lage des Angegriffenen

Ein weiterer möglicher Ansatzpunkt zur Bestimmung von Grund und Grenzen der Notwehr und Nothilfe könnte in der Betonung der Besonderheit der Notwehrsituation für den Angegriffenen liegen. In der Regel handele es sich bei dem Notwehr- oder Nothilfeübenden um einen in der Abwehr von Angriffen ungeübten Privatmann.[860] Zu dieser Unerfahrenheit komme meist auch noch das Überraschungsmoment hinzu, da sich ein Angriff selten über einen längeren Zeitraum ankündigt, in dem sich der Angegriffene auf diesen vorbereiten kann.[861] In einer solchen Bedrängnissituation sei es angebracht, dem Angegriffenen weitgehende Verteidigungsbefugnisse zu gewähren.[862] Konsequenz dieser Ansicht ist unter anderem, daß eine Trennung von rein privater und privatprofessioneller Notwehr- und Nothilfeausübung prima facie möglich erscheint.

Diese Überlegungen, welche vor allem den Verzicht auf jegliche Verhältnismäßigkeitserfordernisse in § 32 StGB erklären wollen, sind keineswegs neu. Be-

859 Jescheck/Weigend, AT, § 35 IV 1, S. 397; Kroß, Schweigegelderpressung, S. 48; Larenz/Wolf, AT BGB, § 19, Rn. 48; Maurach/Zipf, AT 1, § 29 I, Rn. 14; Roxin, AT I, § 17, Rn. 29; W. Schünemann, Selbsthilfe, S. 94ff.; Soergel-Fahse, § 229, Rn. 22. A.A. MüKo-BGB-Grothe, § 230, Rn. 8; K. Schreiber, Jura 1997, S. 35.

860 B. Koch, ZStW 104 (1992), S. 790; Kroß, Schweigegelderpressung, S. 51; Merten, Schußwaffengebrauch, S. 105; Stiller, Grenzen, S. 66f.; Wagner, Notwehrbegründung, S. 27f. und 32.

861 G. Jakobs, AT, 12. Abschn., Rn. 41; Kroß, Schweigegelderpressung, S. 51; Kunz, ZStW 95 (1983), S. 975f.; Pausch/Böttcher, Polizei in Frankfurt am Main 1992, S. 31.

862 Vgl. Fechner, Grenzen, S. 166; Wagner, Notwehrbegründung, S. 32. Ähnlich Kratzsch, StV 1987, S. 228 sowie Nitz, Sicherheit, S. 131 und 548.

reits in der Diskussion über die Notwehrregelung des Preußischen StGB von 1851 schenkte man ihnen Beachtung.[863] Dieser Ansicht wird man insoweit zustimmen können, als sie zutreffend die Umstände einer „gewöhnlichen" Notwehr- bzw. Nothilfekonstellation beschreibt. Allerdings stößt die Herleitung der immer wieder betonten Schneidigkeit des Notwehrrechts aus der besonderen Lage des Angegriffenen heraus auf erhebliche Bedenken. Es ist keineswegs immer so, daß es sich bei dem Angegriffenen um einen ungeübten und von der Attacke überraschten Bürger handelt.

Gegen diese Ansicht spricht auch, daß die psychische Ausnahmesituation erklären soll, warum der Angegriffene zu einer Verhältnismäßigkeitsabwägung nicht in der Lage sei, von ihm aber trotzdem die Verwendung des mildesten ihm zur Verfügung stehenden Mittels verlangt wird. Wie gesagt, wird die Wahl des mildesten Mittels unter Umständen schwieriger sein als die Berücksichtigung von Verhältnismäßigkeitserwägungen.

Zu beachten ist weiter, daß die Momente, die hier als charakteristische Merkmale für die weitgehenden Verteidigungsbefugnisse der Notwehrübenden bzw. des Nothelfers hervorgehoben werden, regelmäßig auch im Rahmen der Notstandslage auftreten. Der Notstandstäter sieht sich ebenso wie der Notwehrtäter meist einer Situation gegenüber, mit der er nicht gerechnet hat und deren Bewältigung für ihn keine Routinemaßnahme darstellt. Trotzdem wird von dem Notstandsübenden ausnahmslos eine Güterabwägung verlangt.[864]

Weiterhin muß man der Konzeption, die Grund und Grenzen der Notwehr aus der besonderen psychischen Situation des Angegriffenen heraus erklären will, entgegenhalten, daß sie nicht erklären kann, warum nicht auch Eingriffe in die Rechtsgüter unbeteiligter Dritter durch Notwehr gerechtfertigt werden können. Da allein auf die psychische Erregung des Angegriffenen und nicht auf die Verantwortung des Angreifers abgestellt wird, müßte an sich auch die gegen Unbeteiligte gerichtete Verteidigungshandlung privilegiert werden.[865]

Nur nebenbei sei noch bemerkt, daß eine Trennung zwischen Notwehr- und Nothilfebefugnis gewerblicher Sicherheitskräfte nicht möglich wäre, da das Überraschungsmoment und die (Un-)Geübtheit bei der Verteidigung von der Zielrichtung des Angriffs unabhängig sind.

Es zeigt sich also, daß sich aus der Fokussierung auf die besondere Situation des Angegriffenen allein keine tragfähige Notwehr- und Nothilfebegründung ge-

---

863 Siehe Kapitel 1, B. VI. 3.

864 M. Koch, Nothilfe, S. 101; Renzikowski, Notstand, S. 121. Vgl. insbesondere Retzko, Notwehr, S. 124f. zu Wagners Versuch (in: Notwehrbegründung, S. 33f.) der Abgrenzung von § 32 StGB zu § 34 StGB.

865 Hierzu Kroß, Schweigegelderpressung, S. 51 m.N. Vgl. auch Gunia, Garantenstellungen, S. 144.

winnen läßt. Sie wirft im ganzen mehr Fragen auf, als sie zu beantworten vermag.

4. Allgemeine Handlungsfreiheit oder Persönlichkeitsrecht als mitangegriffene Rechtsgüter

Möglicherweise hilft es weiter, den Fokus auf dasjenige zu richten, was über das konkrete Rechtsgut hinaus durch einen Angriff bedroht werden könnte.

a. Allgemeine Handlungsfreiheit

Teilweise gelangt man zu der Annahme, daß der Angegriffene neben seinem Individualrechtsgut immer auch seine allgemeine Handlungsfreiheit verteidige. Durch einen rechtswidrigen Angriff werde dieses in Art. 2 I GG grundrechtlich abgesicherte Recht immer mit betroffen. Den einzelnen Rechtsgütern wie körperliche Unversehrtheit, Unverletzlichkeit der Wohnung oder Eigentum sei immanent, daß man grundsätzlich eigenverantwortlich über sie selbst und die Art ihrer Ausübung disponieren dürfe. Durch einen Angriff werde beispielsweise nicht nur das Eigentum selbst, sondern auch die diesem innewohnende Handlungs- und Verfügungsfreiheit berührt. Für den Umfang der Notwehr, also die Möglichkeit selbst hochrangige Rechtsgüter im Rahmen einer Angriffsabwehr zu verletzen, sei nicht die „Geltung der Rechtsordnung" maßgeblich, sondern die Tatsache, daß die allgemeine Handlungsfreiheit mit verteidigt werde.[866]

Zugute halten muß man dieser Ansicht, daß sie überzeugend erklären kann, warum im Rahmen der Notwehr grundsätzlich keine Ausweichpflicht besteht, auch wenn die Flucht in einigen Fällen den Verlust des bedrohten materiellen Gutes sicher zu verhindern vermag. Denn durch eine Flucht wird die allgemeine Handlungsfreiheit nicht wiederhergestellt.[867] Aus dieser Argumentation muß man auch den Schluß ziehen, daß nicht zwischen verschiedenen Arten von Angegriffenen differenziert werden darf. Sowohl der Normalbürger als auch der Mitarbeiter eines privaten Sicherheitsdienstes würde durch eine Flucht seine allgemeine Handlungsfreiheit opfern. Diese Konsequenz, d.h. die Gleichbehandlung Privater und professioneller Sicherheitskräfte bei der Notwehr, ist zu loben. Be-

---

866 Deutlich Wagner, Notwehrbegründung, S. 31. Auf die allgemeine Handlungsfreiheit rekurrieren auch SK-StGB-Günther, § 32, Rn. 12; Kratzsch, GA 1971, S. 71f. sowie B. Koch, ZStW 104 (1992), S. 791 und 796f. Aus der älteren Literatur etwa Löffler, ZStW 21 (1901), S. 544. Vgl. in diesem Zusammenhang auch die oben (Kapitel 1, C. II. 1.) referierte Ansicht Hegels, daß ein Angriff auf ein konkretes Gut immer zugleich auch den Willen des Angegriffenen beeinträchtigt.

867 Wagner, Notwehrbegründung, S. 32. Ebenso Fuchs, Grundfragen, S. 51; SK-StGB-Günther, § 32, Rn. 86 und Kioupis, Notwehr, S. 57 Fn. 10.

denken ergeben sich jedoch aus der Tatsache, daß durch den Angriff auf die allgemeine Handlungsfreiheit in jedem Fall die Rechtsgüter des Angreifers hinter denen des Angegriffenen zurücktreten sollen. Auch wenn man das Rechtsgut Leben nicht ausdrücklich als „einen Höchstwert der Verfassung“[868] ansieht, so steht doch außer Frage, daß dieses Gut die Basis für die Ausübung aller anderen (Grund-)Rechte darstellt.[869] Daß dieses bei einem Angriff fast immer hinter dem konkret bedrohten Rechtsgut und der allgemeinen Handlungsfreiheit des Angegriffenen zurücktreten soll, läßt starke Zweifel an der Tragfähigkeit dieser Konzeption aufkommen.[870]

Des weiteren muß an dieser Notwehrbegründung insoweit Kritik geübt werden, als sie den Unterschied zwischen den Befugnissen in einer Notwehrsituation und denen in einer Notstandssituation nicht erklären kann. Auch in letztgenannter Situation wird die allgemeine Handlungsfreiheit des die Gefahr Abwehrenden beeinträchtigt, indem er zu irgendeiner Reaktion genötigt wird. Trotzdem entbinden ihn die Notstandsregelungen nicht von Verhältnismäßigkeitserwägungen.[871]

Neben diesen Bedenken muß sich diese Konzeption ebenso wie andere rein individualistische Notwehrbegründungen die Frage gefallen lassen, inwieweit sie die Nothilfe zu erklären vermag. Daß der Nothelfer durch den Angriff auf einen Dritten nicht in seiner eigenen Handlungsfreiheit betroffen ist, wird nicht geleugnet. Insofern wird versucht, die Notwehr nicht allein als individuelles *Selbst*verteidigungsrecht, sondern als Verteidigung individueller Interessen zu verstehen.[872] Löse man das Schutzprinzip vom Selbstschutzgedanken und verstehe es als Rechtsgüterschutzprinzip, so hätte dies zur Folge, daß der Angegriffene sich nicht zwingend selbst mit eigener Hand verteidigen müsse, sondern die

868 BVerfGE 39, 1 (42); 46, 160 (164); Witzstrock, Todesschuß, S. 57; Zieschang, GA 2006, S. 417. Vgl. auch Lenckner, GA 1985, S. 309 und Wittreck, DÖV 2003, S. 878. Kritisch Wagenländer, Rettungsfolter, S. 150f.

869 Bernsmann, ZStW 104 (1992), S. 314f.; Stiller, Grenzen, S. 150. Ähnlich Frister, GA 1988, S. 312f.

870 M. Koch, Nothilfe, S. 99f.; Kroß, Schweigegelderpressung, S. 55; Renzikowski, Notstand, S. 119.

871 LK[12]-Rönnau/Hohn, § 32, Rn. 71; Frister, GA 1988, S. 299f.; M. Koch, Nothilfe, S. 99; Kroß, Schweigegelderpressung, S. 56; Retzko, Notwehr, S. 124.

872 Hervorhebung im Original bei Wagner, Notwehrbegründung, S. 35; ihm folgend Kioupis, Notwehr, S. 46 Fn. 10 und Kroß, Schweigegelderpressung, S. 54f. Vgl. auch Fuchs, Grundfragen, S. 52 sowie die Vertreter einer dualistischen Notwehr- und Nothilfekonzeption Kühl, JuS 1993, S. 179 und Stiller, Grenzen, S. 62f., die diesem Ergebnis zustimmen.

Hilfe von anderen in Anspruch nehmen könne.[873] Das Nothilferecht wird an der Person des Angegriffenen festgemacht, mithin individualistisch begründet.

Diese Begründung allein kann allerdings die grundsätzliche Unabhängigkeit der Nothilfe von Verhältnismäßigkeitserwägungen nicht erklären, da es hier „nur" um die Wiederherstellung fremder Handlungsfreiheit geht. Für eine Gleichstellung von Notwehr und Nothilfe wird hier zum Teil mit einer Folgenbetrachtung – unerträgliche Unterschiede in den Strafbarkeiten von Notwehrübendem und Nothelfer[874] – argumentiert. Neben den diesbezüglich bereits geäußerten Zweifeln[875] stellt sich bei dieser Argumentation auch die Frage, ob nicht der Boden einer individualistischen Betrachtungsweise verlassen wird. Es geht gerade darum, die weitgehenden Befugnisse bei der Betroffenheit der fremden Handlungsfreiheit zu erklären. Die Folgenbetrachtung knüpft weder an das durch den Angriff konkret betroffene Individualrechtsgut noch an der Handlungsfreiheit des Angegriffenen an, sondern zieht außerhalb des Konflikts liegende rechtspolitische Momente heran. Wagner, der Begründer dieser Argumentation und ein Verfechter der Ansicht, die die Grenzen des Notwehr- und Nothilferechts aus dessen Grundgedanken heraus entwickelt wissen will[876], schafft es somit nicht, den Umfang der Nothilfe überzeugend aus den die Notwehr und Nothilfe tragenden Prinzipien zu begründen.

Problematisch bei der Behandlung der Nothilfe ist auch die Aussage, daß ein Verständnis der Notwehr als Recht zur Verteidigung angegriffener Individualrechtsgüter nicht die Anknüpfung der Nothilfe an den Verteidigungswillen des Angegriffenen zur Folge haben müsse.[877] Nimmt man das Postulat vom hohen Rang der Handlungsfreiheit ernst, so scheint es widersprüchlich zu sein, die Nothilfe nicht an den Verteidigungswillen des Angegriffenen anbinden zu wollen. Durch den Angriff würden Individualrechtsgut und Handlungsfreiheit betroffen. Der Angriff auf die Handlungsfreiheit soll die prinzipielle Unabhängigkeit der Notwehr von Verhältnismäßigkeitserwägungen erklären. Greift der Nothelfer vom Angegriffenen unerwünscht in den Konflikt ein, respektiert der Nothelfer ebensowenig wie der Angreifer die Handlungsfreiheit des ursprünglich Angegriffenen. Das einzige „Plus" auf seiten des Nothelfers, namentlich die Mitverteidigung der Handlungsfreiheit des Angegriffenen, entfällt. In solch einer Situation läßt sich der generelle Verzicht auf eine Güterabwägung bei der Nothilfe nicht erklären. Eine Notwehrbegründung, die darauf abstellt, daß der Angriff neben dem konkret betroffenen Rechtsgut immer auch die Handlungs-

---

873 Kroß, Schweigegelderpressung, S. 54; Stiller, Grenzen, S. 62. Ähnlich MüKo-StGB-Erb, § 32, Rn. 12. Vgl. auch Fahl, Jura 2007, S. 747.

874 Wagner, Notwehrbegründung, S. 35f.

875 Vgl. Kapitel 1, A. IX. 1.

876 Wagner, Notwehrbegründung, S. 45.

877 Wagner, Notwehrbegründung, S. 36f.

freiheit bedroht, besitzt erhebliche Mängel bei der Bestimmung des Umfanges von Notwehr und Nothilfe im Allgemeinen. Eine unterschiedliche Behandlung von rein privater und privat-professioneller Nothilfeausübung scheint auch nicht möglich.

b. Persönlichkeitsrecht

Trotz oder gerade wegen der aufgezeigten Schwächen wird das eben diskutierte Modell als Ausgangspunkt für eine darüber hinausgehende Notwehr- und Nothilfebegründung gewählt.[878] Will man die geltende Regelung des § 32 StGB und die durch sie gewährten Befugnisse im Unterschied zu den Notstandsregelungen allein individualistisch mit einem „Plus" auf Verteidigerseite erklären, so muß es sich bei dem durch den Angriff mitbetroffenen Interesse um ein solches handeln, welches nur von Menschen, nicht aber von Tieren oder Naturgewalten in Frage gestellt werden kann.[879] Dieses wird zum Teil in dem Persönlichkeitsrecht des Menschen erblickt[880] und nicht als etwas Gegensätzliches zur Handlungsfreiheit begriffen. Der Schutz des Persönlichkeitsrechts durch Notwehr schließe einen Schutz der Handlungsfreiheit nicht aus. Vielmehr werde die freie Entfaltung der Persönlichkeit sowohl durch den Schutz der allgemeinen Handlungsfreiheit als auch durch das allgemeine Persönlichkeitsrecht gewährleistet.[881] Das den Angriff im Rahmen der Notwehr charakterisierende Merkmal sei in dem Infragestellen des Rechts des Angriffsopfers auf freie Entfaltung seiner Persönlichkeit zu sehen. Der Angriff betreffe die Handlungsfreiheit als Teil des Persönlichkeitsrechts. Somit sei die Ausübung der Notwehr nur dann zulässig, wenn durch die Beeinträchtigung des konkret bedrohten Rechtsguts das Angriffsopfer zugleich auch als autonome Persönlichkeit mißachtet wird.[882] Mit dieser Be-

---

878 Zum Beispiel von Kroß, Schweigegelderpressung, S. 56ff.

879 Kroß, Schweigegelderpressung, S. 57.

880 Der Gedanke, daß durch einen Angriff auch das Persönlichkeitsrecht mit betroffen ist, ist nicht neu und hat zahlreiche Anhänger, so z.B. Neumann, Zurechnung, S. 166f.; ders., Begründung, S. 225; Stratenwerth, ZStW 68 (1956), S. 63f. Aus dem älteren Schrifttum etwa Weimar, Grenzen, S. 43f. m.N. Vgl. auch Kargl, ZStW 110 (1998), S. 40ff. und 60ff.

881 Kroß, Schweigegelderpressung, S. 57 unter Berufung auf Degenhart, JuS 1990, S. 161 und Dreier-Dreier, Art. 2 I, Rn. 16ff.

882 Kroß, Schweigegelderpressung, S. 58. Ähnlich schon Kargl, ZStW 110 (1998), S. 60. Im Grunde weist diese Notwehrbegründung zahlreiche Parallelen zur Ansicht Hegels auf. Dies wird besonders deutlich, wenn man eine der Hauptfunktionen des allgemeinen Persönlichkeitsrechts (vgl. hierzu Pieroth/Schlink, Grundrechte, Rn. 373ff. [375f.] und Dreier-Dreier, Art. 2 I, Rn. 16f.) darin erblickt, dem Bürger die Befugnis zu geben, sich zurückzuziehen und für sich allein zu bleiben. Bei einem Angriff wird dieses Recht des Bürgers, in Ruhe gelassen zu werden, durch den Angreifer mißachtet. Siehe hierzu Kapitel 1, C. II. 1.

schreibung des Konflikts glaubt man die Schwächen der Ausgangstheorie, die nur auf die Verletzung der Handlungsfreiheit abstellt, beheben zu können.

Tatsächlich schafft es diese Ansicht, einige der Probleme dieser individualistischen Theorie befriedigend zu lösen. Der Unterschied zwischen Notwehr und Notstand wird überzeugend herausgearbeitet.[883] Ferner kann diese Theorie auch die grundsätzlich fehlende Ausweichpflicht im Rahmen der Notwehr erklären. Durch eine Flucht würde sich die im Angriff liegende Verletzung des Persönlichkeitsrechts manifestieren.[884]

Fraglich ist, ob es dieser Theorie auch gelingt, die weitreichenden Befugnisse der Notwehr und Nothilfe individualistisch zu erklären. Ein in diesem Rahmen häufig diskutiertes Problem ist, warum in einigen Fällen ein so hohes Rechtsgut wie das Leben durch die Ausübung von Notwehr und Nothilfe relativiert werden kann, auch wenn diese oder jene nicht zur Abwehr eines lebensgefährlichen Angriffs geübt wird. Zum Teil wird die Schärfe des Notwehrrechts mit der Systematik des Gesetzes begründet. Das Recht auf Leben werde erst in Art. 2 II 1 GG geschützt, während das Persönlichkeitsrecht schon aus Art. 2 I GG i.V.m. Art. 1 I GG abzuleiten sei. Aus der Gesetzessystematik heraus könne somit kein Vorrang des Rechtsguts Leben vor dem Persönlichkeitsrecht begründet werden.[885] Hier verdient das Ergebnis Zustimmung. Es kann jedoch nicht aus der besonderen Berücksichtigung der Systematik des Gesetzes im dargestellten Sinne hergeleitet werden. Auch die allgemeine Handlungsfreiheit ist in Art. 2 I GG vor dem Lebensgrundrecht geschützt. Trotzdem wurde berechtigterweise Kritik daran laut, daß die Handlungsfreiheit allein grundsätzlich Vorrang vor dem Leben des Angreifers besitzen soll.[886]

Ausgangspunkt aller Überlegungen muß sein, daß das Grundgesetz die verschiedenen Grundrechte nicht hierarchisch ordnet. Grundrechte sind untereinander prinzipiell gleichrangig.[887] Sie lassen sich aber nach Art und Umfang, in dem sie Eingriffe und Beschränkungen vorsehen, typisieren. Die Möglichkeit, Grundrechte zu beschränken, hängt im wesentlichen davon ab, ob sie einen Gesetzesvorbehalt besitzen und wenn ja, ob es sich um einen einfachen oder um einen qualifizierten Gesetzesvorbehalt handelt.[888] Naturgemäß ist der Gestal-

---

883 Nur menschliches Verhalten kann einen Menschen als Persönlichkeit negieren. Gefahren, die von Sachen ausgehen, berühren zwar die allgemeine Handlungsfreiheit, stellen die Persönlichkeit des Menschen jedoch niemals in Frage, Kroß, Schweigegelderpressung, S. 58.

884 Kroß, Schweigegelderpressung, S. 59 m.N.

885 Kroß, Schweigegelderpressung, S. 62.

886 Siehe oben, B. III. 4. a.

887 Bethge, Problematik, S. 269; Grimmer, Demokratie, S. 118; Hermes, Grundrecht, S. 252f.; Kirchhof, HbdStR, § 221, Rn. 102; Rüfner, FS BVerfG II, S. 462.

888 Pieroth/Schlink, Grundrechte, Rn. 252ff.

tungsspielraum des Gesetzgebers bei Grundrechten mit einfachem Gesetzesvorbehalt am größten, während bei vorbehaltlos gewährleisteten Grundrechten das einschränkende Gesetz eine Konkretisierung kollidierenden Verfassungsrechts darstellen muß.[889] Das in Art. 2 II 1 GG geschützte Rechtsgut Leben ist gem. Art. 2 II 3 GG „nur" mit einem einfachen Gesetzesvorbehalt versehen. Dies bedeutet, daß an das eingreifende Gesetz keine besonderen Anforderungen zu stellen sind. Allerdings sind einschränkende gesetzliche Regelungen im Lichte des hohen Ranges des Rechtsguts Leben auszulegen.[890] Das unbenannte Freiheitsrecht „Persönlichkeitsrecht" wurzelt primär in Art. 2 I GG, so daß es grundsätzlich auch einem einfachen Gesetzesvorbehalt – dem des Art. 2 I GG, sog. „Schrankentrias" – unterliegt. Durch die Anbindung an das vorbehaltlos gewährleistete Grundrecht der Menschenwürde[891] muß die Schranke jedoch enger sein als bei der allgemeinen Handlungsfreiheit.[892] An ein das Persönlichkeitsrecht beschneidendes Gesetz sind folglich gleich hohe, wenn nicht sogar höhere Anforderungen zu stellen als an ein Gesetz, welches das Grundrecht auf Leben einschränkt. Daraus und nicht aus der Systematik des Gesetzes läßt sich begründen, daß der Gesetzgeber das Rechtsgut Leben und das Persönlichkeitsrecht als zumindest gleichwertig ansieht.

Es hat sich gezeigt, daß es der Theorie, die das Persönlichkeitsrecht als mitangegriffenes Rechtsgut sieht, gelingt, die grundsätzliche Schärfe des Notwehrrechts zu erklären. Wiederum könnten bzw. müßten alle Notwehrübenden gleich behandelt werden, was positiv zu Buche schlägt. Problematisch an dieser Ansicht ist jedoch, daß sie allein auf Angreifer und Angegriffenen abstellt. Fundamentale Verfassungsentscheidungen scheinen keine Berücksichtigung zu erfahren. So ist fraglich, wie eine Notwehrhandlung, die in die Menschenwürde eingreift, zu

889 Daß vorbehaltlos gewährleistete Grundrechte durch Grundrechte anderer oder Verfassungsgüter eingeschränkt werden können, entspricht der Rechtsprechung des BVerfG und der Auffassung der herrschenden Ansicht in der Literatur, vgl. nur BVerfGE 32, 98 (108); 67, 213 (228); 75, 369 (379); Epping, Grundrechte, Rn. 70ff.; Pieroth/Schlink, Grundrechte, Rn. 257ff. und 318ff. Wer sich gegen eine Begrenzung vorbehaltlos gewährleisteter Grundrechte durch kollidierendes Verfassungsrecht ausspricht, muß die Schutzbereiche der vorbehaltlosen Grundrechte deutlich enger und präziser fassen als das BVerfG und die herrschende Lehre. Grundlegend zur Begrenzung grundrechtlicher Schutzbereiche Muckel, FS Schiedermair, S. 347ff.

890 Dreier-Schulze-Fielitz, Art. 2 II, Rn. 38; Umbach/Clemens-Wiedemann, Art. 2, Rn. 310ff.

891 Dreier-Dreier, Art. 2 I, Rn. 50; Pieroth/Schlink, Grundrechte, Rn. 373. Strittig, ob Menschenwürde ein Grundrecht ist, siehe hierzu v. M/K/S-Starck, Art. 1, Rn. 28ff.

892 Jarass/Pieroth-Jarass, Art. 2, Rn. 59ff.; Dreier-Dreier, Art. 2 I, Rn. 59; Jarass, NJW 1989, S. 860f.

bewerten ist.[893] Da überindividuelle Gesichtspunkte wie der hohe Rang der Menschenwürde in der Gesamtrechtsordnung grundsätzlich keine Berücksichtigung finden dürfen, müßte eine solche grundsätzlich rechtmäßig sein. Ein Ergebnis, das mehr als nur ein leichtes Unbehagen hinterläßt![894]

Daneben wirft diese Ansicht erhebliche Probleme bei der Begründung der Nothilfe bzw. deren Grenzen auf. Um gleich mit dem letzten Punkt zu beginnen: Ebenso wie die Handlungsfreiheit des Nothelfers nicht durch einen Angriff tangiert wird, berührt dieser auch nicht das Persönlichkeitsrecht irgendeines hilfsbereiten Dritten. Trotzdem soll dieser bei der Verteidigung die gleichen Befugnisse wie der durch den Angriff unmittelbar Betroffene besitzen. Dies erklärt sich nicht aus sich selbst heraus und hätte einer überzeugenden, den Boden einer individualistischen Betrachtung nicht verlassenden Begründung bedurft.[895]

Neben diesen, den Umfang des Nothilferechts betreffenden Problemen bestehen viel gravierendere Schwierigkeiten bei der Begründung der Nothilfe zugunsten juristischer Personen, für die gewerbliche Sicherheitskräfte häufig tätig werden. Gem. Art. 19 III GG gelten die Grundrechte auch für inländische juristische Personen[896], soweit sie ihrem Wesen nach auf diese anwendbar sind. Wie diese Einschränkung der Grundrechtsberechtigung durch das „Wesen" der Grundrechte auszusehen hat, ist noch immer Gegenstand kontroverser Diskussionen.[897] Einerseits wird vertreten, daß die Anwendbarkeit der Grundrechte auf juristische Personen sich mit der Idee eines personalen Substrats derselben erkläre. In diesem Sinne führt das Bundesverfassungsgericht aus, daß sich juristische Personen dann auf Grundrechte berufen können, „wenn ihre Bildung und Betätigung Ausdruck der freien Entfaltung der natürlichen Personen sind, besonders wenn der ‚Durchgriff' auf die hinter den juristischen Personen stehenden Menschen dies

893 Man kann hier an den Eingesperrten denken, der es schafft, den Entführer zu überwältigen, aber an der Zahlenkombination des Verliesschlosses scheitert. In solch einem Fall ist es nicht fernliegend anzunehmen, daß der von Hunger und Durst Geplagte auf den Gedanken kommt, unter Anwendung von Drohungen oder Gewalt den Entführer zur Herausgabe der Zahlenkombination zu nötigen. Soll er dies dürfen, auch wenn das Verliesschloß sich in wenigen Stunden automatisch öffnen würde? Zur sog. „Privatfolter" etwa Erb, Jura 2005, S. 26; Fahl, JR 2004, S. 185ff.; ders., Jura 2007, S. 748f.; Jerouschek/Kölbel, JZ 2003, S. 619f.; Kinzig, ZStW 115 (2003), S. 807 und Perron, FS Weber, S. 150ff.

894 Kritisch im Hinblick auf die hier vertretene These äußert sich Erb, Jura 2005, S. 26ff. sowie ders., NStZ 2005, S. 600 Fn. 66.

895 Vgl. Seelmann, ZStW 89 (1977), S. 47.

896 Der Begriff „juristische Person" ist hier im verfassungsrechtlichen Sinne zu verstehen. Er umfaßt also jede Personenmehrheit, die entweder voll- oder teilrechtsfähig ist. Hierzu z.B. v. M/K/S-P. M. Huber, Art. 19, Rn. 242ff.

897 Dreier-Dreier, Art. 19 III, Rn. 30; Stern, Staatsrecht III/1, § 71 III 5 d, S. 1110.

als sinnvoll oder erforderlich erscheinen läßt"[898]. Anderseits geht man im Gegensatz hierzu davon aus, daß die wesensmäßige Anwendbarkeit der Grundrechte auf juristische Personen dann zu bejahen sei, wenn sie sich in einer grundrechtstypischen Gefährdungslage gegenüber einem Hoheitsträger befänden.[899] Folgt man der erstgenannten Ansicht, bestehen erhebliche Probleme bei der Begründung der Grundrechtsberechtigung von großen Kapitalgesellschaften, international verflochtenen Konzernen oder Stiftungen, da hier ein personales Substrat gar nicht oder allenfalls rudimentär vorhanden ist.[900] Diese Probleme schlagen dann auch auf die Begründung der Nothilfe zugunsten der genannten juristischen Personen durch. Da auf Verteidigerseite das aus Art. 2 I GG i.V.m. Art. 1 I GG fließende Persönlichkeitsrecht Berücksichtigung finden soll, müßte man zunächst eine Grundrechtsberechtigung der juristischen Person bejahen, um die scharfen Verteidigungsbefugnisse erklären zu können.

Man mag gegen diese Argumentation einwenden, daß die aufgezeigten Probleme nur in Einzelfällen bestünden, da zumindest bei den Personengesellschaften[901] das personale Substrat klar erkennbar ist. Des weiteren habe die zweitgenannte Ansicht keine Schwierigkeiten, die prinzipielle Grundrechtsberechtigung aller juristischen Personen anzunehmen. Diesen Vorhalten kann man ohne weiteres zustimmen. Das bedeutet aber nicht, daß damit die Argumentation mit Art. 19 III GG in sich zusammenfällt. Nach einer Bejahung der Grundrechtsfähigkeit einer juristischen Person ist immer noch zu prüfen, ob das in Rede stehende Grundrecht überhaupt auf juristische Personen Anwendung findet. Außer Frage steht, daß bestimmte Grundrechte auf juristische Personen unanwendbar sind. Hierbei handelt es sich um solche, die an natürliche Qualitäten des Menschen anknüpfen wie etwa das Recht auf Leben, der Schutz der Ehe und Familie oder die Gewissensfreiheit.[902] Vorliegend soll auf seiten des Verteidigers das Persönlichkeitsrecht treten. Ob sich juristische Personen auf dieses berufen können, ist umstritten und wird wohl überwiegend verneint.[903] Auch diejenigen, die das allgemeine Persönlichkeitsrecht auf juristische Personen anwenden wollen, räumen ein, daß die zwischen natürlichen und juristischen Personen bestehenden Unter-

---

898 BVerfGE 21, 362 (369); ähnlich BVerfGE 68, 193 (205f.). Zur Ansicht des Bundesverfassungsgerichts und der ihm folgenden Literatur vgl. z.B. Dreier-Dreier, Art. 19 III, Rn. 31f.; Stern, Staatsrecht III/1, § 71 III 5 d, S. 1112 und Rüfner, HbdStR, § 116, Rn. 30ff.

899 Dreier-Dreier, Art. 19 III, Rn. 33 m.N. Ferner Pieroth/Schlink, Grundrechte, Rn. 152.

900 Vgl. hierzu v. Münch/Kunig-Krebs, Art. 19, Rn. 38; v. M/K/S-P. M. Huber, Art. 19, Rn. 219.

901 Zum Begriff siehe etwa K. Schmidt, Gesellschaftsrecht, § 3 I 2 a, S. 46.

902 Dreier-Dreier, Art. 19 III, Rn. 35; Pieroth/Schlink, Grundrechte, Rn. 150f.

903 v. Münch/Kunig-Kunig, Art. 2, Rn. 39; Hirte, NJW 1988, S. 1704; Jarass, NJW 1989, S. 860; Siekmann, ZIP 1994, S. 651f.

schiede im Einzelfall Berücksichtigung finden müssen.[904] Ob man juristischen Personen die Berufung auf das allgemeine Persönlichkeitsrecht grundsätzlich zugestehen will oder nicht, fest steht, daß hier gerade der besondere Bezug des Persönlichkeitsrechts zur Menschenwürde nicht gegeben ist. Diejenigen, die darauf abstellen, daß der Angriff zugleich eine Mißachtung des Opfers als autonome Persönlichkeit darstellen müsse, können diese Argumentation in bezug auf Angriffe auf juristische Personen nicht aufrecht erhalten. Hier fehlt gerade die Anbindung des Persönlichkeitsrechts an die Menschenwürde. Wenn man auf die wechselseitige Akzeptanz der Individuen abstellt, welche für Identitätsentwicklung und Selbstverwirklichung unerläßlich sei[905], mag man den Notwehr- bzw. Nothilfekonflikt zutreffend beschreiben, wenn sich das Angriffsopfer als eine natürliche Person darstellt; bei Angriffen auf juristische Personen, bei denen das personale Substrat fehlt oder nur rudimentär vorhanden ist, versagt diese Charakterisierung aber. Die zugunsten juristischer Personen geleistete Nothilfe dürfte niemals so weit gehen wie die Notwehr, und zwar unabhängig davon, ob eine gewerbliche Sicherheitskraft oder ein „normaler" Angestellter der angegriffenen juristischen Person Hilfe leistet. Eine unterschiedliche Behandlung der Nothilfebefugnisse von Normalbürgern und anderen wäre hier nicht realisierbar.

Schließlich ist zu bedenken, daß sich ausländische juristische Personen nicht auf Grundrechte berufen können[906]. Das ruft Schwierigkeiten bei der Begründung der Nothilfebefugnis zugunsten dieser voll- oder teilrechtsfähigen Personenmehrheiten hervor. Auch müßte man in letzter Konsequenz die Nothilfebefugnis eines jeden zugunsten der Rechtsgüter des Staates verneinen – selbst bei solchen, die ihm als Fiskus zustehen –, da der Staat selbst nicht grundrechtsberechtigt ist[907].

Es zeigt sich, daß eine individualistische Notwehr- und Nothilfebegründung, die auf das Persönlichkeitsrecht als mitangegriffenes Rechtsgut abstellt, allein im Hinblick auf die Begründung der Notwehr brauchbare Ergebnisse liefert. Unüberbrückbare Schwierigkeiten treten sowohl bei der Begründung der Nothilfe als auch bei der Bestimmung ihrer Grenzen auf. Sie ist mithin abzulehnen.

---

904 Dreier-Dreier, Art. 19 III, Rn. 37; v. M/K/S-P. M. Huber, Art. 19, Rn. 319; Sachs-Sachs, Art. 19, Rn. 70; Umbach/Clemens-Roellecke, Art. 19 I-III, Rn. 93ff. (95).

905 Kargl, ZStW 110 (1998), S. 58; Kroß, Schweigegelderpressung, S. 58.

906 So die vorzugswürdige herrschende Meinung, vgl. z.B. v. Münch/Kunig-Krebs, Art. 19, Rn. 33 m.N. Verfahrensgrundrechte und das Willkürverbot sind jedoch auch auf ausländische juristische Personen anwendbar, v. Münch/Kunig-Krebs, Art. 19, Rn. 30 und 33.

907 Zur mangelnden Grundrechtsberechtigung des Staates etwa BVerfGE 39, 302 (312f.); 68, 193 (205ff.); 75, 192 (196); v. Münch/Kunig-Krebs, Art. 19, Rn. 41; Umbach/Clemens-Roellecke, Art. 19 I-III, Rn. 117ff.

IV. Eine dualistische Notwehr- und Nothilfebegründung

Die anfängliche Hoffnung, die Vorteile einer monistischen Lehre auszunutzen und dadurch dem Rechtsanwender klare(re) Handlungsanweisungen an die Hand geben zu können, hat sich nicht erfüllt. Man steht vor dem Befund, daß weder eine überindividualistische noch eine individualistische Notwehr- und Nothilfebegründung für sich genommen überzeugen kann.

Die Ablehnung einer monistischen Notwehr- und Nothilfekonzeption führt allerdings nicht zwangsläufig zu „dem" dualistischen Modell. Ebensowenig wie es „das" individualistische Modell gibt, wird „die" dualistische Konzeption vertreten. Es hat sich aber herausgestellt, daß bei der Begründung und Bestimmung des Umfangs des Verteidigungsrechtes aus § 32 StGB sowohl der Selbstschutzgedanke als auch ein wie auch immer gearteter überindividualistischer Gesichtspunkt Berücksichtigung finden müssen. Bei der nun folgenden Entwicklung eines Notwehr- und Nothilfesystems muß vor allem darauf geachtet werden, daß es ganz grundsätzlich Notwehr und Nothilfe sowie deren Umfang im Hinblick auf die Verteidigungshandlung eines Normalbürgers zu begründen vermag. Es muß weiter im Einklang mit dem Wortlaut des § 32 StGB stehen. Schließlich sollte es eine Trennung zwischen Notwehr- und Nothilfebefugnissen gewerblicher Sicherheitskräfte ermöglichen, da ansonsten nur die Möglichkeit besteht, die für richtig befundene Einschränkung der Nothilfebefugnisse staatlich instrumentalisierter gewerblicher Sicherheitskräfte aus externen Faktoren herzuleiten.

1. Gleichstellung von Notwehr und Nothilfe

Bei der Diskussion der monistischen Konzeptionen begegnet man häufig dem Problem, daß sich entweder die Begründung der Nothilfe oder deren angenommener Umfang nur sehr schwer mit den Überlegungen zur Notwehr in Einklang bringen läßt. Diese Schwierigkeiten rühren maßgeblich daher, daß Notwehr und Nothilfe häufig als einheitlicher Rechtfertigungsgrund begriffen werden. Folge dieser Sichtweise ist der Versuch, der Nothilfe das Korsett der Notwehr anzulegen. Möglicherweise muß man sich hiervon befreien, um zu überzeugenden Ergebnissen zu gelangen. Daß der Wortlaut des § 32 StGB nicht zwingend gegen eine Trennung von Notwehr und Nothilfe spricht, wurde bereits festgestellt. Mithin stellt es auch kein dem Wortlaut widersprechendes methodisches Vorgehen dar, wenn man sich zunächst allein mit der Notwehr beschäftigt, um erst danach auf die Nothilfe einzugehen. Diese Arbeitsweise birgt den Vorteil, daß Gemeinsamkeiten und Unterschiede von Notwehr und Nothilfe deutlich herausgearbeitet werden können und nicht von vornherein einem bestimmten System Tribut gezollt werden muß.

2. Die Begründung der Notwehr

Fraglich ist zunächst, welches der beiden von einer dualistischen Notwehrtheorie zu berücksichtigenden Prinzipien als Grundlage des Notwehrrechts angesehen werden kann.

a. Individualistischer Gedanke als Grundlage

Um eine Notwehrlage bejahen zu können, muß ein gegenwärtiger rechtswidriger Angriff auf ein beliebiges Individualrechtsgut vorliegen. Das bedeutet, daß jegliche Handlung oder Unterlassung eines Menschen notwehrrechtlich irrelevant ist, solange nicht irgendein Individualrechtsgut des später Notwehrübenden betroffen ist. Somit muß bei der Begründung der Notwehr der individualistische Gedanke im Vordergrund aller Betrachtungen stehen. Inwieweit überindividualistische Gesichtspunkte bezüglich Grund und Grenzen des Notwehrrechts zu beachten sind, bedarf erst dann einer eingehenden Betrachtung, wenn ein Angriff auf ein Individualrechtsgut des Notwehrübenden gegeben ist.

aa. Selbstschutz oder Güterschutz

Zahlreiche Vertreter einer dualistischen Notwehrtheorie sehen auch den individualrechtlichen Gedanken bei der Notwehr entweder ausdrücklich oder implizit als im Vordergrund stehend an.[908] Was aber diesen Gedanken genau ausmacht, erschließt sich nicht aus dem Begriff selbst. Der individualrechtliche Gedanke ist dadurch gekennzeichnet, daß grundsätzlich kein Mensch rechtswidrige Angriffe, welche von anderen Menschen ausgehen, auf sich und seine Rechtsgüter hinzunehmen braucht.[909] In diesem Gedanken findet sich die vorstaatliche Wurzel des Notwehrrechts wieder – insoweit zutreffend läßt sich Notwehr als „Urrecht" des Menschen begreifen.[910] Da der Staat nicht überall zu jeder Zeit

908 KK-OWiG-Rengier, § 15, Rn. 4 und 33; Fechner, Grenzen, S. 167; Jescheck/Weigend, AT, § 32 I 2, S. 337; Hassemer, FS Bockelmann, S. 239f.; Hirsch, FS Dreher, S. 219f.; Kühl, JuS 1993, S. 180, ders., Strafrecht AT, § 7, Rn. 11; Pelz, NStZ 1995, S. 308; Roxin, ZStW 93 (1981), S. 75f.; Stiller, Grenzen, S. 60. Vgl. auch Kaspar, GA 2007, S. 41; Koriath, FS Müller-Dietz, S. 367; Krause, FS Bruns, S. 77f.; dens., GA 1979, S. 331f.; Otto, FS Würtenberger, S. 138; LK[11]-Spendel, § 32, Rn. 11 und 14; Sternberg-Lieben, JuS 1999, S. 446; Walter, DVP 49 (1998), S. 500; Warda, Jura 1990, S. 346; Wössner, Notwehr, S. 56. A.A. Courakis, Sozialethische Begründung, S. 31f. Fn. 58.

909 Ebert, AT, S. 71; Kühl, Jura 1990, S. 247; ders., JuS 1993, S. 179; ders., Strafrecht AT, § 7, Rn. 8.

910 Erb, Jura 2005, S. 27; ders., NStZ 2005, S. 595; Krey, JZ 1979, S. 714 Fn. 28; Kühl, Jura 1990, S. 247, ders., JuS 1993, S. 179; ders., Strafrecht AT, § 7, Rn. 8; Suppert, Studien, S. 374; Walter, DVP 49 (1998), S. 498.

rechtswidrige Angriffe verhindern kann, widerspricht diese Annahme auch nicht einem Rechtszustand mit staatlichem Gewaltmonopol.[911] Fraglich ist, ob sich der individuelle Gedanke in dem Begreifen der Notwehr als Selbstverteidigungsrecht erschöpft. Stellt man nur auf den Selbstschutz ab, so scheint das Notwehrrecht nicht in seiner vollen Bandbreite erfaßt zu sein, da nicht nur höchstpersönliche, sondern auch andere Rechtsgüter mittels Notwehr verteidigt werden dürfen. Insofern ist auf den Individualrechtsgüterschutz zurückzugreifen, um das mit der Notwehr verfolgte Ziel zu charakterisieren.[912] Hierdurch wird klar herausgestellt, daß es bei der Notwehr primär um den Schutz des konkret angegriffenen Rechtsgutes geht.

Daß sich der Angriff zunächst immer gegen materielle Güter wie Leben, Leib oder Eigentum richtet, bedarf keiner Diskussion. Interessant wird es, wenn man sich die Frage stellt, ob darüber hinaus noch ein anderes Rechtsgut angegriffen wird. Zum Teil wird die Handlungsfreiheit, zum Teil das Persönlichkeitsrecht als mitangegriffenes Rechtsgut angesehen. Da die Verletzung der Handlungsfreiheit nichts Notwehrspezifisches ist, sondern grundsätzlich auch im Rahmen der Notstandslage besteht, könnte allein das Persönlichkeitsrecht als mitangegriffenes Rechtsgut gelten.[913]

Die Intention des Angreifers wird in den meisten Fällen diejenige sein, ein materielles Gut des Angegriffenen zu beeinträchtigen, weil er sich davon irgendwelche Vorteile erhofft, oder zumindest eine Genugtuung aus den Nachteilen, die dem Opfer durch den Angriff erwachsen, zieht. Darin erschöpft sich jedoch der Unwertgehalt eines Angriffs nicht. Dem Angegriffenen wird der Respekt verwehrt, der jedem Menschen kraft seines Menschseins zukommt.[914] Der Angreifer versteht sein Gegenüber nicht als gleichgeordnetes Subjekt und verweigert ihm somit die Anerkennung, deren Vorhandensein die Grundvoraussetzung für eine konfliktfreie Interaktion zwischen gleichberechtigten Menschen ist. Der Angriff zielt somit nicht allein auf die Beeinträchtigung eines materiellen Gutes, sondern tangiert auch die Persönlichkeit des Angegriffenen.[915] Diese Mißachtung der Persönlichkeit ist weder von einem vorsätzlichen noch einem schuldhaften Handeln des Angreifers abhängig. Auch der fahrlässig bzw. schuldlos Handelnde kann grundsätzlich das Persönlichkeitsrecht des Angegriffenen be-

---

911 Kühl, Jura 1990, S. 247; ders., JuS 1993, S. 179; ders., Strafrecht AT, § 7, Rn. 8.

912 Kroß, Schweigegelderpressung, S. 54 und 56; Stiller, Grenzen, S. 62f.; Wagner, Notwehrbegründung, S. 35; vgl. auch Kühl, JuS 1993, S. 179; Seuring, Nothilfe, S. 182.

913 Näher zum Ganzen oben, B. III. 4.

914 Vgl. Stratenwerth, ZStW 68 (1956), S. 44 und 63; Schroth, NJW 1984, S. 2563.

915 Kroß, Schweigegelderpressung, S. 57f.; Neumann, Zurechnung, S. 166f.; ders., Begründung, S. 225. Vgl. in diesem Zusammenhang auch Kargl, ZStW 110 (1998), S. 57ff.; Sternberg-Lieben, JuS 1999, S. 446 und Schroth, NJW 1984, S. 2563. Ähnlich Seuring, Nothilfe, S. 201.

einträchtigen.[916] Es kommt allein darauf an, daß ein Mensch die Rechtsgüter eines anderen verletzt. Insofern hat das Fehlen der oben genannten, in der Regel beim Angreifer vorliegenden Intention keine Auswirkungen auf die Beeinträchtigung des Persönlichkeitsrechts. Diese Beeinträchtigung ist unabhängig von der Person des Angegriffenen. Sowohl Normalbürger als auch private Sicherheitskräfte werden gleichermaßen durch einen Angriff in ihrem Persönlichkeitsrecht beeinträchtigt.

Damit ist festzuhalten, daß die Notwehr zum einen dem Individualrechtsgüterschutz in Form der Verteidigung des konkret angegriffenen Gutes dient. Zum anderen wird aber auch immer eine (drohende) Persönlichkeitsrechtsverletzung abgewehrt. In diesen beiden Punkten ist der individualistische Aspekt der Notwehr zu erkennen.

bb. Verfassungsrechtliche Absicherung

Diese das individualistische Moment der Notwehr ausmachenden Punkte lassen sich verfassungsrechtlich absichern. Der Annahme, daß das Persönlichkeitsrecht grundgesetzlich in Art. 2 I GG i.V.m. Art. 1 I GG zu verankern ist, wurde bereits zugestimmt. Auch die Rechtsgüter, gegen die sich der Angriff konkret richtet, können verfassungsrechtlich angebunden werden. Leben und körperliche Unversehrtheit werden von Art. 2 II 1 GG erfaßt. Das Eigentum erfährt seinen grundrechtlichen Schutz durch Art. 14 I GG. Die körperliche Bewegungsfreiheit wird durch Art. 2 II 2 GG und Art. 104 GG geschützt. Diese Liste läßt sich fast endlos fortsetzen. Sollte sich für ein Rechtsgut, gegen das sich der die Notwehr auslösende Angriff richtet, kein spezielles Freiheitsrecht finden lassen, so kommt eine grundrechtliche Absicherung durch Art. 2 I GG in Betracht. Mithin lassen sich die Punkte, welche den individualistischen Aspekt der Notwehr kennzeichnen, auch auf Grundrechte bzw. grundrechtsgleiche Rechte und somit auf die Verfassung zurückführen.

cc. Umfang des Notwehrrechts auf Grundlage des individualistischen Gedankens

Im folgenden geht es darum, Umfang und Grenzen des Notwehrrechts allein unter Bezugnahme auf den herausgearbeiteten individualistischen Gedanken zu bestimmen, wobei zum Teil auf bereits entwickelte Gedanken zurückgegriffen werden kann.

Zunächst ergibt sich aus dem individualistischen Aspekt, daß allein Individualrechtsgüter notwehrfähig sind. Der Angriff gegen eines dieser Rechtsgüter muß

916 Kroß, Schweigegelderpressung, S. 63f. Vgl. aber auch Kasiske, Jura 2004, S. 836.

gegenwärtig und rechtswidrig sein. Vorsätzliches oder schuldhaftes Handeln wird nicht verlangt. Der Einwand zahlreicher Stimmen, daß eine individualistische Notwehrbegründung die grundsätzlich fehlende Ausweichpflicht nicht erklären könne, wurde bereits entkräftet. Zwar würde oftmals durch eine Flucht das konkret betroffene Rechtsgut effektiv geschützt; allerdings stünde immer noch die Verletzung des Persönlichkeitsrechts im Raum. Insofern vermag auch der individualistische Aspekt der Notwehr die fehlende Ausweichpflicht zu begründen.

Die Schärfe des Notwehrrechts ist ein weiterer Ansatzpunkt, der die Vertreter einer dualistischen Notwehrbegründung dazu veranlaßt, sich gegen eine rein individualistisch begründete Notwehr auszusprechen.[917] Das Individualschutzprinzip allein könne die Schneidigkeit der Notwehr, welche sie aus allen anderen Rechtfertigungsgründen heraushebt, nicht begründen. Eine den Rechtsbewährungsgedanken nicht berücksichtigende Notwehrbegründung müsse vielmehr die Notwehrbefugnisse den Notstandsbefugnissen angleichen.[918]

Diese Sichtweise verkennt, daß der entscheidende Unterschied des § 32 StGB zu den Notstandsvorschriften individualrechtlich darin zu sehen ist, daß sich nur menschliches Verhalten als mißachtend und despektierlich darstellen kann. Wie die Rückführung des Persönlichkeitsrechts auf Art. 2 I GG i.V.m. Art. 1 I GG deutlich macht, besitzt ein Angriff im Rahmen der Notwehr immer auch einen Menschenwürdebezug. Dieser fehlt grundsätzlich bei den Gefahren, welche die Notstandsbefugnis auszulösen vermögen. Der hohe Rang, den die Rechtsordnung dem Persönlichkeitsrecht zuschreibt, rechtfertigt den Verzicht auf Güterproportionalität bei der Notwehr.[919] Gegen diese Sichtweise könnte man vorbringen, daß durch die Notwehrhandlung der ursprünglich Angreifende nunmehr in einem seiner Individualrechtsgüter und seinem Persönlichkeitsrecht beeinträchtigt wird, und somit die Interessenlage auf Angreifer- und Verteidigerseite identisch ist.[920] Allerdings beinhaltet das Persönlichkeitsrecht kein Recht auf Begehung von rechtswidrigen Taten. Das Opfer der Notwehrhandlung wird zwar in seiner Selbstbestimmung berührt, nicht aber in seinem Selbstbestimmungsrecht.[921] Damit soll nicht geleugnet werden, daß auch rechtswidrige und sozialschädliche Handlungen grundrechtsgeschützt sein können. Positiv formu-

917 Sch/Sch-Lenckner/Perron, § 32, Rn. 1a; Lenckner, GA 1968, S. 3; ders., GA 1985, S. 300; Kühl, JuS 1993, S. 182; Roxin, AT I, § 15, Rn. 2; H. Schumann, JuS 1979, S. 560; Suppert, Studien, S. 374.

918 Exemplarisch Sch/Sch-Lenckner/Perron, § 32, Rn. 1 und 1a. Vgl. auch Perron, FS Weber, S. 153.

919 So auch Kroß, Schweigegelderpressung, S. 56ff.

920 Klesczewski, FS E.A. Wolff, S. 233.

921 Kroß, Schweigegelderpressung, S. 59 unter Berufung auf Stratenwerth, ZStW 68 (1956), S. 64.

liert spricht sogar sehr viel dafür, für jede menschliche Verhaltensweise einen lückenlosen grundrechtlichen Schutz bereitzuhalten. Hier wird aber die allgemeine Handlungsfreiheit des Art. 2 I GG und nicht das Persönlichkeitsrecht einschlägig sein.[922] Insofern ist die Interessenlage von Notwehrübendem und ursprünglich Angreifendem nicht identisch. Das Persönlichkeitsrecht des Letztgenannten wird durch die Notwehrhandlung nicht tangiert.[923]

Das die Notwehr tragende individualistische Prinzip ist somit auch für sich allein genommen in der Lage, die fehlende Ausweichpflicht und den Verzicht auf Güterproportionalität zu erklären. In einem weiteren Schritt ist zu überprüfen, inwieweit sich schon aus diesem Gedanken heraus Notwehreinschränkungen ergeben. Die herrschende Meinung geht davon aus, daß das Notwehrrecht bei Vorliegen bestimmter Fallgruppen sozialethischen Einschränkungen unterliegt. Dies soll etwa bei Angriffen schuldlos Handelnder der Fall sein.[924] Teilweise wird angenommen, daß schuldlos Handelnde nicht in der Lage seien, das Persönlichkeitsrecht des Angegriffenen in dem Maße zu verletzen, wie dies von voll verantwortlich handelnden Menschen möglich ist.[925] Diese Ansicht übersieht, daß jedermann sein Gegenüber zunächst einmal als autonom handelnde, selbstbestimmte Person wahrzunehmen hat. Insofern muß der Angriff eines Schuldlosen, der sich für den Angegriffenen subjektiv nicht als ein solcher darstellt, das volle Notwehrrecht auslösen. Aber auch der Schuldlose, bei dem der defizitäre Zustand offenkundig ist, kann in der Lage sein, neben einem Individualrechtsgut die Persönlichkeit des Angegriffenen zu beeinträchtigen. Dies gründet sich in der Annahme, daß die Regelungen und (un-)widerleglichen Vermutungen, wann eine Schuldunfähigkeit im rechtlichen Sinne anzunehmen ist, häufig starr und unflexibel sind.[926] Der Schuldunfähige kann grundsätzlich natürliche Willensfähigkeit oder Einwilligungsfähigkeit besitzen, was bedeutet, daß ihm unter Umständen eine eigenverantwortliche Interaktion mit anderen Men-

---

922 Ob und inwieweit rechtswidrige und sozialschädliche Verhaltensweisen von Grundrechten erfaßt werden, ist umstritten. Für eine Erfassung etwa Maunz/Dürig-di Fabio, Art. 2 I, Rn. 16; Sachs-Murswiek, Art. 2, Rn. 53; v. Arnauld, Freiheitsrechte, S. 64ff. Ablehnend z.B. v. M/K/S-Starck, Art. 2, Rn. 13; ders., JuS 1981, S. 245f.; Lührmann, Tötungsrecht, S. 72. Differenzierend wohl Muckel, FS Schiedermair, S. 352ff.

923 Kroß, Schweigegelderpressung, S. 59.

924 Vertiefend z.B. SK-StGB-Günther, § 32, Rn. 118f. und Kühl, Strafrecht AT, § 7, Rn. 192ff.

925 Kroß, Schweigegelderpressung, S. 64.

926 So z.B. bei § 19 StGB. Bei der Prüfung der Schuldunfähigkeit aufgrund Alkoholkonsums gibt es zwar nach der Rechtsprechung keine Blutalkoholkonzentration (BAK), die per se zur Annahme von Schuldunfähigkeit führt; jedoch wird die BAK als „gewichtiges Beweiszeichen" gewertet. Hierzu BGH, StV 1998, S. 257; StV 1998, S. 538f.; Sch/Sch-Lenckner/Perron, § 20, Rn. 16a ff.; SK-StGB-Rudolphi, § 20, Rn. 7; Maatz, StV 1998, S. 281.

schen zugetraut wird. Wenn diesem Schuldunfähigen auf der einen Seite zugestanden wird, die Tragweite der Preisgabe eigener Rechtsgüter zu überblicken, ihm aber auf der anderen Seite die Fähigkeit zum Aufbau einer Anerkennungsbeziehung abgesprochen wird, so überzeugt dies nicht. Mithin kann der individualistische Gedanke die Notwehreinschränkung bei Angriffen schuldlos Handelnder nicht erklären.

Weiterhin ist fraglich, ob sich allein aus dem individualistischen Pfeiler der Notwehr Einschränkungen im Falle eines krassen Mißverhältnisses zwischen angegriffenem und verteidigtem Rechtsgut begründen lassen. Diejenigen, die dies bejahen, begründen die Begrenzung des Notwehrrechts bei Geringwertigkeit der verteidigten Sachen – also bei einem krassen Mißverhältnis – damit, daß die Relevanz einer Sache für die Entfaltung der Persönlichkeit bei unbedeutendem Wert vermindert sei. Befinde sich das konkret betroffene Rechtsgut eher in der Peripherie als im Kernbereich der Entwicklungs- und Entfaltungsmöglichkeiten einer Person, nehme auch die Intensität des Eingriffs in das Selbstbestimmungsrecht ab.[927] Bedenklich an dieser Sichtweise ist, daß sie erhebliche Schwierigkeiten bei der Konkretisierung dessen besitzt, was sich nicht im Kernbereich des Persönlichkeitsrechts abspielt und somit eine Notwehreinschränkung rechtfertigt. Um den Boden einer individualistischen Betrachtungsweise nicht zu verlassen, muß dieser Bereich von der Warte des Angegriffenen bestimmt werden. Im Endeffekt würde dann aber das Affektionsinteresse[928] an weitgehend wertlosen Gegenständen zur Zulässigkeit einer unbegrenzten Verteidigungshandlung führen, weil sich der Angriff trotz objektiver Geringwertigkeit des verteidigten Gutes unter Umständen als besonders persönlichkeitsrechtsrelevant darstellt.[929] Mithin läßt sich auch die weitgehend anerkannte Notwehreinschränkung bei krassem Mißverhältnis nicht aus dem individualistischen Prinzip heraus begründen.

Unabhängig davon, ob man eine Notwehreinschränkung bei engen persönlichen Beziehungen überhaupt noch anerkennt[930], muß in bezug auf diese Fallgruppe festgestellt werden, daß sich auch hier keine Schmälerung der Befugnisse des Angegriffenen aus der individualistischen Komponente der Notwehr herleiten läßt. In einer engen persönlichen Beziehung wird durch einen Angriff neben

---

927 Kroß, Schweigegelderpressung, S. 64.

928 Grundlegend zum Affektionsinteresse H. Lange/Schiemann, Schadensersatz, S. 50ff. Vgl. auch H. Oetker, NJW 1985, S. 346.

929 Beispielsweise die Locke des Geliebten oder der letzte Brief, den die Mutter vor ihrem Tod schrieb. Hier läßt sich die objektive Geringwertigkeit der Gegenstände nicht leugnen. Gleichwohl wird bei einem Angriff hierauf das Persönlichkeitsrecht subjektiv erheblich tangiert.

930 Kritisch z.B. D. Engels, GA 1982, S. 114ff.; Kioupis, Notwehr, S. 84; Runte, Veränderung, S. 354f.; Zieschang, Jura 2003, S. 529ff. (531f.).

dem materiellen Rechtsgut nämlich auch das Persönlichkeitsrecht in Frage gestellt.[931]

Schließlich werden Notwehreinschränkungen bei Vorliegen einer Notwehrprovokation diskutiert. Bei der Absichtsprovokation erhofft der Angegriffene den Angriff als ein notwendiges Zwischenziel, damit er seinen weiteren Plan in die Tat umsetzen kann. Der Angreifer soll ihn – den Provozierenden – ernst nehmen und sich entsprechend dem vorgefaßten Tatplan des Notwehrübenden verhalten. Insofern kann in diesem Zusammenhang nicht von einer Verletzung des Persönlichkeitsrechts des Provozierenden gesprochen werden. Man kann sogar sagen, daß sich der Angriff gerade als Ausdruck der Autonomie des Provokateurs darstellt.[932] Somit ist bei der Absichtsprovokation das Notwehrrecht schon aufgrund des individualistischen Gedankens von vornherein beschränkt. Da sowohl auf Angreifer- als auch auf Verteidigerseite nur noch das konkret betroffene Individualrechtsgut übrig bleibt, entsprechen die Befugnisse der Notwehr in diesem Fall im wesentlichen denen des rechtfertigenden Notstands.[933] Im Gegensatz dazu ist dem Notwehrübenden im Fall der sonst schuldhaft herbeigeführten Notwehrlage bei isolierter Betrachtung des individualistischen Prinzips das volle Notwehrrecht zuzugestehen. Das die Absichtsprovokation kennzeichnende Moment in Form des „Verlangens" nach einem Angriff fehlt hier. Dieser ist nicht als Ausdruck der Autonomie des Notwehrübenden zu sehen, sondern als eine Beeinträchtigung seines Persönlichkeitsrechts. Ein eingeschränktes Notwehrrecht, wie es zum Teil bei einer sonst schuldhaft herbeigeführten Notwehrsituation angenommen wird[934], läßt sich aus dem individualistischen Gedanken der Notwehr heraus nicht begründen.

Es zeigt sich, daß das Notwehrrecht bei alleiniger Berücksichtigung des individualistischen Gedankens sehr umfassend wäre. Dies gilt sowohl für den Normalbürger als auch für den Mitarbeiter eines privaten Sicherheitsunternehmens. Aus dem Prinzip Individualrechtsgüter- und Persönlichkeitsrechtsschutz lassen sich keine Notwehreinschränkungen herleiten[935]; lediglich im Falle der Ab-

931 Zum Teil wird es sogar so sein, daß Konfliktparteien, die miteinander in einer Sonderverbindung stehen, aufgrund ihrer Vertrautheit genauer als Außenstehende einschätzen können, wie das Gegenüber in seiner Persönlichkeit herabgewürdigt werden kann.

932 Kroß, Schweigegelderpressung, S. 65 m.N.

933 Vgl. NK-F. Herzog, § 32, Rn. 115ff.; G. Jakobs, AT, 12. Abschn., Rn. 53; Jescheck/Weigend, AT, § 32 III 3 a, S. 346f.; Kroß, Schweigegelderpressung, S. 65; Seuring, Nothilfe, S. 206. Ähnlich noch Stratenwerth, AT I[3], Rn. 436, der zwar eine Notwehrrechtfertigung im Fall der Absichtsprovokation ablehnte, dem Provokateur aber die Berufung auf rechtfertigenden Notstand zugestand. Diese Auffassung wird von Stratenwerth/Kuhlen, AT I[5], § 9, Rn. 84 nicht mehr vertreten.

934 Sch/Sch-Lenckner/Perron, § 32, Rn. 58ff.; Kühl, Strafrecht AT, § 7, Rn. 254ff.

935 Vgl. Bitzilekis, Einschränkung, S. 28; Klesczewski, FS E.A. Wolff, S. 233; a.A. Kroß, Schweigegelderpressung, S. 63ff.

sichtsprovokation bestünde ein von vornherein beschränktes Verteidigungsrecht. Wenn man keinen Abschied von darüber hinausgehenden Einschränkungen des Notwehrrechts nehmen möchte, müssen sich diese entweder aus dem überindividualistischen Gedanken selbst oder extern begründen lassen.

b. Überindividualistischer Gedanke als Ergänzung und Begrenzung

Neben dem individualistischen Grundgedanken, der die Basis der Notwehrbefugnis darstellt, kommt ergänzend ein noch näher zu spezifizierender überindividualistischer Gesichtspunkt in Betracht. Möglicherweise gelingt es, mit dessen Hilfe immanente Grenzen der Notwehr aufzuzeigen.

aa. Koordinationsprinzip als Ergänzung

Vertreter einer dualistischen Notwehrbegründung bemühen immer wieder den Begriff der „Rechtsbewährung", um die überindividuelle Komponente der Notwehr zu kennzeichnen. Für sich genommen ist dieser Begriff wenig aussagekräftig.[936] Meist wird er dahingehend konkretisiert, daß durch die Abwehr eines Angriffs die Rechtsordnung als Ganzes verteidigt und wiederhergestellt werde.[937] Diese Konkretisierung enthält jedoch eine petitio principii, wenn man Notwehr nicht als eine außerhalb des Systems – also der Rechtsordnung selbst – stehende Metaregel begreifen will. Notwehr als Teil der Rechtsordnung würde sich selbst durch ihre Ausübung bewähren.[938] Des weiteren leuchtet nicht ein, wieso die Rechtsordnung als Ganzes verteidigt werden soll, wenn sie nur partiell verletzt wird. Niemand wird durch seine Handlung oder Unterlassung die Rechtsordnung schlechthin verletzen. Der Dieb mißachtet das in § 242 I StGB niedergelegte Verbot der vorsätzlichen Wegnahme einer fremden beweglichen Sache in Zueignungsabsicht. In dieser Handlung liegt aber nicht zugleich eine Mißachtung etwa des Tötungsverbots. Insofern kann es immer nur um die Bewahrung

936 Lesch, Notwehrrecht, S. 22 spricht vom „schillernden" Begriff der Rechtsbewährung.

937 Blei, Strafrecht AT, § 39 III 2, S. 150; Bockelmann/Volk, AT, S. 88f.; Ebert, AT, S. 71f.; Kühl, Jura 1990, S. 247; ders., JuS 1993, S. 179f.; ders., Strafrecht AT, § 7, Rn. 10; Pelz, NStZ 1995, S. 308; Roxin, ZStW 93 (1981), S. 73f.; ders., AT I, § 15, Rn. 2; Wessels/Beulke, Strafrecht AT, Rn. 339.

938 Kioupis, Notwehr, S. 35; Seelmann, ZStW 89 (1977), S. 45; Seuring, Nothilfe, S. 183. Ähnlich schon Uttelbach, Verhältnismäßigkeit, S. 51ff. Zur Notwehr im Sinne einer Metaregel vgl. oben B. III. 1. a., Fn. 811.

einer bestimmten Norm und nicht um die Bewahrung der Rechtsordnung im ganzen gehen.[939]

Möglicherweise lassen sich aus der Wertung, daß jeder Angriff eine Mißachtung der Persönlichkeit des Angegriffenen darstellt, Rückschlüsse auf ein überindividualistisches Moment der Notwehr ziehen. Dies wird allein dann gelingen, wenn von dem konkreten Verhältnis Angreifer/Angegriffener abstrahiert und nach dem Verhältnis der Menschen zueinander gefragt wird. Für eine solche Abstrahierung spricht, daß es nur ganz wenig denkbare Fälle gibt, in denen der Mensch wirklich isoliert in seiner individuellen Dimension gesehen werden kann.[940] Von diesen abgesehen besteht immer die Möglichkeit, daß er in irgendeiner Art und Weise aktiv in Beziehung mit anderen Menschen tritt oder von diesen die Aufnahme einer Beziehung ausgeht. Der Mensch ist von vornherein nicht nur Individualperson, sondern auch gemeinschaftsbezogenes und gemeinschaftsgebundenes Individuum.[941]

Insofern stellt sich die Frage nach dem abstrakten Verhältnis, welches die konkrete zwischenmenschliche Beziehung gleich einem Himmel überwölbt. Dieses abstrakte Verhältnis läßt sich in zwei und nur in zwei unterschiedlichen Ausprägungen denken: Entweder es besteht ein Verhältnis der Koordination oder eines der Subordination.[942] In einem freiheitlichen System, welches von der prinzipiellen Gleichheit aller Menschen ausgeht, ist die Bejahung eines Koordinationsverhältnisses eine Selbstverständlichkeit. Das bedeutet, daß sich das Verhältnis zwischen zwei oder mehreren Menschen immer im vorhinein bestimmen läßt. Eine persönliche Kontaktaufnahme der Menschen ist nicht notwendig, um deren Position zueinander festlegen zu können. Sie sind einander gegenüber gleichberechtigt. Aus dieser Aussage läßt sich eine Grundnorm entwickeln, deren abstrakter Geltung jeder Mensch wird zustimmen können: Respektiere und anerkenne Dein Gegenüber als ein Dir gleichberechtigtes Wesen.[943] Diese Aussage hat zunächst unabhängig von irgendwelchen konkreten, die Beziehungen zweier oder mehrerer Menschen prägenden Umständen Bestand. Insofern ist sie überin-

---

939 Frister, GA 1988, S. 297; Koriath, FS Müller-Dietz, S. 372. A.A. wohl Kasiske, Jura 2004, S. 835 Fn. 33. Vgl. diesbezüglich auch G. Jakobs, HRRS 2004, S. 88.

940 Z.B. der Schiffbrüchige, der sich allein auf einer einsamen Insel befindet. Vgl. auch H. Huber, ZSchwR n.F. 80 (1961), S. 12.

941 BVerfGE 4, 1 (15f.); v. M/K/S-Robbers, Art. 6, Rn. 37; Geiger, FS Faller, S. 6; Stern, Staatsrecht III/1, § 58 II 7 b, S. 32f.; ders., HbdStR, § 109, Rn. 78; H. Huber, ZSchwR n.F. 80 (1961), S. 12f.; Wussow, RiA 1990, S. 306. Ähnlich Courakis, Sozialethische Begründung, S. 20ff.; Muckel, FS Schiedermair, S. 351; Zuck, MDR 1991, S. 937.

942 Vgl. Hruschka, FS Dreher, S. 199. Hierzu bereits oben B. III. 1. a.

943 Ähnlich Seuring, Nothilfe, S. 184 und Stratenwerth, ZStW 68 (1956), S. 44. Auch Hegel betont die Anerkennungsbeziehung zwischen den Menschen, siehe hierzu Kapitel 1, C. II. 1.

dividualistisch zu verstehen. Dies soll aber nicht heißen, daß die abstrakte Beziehung der Menschen untereinander immer gleich geartet ist. Beispielsweise kann nur derjenige, der einen bestimmten Gegenstand besitzt, von seinem Gegenüber die Respektierung und Achtung dieses Gegenstands verlangen. Diese Aussage gilt dann aber wieder abstrakt für jeden, der den Gegenstand besitzt.

Fraglich ist, ob es Determinanten gibt, die helfen, das abstrakte Verhältnis näher zu bestimmen. In Betracht kommen hier grundgesetzliche Wertungen.[944] Hierbei ist der Blick in erster Linie auf die Grundrechte zu richten. Diese könnten entscheidenden Einfluß auf das zwischen allen Menschen bestehende Koordinationsverhältnis besitzen. Dadurch, daß Grundrechte nicht nur als subjektive Abwehrrechte gegen staatliche Eingriffe fungieren, sondern auch als objektive Wertordnung[945] zu deuten sind, wirken sie auf die Beziehungen der Menschen untereinander ein. Kein irgendwie geartetes zwischenmenschliches Verhältnis, das den Leitentscheidungen der Verfassung widerspricht, kann als rechtens anerkannt werden. Dabei werden in bezug auf die Konkretisierung der Anerkennungsbeziehung nicht alle Grundrechte die gleiche Relevanz besitzen. Beispielsweise wird die Versammlungsfreiheit aus Art. 8 I GG von viel geringerem Einfluß als das Lebensgrundrecht des Art. 2 II 1 GG sein. Dies spricht aber nicht dagegen, daß die Grundrechte bei der vom Einzelfall unabhängigen Bestimmung des Koordinationsverhältnisses mit zu berücksichtigen sind.

Doch wird das Verhältnis nicht allein durch grundrechtliche Wertungen bestimmt. Das Sozialstaatsprinzip spielt in diesem Zusammenhang auch eine nicht zu unterschätzende Rolle. Von den verschiedenen an den Staat gerichteten Aufträgen, die aus dem Sozialstaatsprinzip abgeleitet werden[946], ist im Hinblick auf die Konkretisierung des gesamtgesellschaftlichen Koordinationsverhältnisses der Gesichtspunkt der Schaffung und Erhaltung der „Mindestvoraussetzungen eines menschenwürdigen Daseins“[947] von besonderer Bedeutung. Auch die globale Forderung nach einer gerechten Sozialordnung darf nicht vernachlässigt werden. Diese ist dahingehend zu konkretisieren, daß der Staat für einen Ausgleich sozialer Ungleichheiten und Gegensätze zu sorgen hat.[948] Übertragen auf

---

944 Einen Zusammenhang zwischen dem überindividualistischen Gedanken der Notwehr und grundgesetzlichen Wertungen erkennen auch Bernsmann, ZStW 104 (1992), S. 310; Kinzig, ZStW 115 (2003), S. 811; Perron, FS Weber, S. 154 und Sternberg-Lieben, JuS 1999, S. 446 ausdrücklich an. Vgl. auch Krey, JZ 1979, S. 713.

945 Hierzu v. Münch/Kunig-v. Münch, Vorb. Art. 1-19, Rn. 22; Stern, Staatsrecht III/1, § 69, S. 890ff., jeweils m.w.N.

946 Hierzu Jarass/Pieroth-Jarass, Art. 20, Rn. 114ff.; Bley/Kreikebohm/Marschner, Sozialrecht, Rn. 48; Maurer, Staatsrecht I, § 8, Rn. 73ff; Waltermann, Sozialrecht, Rn. 13.

947 BVerfGE 40, 121 (133); 82, 60 (80); Sachs-Sachs, Art. 20, Rn. 46.

948 BVerfGE 22, 180 (204); 35, 348 (357f.); Jarass/Pieroth-Jarass, Art. 20, Rn. 119; Bley/Kreikebohm/Marschner, Sozialrecht, Rn. 48.

das abstrakte Koordinationsverhältnis bedeutet dies, daß die auf seiten bestimmter Menschen bestehenden Defizite und Ungleichheiten für die Ausformung der Beziehung zwischen ihnen und ihren Mitmenschen nicht ohne Einfluß bleiben dürfen. Das heißt nicht, daß sich hieraus unmittelbar handliche Parameter zur Konkretisierung der Anerkennungsbeziehung ergeben. Die genannten Faktoren sind vielmehr als verbindliche Leitlinien bei der näheren Bestimmung des Koordinationsverhältnisses zu berücksichtigen.[949]

Schließlich ist noch darauf hinzuweisen, daß sich in den einzelnen Straftatbeständen die Anerkennungsbeziehung zwischen den Menschen wiederfindet. Diese sichern durch ihre Verbote und die angedrohten bzw. verhängten Strafen das Koordinationsverhältnis.[950]

Es zeigt sich somit, daß sich dasjenige Moment, das auf individueller Ebene das Charakteristische der Notwehr ausmacht – nämlich die Mißachtung der Persönlichkeit des Angegriffenen – auch auf einer vom Einzelfall losgelösten abstrakten Ebene wiederfinden läßt. Dieser Befund ruft die Frage hervor, wie zu reagieren ist, wenn dieses Koordinationsverhältnis mißachtet wird, indem sich ein Mensch über einen anderen aufschwingt und den Herrschaftsbereich seines Gegenübers nicht mehr respektiert. Durch einfaches Geschehenlassen dieses Übergriffs würde das Koordinationsverhältnis in ein Subordinationsverhältnis umschlagen.[951] Zur Verhinderung dessen bedarf es einer Verteidigungsbefugnis, welche die Störung des Koordinationsverhältnisses beendet. Die Notwehrbefugnis stellt eine solche dar. Diese These hält einem Vergleich mit den durch den rechtfertigenden Notstand gewährten Befugnissen stand. Nur bei der Notwehr wird auch eine Verletzung des Koordinationsverhältnisses bekämpft.[952]

Zusammenfassend läßt sich sagen, daß die Notwehr dualistisch zu begründen ist. Da das individualistische Moment die Notwehrbefugnis überhaupt erst eröffnet, kann man von einem Stufenverhältnis der die Notwehr tragenden Gedanken sprechen. Auf der ersten Stufe steht das dominierende individualistische Moment, welches von einem überindividualistischen, das auf zweiter Stufe anzusiedeln ist, ergänzt wird.

---

949 Vgl. hierzu auch Stiller, Grenzen, S. 139ff.

950 So auch Seuring, Nothilfe, S. 184 mit Verweis auf Stratenwerth, ZStW 68 (1956), S. 44 und Kargl, ZStW 110 (1998), S. 49f. Siehe auch Alexy, Theorie, S. 410.

951 Vgl. Hruschka, FS Dreher, S. 199 und Renzikowski, Notstand, S. 275 (hierzu bereits oben B. III. 1. a. und b.) sowie Seuring, Nothilfe, S. 189f.

952 Vgl. oben B. III. 4. b. und B. IV. 2. a. cc.

bb. Koordinationsprinzip als Begrenzung

Wie schon angedeutet, lassen sich aus dem überindividualistisch verstandenen Koordinationsprinzip eventuell Einschränkungen des Notwehrrechts gewinnen. Da Grundrechte von maßgeblicher Bedeutung für die konkrete Ausformung des Koordinationsverhältnisses sind, bietet es sich an, diese auf ihre Brauchbarkeit hinsichtlich der Bestimmung des Umfangs der Verteidigung des Koordinationsverhältnisses hin zu untersuchen.

aaa. Grundrechte des Angreifers als direkte Begrenzung

Man könnte daran denken, die Grundrechte des Angreifers, die seine durch die Notwehrausübung betroffenen Rechtsgüter zum Schutzgegenstand haben, direkt als die Grenze der Verteidigung des Koordinationsverhältnisses anzusehen. So könnte etwa das Lebensgrundrecht des Art. 2 II 1 GG Hinweise auf den zulässigen Umfang der Verteidigung bei einem Angriff auf das Rechtsgut Eigentum liefern. Jedoch bestehen erhebliche Bedenken gegen ein direktes Einwirken der Grundrechte auf das abstrakte Verhältnis zwischen Angreifer und Angegriffenem. Ausschließlich der Staat ist grundrechtsgebunden. Nur er und nicht der Bürger gilt als unmittelbarer Adressat der Grundrechte, wie sich schon aus Art. 1 III GG ergibt.[953] Insofern können die Grundrechte des Angreifers nicht direkt begrenzend auf das abstrakte Verhältnis zwischen ihm und dem Angegriffenen einwirken.

bbb. Schutzpflichtdimension der Grundrechte

Möglicherweise lassen sich aus der Schutzpflichtdimension der Grundrechte Direktiven für den Umfang der Verteidigungsbefugnis gewinnen. Dabei ist zu bedenken, daß es hier nicht um die Frage geht, inwieweit die Notrechtsgewährung von staatlichen Schutzpflichten gefordert wird.

Auf der Seite desjenigen, dem die Anerkennung von seinem Gegenüber verweigert wird, kann prinzipiell jedes Grundrecht in seiner Schutzpflichtdimension in Erscheinung treten. Dies rührt daher, daß sich die Störung des Koordinationsverhältnisses nicht durch die Nicht-Anerkennung eines einzigen, bestimmten Rechtsgutes manifestiert, sondern grundsätzlich jede Mißachtung eines Individualrechtsgutes zu einer Störung führt. Beispielsweise läßt sich bei einem Angriff auf eine Sache an die Schutzpflicht des Art. 14 I GG denken. Das Einsperren eines Menschen wird von der aus Art. 2 II 2 GG resultierenden Schutzpflicht

953 Dreier-Dreier, Vorb., Rn. 98; Sachs-Höfling, Art. 1, Rn. 111; Rüfner, HbdStR, § 117, Rn. 59.

erfaßt. Angriffe auf Leben und körperliche Unversehrtheit rufen die dem Art. 2 II 1 GG innewohnende Schutzpflicht auf den Plan.

Auf seiten des Anerkennungsverweigernden kann durch die Maßnahme des Notwehrübenden theoretisch auch jedes Grundrecht in seiner Schutzpflichtdimension berührt werden.[954] In der Praxis wird sich die Abwehr der Störung des Koordinationsverhältnisses jedoch häufig in einer Verletzung der körperlichen Unversehrtheit des Angreifers realisieren, da dies meist das einzig probate Mittel ist, um den Angriff abzuwehren. Es lassen sich sowohl auf Angreifer- als auch auf Verteidigerseite Grundrechte in ihrer Schutzpflichtdimension finden. Eine direkte Begrenzung der Verteidigungsbefugnis läßt sich hieraus jedoch nicht herleiten.[955] Es zeigt sich aber einmal mehr, wie sehr die Ausgestaltung des Koordinationsverhältnisses von grundrechtlichen Wertungen abhängig ist.

ccc. Schutzpflichtkollision und praktische Konkordanz

Wenn sowohl auf Verteidiger- als auch auf Angreiferseite Grundrechte in ihrer Schutzpflichtdimension zu finden sind, die in gewisser Hinsicht gegenläufig sind, stellt sich die Frage, wie diese Schutzpflichtkollision zu lösen ist. Hierfür bietet sich die Berücksichtigung des Grundsatzes der praktischen Konkordanz an.[956] Dieser Grundsatz besagt, daß bei einer Kollision zwischen verfassungsrechtlich geschützten Rechtsgütern keines einseitig bevorzugt werden darf. Vielmehr sind sie in einen schonenden Ausgleich zu bringen, so daß jedes Rechtsgut, beschränkt durch das jeweils andere, zur optimalen Wirksamkeit gelangt.[957] Diese Erwägungen könnten sich für die Konkretisierung der Verteidigungsbefugnis als brauchbar erweisen. Schließlich stehen sich auch im Falle der Störung des Koordinationsverhältnisses die Interessen des Angreifers und die des Notwehrübenden gegenüber, welche miteinander in Ausgleich gebracht werden müssen. Für den Normalfall besteht dieser Ausgleich darin, daß der Angegriffene bei der Abwehr des Angriffs die Erforderlichkeitsgrenze zu beachten hat. So darf nicht intensiver in die körperliche Unversehrtheit des Angreifers eingegriffen werden, als es zur Abwehr des Angriffs erforderlich ist. Durch diese Voraussetzung wird gewährleistet, daß die Verteidigung des Koordinationsverhältnisses nicht ihrerseits zu einer neuen Verletzung dieses Verhältnisses

---

954 Auch der Anerkennungsverweigernde verliert nicht seinen Schutzanspruch, vgl. Lührmann, Tötungsrecht, S. 72 m.N.

955 Vgl. hierzu schon Kapitel 2, B. I. 2. g.

956 BVerfGE 39, 1 (42ff.); 46, 160 (165); Bernsmann, ZStW 104 (1992), S. 308ff.; Hermes, Grundrecht, S. 246ff.; Lagodny, Strafrecht, S. 265f.; Lührmann, Tötungsrecht, S. 73; Stiller, Grenzen, S. 157f.

957 Hesse, Grundzüge, Rn. 72; Maurer, Staatsrecht I, § 1, Rn. 62.

führt.[958] Hier eine Verbindung zum Grundsatz der praktischen Konkordanz zu ziehen, ist einleuchtend. Die durch die Abwehr auf seiten des Angreifers tangierten Rechtsgüter erfahren in ihrem Schutz nur insoweit eine Beschränkung, als dies zur Abwehr des Angriffs erforderlich ist. Jede darüber hinausgehende Maßnahme des Notwehrübenden darf vom ursprünglichen Angreifer seinerseits durch Ausübung der Notwehr verhindert werden.[959] Umgekehrt darf der Angegriffene seine durch den Angriff tangierten Rechtsgüter grundsätzlich immer schützen, sofern er die Erforderlichkeitsgrenze beachtet.

ddd. Sozialethische Einschränkungen des Notwehrrechts

Fraglich ist, ob bzw. wie sich in dieses Konzept die anerkannten Notwehreinschränkungen einfügen lassen. Prinzipiell wird auch durch einen Angriff auf eine geringwertige Sache die abstrakte Anerkennungsbeziehung zwischen den Menschen gestört. Allerdings kommt hier als zu berücksichtigender Faktor die Sozialbindung des Eigentums, welche das Sozialstaatsprinzip für die Eigentumsverfassung konkretisiert[960], zum Tragen. Dieses in Art. 14 II GG genannte Prinzip besagt, daß die Verfassung nur ein sozial gebundenes Privateigentum gewährleistet. Zwischen den Belangen der Gemeinschaft und den Individualinteressen ist ein angemessenes Verhältnis herzustellen.[961] Es zeigt sich, daß jede konkrete Eigentumsposition in ihrem gesamtgesellschaftlichen Kontext gesehen werden muß. Dies hat auch Auswirkungen auf das Koordinationsverhältnis. Je geringer der Wert einer Sache und je weiter die konkrete Eigentumsposition von der Sicherung der persönlichen Freiheit entfernt ist, desto weniger Einfluß besitzt die aus Art. 14 I GG fließende Schutzpflicht[962] auf die Anerkennungsbeziehung zwischen den Menschen. Dies führt nicht zu einer Schutzlosigkeit des Eigentums. Es darf nur nicht immer mit voller Härte, d.h. um den Preis eines Menschenlebens oder einer schweren körperlichen Mißhandlung, verteidigt werden. Insofern begrenzt das überindividualistisch verstandene Koordinationsprinzip von vornherein die Verteidigungsbefugnis des Angegriffenen. Daran ändert auch die immer vorliegende Verletzung des Persönlichkeitsrechts nichts, da die-

958 Vgl. aber auch Lührmann, Tötungsrecht, S. 76.

959 Jede Überschreitung der Erforderlichkeitsgrenze führt zur Rechtswidrigkeit der Handlung. Vgl. z.B. Sch/Sch-Lenckner/Perron, § 32, Rn. 65.

960 v. Münch/Kunig-Bryde, Art. 14, Rn. 67 m.N.

961 BVerfGE 58, 300 (335f.); 74, 203 (214); 95, 64 (84); Dreier-Wieland, Art. 14, Rn. 87; v. M/K/S-Depenheuer, Art. 14, Rn. 218; Sch-B/K-Hofmann, Art. 14, Rn. 50ff.

962 BVerwGE 107, 350 (357); Jarass/Pieroth-Jarass, Art. 14, Rn. 33; v. M/K/S-Depenheuer, Art. 14, Rn. 96f. Vgl. auch Dietlein, Schutzpflichten, S. 78f. und Rupprecht, FS Geiger, S. 787. Letztgenannter beschäftigt sich mit dem polizeilichen Todesschuß und der Schutzpflicht des Staates zugunsten des Eigentums und der aus dem Sozialstaatsprinzip fließenden Verpflichtung zur Daseinsvorsorge.

se nur ein zu berücksichtigender Faktor bei der Bestimmung des Koordinationsverhältnisses ist. Im Falle der Verteidigung einer geringwertigen Sache ist auch sie nicht in der Lage, die Notwendigkeit einer weitgehend schrankenlosen Notwehr zu begründen.[963] Für diese Sichtweise läßt sich die Existenz des § 248a StGB anführen. Durch diese Norm wird unmißverständlich zum Ausdruck gebracht, daß in bestimmten Fällen kein öffentliches Interesse an der Strafverfolgung besteht[964] und insofern keine gesamtgesellschaftlichen Belange berührt sind. Weiter ist § 248a StGB bei der Konkretisierung der Wertgrenze, ab der eine geringwertige Sache anzunehmen ist, zu berücksichtigen. Festzuhalten ist, daß der überindividualistische Grundgedanke des Notwehrrechts den Ausschluß einer lebensgefährlichen Verteidigung geringwertiger Sachgüter fordert.

Diese Argumentation läßt sich auf die Lösung der Fälle, in denen unabhängig von der Eigentumsverteidigung ein krasses Mißverhältnis zwischen angegriffenem und verteidigtem Rechtsgut besteht, übertragen. So wird man denjenigen, der von der anderen Flußseite her unentwegt Beleidigungen ausstößt, nicht einfach niederschießen dürfen. Zwar kann nicht geleugnet werden, daß in solch einem Fall auf seiten des Angegriffenen das durchaus gewichtige – weil eng mit der Menschenwürde verbundene – Rechtsgut der Ehre intensiv beeinträchtigt wird. In diesem Zusammenhang ist jedoch zu beachten, daß der Ehrschutz durch die Rechtsordnung nicht absolut gewährleistet wird, da er mit dem Recht auf freie Meinungsäußerung abgewogen werden muß.[965] Des weiteren lassen sich aus dem Sozialstaatsprinzip gewisse Pflichten zur Rücksichtnahme herleiten.[966] Mithin würde eine Tötung zur Abwehr des Ehrangriffs nicht eine Bewahrung des gesamtgesellschaftlichen Koordinationsverhältnisses darstellen, sondern eine neue Verletzung bedeuten. Auch in anderen Fällen eines krassen Mißverhältnisses ist davon auszugehen, daß es bei einer schwerwiegenden Beeinträchtigung der körperlichen Unversehrtheit des Angreifers an der Verteidigung der gesellschaftlichen Grundordnung fehlt. Schließlich besteht weitgehend Einigkeit darüber, daß ein an sich zustehendes Recht nicht immer und überall ausgeübt

963 Das bedeutet allerdings nicht, daß niemals ein Tötungsrecht zur Eigentumsverteidigung begründet werden kann (so aber Lührmann, Tötungsrecht, S. 74ff., die jedoch verkennt, daß bei der Eigentumsnotwehr nicht nur Leben und Sachgüter miteinander abgewogen werden müssen, sondern das Persönlichkeitsrecht des Angegriffenen mit auf dem Spiel steht). Vielmehr wird das durch die Notwehr mitverteidigte Koordinationsverhältnis diesem „Recht" in der Regel nicht entgegenstehen. Nur in Ausnahmefällen dominieren die diesem entgegenstehenden Prinzipien – ähnlich Seuring, Nothilfe, S. 203f.

964 MüKo-StGB-Hohmann, § 248a, Rn. 1.

965 MüKo-StGB-Erb, § 32, Rn. 81; SK-StGB-Günther, § 32, Rn. 44.

966 Vgl. für die Notwehr im Straßenverkehr Busse, Nötigung, S. 134ff.

werden darf.[967] Der überindividualistische Gedanke schränkt somit die Verteidigungsbefugnis bei Vorliegen eines krassen Mißverhältnisses zwischen angegriffenem und verteidigtem Rechtsgut von vornherein ein.

Außerdem werden Einschränkungen der Notwehrbefugnis bei Angriffen Irrender und schuldlos Handelnder diskutiert. Soweit es um Angriffe geht, die von Kindern ausgehen, spricht der hohe Rang, den die Verfassung dem Schutz des Kindes zuweist, für eine Einschränkung der Notwehr. Mit Art. 5 II, 6 II 1, III, 11 II GG enthält das Grundgesetz einige Normen, aus denen das Anliegen des Verfassungsgebers, das Kindeswohl zu schützen, deutlich hervorgeht. Diese Normen tragen der Erkenntnis Rechnung, daß das Kind auf Schutz und Hilfe angewiesen ist.[968] Dies darf nicht ohne Einfluß auf die Konkretisierung des Koordinationsverhältnisses bleiben. Selbst wenn das Kind bei einem Angriff das Unrecht seiner Handlung im konkreten Fall genau überblickt, tangiert dieser Angriff das abstrakte Koordinationsverhältnis nicht in dem Maße wie der Angriff eines Erwachsenen. Mithin ist die Verteidigungsbefugnis gegenüber Angriffen von Kindern eingeschränkt.

Problematischer scheint hingegen die Begründung einer Einschränkung der Notwehrbefugnis bei Angriffen anderer schuldlos Handelnder und Irrender. Im Gegensatz zur ausdrücklichen Anerkennung der Schutzbedürftigkeit des Kindes findet sich keine speziell auf schuldlos Handelnde und Irrende bezogene Passage im Normtext des Grundgesetzes. Allerdings kann auf seiten eines Irrenden oder schuldlos Handelnden ein Erkenntnisdefizit festgestellt werden. Sie können somit nicht mehr als gleichberechtigte Partner im Rahmen eines abstrakten Koordinationsverhältnisses begriffen werden. Diese Sichtweise wird durch ein Urteil des Bundesverfassungsgerichts, welches sich mit der Frage nach der Inhaltskontrolle von Bürgschaftsverträgen beschäftigt, bestätigt. Dort wird zunächst ausgeführt, daß Verträge nicht bei jeder Störung des Verhandlungsgleichgewichts nachträglich in Frage gestellt werden dürften. Weiter heißt es: „Handelt es sich jedoch um eine typisierbare Fallgestaltung, die eine strukturelle Unterlegenheit des einen Vertragsteils erkennen läßt, und sind die Folgen des Vertrages für den unterlegenen Vertragsteil ungewöhnlich belastend, so muß die Zivilrechtsordnung darauf reagieren und Korrekturen ermöglichen. Das folgt aus der grundrechtlichen Gewährleistung der Privatautonomie (Art. 2 Abs. 1 GG) und dem

---

967 Zu den Grenzen der Rechtsausübung im Zivilrecht etwa Brox/Walker, AT BGB, Rn. 683ff. Für den Straßenverkehr Busse, Nötigung, S. 134ff. und KK-OWiG-Rengier, § 15, Rn. 35c, die zutreffend auf § 1 StVO abstellen. Zum Verbot des rechtsmißbräuchlichen Verhaltens im Verwaltungsverfahren etwa Ule/Laubinger, Verwaltungsverfahrensrecht, § 58, Rn. 23 m.N.

968 BVerfGE 77, 346 (356); 79, 51 (63).

Sozialstaatsprinzip (Art. 20 Abs. 1, Art. 28 Abs. 1 GG)“[969]. Übertragen auf das Notwehrrecht bedeutet dies, daß die strukturelle Unterlegenheit des Irrenden oder schuldlos Handelnden in der Weise zu berücksichtigen ist, daß in solch einem Fall die Verteidigungsbefugnis eingeschränkt ist. Das gesellschaftliche Koordinationsprinzip rechtfertigt es nicht, ein volles Notwehrrecht zu gewähren.[970]

Eine Einschränkung der Notwehrbefugnis in engen persönlichen Beziehungen könnte aus der Berücksichtigung der Wertungen des Art. 6 I GG zu gewinnen sein. Diese Norm stellt Ehe und Familie unter den besonderen Schutz der staatlichen Ordnung. Man könnte meinen, daß in solch einem Fall das gesamtgesellschaftliche Koordinationsprinzip durch einen Angriff nicht gravierend gestört wird, so daß eine schrankenlose Notwehrhandlung unzulässig ist.[971] Für diese Sichtweise spricht, daß durch die Tötung oder schwerwiegende Verletzung eines Ehepartners die eheliche Gemeinschaft zerstört oder erheblich beeinträchtigt würde, was Bedenken hinsichtlich des staatlichen Schutzauftrages[972] für Ehe und Familie hervorruft. Daneben bestehen innerhalb der Ehe wechselseitige Solidaritätspflichten, wie sie zum Beispiel in den §§ 1353 I 2 2. HS, 1360 BGB[973] zum Ausdruck kommen.

Allerdings darf auch nicht vergessen werden, daß der schwächere Ehepartner, also in der Regel die Frau, die Mißhandlungen erleidet. Der aus dem Sozialstaatsprinzip fließende Gedanke vom „Schutz des Schwächeren“ könnte hier für die Annahme einer schrankenlosen Notwehrbefugnis sprechen.

Dieser Gefahr, durch eine Einschränkung der Notwehr dem mißhandelnden Ehepartner gewissermaßen einen Freibrief für seine Taten auszustellen, ist jedoch dadurch zu begegnen, daß die Ausübung der Notwehr nur in einer grundsätzlich intakten Ehe beschränkt ist.[974] Sobald es häufiger zu Mißhandlungen kommt oder dem angegriffenen Ehepartner eine erhebliche Beeinträchtigung seiner körperlichen Unversehrtheit droht, kann eine Einschränkung der Notwehr nicht angenommen werden. Des weiteren wird dem angegriffenen Ehepartner die Verteidigung nicht vollkommen untersagt. Er ist lediglich zum Ausweichen oder zur Verwendung von in ihrer Wirkung unsicheren, aber dafür weniger gefährlichen Abwehrmitteln verpflichtet. Mithin sprechen die besseren Argumente

---

969 BVerfGE 89, 214 (232). Dem folgend BVerfG (1. Kammer), NJW 1996, S. 2021; BVerfGE 103, 89 (101).

970 Seuring, Nothilfe, S. 207f.

971 Seuring, Nothilfe, S. 208f.

972 Hierzu BVerfGE 6, 55 (76); 87, 1 (35); 105, 313 (346); Sachs-Schmitt-Kammler, Art. 6, Rn. 17; Epping, Grundrechte, Rn. 486; Di Fabio, NJW 2003, S. 994ff.

973 Hierzu etwa Giesen, Familienrecht, Rn. 201.

974 MüKo-StGB-Erb, § 32, Rn. 196; Sch/Sch-Lenckner/Perron, § 32, Rn. 53; Roxin, AT I, § 15, Rn. 95 und 99; Amelung/Boch, JuS 2000, S. 265; Schroth, NJW 1984, S. 2563.

dafür, die Notwehrbefugnis im Rahmen der Ehe als durch das Koordinationsprinzip beschränkt anzusehen.[975]

Weiter stellt sich die Frage, ob das Koordinationsprinzip die Notwehrbefugnis im Fall der sonst schuldhaft herbeigeführten Notwehrlage begrenzt. Bei der Beurteilung dieser Fallgruppe ist zu berücksichtigen, daß sich der später Notwehrübende nicht zum Ziel gesetzt hat, die fremde Selbstbestimmung zu mißachten. Jedoch ist sein Verhalten mitursächlich für die Störung des Koordinationsverhältnisses.[976] Hätte er sich sorgfaltsgemäß verhalten, wäre das Prinzip der Gleichordnung nicht durch den Angreifer verletzt worden. Insofern verlangt das Koordinationsprinzip die Verantwortlichkeit des Notwehrübenden für die entstandene Situation in der Art und Weise zu berücksichtigen, daß seine Verteidigungsbefugnis einzuschränken ist. Auch hier wirkt die Berücksichtigung des überindividualistischen Gedankens begrenzend auf den Umfang der Notwehrbefugnis ein.

Auch ist zu erwähnen, daß das gesamtgesellschaftliche Koordinationsprinzip selbstverständlich einer die Menschenwürde verletzenden Notwehrhandlung entgegensteht. Dadurch, daß das Koordinationsverhältnis durch abstrakte Wertentscheidungen geprägt wird, können die aus der fundamentalen Verfassungsnorm[977] des Art. 1 I GG fließenden Wertungen Berücksichtigung finden. Dies ist ein nicht zu unterschätzender Vorteil, den eine dualistische Notwehrbegründung gegenüber einer individualistischen besitzt. Letztere kann viel einfacher gegenüber allgemeinen Rechtsgrundsätzen und Wertentscheidungen abgeschirmt werden.[978]

Schließlich ist zu fragen, ob der überindividualistische Gedanke eine unterschiedliche Behandlung von Normalbürgern und Mitarbeitern gewerblicher Sicherheitsdienste fordert. Für eine solche könnte man den Gedanken der „strukturellen Unterlegenheit", der die Notwehreinschränkung bei Irrenden und schuldlos Handelnden trägt, anführen. Durch Ausrüstung und Ausbildung sowie der häufigen Einbindung in eine größere Organisation sei ihnen der Angreifer strukturell unterlegen. Gegen diese Argumentation spricht jedoch, daß der Ausrüstungs- und Ausbildungsstand der gewerblichen Sicherheitskräfte höchst unterschiedlich ist. Auch steht nicht immer eine größere Organisation hinter ihnen. Anders als bei Angriffen Irrender und schuldlos Handelnder läßt sich hier keine typisierbare Fallgestaltung erkennen. Ebenfalls ist zu bedenken, daß man an-

975 Gleiches gilt für die Notwehrbefugnis gegenüber Mitgliedern der (engeren) Familie.

976 Seuring, Nothilfe, S. 206.

977 Dreier-Dreier, Art. 79 III, Rn. 27; Sachs-Höfling, Art. 1, Rn. 6.

978 Perron, FS Weber, S. 154. Ähnlich Fechner, Grenzen, S. 167f.; vgl. auch Hassemer, FS Bockelmann, S. 239f. und Fahl, Jura 2007, S. 747.

sonsten auch eine Notwehreinschränkung für jeden gut ausgerüsteten und kampfsporterfahrenen Normalbürger annehmen müßte.

c. Zwischenergebnis

Es hat sich gezeigt, daß die Notwehr sowohl auf den Individualrechtsgüter- und den Persönlichkeitsrechtsschutz als auch auf das gesellschaftliche Koordinationsprinzip zurückzuführen ist. Beide Gedanken stehen nicht gleichberechtigt nebeneinander. Der individualistische Gedanke ist auf der ersten Stufe anzusiedeln. Der überindividualistische Gedanke befindet sich auf Stufe zwei. Das Prinzip des Individualrechtsgüter- und Persönlichkeitsrechtsschutzes allein vermag die anerkannten Notwehreinschränkungen nicht zu integrieren. Eine von vornherein beschränkte Notwehrbefugnis kann lediglich für den Fall der Angriffsprovokation angenommen werden. Andere anerkannte Notwehreinschränkungen können jedoch durch das mitverteidigte gesellschaftliche Koordinationsprinzip erklärt werden. Es zeigt sich somit, daß zur Einschränkung der Notwehr keine extern zu gewinnenden Faktoren notwendig sind. Der Umfang der Notwehr ist nicht abhängig von der Profession des Verteidigers. Gegenüber der dualistischen Notwehrkonzeption der herrschenden Meinung besitzt die hier präferierte den Vorteil, daß das überindividualistische Moment lediglich begrenzend und nicht auch erweiternd auf das Notwehrrecht einwirkt.

3. Die Begründung der Nothilfe

Das entwickelte Notwehrmodell erfüllt bisher alle an das gesuchte System zu stellenden Anforderungen. Nun muß es in der Lage sein, die Nothilfebefugnisse des Normalbürgers denen der Notwehr gleichzustellen. Wünschenswert ist auch eine Integration des Verhältnismäßigkeitsgrundsatzes für die Nothilfeausübung gewerblicher Sicherheitskräfte. Hierbei stellt sich zunächst die Frage, wie Nothilfe zu begründen ist. Ihre Wurzeln könnten ebenso wie die der Notwehr im individualistischen Gedanken zu erblicken sein.

a. Individualistischer Gedanke als Grundlage

Zum Teil wird geleugnet, daß Nothilfe auf den individualistischen Gedanken zurückgeführt werden kann.[979] Andere wiederum erkennen ihn zwar als ein tra-

979 Felber, Rechtswidrigkeit, S. 91; Haas, Notwehr, S. 124ff. und 354f. Jellinek, System, S. 247 begründet die Notwehr individualrechtlich, die Nothilfe dagegen überindividualistisch.

gendes Prinzip der Nothilfebegründung an. Sie sprechen aber diesem Gedanken gegenüber dem überindividualistischen einen geringeren Stellenwert zu.[980]

Die Ablehnung eines individualistischen Fundaments der Nothilfe ist nur dann konsequent, wenn man auf die Selbstverteidigung oder auf den Selbstschutz abstellt. Der potentielle Nothelfer ist durch den rechtswidrigen Angriff auf einen Dritten in der Regel persönlich nicht betroffen. Allerdings wurde bereits darauf hingewiesen, daß das alleinige Abstellen auf den Selbstschutz oder die Selbstverteidigung nicht in der Lage ist, die „Not-Situation" in ihrer vollen Bandbreite zu erfassen.

aa. Gegenseitige Solidarität

Zum Teil wird versucht, Nothilfe als „egoistisches" Recht individualistisch festzumachen, indem angenommen wird, daß der Nothelfer aus einer „Einstellung gegenseitiger Solidarität" zur Tat schreite. Er vertraue darauf, in vergleichbarer Situation selbst Unterstützung zu bekommen und helfe aus dieser Motivation heraus.[981] Diese Ansicht verkennt, daß sich aus der individuellen Einstellung des einzelnen Nothelfers keine zwingenden dogmatischen Folgen für die Fundierung des Nothilferechts ergeben können. Ganz davon abgesehen wird auch nur ein Bruchteil der Nothilfeleistenden tatsächlich in dem geschilderten Bewußtsein handeln. Vor allem Mitarbeiter gewerblicher Sicherheitsdienste leisten Nothilfe wegen ihrer vertraglichen Verpflichtung und nicht aus einer Einstellung gegenseitiger Solidarität.

bb. Individualrechtsgüterschutz

Ausgangspunkt aller Betrachtungen muß auch hier die Annahme sein, daß zur Auslösung des Nothilferechts ein gegenwärtiger rechtswidriger Angriff auf ein Individualrechtsgut vorliegen muß. Die Besonderheit der Nothilfe- gegenüber der Notwehrsituation besteht darin, daß dieses Individualrechtsgut nicht dem den Angriff Abwehrenden, sondern einem anderen zuzuordnen ist. In beiden Situationen geht es aber um die Bewahrung des Individualrechtsgutes. Insofern ist es nur konsequent, wenn man auch die Nothilfe auf den Individualrechtsgüterschutz zurückführt. Der Angegriffene muß sich nicht zwingend mit den eigenen Händen verteidigen, sondern kann sich helfen lassen. Der Nothelfer wird

980 Jescheck/Weigend, AT, § 32 I 2, S. 337; vgl. auch LK[11]-Spendel, § 32, Rn. 11-14; Schnekenburger, Rechtsstellung, S. 154 und Mahlberg, Gefahrenabwehr, S. 106 (zu diesem schon oben Fn. 744).

981 Schnekenburger, Rechtsstellung, S. 154; ähnlich LK[11]-Spendel, § 32, Rn. 11. v. Alberti, Notwehr, S. 12f. begreift Nothilfe als die „Bezeigung (eines) solidarischen Rechtsstandpunkts".

primär anstelle des Angegriffenen tätig, indem er dessen individuelle Interessen verteidigt. Somit kann auch Nothilfe auf den individualistischen Gedanken zurückgeführt werden.[982]

Wenn man danach fragt, welche individuellen Interessen der Nothelfer verteidigt, so werden einem zunächst die materiellen Rechtsgüter des Angegriffenen in den Sinn kommen. Darüber hinaus wird dessen Persönlichkeitsrecht geschützt. Dabei ist es gleichgültig, daß der Angreifer nicht dem Nothelfer die Anerkennung verweigert. Ebenso wie die materiellen Rechtsgüter verlangt auch das Persönlichkeitsrecht keinen eigenhändigen Schutz. Durch die Abwehr des Angriffs verhindert der Nothelfer, daß der Angreifer sein mißachtendes und respektverweigerndes Verhalten beginnen oder fortsetzen kann. Allerdings ist zu beachten, daß dieser Persönlichkeitsrechtsschutz grundsätzlich nur dann als ein die Nothilfe tragendes Prinzip Berücksichtigung finden kann, wenn es sich bei dem Angegriffenen um eine natürliche Person handelt. Bis auf eng umgrenzte Ausnahmefälle[983] ist es nicht möglich, bei Angriffen auf juristische Personen und Personengesellschaften eine „Mißachtung der Persönlichkeit" anzunehmen. Man kann zwar davon sprechen, daß der Angreifer bestimmte Rechtsgüter der juristischen Person oder Personengesellschaft nicht respektiert; von einer Verweigerung der Anerkennung des Gegenübers als Person kann jedoch in der Regel nicht ausgegangen werden. Die Konsequenz ist, daß das individualistische Moment bei der Ausübung von Nothilfe zugunsten juristischer Personen und Personengesellschaften prinzipiell allein im Individualrechtsgüterschutz zu finden ist.

Es bleibt festzuhalten, daß sich Nothilfe und Notwehr bei der Bestimmung des individualistischen Gedankens nicht wesentlich unterscheiden, sofern es sich um einen Angriff auf eine natürliche Person handelt. Der individualistische Aspekt ist jeweils als Fundament der Verteidigungsbefugnis anzusehen. Er erschöpft sich weder bei der Notwehr noch bei der Nothilfe im Individualrechtsgüterschutz. Die Abwehr der (drohenden) Verletzung des Persönlichkeitsrechts kommt immer auch hinzu. Bei Angriffen auf juristische Personen und Personengesellschaften wird sich der individualistische Gedanke meist auf den Individualrechtsgüterschutz verengen. Bis auf wenige Ausnahmefälle kann man nicht auf den Persönlichkeitsrechtsschutz abstellen.

---

982 Kioupis, Notwehr, S. 46 mit Fn. 10; Kroß, Schweigegelderpressung, S. 54f.; Stiller, Grenzen, S. 62f.; Vaxevanos, Notwehr, S. 236f.; Wagner, Notwehrbegründung, S. 35. Hierzu auch Fuchs, Grundfragen, S. 52 und Kühl, JuS 1993, S. 179.

983 Etwa wenn es sich um eine juristische Person handelt, bei der das personale Substrat klar hervortritt. Vgl. Hirte, NJW 1988, S. 1704.

cc. Verfassungsrechtliche Absicherung

Fraglich ist, ob sich dadurch, daß der Nothelfer anstelle des Angegriffenen tätig wird, Änderungen hinsichtlich der verfassungsrechtlichen Absicherung des individualistischen Aspekts des Verteidigungsrechtes ergeben. Dies wird man bei Angriffen auf natürliche Personen grundsätzlich verneinen müssen, da die beeinträchtigten Rechtsgüter unabhängig von deren späterem Verteidiger zu bestimmen sind.[984]

Bei der Ausübung der Nothilfe zugunsten juristischer Personen und Personengesellschaften ist zu differenzieren. Sofern es sich um eine inländische juristische Person des Privatrechts handelt, kann sie sich auf alle Grundrechte berufen, die nicht an natürliche Qualitäten des Menschen knüpfen. Hierbei ist zu beachten, daß diese sich unabhängig von ihrem personalen Substrat auf bestimmte Ausprägungen des allgemeinen Persönlichkeitsrechts aus Art. 2 I GG i.V.m. Art. 1 I GG berufen können, sofern das konkret betroffene Individualrechtsgut seine verfassungsrechtliche Anbindung darin erfährt und es sich nicht um eine Ausprägung handelt, die allein auf natürliche Personen bezogen werden kann.[985] Diese Aussage ist aber allein so zu verstehen, daß sich das konkret betroffene Individualrechtsgut unter Umständen als eine Facette des allgemeinen Persönlichkeitsrechts darstellt und nicht in dem Sinne, daß der Persönlichkeitsrechtsschutz neben dem Individualrechtsschutz eigenständige Bedeutung gewinnt.

Handelt es sich um eine ausländische Personenmehrheit oder eine juristische Person des öffentlichen Rechts ist eine verfassungsrechtliche Rückbindung des individualistischen Moments nicht möglich. Dies rührt daher, daß sich die zuletzt genannten juristischen Personen allein auf die sog. Justizgrundrechte (Art. 101 I 2 GG und Art. 103 I GG) berufen können.[986] Die diesen zugrunde

---

984 Man könnte noch auf die Idee kommen, die Tatsache, daß der Nothelfer (aus welchem Grund auch immer) zum Eingreifen „genötigt" wird, als eine Beeinträchtigung *seiner* allgemeinen Handlungsfreiheit aus Art. 2 I GG aufzufassen. Damit würde man allerdings etwas verfassungsrechtlich absichern wollen, was auf der primären Ebene keine Berücksichtigung findet. Der Nothelfer ist prinzipiell in keinem seiner eigenen Rechtsgüter betroffen. Es geht immer nur um die Individualrechtsgüter und das Persönlichkeitsrecht des unmittelbar Angegriffenen.

985 In Betracht kommt hier etwa der Schutz des Geltungsanspruchs in der Öffentlichkeit, sofern nicht ein anderes Freiheitsrecht spezieller ist, vgl. z.B. Dreier-Dreier, Art. 19 III, Rn. 37. Die offen gelassene Frage, ob sich juristische Personen des Privatrechts auf bestimmte Facetten des allgemeinen Persönlichkeitsrechts berufen können, ist somit positiv zu beantworten.

986 BVerfGE 21, 362 (373); 64, 1 (11); Jarass/Pieroth-Jarass, Art. 19, Rn. 25; Sachs-Sachs, Art. 19, Rn. 49f. und 108; Badura, Staatsrecht, C Rn. 13f.; Zippelius/Würtenberger, Staatsrecht, § 18 II 2 d (5.), S. 175f.

liegenden Rechtsgüter sind aber keine Individualrechtsgüter, die im Rahmen eines zur Notwehr berechtigenden Angriffs verletzt werden können.

dd. Umfang des Nothilferechts auf Grundlage des individualistischen Gedankens

Die Annahme, daß allen Nothilfekonstellationen der Individualrechtsgüterschutz gemeinsam ist, führt dazu, daß lediglich Individualrechtsgüter nothilfefähig sind. Wie bei Notwehr muß der Angriff auf eines dieser Rechtsgüter nur gegenwärtig und rechtswidrig und nicht auch vorsätzlich oder schuldhaft sein. Das Ausweichen des Nothelfers würde das beeinträchtigte Individualrechtsgut nicht schützen. Somit besteht für ihn keine Ausweichpflicht. Fraglich ist, wie sich der entgegenstehende Wille des Angegriffenen auf das Nothilferecht auswirkt. Sofern es sich bei dem Angegriffenen um eine natürliche Person handelt, die sich eine Einmischung verbittet, würde der Nothelfer durch sein Eingreifen das Persönlichkeitsrecht des Angegriffenen ebenso wie der ursprüngliche Angreifer mißachten. Es bliebe mithin nur noch die Verletzung eines Individualrechtsguts übrig. Dies könnte zu der Annahme verleiten, von einer prinzipiellen Zulässigkeit der aufgedrängten Nothilfe auszugehen; zwar verteidige der Nothelfer nicht mehr das Persönlichkeitsrecht des Angegriffenen, sein Individualrechtsgut werde aber geschützt.[987] Dieser Sichtweise ist entgegenzuhalten, daß sie den hohen Rang des Persönlichkeitsrechts verkennt. Durch dessen Anbindung an die Menschenwürde wird die Wertigkeit des betroffenen Individualrechtsgutes relativiert. Es wird praktisch überlagert.[988] Dabei ist unerheblich, um welches Individualrechtsgut es sich im konkreten Fall handelt. Auch die aufgedrängte Nothilfe zum Schutze des Lebens ist von der Basis des individualistischen Gedankens aus gesehen unzulässig, da auch dieses Rechtsgut vom Persönlichkeitsrecht des Angegriffenen überlagert wird.[989] Voraussetzung hierfür ist immer eine eigenverantwortliche Entscheidung desjenigen, der die Nothilfe verweigert. Dieser muß einsichtsfähig sein und darf sich nicht in einem Irrtum befinden.[990]

---

987 Von der Zulässigkeit der aufgedrängten Nothilfe gehen neben Bitzilekis, Einschränkung, S. 72; Schmidhäuser, AT Lb, Kap. 9, Rn. 107 und Wagner, Notwehrbegründung, S. 37 beispielsweise auch LK^{11}-Spendel, § 32, Rn. 145; R. Lange, JZ 1976, S. 547 und Schroeder, FS Maurach, S. 141 aus.

988 Vgl. NK-F. Herzog, § 32, Rn. 57.

989 Trotz einer rein individualistischen Notwehrbegründung gehen MüKo-StGB-Erb, § 32, Rn. 164 und SK-StGB-Günther, § 32, Rn. 12 davon aus, daß bei nicht disponiblen Rechtsgütern Nothilfe aufgedrängt werden darf. Wie sich diese Annahme in das jeweils vertretene individualistische Konzept einfügt, wird allerdings nicht überzeugend dargelegt.

990 Sch/Sch-Lenckner/Perron, § 32, Rn. 25/26; Himmelreich, MDR 1967, S. 365f.; Kühl, Jura 1993, S. 236; ders., Strafrecht AT, § 7, Rn. 143; Seier, NJW 1987, S. 2481.

Für die Beurteilung der aufgedrängten Nothilfe zugunsten juristischer Personen oder Personengesellschaften läßt sich diese Argumentation lediglich bedingt fruchtbar machen. Nur wenn es sich um einen der eng begrenzten Ausnahmefälle handelt, in denen der Bezug zu dem hinter diesen Personenmehrheiten stehenden Menschen offensichtlich und das personale Substrat somit klar erkennbar ist, spricht nichts dagegen, auch hier von der Unzulässigkeit der aufgedrängten Nothilfe aus den genannten Gründen auszugehen. Tritt ein personales Substrat bei der Personenmehrheit nicht in Erscheinung, bleibt der Individualrechtsgüterschutz übrig, welcher – da das Persönlichkeitsrecht kein zu berücksichtigender Faktor ist – auch nicht überlagert werden kann. In dieser Konstellation ist somit von der Zulässigkeit der aufgedrängten Nothilfe auszugehen.[991]

Ob sich aus dem individualistischen Gedanken ein schneidiges Nothilferecht ergibt oder nicht, ist im folgenden zu untersuchen. Hierbei bietet sich wieder eine Trennung zwischen natürlichen Personen und sonstigen Nothilfebedürftigen an. Bei zuerst Genannten stellt sich Nothilfe als Hilfe bei der Abwehr eines Angriffs auf ein Individualrechtsgut und das Persönlichkeitsrecht dar. Man könnte auch hier den hohen Rang, den die Rechtsordnung dem Persönlichkeitsrecht verleiht, als Argument für die Schneidigkeit des Nothilferechts anführen.[992] Mit dieser Argumentation scheint der Umstand, daß der Nothelfer fremde und nicht eigene Rechtsgüter schützt, nicht ausreichend gewürdigt zu werden.[993] Es geht ihm hier nicht um die Bewahrung des eigenen Persönlichkeitsrechts. Die Tatsache, daß der Angegriffene nach Hilfe verlangt und diese unter Umständen auch dringend benötigt, kann nicht allein für ein schneidiges, im Umfang der Notwehr entsprechendes Nothilferecht streiten.[994] Schließlich dient auch ein eingeschränktes Nothilferecht dem Schutz des Individualrechtsgutes und des Persönlichkeitsrechts. Im Gegensatz zur Notwehr, wo der Angriff unmittelbar den Verteidiger betrifft und keine weitere Person „zwischengeschaltet" ist, wirkt der Angegriffene bei der Nothilfe als „Mittler". Die Entfernung des Nothelfers vom eigentlichen Angriff, also die Verhinderung der fremden Persönlichkeitsrechtsverletzung, führt dazu, daß das Nothilferecht vom individualistischen Standpunkt aus in seinem Umfang hinter dem des Notwehrrechts zurückbleibt. Dabei macht es keinen Unterschied, ob sich der potentielle Nothelfer als ge-

---

991 A.A. SK-StGB-Günther, § 32, Rn. 53.

992 Vgl. Kroß, Schweigegelderpressung, S. 56ff., deren Ausführungen sich jedoch vornehmlich auf Notwehr beziehen, und oben B. IV. 2. a. cc.

993 Ähnlich Wagner, Notwehrbegründung, S. 35, der einen Unterschied zwischen der Herstellung fremder und der Herstellung eigener Handlungsfreiheit prinzipiell anerkennt.

994 So aber wohl MüKo-StGB-Erb, § 32, Rn. 12 und 163. Vgl. auch LK[11]-Spendel, § 32, Rn. 11.

werbliche Sicherheitskraft darstellt oder nicht. Jeder, der nicht selbst angegriffen wird, befindet sich in der gleichen Distanz zur Persönlichkeitsrechtsverletzung.

An dem im Vergleich zur Notwehr reduzierten Umfang des Nothilferechts wird zum Teil kritisiert, daß man von einem hilfsbereiten Bürger nicht ernsthaft fordern könne, dem „von einer Einbrecherbande heimgesuchten wehrlosen Nachbarn deshalb den Beistand zu verweigern, weil dabei angesichts der Übermacht der Angreifer nur der Einsatz einer Schußwaffe Erfolg verspricht“[995]. Diese Sichtweise ruft in zwei Punkten Kritik hervor. Zum einen läßt diese Folgenbetrachtung unberücksichtigt, daß es allein darum geht, den Umfang des Nothilferechts auf Grundlage des individualistischen Aspekts zu bestimmten. Zum anderen ist diese Argumentation zu pauschal. Ein dem Umfang nach hinter der Notwehr zurückbleibendes Nothilferecht bedeutet keineswegs, daß der potentielle Nothelfer untätig zu bleiben hat. Er darf lediglich nicht in dem Maße gegen den Angreifer vorgehen wie der Angegriffene selbst.[996]

Es ist somit zu konstatieren, daß der Umfang der Nothilfe, die zugunsten natürlicher Personen geleistet wird, bei isolierter Betrachtung des individualistischen Aspekts hinter dem der Notwehr zurückbleibt. Eine Unterscheidung zwischen gewerblichen Sicherheitskräften und sonstigen Nothelfern ist nicht möglich. Der generelle Verzicht einer Güterabwägung bei der Nothilfe des Normalbürgers kann individualistisch nicht erklärt werden.

Die sozialethischen Einschränkungen der Verteidigungsbefugnis, die bei Notwehr mit Ausnahme der Reduzierung der Verteidigungsbefugnis bei Absichtprovokation nicht aus dem individualistischen Gedanken heraus erklärt werden konnten, lassen sich bei der Nothilfe zwanglos begründen. Dies resultiert daher, daß die Nothilfebefugnis von vornherein nur eingeschränkt gewährt wird.

Die Nothilfebefugnis zugunsten juristischer Personen oder Personengesellschaften bleibt im Ergebnis auch hinter der Notwehrbefugnis zurück. Dies erklärt sich aus einem Argumentum a maiori ad minus. Wenn die Nothilfebefugnis schon bei Angriffen auf ein Individualrechtsgut und das Persönlichkeitsrecht enger als die Notwehrbefugnis zu fassen ist, dann muß dies erst recht für den Fall gelten, in dem nur eine Individualrechtsgutsverletzung im Raum steht.

995 MüKo-StGB-Erb, § 32, Rn. 163.

996 Beispielsweise ist der Nothelfer zunächst zur Verwendung von in ihrer Wirkung unsicheren, aber dafür weniger gefährlichen Abwehrmitteln angehalten. Auch würde wohl eine Tötung des Angreifers durch den Nothelfer zur Verteidigung von Sachwerten ausscheiden. Daß dies keine unerträgliche Konsequenz ist, zeigt sich daran, daß immer mehr Autoren in solchen Konstellationen sogar eine Rechtfertigung durch Notwehr ablehnen, vgl. etwa Bernsmann, ZStW 104 (1992), S. 323; Bisson, Verteidigung, S. 192; Frister, GA 1988, S. 313f. und Lührmann, Tötungsrecht, S. 74ff.

b. Überindividualistischer Gedanke als Ergänzung und Erweiterung

Ebenso wie bei der Notwehr kommt auch bei der Nothilfe eine Ergänzung des individualistischen Gedankens durch einen überindividualistischen Aspekt in Betracht. Im Ergebnis sollte die Berücksichtigung dieses Gedankens zu einer Angleichung der Notwehr- und Nothilfebefugnis des Jedermann führen. Auch wird erhofft, daß er Raum für eine Integration des Verhältnismäßigkeitsgrundsatzes bei der Nothilfeausübung gewerblicher Sicherheitskräfte eröffnet.

aa. Koordinationsprinzip als Ergänzung

Mehr noch als die eigenhändige Verteidigung läßt Nothilfe erkennen, daß der Mensch ein gemeinschaftsbezogenes Individuum ist, da an einer Nothilfesituation in der Regel mindestens drei Personen beteiligt sind. Fragt man losgelöst von der konkreten Dreierbeziehung Angreifer – Angegriffener – Nothelfer nach dem abstrakten Verhältnis der Menschen zueinander, so ist auch hier von der Gleichordnung der Menschen auszugehen. Die gleichen Determinanten, die für eine Konkretisierung des Koordinationsverhältnisses bei der Notwehr fruchtbar gemacht werden konnten, wirken auch auf das abstrakte Verhältnis bei der Nothilfe ein. Zu nennen sind die aus Grundrechten und dem Sozialstaatsprinzip zu gewinnenden Wertungen.

Weiter spricht die Existenz des § 323c StGB für eine überindividualistische Ergänzung des individualistischen Aspekts. § 32 StGB und § 323c StGB weisen insofern strukturelle Gemeinsamkeiten auf, als in beiden Fällen eine Gefahren- und Notsituation gegeben ist, in die ein Unbeteiligter eingreifen darf bzw. soll.[997] Die Überlegungen zu § 323c StGB können somit für die Nothilfe i.S.v. § 32 II StGB herangezogen werden. Umstritten ist bei § 323c StGB, welches Rechtsgut diese Norm schützt. Diejenigen, die die „mitmenschliche Solidarität" als unmittelbares Rechtsgut des § 323c StGB begreifen[998], können den überindividualistischen Aspekt der Nothilfeverpflichtung nicht leugnen. Aber auch diejenigen, die dem entgegentreten und als Schutzgut des § 323c StGB nur die bei Unglücksfällen, gemeiner Gefahr oder Not gefährdeten Individualrechtsgüter ansehen, kommen nicht umhin, den Grundgedanken dieser Vorschrift in der Wahrung der mitmenschlichen Solidarität zu sehen.[999] Insofern erkennt auch diese Ansicht den Gemeinschaftsbezug der in Rede stehenden Vorschrift an.

---

997 LK[11]-Spendel, § 323c, Rn. 20.

998 Maurach, JR 1956, S. 349; Otto, Strafrecht, § 67, Rn. 1; Neumann, JA 1987, S. 255.

999 Rengier, BT II, § 42, Rn. 1; Wessels/Hettinger, Strafrecht BT/1, Rn. 1042. Vgl. auch Dölling, NJW 1986, S. 1013; Gössel/Dölling, BT 1, § 56, Rn. 1; Kindhäuser, BT 1, § 72, Rn. 1f.

Unabhängig davon, welcher Ansicht man folgt, ist somit der über den Individualrechtsgüterschutz hinausgehende Gedanke ersichtlich. Überträgt man dies auf die Nothilfe, ist ein weiteres Argument gefunden, welches die Annahme eines überindividualistisch verstandenen Koordinationsprinzips stützt.

Als ein Instrument, welches verhindert, daß sich das Gleichordnungsverhältnis in eines der Subordination verwandelt, ist die Nothilfebefugnis zu verstehen. Durch diese wird das gesamtgesellschaftliche Koordinationsprinzip verteidigt.[1000] Es ist grundsätzlich ohne Bedeutung, ob der unmittelbar Angegriffene oder ein Dritter den die Gleichordnung der Menschen mißachtenden Angriff abwehrt.

Zweifel an diesem Ergebnis könnten sich im Hinblick auf die zugunsten juristischer Personen oder Personengesellschaften geleistete Nothilfe ergeben. Diese Vereinigungen müßten als Träger von Rechten und Pflichten im Rahmen des überindividuell verstandenen Koordinationsmodells anzusehen sein. Für die Beantwortung dieser Frage könnte ein Blick auf das Wesen der juristischen Person bzw. Personengesellschaft hilfreich sein. Unbestreitbar ist die juristische Person kein natürlicher Organismus. Es fehlt an einem eigenen Bewußtsein und somit auch an einem Willen im psychologischen Sinne. Durch Rechtsnormen wird der juristischen Person jedoch die Möglichkeit eröffnet, einen „eigenen" Gesamtwillen zu bilden, der mit dem Willen der einzelnen Mitglieder nicht notwendig identisch zu sein braucht.[1001] Dieser „eigene" Wille der juristischen Person tritt vermittelt durch das Handeln ihrer Organe nach außen. Sie besitzt daher einen „eigenen Wirkungskreis innerhalb der sozialen Realität"[1002]. Rechte und Pflichten treffen sie als Zuordnungssubjekt selbst und nicht ihre Organe. Beispielsweise können nicht nur natürliche Personen in den Rechtskreis anderer Menschen eindringen. Diese Fähigkeit besitzt auch die juristische Person selbst. Des weiteren gilt zu berücksichtigen, daß die meisten Menschen bei der Interaktion mit einer juristischen Person in dem Bewußtsein handeln, daß nicht das tatsächlich handelnde Organ, sondern die juristische Person selbst der Partner ist, mit dem sie durch ein Rechte und Pflichten umfassendes Verhältnis verbunden sind. Insofern ist die juristische Person selbst ein Teilnehmer am Koordinationsmodell. Fraglich ist, ob sich dieses Ergebnis auf Personengesellschaften übertragen läßt. Im Unterschied zu körperschaftlich strukturierten juristischen Personen fehlt bei

---

1000 Seuring, Nothilfe, S. 195f. Vgl. auch Luchterhandt, Grundpflichten, S. 453, der darauf hinweist, daß in bestimmten Fällen der Not, Hilflosigkeit und Hilfebedürftigkeit die Gefahr besteht, daß Menschen „nicht mehr ‚Subjekt', sondern bloßes ‚Objekt' ihrer Umgebung" sind. In diesen Situationen nimmt er eine in Art. 1 I 1 GG wurzelnde Rechtspflicht zur Hilfeleistung an. Zu diesem Dühr, Grundpflichten, S. 226ff.

1001 Larenz/Wolf, AT BGB, § 9, Rn. 11.

1002 Larenz/Wolf, AT BGB, § 9, Rn. 11.

diesen die Verselbständigung gegenüber ihren Mitgliedern.[1003] Allerdings können sie ebenso wie juristische Personen selbst Träger von Rechten und Pflichten sein. Das bedeutet, daß nicht die einzelnen Mitglieder, sondern die Personengesellschaft selbst Zuordnungssubjekt für verschiedene Rechte und Pflichten ist.[1004] Insofern ist auch die Personengesellschaft selbst als gleichberechtigtes Gegenüber im Rahmen eines Koordinationsverhältnisses anzuerkennen.

Es zeigt sich somit, daß sowohl juristische Personen als auch Personenmehrheiten Teilnehmer an einem überindividuell verstandenen Koordinationsverhältnis sein können. Auch die zu ihren Gunsten geleistete Nothilfe gründet sich in der Verteidigung dieses Gleichordnungsverhältnisses.

bb. Koordinationsprinzip als Erweiterung

Im Unterschied zur Notwehrbefugnis, die unter Berücksichtigung des Koordinationsaspekts in bestimmten Fallgruppen zwar nicht aufgehoben, aber nur begrenzt gewährt wird, könnte der überindividualistische Gedanke zu einer Erweiterung der Nothilfebefugnis führen.

Möglicherweise lassen sich grundgesetzliche Wertungen für die Beantwortung dieser Frage fruchtbar machen. So könnte die Berücksichtigung grundrechtlicher Schutzpflichten für eine Ausdehnung des Nothilferechts streiten. Zum effektiven Schutz der einzelnen Rechtsgüter gehöre auch eine umfassende Verteidigungsbefugnis. Dagegen spricht, daß sich aus grundrechtlichen Schutzpflichten keine Verpflichtung zum optimalen Maximalschutz des betroffenen Rechtsguts ergibt.[1005] Zwar würde ein schneidiges Nothilferecht zu einem effektiveren Schutz der betroffenen Individualrechtsgüter und des Persönlichkeitsrechts führen als ein beschränktes Fremdhilferecht. Es ist aber nicht ersichtlich, daß ein hinter dem Umfang der Notwehr zurückbleibendes Nothilferecht nicht in der Lage wäre, die bedrohten Rechtsgüter angemessen zu schützen. Eine Unterschreitung des notwendigen Schutzes fremder Rechtsgüter ist zu verneinen. Aus einer Berücksichtigung grundrechtlicher Schutzpflichten läßt sich die Zulässigkeit eines schneidigen Nothilferechts nicht herleiten.

Für ein weites Nothilferecht könnte jedoch der Angriff auf das Koordinationsverhältnis selbst sprechen. Die Gleichordnung der Menschen untereinander bzw.

1003 Habersack, JuS 1990, S. 181. Vgl. auch H. Köhler, AT BGB, § 21, Rn. 6.

1004 Habersack, JuS 1990, S. 181; H. Köhler, AT BGB, § 21, Rn. 7a; Larenz/Wolf, AT BGB, § 9, Rn. 34 und 72; MüKo-BGB-Ulmer, § 705, Rn. 160 (für die GbR). A.A. Bork, AT BGB, Rn. 195.

1005 BVerfGE 88, 203 (254); Epping, Grundrechte, Rn. 119; Krings, Schutzansprüche, S. 259ff.; Starck, Verfassungsauslegung, S. 80. Vgl. auch Alexy, Theorie, S. 75ff. und 420ff. sowie H. H. Klein, DVBl. 1994, S. 495.

zwischen diesen und juristischen Personen oder Personengesellschaften wird in der Regel erst durch eine vollständige Angriffsabwehr gewahrt. Diese ist durch ein nur beschränkt gewährtes Nothilferecht nicht immer gesichert. Wenn der Nothelfer in seinen Hilfsmöglichkeiten eingeschränkt ist, muß er sich unter Umständen allein auf eine Abschwächung und nicht auf die Abwehr des Angriffs beschränken. Im Extremfall ist er sogar gezwungen, den Angriff tatenlos geschehen zu lassen.[1006] Daß dies die Umwandlung des Koordinationsverhältnisses in eines der Subordination nicht verhindert, ist offensichtlich. Der Angreifer bliebe immer in einer gegenüber dem Angegriffenen abgehobenen Position. Am sichersten läßt sich die Verkehrung des Gleichordnungsverhältnisses in eines der Über- und Unterordnung in aller Regel allein durch die Gewährung eines schneidigen Nothilferechts verhindern.[1007] Insofern führt die Berücksichtigung des überindividualistischen Aspekts bei der Nothilfe zu einer Erweiterung der Verteidigerbefugnisse.[1008] Grundgesetzliche Wertungen, die dem entgegenstehen, sind nicht ersichtlich, bis auf jene, die die sozialethischen Einschränkungen des Notwehrrechts bedingen. Der überindividualistische Gedanke erlaubt somit eine Erweiterung des Nothilferechts auf den Umfang des Notwehrrechts.

Bei dieser Argumentation scheint keine Differenzierung nach der Profession des Nothilfeübenden möglich. Die Nothilfebefugnisse von gewerblichen Sicherheitskräften und Jedermann-Nothelfern müßten eine gleiche Behandlung erfahren. Dabei bliebe jedoch unberücksichtigt, daß die das Koordinationsverhältnis prägenden grundgesetzlichen Wertungen hier eine andere rechtliche Behandlung erlauben, wenn nicht sogar erfordern könnten. Eine hier interessierende Wertung ist, daß es der Staat ist, der Störungen des Koordinationsverhältnisses mittels eigener Organe abzuwehren hat. Das staatliche Gewaltmonopol verbietet ihm eine Flucht ins Privatrecht. Derjenige, der staatliche Hilfe benötigt, muß hinnehmen, daß diese nur im Rahmen des Angemessenen geleistet wird. Bei der Abwehr einer Störung des Koordinationsprinzips müssen die staatlichen Gefahrenabwehrorgane immer auch miteinbeziehen, daß es um die öffentliche Aufgabe der Wiederherstellung der öffentlichen Sicherheit und Ordnung geht. Ähnlich verhält es sich bei den Mitarbeitern privater Sicherheitsunternehmen, bei denen eine staatliche Instrumentalisierung angenommen wurde[1009]. Anders als der Privatnothelfer schreiten diese bei der Nothilfe an Stelle des Staates ein. Bei ihrer Hilfeleistung schützen sie neben dem konkret betroffenen Individualrecht auch die öffentliche Sicherheit und Ordnung und erfüllen damit eine öffentliche Aufgabe. Sofern bei einer gewaltumfassenden Hilfeleistung zu einem erheblichen

---

1006 So zum Beispiel, wenn der Dieb mit der Beute flieht und der Nothelfer ihn allein durch Schüsse in die Beine stoppen könnte.

1007 Vgl. Seuring, Nothilfe, S. 194.

1008 Vgl. Sternberg-Lieben, JuS 1999, S. 447.

1009 Vgl. Kapitel 2, B. I. 2. bb. ddd.

Teil oder ausschließlich öffentliche Aufgaben wahrgenommen werden, tritt die grundgesetzliche Wertung auf den Plan, daß dies nur unter Berücksichtigung staatlicher Bindungen geschehen darf. § 127 I 1 StPO ist eine Norm, die diese Wertung für den Bereich der Strafverfolgung konkretisiert. Die Gewalt, die der Bürger an Stelle des Staates ausübt, wird über den Verhältnismäßigkeitsgrundsatz eingeschränkt. Auch die nach § 1 III UZwGBw mit hoheitlichen Befugnissen beliehenen Privaten müssen bei der Anwendung unmittelbaren Zwanges den in § 12 UZwGBw ausdrücklich normierten Verhältnismäßigkeitsgrundsatz beachten. Damit zeigt sich deutlich ein Grundprinzip unserer gesellschaftlichen Ordnung: Der Staat kann sich nicht komplett seiner Bindungen entledigen, wenn er Private mehr oder weniger bewußt und planmäßig für sich handeln läßt. Diese allgemeine Wertung der Rechtsordnung darf die Auslegung des Nothilferechts nicht unbeeinflußt lassen.[1010] Sie wirkt auf das überindividualistisch verstandene Koordinationsprinzip dergestalt ein, daß dessen Berücksichtigung nicht zu einer Erweiterung der Nothilfebefugnisse gewerblicher Sicherheitskräfte führt. Auf diese Weise ist genau das erreicht, was erhofft wurde. Der überindividualistische Gedanke des Nothilferechts ist offen für allgemeine Wertentscheidungen der Verfassung und erlaubt eine Differenzierung zwischen „staatsersetzenden" gewerblichen Sicherheitskräften und sonstigen Nothelfern. Die Berücksichtigung des gesamtgesellschaftlichen Koordinationsprinzips erweitert somit die Nothilfebefugnisse des Jedermann, ohne daß dies auch für alle gewerblichen Sicherheitskräfte gelten muß.

c. Integration des Verhältnismäßigkeitsgrundsatzes aus § 127 I 1 StPO

Zuletzt ist noch zu klären, inwieweit der aus § 127 I 1 StPO gewonnene Verhältnismäßigkeitsgrundsatz als Maßstab für die Nothilfeausübung gewisser Mitarbeiter gewerblicher Sicherheitsunternehmen dienen kann. Bisher wurde nur festgestellt, daß der überindividualistische Gedanke keine Erweiterung ihres Nothilferechts bewirkt. Es bleibt somit bei dem auf Grundlage des individualistischen Prinzips eingeschränkten Recht zur gewaltumfassenden Hilfeleistung. Im Hinblick auf die Rechtssicherheit ist es jedoch nicht ganz glücklich, wenn abstrakt von einer „eingeschränkten Nothilfebefugnis" gesprochen wird. Dem Rechtsanwender müssen klare Maßstäbe zur Verfügung stehen, nach denen er eine Handlung als „rechtmäßig" oder „rechtswidrig" bewerten kann.[1011] Hier bietet sich die Berücksichtigung des § 127 I 1 StPO an, und zwar zum einen wegen der engen Verbindungen, die zwischen dieser Norm und dem Nothilferecht

1010 Vgl. Bitzilekis, Einschränkung, S. 107.

1011 Vgl. Hassemer, FS Bockelmann, S. 232; E. Schmidt, Notwehr, S. 56f.; Suppert, Studien, S. 64.

der vom Staat instrumentalisierten gewerblichen Sicherheitskräfte bestehen[1012], und zum anderen, weil die hinter dieser Norm stehenden verfassungsrechtlichen Erwägungen gegen eine Erweiterung des Nothilferechts anzuführen sind. Die Anwendung des dieser Norm innewohnenden Verhältnismäßigkeitsgrundsatzes auf die Nothilfe bestimmter gewerblicher Sicherheitskräfte läßt Ergebnisse erwarten, die weder als irrational zu bezeichnen sind noch den Richter oder Laien überfordern[1013]. Vielmehr sind dem Rechtsanwender relativ klare Maßstäbe vorgegeben, wann eine in ihrem Umfang gegenüber dem Normalfall reduzierte Nothilfehandlung dennoch als rechtmäßig anzusehen ist.

Diese Ausführungen dürfen nicht in dem Sinne mißverstanden werden, daß eine Konkretisierung der reduzierten Nothilfebefugnisse nur über den Verhältnismäßigkeitsgrundsatz des § 127 I 1 StPO möglich ist. Indes ist dies auch nicht Voraussetzung des gesuchten Systems. Es sollte vielmehr auch die Möglichkeit eröffnen, den Verhältnismäßigkeitsgrundsatz auf die Nothilfehandlung der vom Staat instrumentalisierten Mitarbeiter gewerblicher Sicherheitsunternehmen anzuwenden. Genau das ist hier gelungen. Der zunächst allein extern hergeleitete Verhältnismäßigkeitsgrundsatz läßt sich in dieser Hinsicht auch als Bestandteil der Nothilferegelung selbst begreifen[1014]. Insofern bedarf es keiner Entscheidung der Frage, inwieweit die Verteidigungsbefugnis des § 32 StGB auch durch nur rein „von außen" an sie herangetragene Wertungen eingeschränkt werden kann.

d. Zwischenergebnis

Die Nothilfe ist dualistisch zu begründen. Der individualistische Aspekt beinhaltet bei Angriffen auf natürliche Personen den Individualrechtsgüter- und den Persönlichkeitsrechtsschutz. Bei Angriffen auf juristische Personen oder Personenmehrheiten fehlt in der Regel die Verteidigung des Persönlichkeitsrechts. Hier erschöpft sich das individualistische Moment im Individualrechtsgüterschutz. Der überindividualistische Aspekt der Nothilfe ist in der Verteidigung des gesellschaftlichen Koordinationsaspekts zu sehen.

Wie bei der Notwehr kann von einem Stufenverhältnis der Gedanken, in denen sich die Verteidigungsbefugnis gründet, gesprochen werden. Trotz des Umstandes, daß das individualistische Moment der Nothilfe hinter dem der Notwehr zurückbleibt, ist es auf der ersten Stufe anzusiedeln, da allein der Angriff auf ein Individualrechtsgut die Verteidigungsbefugnis auslöst. Auf der zweiten Stufe steht der dominierende überindividualistische Gedanke.

1012 Vgl. Kapitel 2, B. II. 2. c. bb.

1013 Vgl. Koriath, FS Müller-Dietz, S. 379.

1014 Vgl. Bitzilekis, Einschränkung, S. 108.

Im Unterschied zur Notwehr legitimiert der individualistische Aspekt lediglich eine beschränkte Verteidigungsbefugnis. Die Schneidigkeit des Nothilferechts resultiert allein aus dem überindividualistischen Gedanken. Letzteres gilt jedoch nur, soweit es sich bei dem Nothelfer nicht um eine vom Staat instrumentalisierte gewerbliche Sicherheitskraft handelt. Bei dieser führt die Berücksichtigung des überindividualistisch verstandenen Koordinationsprinzips nicht zu einer Erweiterung der Nothilfebefugnisse. Es bleibt bei einer beschränkten Verteidigungsbefugnis, deren zulässiger Umfang unter Berücksichtigung des aus § 127 I 1 StPO gewonnenen Verhältnismäßigkeitsgrundsatzes zu ermitteln ist.

4. Die Gebotenheitsklausel als gesetzlicher Anknüpfungspunkt einer Differenzierung

Das gefundene Ergebnis müßte mit der Normierung des Notwehr- und Nothilferechts in § 32 StGB im Einklang stehen. Beide Verteidigungsrechte beruhen auf den gleichen Grundgedanken und besitzen in der Regel auch den gleichen Umfang. Sie unterliegen Einschränkungen, die sich bei der Notwehr aus der Berücksichtigung des überindividualistischen Gedankens, bei der Nothilfe aus dem individualistischen Aspekt ergeben. Für Mitarbeiter gewerblicher Sicherheitsdienste bedeutet dies konkret, daß zum Teil nur in einem sehr geringen Umfang Nothilfe geleistet werden darf. Es sind vor allem diese Einschränkungen, die im Hinblick auf den Wortlaut des § 32 StGB problematisch erscheinen, da dieser prima facie keine Einschränkungen zuläßt. Die präferierte Lösung könnte also mit dem in Art. 20 III GG verankerten Grundsatz vom Vorrang des Gesetzes kollidieren.

Ein Anhaltspunkt im Wortlaut des § 32 StGB, der Notwehr- und Nothilfeeinschränkungen de lege lata legitimieren könnte, liegt möglicherweise im Merkmal der Gebotenheit, welches in Absatz 1 angesprochen wird. Umstritten ist jedoch, ob dieses Merkmal überhaupt eigenständige Bedeutung besitzt oder nicht vielmehr gleichbedeutend mit der von Absatz 2 geforderten Erforderlichkeit ist. Zum Teil wird vertreten, daß der Gesetzgeber die unterschiedlichen Begriffe lediglich aus stilistischen Gründen gewählt habe, um eine Wiederholung zu vermeiden. Inhaltlich bestehe jedoch zwischen „erforderlich" und „geboten" keinerlei Unterschied.[1015] Diese Ansicht steht im Widerspruch zum ausdrücklichen Willen des Gesetzgebers. Bei der Neufassung des Notwehrparagraphen wurde die „Gebotenheitsklausel" als eigenständiges Merkmal beibehalten, um sozialethische Erwägungen in das Notwehr- und Nothilferecht einfließen lassen

1015 MüKo-StGB-Erb, § 32, Rn. 180; ders., NStZ 2005, S. 596; LK[11]-Spendel, § 32, Rn. 256; Kratzsch, GA 1971, S. 76; Bertel, ZStW 84 (1972), S. 1f.; Bockelmann, FS Honig, S. 24; Lenckner, GA 1968, S. 7ff.; Krause, FS Bruns, S. 78; Marxen, Grenzen, S. 33 Fn. 43; Schmidhäuser, GA 1991, S. 134.

zu können.[1016] Dieser Argumentation kann entgegengehalten werden, daß die hinter einer Norm stehenden Erwägungen solange nicht zu beachten seien, wie sie nicht Ausdruck in der Norm selbst erfahren haben.[1017] Dem ist mit der Einschränkung zuzustimmen, daß der Wille des Gesetzgebers nur bei völligem Fehlen von Anknüpfungspunkten im Normtext unbeachtlich ist. Bei § 32 StGB ist aber nicht von vornherein ausgeschlossen, daß die Gebotenheit ein eigenständiges Merkmal ist. Insofern ist eine grammatikalische Untersuchung von „erforderlich" und „geboten" unerläßlich. Erstgenannter Begriff läßt sich im Sinne von „nötig", „unerläßlich" oder „unentbehrlich" deuten, während sich „geboten" durch die Wörter „ratsam" oder „angebracht" ersetzen läßt.[1018] Während die Begriffe, die das Wort „erforderlich" umschreiben, frei von wertenden Elementen sind, sind diese in den Synonymen für „geboten" zu finden[1019]. Aus sprachlicher Sicht stimmen somit „Erforderlichkeit" und „Gebotenheit" nicht überein. Insofern ist davon auszugehen, daß diese beiden Begriffe nicht ein und dasselbe bezeichnen, sondern eine jeweils eigenständige Bedeutung im Rahmen des § 32 StGB besitzen.[1020]

Mit der Anerkennung einer eigenständigen Bedeutung der Gebotenheitsklausel ist noch nicht viel gewonnen. Die Gebotenheit selbst ist eine inhaltslose Leerformel[1021] und nicht mehr als der gesetzliche Anknüpfungspunkt für Einschränkungen des Notwehr- und Nothilferechts.[1022] Im Unterschied zur Erforderlichkeit, welche normativen Erwägungen gegenüber unzugänglich ist, gewinnen diese hier an Bedeutung. Dem Grundsatz vom Vorrang des Gesetzes wird in der Weise Genüge getan, als sich in der Norm selbst ein Anknüpfungspunkt für deren Auslegung finden läßt. Des weiteren werden die vorgeschlagenen Einschränkungen nicht allein extern an das Notwehr- und Nothilferecht herangetragen, sondern auch und vor allem aus den dem Verteidigungsrecht zugrunde liegenden Prinzipien entwickelt. Es handelt sich hierbei in methodischer Hinsicht

---

1016 BT-Drs. V/4095, S. 11.

1017 Erb, ZStW 108 (1996), S. 295; Kratzsch, GA 1971, S. 80 Fn. 83.

1018 Wahrig, Deutsches Wörterbuch. Hierauf weist schon Bisson, Verteidigung, S. 36 hin.

1019 Bisson, Verteidigung, S. 36f. Ähnlich B. Schünemann, GA 1985, S. 369.

1020 NK-F. Herzog, § 32, Rn. 51; Tröndle/Fischer, § 32, Rn. 12 und 18; Bisson, Verteidigung, S. 36f.; Fahl, Jura 2003, S. 64; ders., Jura 2007, S. 745; Fechner, Grenzen, S. 156; Himmelreich, MDR 1967, S. 361f.; Kaspar, GA 2007, S. 46; Kühl, Jura 1990, S. 246; R. Lange, JZ 1976, S. 548; Lührmann, Tötungsrecht, S. 82f.; Roxin, ZStW 93 (1981), S. 79; B. Schünemann, GA 1985, S. 369; Wagenländer, Rettungsfolter, S. 122; Wessels/Beulke, Strafrecht AT, Rn. 342; Zieschang, GA 2006, S. 417.

1021 Vgl. nur Bitzilekis, Einschränkung, S. 96; Bockelmann, FS Honig, S. 25; Stiller, Grenzen, S. 109.

1022 Sch/Sch-Lenckner/Perron, § 32, Rn. 44; Kühl, Jura 1990, S. 246; ders., JuS 1993, S. 178; ders., Strafrecht AT, § 7, Rn. 163; Perron, FS Weber, S. 149; Schroth, NJW 1984, S. 2563; B. Schünemann, GA 1985, S. 369.

um eine teleologische Reduktion des § 32 StGB, wobei allein die „immanenten Schranken des Notwehrrechts aufgewiesen bzw. aktualisiert werden".[1023]

Dieser Sichtweise wird entgegengehalten, daß der Normadressat bei unbefangenem Verständnis die Gebotenheitsklausel nicht in der Weise deuten würde, als damit eine Einschränkung seiner Verteidigungsbefugnisse verbunden ist.[1024] Dies stellt jedoch keine Besonderheit des § 32 StGB dar. Auch andere Normen des StGB beinhalten Tatbestandsmerkmale, die sich nicht ohne weiteres selbst erklären. Auch wird sich der Normadressat bei einer Beschäftigung mit § 32 StGB fragen, worin der Unterschied zwischen Erforderlichkeit und Gebotenheit besteht, und dies nicht sofort mit der Vermeidung von Wiederholungen durch den Gesetzgeber erklären. Dies ist besonders von denjenigen zu erwarten, bei denen aufgrund ihrer Profession ein erhöhtes Risiko besteht, daß sie irgendwann einmal Notwehr- und Nothilferechte in Anspruch nehmen müssen.

Die Einschränkungen des Notwehr- und Nothilferechts widersprechen somit nicht Art. 20 III GG. Die Gebotenheit bietet einen gesetzlichen Anknüpfungspunkt, der die Berücksichtigung sozialethischer Einschränkungen ermöglicht. Des weiteren ist die Gebotenheit der richtige Standort, um in bestimmten Fällen Differenzierungen zwischen Notwehr- und Nothilfeausübung gewerblicher Sicherheitskräfte vorzunehmen. Das bedeutet, daß teilweise zwar eine Notwehrhandlung, nicht aber eine Nothilfehandlung als geboten anzusehen ist.

5. Fazit

Allein ein dualistisches Modell ist in der Lage, Notwehr und Nothilfe überzeugend zu erklären. Auf der ersten Stufe steht jeweils der individualistische Aspekt, der sich in der Regel aus Individualrechtsgüterschutz und Persönlichkeitsrechtsschutz zusammensetzt. Letztgenannter Punkt kommt aber grundsätzlich nur bei natürlichen Personen zum Tragen. Bei isolierter Betrachtung des individualistischen Gesichtspunktes ist von einem schrankenlosen Notwehrrecht auszugehen; sozialethische Einschränkungen müßten extern begründet werden. Umgekehrt bestünde ein sehr begrenztes Nothilferecht. Der überindividualistische Grundgedanke, der in der Verteidigung des gesamtgesellschaftlichen Koordinationsprinzips besteht, führt in der Regel zu einer Beschränkung der Notwehr- und zu einer Erweiterung der Nothilfebefugnis. Notwehr und Nothilfe stellen somit zwei verschiedene Facetten eines Rechtfertigungsgrundes dar, die zwar meist, aber nicht immer den gleichen Umfang besitzen. Dieser Sichtweise

---

1023 Kühl, Jura 1990, S. 246; ders., Strafrecht AT, § 7, Rn. 164. Ebenso Wössner, Notwehr, S. 62 und wohl auch B. Koch, ZStW 104 (1992), S. 818.

1024 Bisson, Verteidigung, S. 38 mit Verweis auf Erb, ZStW 108 (1996), S. 295. Vgl. auch Lenckner, GA 1968, S. 7 und Kühl, Jura 1990, S. 246.

steht der Wortlaut des § 32 StGB nicht entgegen. Vorteil der hier vertretenen dualistischen Notwehr- und Nothilfekonzeption gegenüber einer rein individualistischen ist vor allem der, daß bei der Bestimmung der Verteidigungsbefugnisse auf allgemeine Rechtsgrundsätze und Wertentscheidungen der Verfassung zurückgegriffen werden kann und keine Schwierigkeiten im Hinblick auf Grund und Grenzen der Nothilfe bestehen.

Im Unterschied zu dem vorwiegend vertretenen dualistischen Modell wird der überindividualistische Aspekt nicht bei ein und demselben Rechtfertigungsgrund zur Erklärung seiner Schneidigkeit und seiner Einschränkbarkeit herangezogen[1025]. Daneben konnten bei dem hier vertretenen Modell die Widersprüche, die durch das Abstellen auf die „Rechtsbewährung" auftreten, ausgeräumt werden.

Die Notwehrbefugnis von gewerblichen Sicherheitskräften und von Normalbürgern kann in diesem Modell zwanglos den gleichen Voraussetzungen unterworfen werden. Gleichwohl besteht Raum, die Nothilfebefugnis der vom Staat instrumentalisierten gewerblichen Sicherheitskräfte einzuschränken. Der aus § 127 I 1 StPO gewonnene Verhältnismäßigkeitsgrundsatz läßt sich als zu beachtender Maßstab an deren Nothilfehandlung anlegen.

Ein Verstoß gegen den Vorrang des Gesetzes liegt weder durch das Anerkennen der sozialethischen Einschränkungen des Notwehr- und Nothilferechts noch durch die teilweise bestehende Nothilfeeinschränkung von Mitarbeitern privater Sicherheitsunternehmen vor.

1025 Kritisch zu einer solchen Argumentation z.B. Neumann, Zurechnung, S. 170f. und Retzko, Notwehr, S. 120.

4. Kapitel: Praxistauglichkeit

In einem letzten Schritt ist zu klären, wie sich die vertretene Lösung in die Praxis umsetzen läßt bzw. welche Wirkungen von ihr ausgehen. Dadurch, daß bereits zahlreiche rechtliche Bedenken diskutiert und ausgeräumt wurden, liegt hier nicht der eigentliche Schwerpunkt der Betrachtungen. Vielmehr kommt es hauptsächlich auf die Konkretisierung der Situationen an, in denen nur eingeschränkte Nothilfebefugnisse zu gewähren sind.

A. Der von der Einschränkung betroffene Personenkreis

Ausgangspunkt aller Betrachtungen muß eine nähere Umschreibung des Personenkreises sein, dessen Nothilfebefugnisse im Regelfall einzuschränken sind. In diesem Zusammenhang wird teilweise darauf hingewiesen, daß eine scharfe Grenzziehung zwischen denjenigen, deren Befugnisse zu beschränken sind, und denjenigen, bei denen diese Notwendigkeit nicht besteht, unmöglich ist. Dies resultiere daraus, daß zwischen der von Nachbarn, guten Freunden, privatem Werkschutz, gewerblichen Sicherheitskräften usw. geleisteten Nothilfe fließende Übergänge bestünden.[1026]

In der Tat würde eine Lösung, die nicht in der Lage ist, trennscharfe Abgrenzungskriterien anzubieten, keinen Gewinn gegenüber dem gegenwärtigen Zustand bedeuten. Die Bezeichnung „vom Staat instrumentalisiert" gibt als solche nicht viel her. Indes wurden bereits verschiedene Kriterien herausgearbeitet, nach denen das Vorliegen einer solchen zu beurteilen ist. So können Privatbürger nicht als vom Staat instrumentalisiert angesehen werden. Hierbei handelt es sich um diejenigen, die, ohne eine entgeltliche vertragliche Verpflichtung zu erfüllen, helfend einschreiten. Die Nothilfebefugnisse von Nachbarn oder Freunden bleiben also in vollem Umfang bestehen. Es bleibt die Gruppe derjenigen übrig, die entgeltliche Nothilfe leisten. Hierunter fallen die Angehörigen des Werkschutzes und Mitarbeiter gewerblicher Sicherheitsdienste.[1027] Bei der Diskussion, wann eine Unterminierung des staatlichen Gewaltmonopols anzunehmen ist, wurde nach Auftraggeber, seiner Motivation und nach dem Ort des Tätigwerdens differenziert. Angewandt auf den Einzelfall bedeutet dies, daß Angehörige des Werkschutzes normalerweise keine Einschränkung ihrer Nothilfebefugnisse hinzunehmen haben, es sei denn, sie werden aufgrund mittelbarer staatlicher Veranlassung tätig. Dies wurzelt darin, daß der Werkschutz meist auf einem betrieblichen Gelände tätig wird, welches der Öffentlichkeit nicht zugänglich ist. Volle Nothilfebefugnisse haben auch Mitarbeiter gewerblicher Si-

---

1026 Schaffstein, GS Schröder, S. 103; Gunia, Garantenstellungen, S. 146; Kunz, ZStW 95 (1983), S. 988; Peilert, Auskunftei- und Detekteigewerbe, S. 473f.

1027 Vgl. Peilert, Auskunftei- und Detekteigewerbe, S. 473.

cherheitsunternehmen, die sich in einer entsprechenden Situation befinden. Diejenigen, die nachts in privatem Auftrag eine Kunstausstellung bewachen, dürfen wie jeder Normalbürger Nothilfe üben. Sobald jedoch die private Örtlichkeit der Öffentlichkeit zugänglich gemacht wird, ändert sich diese Bewertung. Hier ist grundsätzlich von einer Instrumentalisierung durch den Staat auszugehen. Dabei kommt es nicht darauf an, ob besondere Zugangsbeschränkungen – wie das Lösen einer Eintrittskarte – existieren oder nicht. Treten private Sicherheitskräfte in privatem Auftrag auf öffentlichem Grund in Erscheinung, muß auch von einer staatlichen Instrumentalisierung ausgegangen werden. Volle Nothilfebefugnisse bestehen nicht. Schließlich bleibt die (un-)mittelbar staatlich veranlaßte Nothilfeleistung gewerblicher Sicherheitskräfte übrig. Auch hier sind keine vollen Nothilfebefugnisse zu gewähren. Diese Unterscheidung nach Auftraggeber, dessen Motivation und Ort des Tätigwerdens erlaubt präzise Differenzierungen. Dies ist ein erheblicher Vorteil gegenüber anderen Lösungen, die beispielsweise nach gewaltgeneigten und sonstigen Tätigkeiten[1028] unterscheiden. Es ist somit davon auszugehen, daß es die favorisierte Lösung erlaubt, den von einer Einschränkung der Nothilfebefugnisse betroffenen Personenkreis exakt zu umreißen. Abgrenzungsschwierigkeiten sind nicht zu befürchten.

B. Zusammenfallen von Notwehr und Nothilfe

Bisher bestand kein Bedarf, die Frage, wie sich ein Zusammenfallen von Notwehr und Nothilfe auswirkt, einer Lösung zuzuführen. Vor dem Hintergrund, daß Mitarbeiter gewerblicher Sicherheitskräfte von der Nothilfelage häufig in eine Notwehrsituation geraten oder sich Notwehr und Nothilfe von vornherein in ihrer Person vereinigen[1029], gilt es dies nun nachzuholen, da sich Notwehr- und Nothilfebefugnisse nicht immer gleichen.

I. Übergang der Nothilfe in Notwehr

Ähnlich wie staatliche Gefahrenabwehrorgane schreiten gewerbliche Sicherheitskräfte gegen einen Angreifer in der Regel nicht deswegen ein, weil sie selbst unmittelbar bedroht werden, sondern weil ein Rechtsgut, für dessen Schutz auch sie verantwortlich sind, bedroht wird. Der Angreifer wird sich meist dagegen wehren. Das hat zur Folge, daß die anfangs geleistete Nothilfe entweder ganz oder zum Teil zur Notwehr wird.

1028 Vgl. Burgi, Privatisierung, S. 187f.; Gramm, VerwArch 90 (1999), S. 342; Honigl, Tätigwerden, S. 88.

1029 Vgl. Kapitel 1, A. VI.

Eine Lösung dahingehend, jede einzelne Verteidigungshandlung auf ihre Zielrichtung hin zu untersuchen, ist als unpraktikabel abzulehnen.[1030] Vielmehr bedarf die ganze Abwehrmaßnahme einer einheitlichen Bewertung. Nur dann ist gewährleistet, daß der Verteidiger mit einiger Sicherheit den Umfang einer zulässigen Verteidigungshandlung bestimmen kann. Des weiteren verhindert eine solche Lösung auch, daß es später vor Gericht maßgeblich von der Einlassung des Angeklagten abhängt, ob eine konkrete Verteidigungsmaßnahme als zulässige Notwehr oder als unzulässige Nothilfe anzusehen ist.

Um zu einer einheitlichen Bewertung zu kommen, bestehen nur zwei denkbare Wege. Zum einen könnte die ganze Verteidigungshandlung dem Regime der Notwehr unterstellt werden[1031] mit der Folge, daß die herausgearbeitete Nothilfeeinschränkung gewerblicher Sicherheitskräfte fast nie zum Tragen käme. Zum anderen bestünde die Möglichkeit, die Abwehrmaßnahme den Voraussetzungen, die an eine Nothilfehandlung zu stellen sind, zu unterwerfen. Für die letztgenannte Variante spricht ein Vergleich mit dem Tätigwerden von staatlichen Gefahrenabwehrorganen. Sofern diese während ihres Dienstes in die Verlegenheit kommen, sich im Rahmen einer ursprünglichen Nothilfesituation nunmehr selbst verteidigen zu müssen, werden sie nicht von den hoheitlichen Bindungen freigestellt. Auch die Selbstverteidigung bleibt hoheitliches Handeln[1032] und muß in den Formen des öffentlichen Rechts vorgenommen werden. Übertragen auf gewerbliche Sicherheitskräfte bedeutet dies, daß die Nothilferestriktionen für die ganze Verteidigungshandlung gelten und zwar unabhängig davon, ob die Einzelhandlung primär dem Selbstschutz dient oder nicht. Die umgekehrte Sichtweise, also die Überlagerung der Nothilfe durch die Notwehr, würde zu dem unerträglichen Ergebnis führen, daß es aufgrund der Häufigkeit des Zusammenfallens von Notwehr- und Nothilfesituation zu keinerlei nennenswerten Einschränkungen der Verteidigungsbefugnisse gewerblicher Sicherheitskräfte käme. Den diesbezüglich bestehenden verfassungsrechtlichen und einfachgesetzlichen Bedenken wäre nicht annähernd Rechnung getragen. In diesem Zusammenhang ist auch zu beachten, daß es die private Sicherheitskraft in der Hand hätte, den Angriff auf sich selbst umzulenken, um die weiten Notwehrbefugnisse in Anspruch nehmen zu können.[1033] Schließlich darf nicht vergessen werden, daß die private

1030 Vgl. Seier, NJW 1987, S. 2477 und Kapitel 1, A. VI.

1031 Vgl. Seier, NJW 1987, S. 2477.

1032 Ebel, Kriminalistik 1995, S. 827; Fechner, Grenzen, S. 44ff.; Kühl, Jura 1993, S. 238; Kunz, ZStW 95 (1983), S. 982f.; Rogall, JuS 1992, S. 558.

1033 Man mag hiergegen einwenden, daß dieser Umlenkung mit der Rechtsfigur der „Notwehrprovokation“ Herr zu werden ist; indes kann keinesfalls in jeder Änderung der Zielrichtung des Angriffs eine Notwehrprovokation gesehen werden – vor allem vor dem Hintergrund, daß eine solche dem Schutz des ursprünglich angegriffenen Rechtsgutes dient.

Sicherheitskraft der eigenen Verstrickung in den Konflikt aus dem Weg gehen kann, indem sie die staatlichen Gefahrenabwehrorgane informiert. Insofern ist davon auszugehen, daß die Nothilfeeinschränkungen der vom Staat instrumentalisierten gewerblichen Sicherheitskräfte auch für die Situation gelten, in der eine Nothilfesituation in eine der Notwehr umschlägt.

II. Vereinigung von Notwehr und Nothilfe in derselben Person

Weiter stellt sich die Frage, wie zu entscheiden ist, wenn sich Notwehr und Nothilfe in ein und derselben Person vereinigen. Hier ist wieder auf das Beispiel des Geldboten zurückzugreifen. Wenn dieser tätlich angegriffen wird, damit er die Geldkassette losläßt, verteidigt er sowohl seine körperliche Integrität als auch das Eigentum seines Auftraggebers.

Zur Lösung dieser Fälle wird ein Abstellen auf die Wertigkeit der betroffenen Rechtsgüter erwogen.[1034] Man könnte etwa vertreten, die Notwehr immer dann als dominierendes Moment anzusehen, wenn höchstpersönliche Rechtsgüter der privaten Sicherheitskraft betroffen sind. Nur in diesen Fällen bestünde die weite Notwehrbefugnis. Die an sich zu beachtenden Nothilferestriktionen besäßen keine Bedeutung. Vorteil einer solchen Lösung ist, daß sie eine präzise Beantwortung der Frage ermöglicht, ob eine Einschränkung der Verteidigerbefugnisse besteht oder nicht. Trotzdem vermag sie nicht zu überzeugen. Auch hier hätte es die private Sicherheitskraft in der Hand, planmäßig den Angriff auf ihre eigenen höchstpersönlichen Rechtsgüter zu konzentrieren, um von den weiten Notwehrbefugnissen Gebrauch machen zu können. Des weiteren resultieren die verfassungsrechtlichen und einfachgesetzlichen Bedenken gegen die Nothilfeausübung gewerblicher Sicherheitskräfte nicht aus der Wertigkeit der betroffenen Rechtsgüter. Schließlich würde eine solche Sichtweise zu Ergebnissen führen, die nicht frei von Zufälligkeiten sind. Man denke hier an eine Situation, in der zwei Geldboten gemeinsam die Tageseinnahmen eines Supermarktes abholen, aber nur einer die Geldkassette trägt. Wenn dieser auf dem Weg zwischen Supermarkt und Geldtransporter angegriffen wird, dürfte er sich der weiten Notwehrbefugnisse bedienen, während sein danebenstehender Kollege nur von den eingeschränkten Nothilfebefugnissen Gebrauch machen dürfte. Insofern bestehen erhebliche Bedenken gegen eine Lösung, die auf die Wertigkeit der betroffenen Rechtsgüter abstellt.

Jedoch könnte man bei einer Vereinigung von Notwehr und Nothilfe in der Person der vom Staat instrumentalisierten privaten Sicherheitskraft grundsätzlich

---

1034 Seier, NJW 1987, S. 2477.

von einer Überlagerung der Notwehr durch die Nothilfe ausgehen.[1035] Die private Sicherheitskraft vermengt aus freiem Entschluß die eigenen Rechtsgüter mit den fremden. Sie hat es in der Hand, diese Verbindung zu lösen. Ihre eigenen Rechtsgüter werden nur deswegen beeinträchtigt, weil sie dem Angreifer freiwillig in den Weg gelegt wurden. Ähnlich wie staatliche Gefahrenabwehrorgane, die eine Schutzaufgabe erfüllen, wird die private Sicherheitskraft nicht um ihrer selbst willen angegriffen[1036], sondern weil sie das begehrte Objekt schützt. In solch einer Situation, wo sich Nothilfe- und Notwehrausübung in einer Handlung vereinen, werden staatliche Gefahrenabwehrorgane nicht aus den öffentlich-rechtlichen Bindungen entlassen. Diese Wertung läßt sich für den Umfang der Verteidigungshandlung gewerblicher Sicherheitskräfte fruchtbar machen. Wenn sich Notwehr und Nothilfe in einer Person vereinen, sind nur die beschränkten Nothilfebefugnisse zu gewähren. Das bedeutet, daß leichtere Beeinträchtigungen der eigenen Rechtsgüter hinzunehmen sind. Auch vor dem Hintergrund, daß es die gewerbliche Sicherheitskraft nicht in der Hand haben darf, ob eine Nothilfeeinschränkung besteht oder nicht, ist in dieser Situation die Notwehr als von der Nothilfe überlagert anzusehen[1037].

C. Rechtliche Vorbehalte

Nachdem sich herausgestellt hat, daß auch die Fälle, in denen Notwehr und Nothilfe zusammenfallen, einer angemessenen Lösung zugeführt werden können, bedarf es eines Blickes auf rechtliche Vorbehalte, die gegen eine Nothilfeeinschränkung gewerblicher Sicherheitskräfte vorgebracht werden, soweit dies noch nicht geschehen ist. Als besonders gewichtig sind die Argumente anzusehen, die aus dem Grundgesetz entwickelt werden.

I. Grundrechte

Die Nothilferestriktion könnte für bestimmte Mitarbeiter des privaten Sicherheitsgewerbes einen Eingriff in die Schutzbereiche von Art. 2 I, 2 II 1 2. Alt., 3 I und 12 I GG darstellen, der verfassungsrechtlich nicht zu rechtfertigen ist.

Im Hinblick auf Art. 12 I GG läßt sich ein verfassungswidriger Eingriff relativ einfach mit einem Erst-recht-Schluß ablehnen: Wenn schon die vollständige

---

1035 Genau in die umgekehrte Richtung (Überlagerung der geforderten Nothilfebeschränkung) argumentiert Seier, NJW 1987, S. 2477.

1036 Vgl. Seelmann, ZStW 89 (1977), S. 54. Ähnlich auch Buchert, Schußwaffengebrauch, S. 154.

1037 Vgl. Seelmann, ZStW 89 (1977), S. 48ff.

Versagung der Nothilfe keinen Verstoß gegen die Berufsfreiheit darstellt[1038], dann gilt dies erst recht für deren Einschränkung.

Eine Verletzung des Art. 2 II 1 2. Alt. GG kommt nur dann in Betracht, wenn Notwehr und Nothilfe in der Person der Sicherheitskraft zusammenfallen, da bei einer Nothilfeeinschränkung normalerweise keine Beeinträchtigung der körperlichen Unversehrtheit der privaten Sicherheitskraft zu besorgen ist. Eingriffe in das Recht auf körperliche Unversehrtheit stehen unter dem Gesetzesvorbehalt des Art. 2 II 3 GG. Die speziellen Grenzen eines Eingriffs in Art. 2 II 1 GG – Art. 104 I 2 GG und Art. 102 GG – sind vorliegend nicht einschlägig[1039], so daß bei der Rechtfertigung nur die allgemeinen Schranken-Schranken zu beachten sind. Die Einschränkung muß also verhältnismäßig sein. Legitimes Ziel ist hier der Schutz der körperlichen Unversehrtheit und des Lebens des Angreifers. Auch kann an die „Zurückdrängung der Privatgewalt" gedacht werden. Diese Ziele erfahren durch die Nothilferestriktion eine Förderung. Gleichgeeignete, in ihrer Wirkung aber mildere Mittel sind nicht ersichtlich. Somit bleibt die Frage nach der Angemessenheit. Es ist zu bedenken, daß eine Nothilfeeinschränkung die private Sicherheitskraft nicht schutzlos stellt. Sie muß sich keine gravierenden Beeinträchtigungen ihrer körperlichen Unversehrtheit gefallen lassen, welche sich nachhaltig auf ihre Lebensplanung auswirken. Umgekehrt käme es zu einer Verbesserung des Schutzes des Angreifers, so daß dieser nach Beendigung des Konflikts regelmäßig noch in der Lage ist, weiter als Mensch zu existieren. Aus alledem folgt, daß die Nothilferestriktion auch angemessen ist. Mithin bedeutet die Einschränkung der Nothilfe zwar unter Umständen einen Eingriff in Art. 2 II 1 2. Alt. GG. Dieser ist jedoch verfassungsrechtlich zu rechtfertigen. Damit scheidet auch eine Verletzung der allgemeinen Handlungsfreiheit aus, da Art. 2 I GG als Auffanggrundrecht hinter die speziellen Grundrechte zurücktritt soweit deren Schutzbereiche reichen[1040].

Somit steht nur noch ein eventueller Verstoß gegen Art. 3 I GG im Raum. Zum Teil wird darauf hingewiesen, daß eine Differenzierung zwischen Polizeibeamten, Normalbürgern und gewerblichen Sicherheitskräften bei der Nothilfe vor dem Hintergrund des Gleichbehandlungsgrundsatzes zu bezweifeln ist.[1041] Verfassungsrechtlich relevant ist primär die Ungleichbehandlung von „wesentlich Gleichem"[1042]. Deren Vorliegen bedeutet jedoch nicht per se einen Verfassungsverstoß. Das Gleichheitsgebot ist nur dann verletzt, „wenn eine Gruppe von Normadressaten anders behandelt wird, obwohl zwischen beiden Gruppen keine

1038 Siehe Kapitel 2, B. II. 1. a.

1039 Vgl. hierzu z.B. Pieroth/Schlink, Grundrechte, Rn. 399ff.

1040 Pieroth/Schlink, Grundrechte, Rn. 369.

1041 Blum, W+S Information 162 (1985), S. 14. Vgl. auch Fechner, Grenzen, S. 75f. sowie Mann/Müller, ZRP 1995, S. 184.

1042 Vgl. z.B. BVerfGE 49, 148 (165); 98, 365 (385).

Unterschiede von solcher Art und solchem Gewicht bestehen, daß sie die ungleiche Behandlung rechtfertigen könnten"[1043]. Die Gruppe der Mitarbeiter gewerblicher Sicherheitsdienste, die von einer Einschränkung der Nothilfebefugnisse betroffen ist, wird an Stelle des Staates tätig. Der Staat nimmt sie teils mittelbar, teils unmittelbar zur Durchsetzung seiner Interessen in Anspruch. Staatliche Gefahrenabwehrorgane, die hoheitliche Bindungen zu beachten haben, werden eingespart. Darin ist ein gewichtiger Gesichtspunkt zu erblicken, der eine unterschiedliche Behandlung der Nothilfebefugnisse erlaubt. Die Nothilfeeinschränkung, die die vom Staat instrumentalisierten gewerblichen Sicherheitskräfte betrifft, verstößt somit nicht gegen Art. 3 I GG.[1044] Insgesamt bedeutet dies, daß die vorgeschlagene Lösung nicht gegen Grundrechte der Mitarbeiter privater Sicherheitsunternehmen verstößt.

Jedoch könnte ein Verstoß gegen Grundrechte der Auftraggeber des privaten Sicherheitsgewerbes vorliegen. Als einschlägige Grundrechte kommen Art. 2 II 1 und 2, 13 I und 14 I 1 GG sowie Art. 3 I GG und schließlich Art. 2 I GG i.V.m. Art. 1 I GG in Betracht.

Soweit es um Art. 2 II 1 2. Alt. GG geht, muß mit obiger Argumentation darauf verwiesen werden, daß der Eingriff in die körperliche Unversehrtheit verfassungsrechtlich zu rechtfertigen ist.

Art. 2 II 2 GG schützt die Freiheit der Person, also die körperliche Bewegungsfreiheit[1045]. Ein Eingriff in dieses Grundrecht ist beispielsweise dann zu bejahen, wenn Mitarbeiter gewerblicher Sicherheitsdienste aufgrund der Nothilfeeinschränkung eine Entführung nicht mit lebensgefährlichen Mitteln verhindern dürfen. Allerdings besteht die Möglichkeit einer verfassungsrechtlichen Rechtfertigung. Hier ist im Rahmen der Angemessenheit zu beachten, daß eine Freiheitsbeschränkung einen gravierenden Eingriff für das Opfer bedeutet. Nicht umsonst ist die körperliche Bewegungsfreiheit eines der Rechtsgüter, zu deren Verteidigung man sich auf den entschuldigenden Notstand berufen kann[1046]. Auch mit dem qualifizierten Gesetzesvorbehalt des Art. 104 GG wird die Hochwertigkeit der körperlichen Bewegungsfreiheit manifestiert. Gleichwohl darf nicht verkannt werden, daß die körperliche Bewegungsfreiheit durch eine Nothilfeeinschränkung nicht vollkommen schutzlos gestellt wird. Zum einen darf sich das Opfer selbst verteidigen. Zum anderen können gewerbliche Sicher-

---

1043 Sog. „Neue Formel", vgl. nur BVerfGE 55, 72 (88); 101, 239 (269). Vgl. hierzu Brüning, JZ 2001, S. 669ff.

1044 Vgl. auch Nitz, Sicherheit, S. 552.

1045 Hierzu z.B. Pieroth/Schlink, Grundrechte, Rn. 411ff.

1046 Das Wort „Freiheit" in § 35 StGB umschreibt die körperliche Bewegungsfreiheit. Die Willensbetätigungsfreiheit wird nicht erfaßt, vgl. Sch/Sch-Lenckner/Perron, § 35, Rn. 8; Wessels/Beulke, Strafrecht AT, Rn. 436.

heitskräfte unter Beachtung der Verhältnismäßigkeit Nothilfe leisten. Unter Berücksichtigung der mit einer Nothilfeeinschränkung verfolgten Ziele erscheint der Eingriff als angemessen und insofern als verfassungsrechtlich gerechtfertigt.

Gleiches gilt für die Beeinträchtigungen der Schutzbereiche von Art. 13 I und 14 I GG. Die Unverletzlichkeit der Wohnung bedarf keiner privatrechtsförmigen Nothilfeverteidigung, die gravierende Folgen für den Angreifer zeitigt. Daneben bestehen keine Bedenken dagegen, den Schutz von Sachgütern zu minimieren, wenn dieser von instrumentalisierten Mitarbeitern gewerblicher Sicherheitsdienste wahrgenommen wird.

Nur mit Mühe läßt sich ein Verstoß gegen Art. 3 I GG denken. Derjenige, der sich instrumentalisierter gewerblicher Sicherheitskräfte bedient, würde einen geringeren Schutz erhalten als derjenige, der seine Rechtsgüter eigenhändig verteidigt.[1047] Jedoch ist diese Ungleichbehandlung verfassungsrechtlich zu rechtfertigen, da auch hier die staatliche Instrumentalisierung einen gewichtigen Gesichtspunkt darstellt. Weiter darf nicht übersehen werden, daß dessenungeachtet nicht jedermann die finanziellen Ressourcen besitzt, einen gewerblichen Sicherheitsdienst zum Schutz seiner Rechtsgüter in Anspruch nehmen zu können.

Endlich kommt eine Verletzung des allgemeinen Persönlichkeitsrechts aus Art. 2 I GG i.V.m. Art. 1 I GG in Betracht, da ein Angriff grundsätzlich auch dieses Rechtsgut mit betrifft. Aber auch hier ist der Eingriff verfassungsrechtlich zu rechtfertigen. Der Schutz des allgemeinen Persönlichkeitsrechts erfährt keine unangemessene Verkürzung, wenn Mitarbeiter gewerblicher Sicherheitsunternehmen bei der Nothilfeausübung den Verhältnismäßigkeitsgrundsatz zu beachten haben.

Es ist somit festzustellen, daß eine Nothilfeeinschränkung für bestimmte Mitarbeiter des privaten Sicherheitsgewerbes nicht gegen Grundrechte verstößt.[1048]

II. Die Notwehr- und Nothilferegelung des § 32 StGB

Die Bedenken, die die angestrebte Lösung vor dem Hintergrund der Regelung des § 32 StGB auslöst, konnten bereits ausgeräumt werden. So läßt sich die Be-

---

1047 Vgl. Fechner, Grenzen, S. 171 und auch Nitz, Sicherheit, S. 552f.

1048 Vgl. Nitz, Sicherheit, S. 553; Gramm, VerwArch 90 (1999), S. 345 Fn. 38 (spricht davon, daß eine Beschränkung der „Freiheit auf Notwehr“ nicht verfassungswidrig wäre) und Möstl, Garantie, S. 311f. mit Fn. 65 (lehnt eine wesentliche Einschränkung der Jedermannsrechte für private Sicherheitskräfte ab, wobei aber eine Anordnung der Geltung des Verhältnismäßigkeitsgrundsatzes vor dem Hintergrund der Grundrechte zulässig wäre). Siehe auch Sohm, NZWehrr 1996, S. 96ff., der ein Nothilfeverbot für Bundeswehrsoldaten einer grundrechtlichen Prüfung unterzieht. Generell kritisch Peilert, Auskunftei- und Detekteigewerbe, S. 468f.

achtung des Verhältnismäßigkeitsgrundsatzes in bestimmten Fällen der Nothilfe mit den Grundgedanken des Verteidigungsrechtes in Einklang bringen. Auch wird weder die Wortlautgrenze überschritten noch das Recht auf Selbst- bzw. Fremdverteidigung unangemessen ausgehöhlt.

III. § 34a GewO

Schließlich kommt § 34a GewO als eine Norm in Betracht, die der vertretenen Lösung entgegenstehen könnte. Als einzige Einschränkung der Notrechtsbefugnisse von gewerblichen Sicherheitskräften wird hier in Absatz 5 Satz 2 auf den Grundsatz der Erforderlichkeit verwiesen. Da aber jede Notrechtsausübung „erforderlich" sein muß, kann dieser Formulierung nur deklaratorische Wirkung zugeschrieben werden. Keinesfalls ist sie dahingehend mißzuverstehen, daß sie weitergehende Bindungen der Notrechtsbefugnisse ausschließen will. Da § 34a V GewO auch ansonsten keine weitergehenden Forderungen beinhaltet[1049], sondern nur auf die in anderen Gesetzen normierten Jedermannsrechte hinweist, konfligiert eine restriktive Auslegung der Nothilfe in bestimmten Fällen nicht mit dieser Norm.[1050]

IV. Zwischenergebnis

Anders als einer vollständigen Versagung der Nothilfebefugnisse für vom Staat instrumentalisierte gewerbliche Sicherheitskräfte stehen einer Einschränkung der Verteidigungshandlung nach Maßgabe des Verhältnismäßigkeitsgrundsatzes weder durchgreifende verfassungsrechtliche noch einfachgesetzliche Erwägungen entgegen.

D. Überforderung des Staates

Mit der Zurückdrängung der privatrechtsförmig erbrachten Nothilfe könnte aber eine Überforderung des Staates einhergehen. Der Staat müßte bei einer Einschränkung der Nothilfebefugnisse gewerblicher Sicherheitskräfte wieder zahlreiche Aufgaben mit eigenem Personal wahrnehmen, die er momentan rechtlich und/oder faktisch in die Hände des privaten Sicherheitsgewerbes legt.

Zum Teil wird darauf hingewiesen, daß die Polizei dazu gar nicht in der Lage sei. Würden die ganzen Aufgaben des privaten Sicherheitsgewerbes wie der Per-

---

1049 Schönleiter, GewArch 2003, S. 2f.; Stober, GewArch 2002, S. 135.

1050 Vgl. aber auch Brauser-Jung/M. Lange, GewArch 2003, S. 230 und Stober/Olschok-Peilert, Handbuch, G Rn. 36, die dieser Norm entnehmen wollen, daß mit ihr die Forderung nach Geltung des Verhältnismäßigkeitsgrundsatzes für Angehörige des Bewachungsgewerbes als professionelle Nothelfer abschlägig beschieden worden sei.

sonen- oder Objektschutz auf staatliche Gefahrenabwehrorgane übertragen, wären diese hoffnungslos überlastet.[1051] Diesem Einwand kann eine gewisse Plausibilität nicht abgesprochen werden, wenn man sich noch einmal die Dimensionen vor Augen führt, die das private Sicherheitsgewerbe mittlerweile angenommen hat.

Es darf jedoch nicht übersehen werden, daß rein beobachtende Tätigkeiten vom privaten Sicherheitsgewerbe ohne Einschränkungen wahrgenommen werden dürfen. Nicht jede private Sicherheitskraft müßte durch Angehörige der staatlichen Gefahrenabwehrorgane ersetzt werden. In bestimmten Fällen besteht jedoch die Notwendigkeit, daß der Staat dort mit eigenen Organen tätig wird, wo heute noch privat beauftragte gewerbliche Sicherheitskräfte wirken. Zu denken ist an den Schutz von Kernkraftwerken.[1052] Dabei besteht zum einen die Möglichkeit, Polizeibeamte mit den Schutzaufgaben zu betrauen. Zum anderen könnten aber auch Beliehene eingesetzt werden, soweit entsprechende gesetzliche Grundlagen vorhanden sind. Bei letztgenannter Variante bestehen keine Bedenken gegen eine Beleihung gewerblicher Sicherheitskräfte. Die vorgeschlagene Lösung bedeutet somit nicht, daß die Polizei ihre Personalstärke verdoppeln müßte[1053], da noch andere verfassungskonforme Varianten bestehen.[1054]

Damit steht aber immer noch das Problem im Raum, daß das Tätigwerden gewerblicher Sicherheitskräfte für den Staat einen erheblichen finanziellen Vorteil bedeutet. Sowohl Polizeibeamte als auch Beliehene wollen von ihm bezahlt werden, während bei einer privaten Beauftragung des privaten Sicherheitsgewerbes für den Staat keine Kosten entstehen.[1055] Vor allem vor dem Hintergrund, daß sich die öffentliche Haushaltslage auf absehbare Zeit nicht spürbar verbessern wird, ist dieses Argument gewichtig. Eine Alternative zur öffentlichen Finanzierung der zusätzlichen staatlichen Gefahrenabwehrorgane ist jedoch in einigen Fällen in der privaten Kostenübernahme zu erblicken. Wenn staatliche Organe zum Beispiel Kernkraftwerke schützen, könnte dies eine Ersatzvornahme darstellen mit der Folge, daß von den Betreibern finanzieller Ersatz gefordert werden kann.[1056] Auch in anderen Situationen ist zu überlegen, warum nicht derjenige die finanziellen Lasten eines Polizeieinsatzes zu tragen

---

1051 Eberstein, BB 1980, S. 868; Götz, HbdStR, § 79, Rn. 32; Hammacher, DNP 1980, S. 264; Stober, NJW 1997, S. 892; ders., Quo vadis Sicherheitsgewerberecht, S. 47.

1052 Vgl. Lukes, ET 25 (1975), S. 23ff. (30f.).

1053 So eine Vermutung von Götz, HbdStR, § 79, Rn. 32.

1054 Krölls, GewArch 1997, S. 455.

1055 Vgl. zum finanziellen Aspekt Glavic-Czepluch/Eschenbruch, Handbuch, H Rn. 15; v. Danwitz, KritV 85 (2002), S. 350; Kanther, DSD 3-4/1998, S. 5; Rupprecht, DSD 2/1999, S. 22.

1056 Roßnagel, ZRP 1983, S. 63f. Allgemein zur Kostenpflichtigkeit einer Ersatzvornahme Gusy, Polizeirecht[6], Rn. 442.

hat, der hiervon unmittelbar profitiert. Wenn Spiele der Fußballbundesliga oder Musikkonzerte von staatlichen Gefahrenabwehrorganen geschützt werden, kann mit Fug und Recht danach gefragt werden, warum die hierbei entstehenden Kosten von der Allgemeinheit zu tragen sind.[1057] Damit soll keineswegs eine Renaissance des Hüttenpolizeiwesens beschworen werden. In bestimmten Fällen spricht jedoch nichts dagegen, daß sich unter dem Aspekt der Zweckveranlassung derjenige an den Kosten der staatlichen Maßnahmen zu beteiligen hat, der von ihnen in erheblichem Maße begünstigt wird.[1058] Das bedeutet, daß die finanziellen Folgen der angestrebten Lösung zu relativieren sind. Es ist zu konstatieren, daß es bei einer Reduzierung der Nothilfebefugnisse instrumentalisierter gewerblicher Sicherheitskräfte nicht zu einer Überforderung des Staates kommt. Sowohl in personeller als auch in finanzieller Hinsicht bestehen Möglichkeiten, die Konsequenzen der hier vertretenen Ansicht abzumildern.

E. Fazit

Es zeigt sich, daß die vertretene Lösung nicht an einer mangelnden Praxistauglichkeit scheitert. Der Personenkreis, der von einer Nothilfeeinschränkung betroffen ist, läßt sich klar umreißen. Da die eingeschränkte Nothilfebefugnis vom Verhältnismäßigkeitsgrundsatz dominiert wird, steht der Verteidiger auch nicht vor unüberbrückbaren Schwierigkeiten bei der Einschätzung, wie weit seine Nothilfebefugnisse reichen. Jeder Festnehmende und Notstandstäter befindet sich in einer ähnlichen Situation.[1059] Weiter steht die Nothilferestriktion weder im Widerspruch zu Grundrechten noch zum einfachen Recht. Schließlich kommt es auch nicht zu einer inakzeptablen Überforderung des Staates und seiner Ressourcen.

1057 Glavic-Czepluch/Eschenbruch, Handbuch, H Rn. 45; Krölls, GewArch 1997, S. 455.

1058 Vgl. Broß, DVBl. 1983, S. 380ff.; Lege, VerwArch 89 (1998), S. 81ff. und Weichert, Privatisierung, S. 277. Kritisch Scholz, FS Friauf, S. 449.

1059 Insofern kommt es durch die Beschneidung der Nothilfebefugnisse nicht zu einer psychologischen Überforderung des Verteidigers, was allerdings etwa von Finnberg, W+S Information 1978, S. 180 und Kratzsch, Grenzen, S. 38 bestritten wird. Wie hier Lesch, Notwehrrecht, S. 44f. Fn. 6.

Zusammenfassung und Ausblick

Die vorliegende Untersuchung setzt sich zum Ziel, die Reichweite der Notwehr- und Nothilfebefugnis von Mitarbeitern gewerblicher Sicherheitsunternehmen zu bestimmen. Um nicht den zweiten Schritt vor dem ersten zu machen, bedarf es zunächst eines Blickes auf das Notwehr- und Nothilferecht des Normalbürgers. Auch hier ist die rechtliche Gleichbehandlung von „Selbstschutz" und „Fremdhilfe" keine Selbstverständlichkeit – vor allem vor dem Hintergrund, daß die Verteidigungsbefugnis regelmäßig sehr schneidig ist.

Die Annahme, daß Notwehr und Nothilfe weitgehend identische Grenzen aufweisen, wird von der herrschenden Meinung hauptsächlich auf den Wortlaut des § 32 StGB zurückgeführt. Indes darf dieser nicht in dem Sinne verstanden werden, daß damit eine Differenzierung zwischen Selbstverteidigung und Fremdhilfe ausgeschlossen wird. Als weitere Argumente für eine Gleichstellung werden die Selbstbetroffenheit des Nothelfers durch den Angriff, die allgemeine Hilfeleistungspflicht des § 323c StGB sowie die Schwierigkeiten, die bei einem Zusammenfallen von Notwehr und Nothilfe entstehen, vorgebracht. Schließlich wird diese Ansicht mit rechtspolitischen Einwänden unterstützt. Im Ergebnis erweisen sich diese Argumente – wie auch die der Gegenseite, die eine unterschiedliche Behandlung von Notwehrübendem und Nothelfer vertritt – als nicht durchgreifend. Schon de lege lata ist eine zwischen Notwehr und Nothilfe differenzierende Betrachtung der Verteidigungsbefugnis des § 32 StGB möglich, wenngleich aber nicht zwingend.

Die geschichtliche Untersuchung zeigt, daß ein von Verhältnismäßigkeitserwägungen weitgehend freies Abwehrrecht ein Produkt neuerer Zeit ist. Oft wird im Text zwischen Notwehr und Nothilfe getrennt, sowie die Verteidigung von nahestehenden Personen besonders betont. In der Sache besteht meist jedoch kein Unterschied zwischen Selbst- und Fremdverteidigung. Aus den Gedanken der Philosophen Kant und Hegel lassen sich wichtige Impulse für Grund und Grenzen der Verteidigungsbefugnis gewinnen. Die Annahme, daß Kant Vertreter einer individuellen Notwehrbegründung ist, und Hegel im Gegensatz hierzu den Vertretern einer überindividuellen Notwehrtheorie zuzuordnen ist, erweist sich als unzutreffend. Vielmehr stellen beide auf die Beziehung zwischen Angreifer und Angegriffenem ab, um die Verteidigungsbefugnis zu erklären. Notwehr und Nothilfe können nach ihren Vorgaben gleich behandelt werden. Schließlich führt eine Betrachtung ausländischer Rechtsordnungen zu dem Ergebnis, daß deren Notwehr- und Nothilferegelungen in ihrem Umfang häufig hinter der deutschen zurückbleiben. Im Recht einiger US-amerikanischer Bundesstaaten kommt es zu einer unterschiedlichen Behandlung von Notwehr und Nothilfe. Man steht somit vor dem Befund, daß sich auch aus einer historischen, philosophischen und rechtsvergleichenden Untersuchung keine zwingenden Gründe für oder gegen eine Gleichbehandlung von Notwehr und Nothilfe ergeben. Gleichwohl zeigt sich, daß eine Beschränkung der Verteidigungsbefugnis sowie eine Differenzierung zwischen Selbstschutz und Fremdhilfe kein Novum im Bereich von Notwehr und Nothilfe wäre.

Mit diesen Gedanken ist der Grundstein für die Beantwortung der Frage nach der Reichweite der Notwehr- und Nothilfebefugnisse von gewerblichen Sicherheitskräften gelegt. Private Sicherheitsunternehmen haben in letzter Zeit einen erheblichen Aufschwung erfahren, dessen Ende noch nicht absehbar ist. Es werden immer mehr Tätigkeitsbereiche erschlossen. Sowohl der Staat als auch Private treten als Auftraggeber in Erscheinung. Die gesetzlichen Grundlagen entsprechen nicht mehr der Bedeutung des privaten Sicherheitsgewerbes. Ein spezielles Befugnisgesetz ist nicht vorhanden. Soweit Mitarbeiter gewerblicher Sicherheitsdienste nicht mit hoheitlichen Eingriffsbefugnissen beliehen werden, stehen zur Rechtfertigung ihres in Rechtsgüter Dritter eingreifenden Verhaltens nur die sog. Jedermannsrechte zur Verfügung. Ein Vergleich zwischen gewerblichen Sicherheitskräften und Polizeibeamten zeigt, daß sich zwischen diesen zahlreiche Parallelen ziehen lassen. Gleichwohl bleiben die von den Polizeigesetzen gewährten Befugnisse zum Einsatz unmittelbaren Zwanges hinter denjenigen der Notwehr und Nothilfe zurück. Mitarbeiter privater Sicherheitsdienste können somit zum Teil dort einschreiten und mitunter auch massive Eingriffe vornehmen, wo dies den staatlichen Gefahrenabwehrorganen verwehrt ist.

Die weitgehend schrankenlose Inanspruchnahme der Nothilfebefugnis durch gewerbliche Sicherheitskräfte führt zu einer Unterminierung des staatlichen Gewaltmonopols. Sofern sie nicht in privatem Auftrag auf privatem Grund ohne Publikumsverkehr tätig werden, stellt die umfassende Nothilfeausübung eine unzulässige Flucht ins Privatrecht dar, die vor dem Hintergrund des staatlichen Gewaltmonopols nicht akzeptiert werden kann. Für die Notwehrausübung gilt dies nicht; durch sie wird das staatliche Gewaltmonopol nicht in unzulässiger Weise tangiert. Hier liegt im Gegensatz zu bestimmten Nothilfekonstellationen keine staatliche Instrumentalisierung vor. Andere verfassungsrechtliche Bedenken wie das Demokratieprinzip, das Sozialstaatsprinzip oder auch grundrechtliche Schutzpflichten liefern keine weiterführenden Erkenntnisse. Von der Warte des einfachen Rechts gesehen spricht der Telos des § 32 StGB gegen dessen unmodifizierte Inanspruchnahme durch gewerbliche Sicherheitskräfte. Diese verfassungsrechtlichen und einfachgesetzlichen Erwägungen bedeuten jedoch nicht, daß Mitarbeitern privater Sicherheitsunternehmen die Berufung auf Nothilfe generell zu verwehren ist. Vielmehr ist der Umfang der Nothilfe dann einzuschränken, wenn eine staatliche Instrumentalisierung vorliegt. Da Nothilfe und Festnahmerecht eng miteinander verbunden sind und zahlreiche Parallelen aufweisen, kann der Verhältnismäßigkeitsgrundsatz, der die Festnahmehandlung dominiert, auf die Nothilfeausübung staatlich instrumentalisierter gewerblicher

Sicherheitskräfte übertragen werden. Dies bewirkt eine erhebliche Reduzierung der Nothilfebefugnisse. So ist die das Leben des Angreifers gefährdende Nothilfeausübung zum Schutze eines Sachguts immer unzulässig. Den verfassungsrechtlichen und einfachgesetzlichen Bedenken wird angemessen Rechnung getragen.

Da argumentiert wird, daß jede Beschränkung der aus § 32 StGB resultierenden Befugnisse auf die hinter dieser Norm stehenden Erwägungen zurückzuführen ist und nicht von außen an das Notwehr- und Nothilferecht herangeführt werden darf, werden die vertretenen Notwehr- und Nothilfemodelle zum einen daraufhin untersucht, inwieweit sie Notwehr und Nothilfe ganz allgemein zu erklären vermögen. Zum anderen wird geprüft, ob Raum für die Berücksichtung des Verhältnismäßigkeitsgrundsatzes bei der staatlich instrumentalisierten Nothilfeausübung besteht. Weder überindividuelle noch die im Vordringen befindlichen individuellen Notwehrbegründungen können Notwehr und Nothilfe überzeugend erklären. Insofern wird ein dualistisches Modell vertreten. Notwehr und Nothilfe beruhen auf dem individualistischen Aspekt, der sich in der Regel aus Individualrechtsgüterschutz und Persönlichkeitsrechtsschutz zusammensetzt. Während die Notwehrbefugnis bei alleiniger Berücksichtigung dieses Gesichtspunktes sehr weit wäre, besäße die Nothilfebefugnis einen sehr engen Umfang. Bei der Notwehr wirkt der auf zweiter Stufe hinzutretende überindividualistische Grundgedanke, die Verteidigung des gesamtgesellschaftlichen Koordinationsprinzips, begrenzend auf die Verteidigungsbefugnis ein, während dieses Prinzip die Nothilfebefugnis im Regelfall erweitert. In diesen überindividualistischen Gesichtspunkt läßt sich die Nothilferestriktion für staatlich instrumentalisierte gewerbliche Sicherheitskräfte integrieren. Dies führt nicht zu einem Verstoß gegen den Grundsatz vom Vorrang des Gesetzes aus Art. 20 III GG. Schließlich erweist sich die vertretene Lösung als praxistauglich.

Obwohl eine Nothilferestriktion für staatlich instrumentalisierte gewerbliche Sicherheitskräfte schon de lege lata möglich ist und dem Grundsatz, daß überflüssige Gesetze zu vermeiden sind[1060], voll zugestimmt wird, empfiehlt es sich dennoch, die Befugnisse zur Gewaltausübung für das private Sicherheitsgewerbe in einem eigenen Gesetz zu regeln. Eine Aufwertung des privaten Sicherheitsgewerbes würde damit nicht einhergehen. Vielmehr trüge der Gesetzgeber der Entwicklung auf dem Gebiet des privaten Sicherheitsgewerbes angemessen Rechnung. Eine ausdrückliche Regelung würde Rechtssicherheit und Rechtsklarheit sowohl für den Normalbürger als auch für den Mitarbeiter eines gewerblichen Sicherheitsdienstes bedeuten.[1061] Ein weiterer positiver Effekt be-

1060 Hammer, DÖV 2000, S. 621; Wassermann, NJW 1999, S. 1376f.

1061 Jeand'Heur, AöR 119 (1994), S. 129; Möller, DSD 3/1996, S. 16; Steegmann, Privatisierung, S. 250.

stünde darin, daß der Staat mit der Schaffung eines die Nothilfebefugnisse limitierenden Spezialgesetzes für gewerbliche Sicherheitskräfte an seine Verantwortung im Bereich der Sicherheitsgewährleistung erinnert würde. Das private Sicherheitsgewerbe stellt eine fest etablierte Größe im Bereich der Sicherheitsgewährleistung dar, die nicht wegdiskutiert werden kann und soll. Gleichwohl, oder besser, gerade deswegen ist der Gesetzgeber gefordert, die Grenzen, in denen Mitarbeiter gewerblicher Sicherheitsdienste Notwehr und Nothilfe leisten dürfen, klar aufzuzeigen.

Literaturverzeichnis

Abegg, Julius Friedrich Heinrich: Untersuchungen aus dem Gebiete der Strafrechtswissenschaft, Breslau 1830.

Adler, Frank: Nothilfe zugunsten der Umwelt?, Tübingen 1998.

Ahsbahs, Leo: Die Grundlinien des Notwehrrechts, Ein Beitrag zur Revision der Notwehrlehre, Kiel 1903.

Alberti, Otto von: Notwehr heute und in den Volksrechten, Stuttgart 1898.

Albrecht, Peter-Alexis: Der Weg in die Sackgasse?, in: Mehrfach auffällig: Untersuchungen zur Jugendkriminalität, Schüler-Springorum, Horst (Hrsg.), München 1982, S. 215-254 (zit.: Albrecht, Weg in die Sackgasse).

Ders.: Die vergessene Freiheit, Berlin 2003 (zit.: Albrecht, Vergessene Freiheit).

Alexy, Robert: Theorie der Grundrechte, Baden-Baden 1985.

Allen, Michael J.: Textbook on Criminal Law, 4. Aufl., London 1997.

Alwart, Heiner: Zum Begriff der Notwehr, in: JuS 1996, S. 953-958.

Amelung, Knut: Erweitern allgemeine Rechtfertigungsgründe, insbesondere § 34 StGB, hoheitliche Eingriffsbefugnisse des Staates?, in: NJW 1977, S. 833-840.

Ders.: Die Rechtfertigung von Polizeivollzugsbeamten, in: JuS 1986, S. 329-337.

Amelung, Knut/Boch, Gerhard: Hausarbeitsanalyse – Strafrecht: Ein Ehestreit mit dem Hockeyschläger, in: JuS 2000, S. 261-267.

Arnauld, Andreas von: Die Freiheitsrechte und ihre Schranken, Baden-Baden 1999.

Arzt, Gunther: Notwehr, Selbsthilfe, Bürgerwehr, in: Festschrift für Friedrich Schaffstein, Grünwald, Gerald u.a. (Hrsg.), Göttingen 1975, S. 77-88 (zit.: Arzt, FS Schaffstein).

Ders.: Der Ruf nach Recht und Ordnung, Tübingen 1976 (zit.: Arzt, Recht und Ordnung).

Ders.: Zum privaten Festnahmerecht, in: Festschrift für Theodor Kleinknecht zum 75. Geburtstag, Gössel, Karl Heinz u.a. (Hrsg.), München 1985, S. 1-17 (zit.: Arzt, FS Kleinknecht).

Ashworth, Andrew J.: Self-Defence and the Right to Life, in: CLJ 1975, S. 282-307.

Badura, Peter: Staatsrecht, 3. Aufl., München 2003.

Bar, Ludwig von: Gesetz und Schuld im Strafrecht, Band III: Die Befreiung von Schuld und Strafe durch das Strafgesetz, Berlin 1909.

Baumann, Jürgen: Rechtsmißbrauch bei der Notwehr, in: MDR 1962, S. 349-350.

Baumann, Jürgen/Weber, Ulrich/Mitsch, Wolfgang: Strafrecht, Allgemeiner Teil, 11. Aufl., Bielefeld 2003 (zit.: Baumann/Weber/Mitsch-Bearbeiter).

Baumgarten, Arthur: Notstand und Notwehr, Tübingen 1911.

Beaucamp, Guy: §§ 32, 34 StGB als Ermächtigungsgrundlagen für polizeiliches Eingreifen, in: JA 2003, S. 402-405.

Becker, Hans-Jürgen: Das Gewaltmonopol des Staates und die Sicherheit des Bürgers, in: NJW 1995, S. 2077-2081.

Beinhofer, Paul: Brauchen wir ein Gesetz über private Sicherheitsdienste?, in: BayVBl. 1997, S. 481-486.

Beisel, Daniel: Straf- und verfassungsrechtliche Problematiken des finalen Rettungsschusses, in: JA 1998, S. 721-727.

Benda, Ernst u.a. (Hrsg.): Handbuch des Verfassungsrechts der Bundesrepublik Deutschland, 2. Aufl., Berlin u.a. 1994 (zit.: Benda-Bearbeiter, HbdVerfR).

Benfer, Jost: Allgemeines Strafrecht, Köln u.a. 1984.

Berner, Alfred Friedrich: Die Nothwehrtheorie, in: ArchCrim N.F. 15, 1848, S. 547-598.

Ders.: Lehrbuch des deutschen Strafrechtes, Neudruck der 18. Auflage Leipzig 1898, Aalen 1986 (zit.: Berner, Lehrbuch).

Bernhardt, Heinrich: Möglichkeiten der Zusammenarbeit mit privaten Sicherheitsdiensten aus der Sicht der Polizei, in: Die Polizei 1994, S. 55-59.

Ders.: Kurzstatement aus der Sicht eines Polizeipraktikers, in: Weiß, Rüdiger u.a. (Hrsg.), Privatisierung von polizeilichen Aufgaben, Wiesbaden 1996, S. 57-62 (zit.: Bernhardt, Kurzstatement).

Bernsmann, Klaus: Überlegungen zur tödlichen Notwehr bei nicht lebensbedrohlichen Angriffen, in: ZStW 104 (1992), S. 290-327.

Bertel, Christian: Notwehr gegen verschuldete Angriffe, in: ZStW 84 (1972), S. 1-36.

Beseler, Georg: Kommentar über das Strafgesetzbuch für die Preußischen Staaten und das Einführungsgesetz vom 14. April 1851, Nach amtlichen Quellen, Leipzig 1851.

Beste, Hubert: Policing the Poor, in: Privatisierung von Staatsaufgaben: Kriterien – Grenzen – Folgen, Gusy, Christoph (Hrsg.), Baden-Baden 1998, S. 180-214 (zit.: Beste, Policing the Poor).

Beste, Hubert/Voß, Michael: Privatisierung staatlicher Sozialkontrolle durch kommerzielle Sicherheitsunternehmen? Analyse und Kritik, in: Privatisierung staatlicher Kontrolle: Befunde, Konzepte, Tendenzen, Sack, Fritz u.a. (Hrsg.), Baden-Baden 1995, S. 219-233 (zit.: Beste/Voß, Privatisierung).

Dies.: Verformungen des Strafrechts durch private Sicherheitsdienste, in: Vom unmöglichen Zustand des Strafrechts, Institut für Kriminalwissenschaften Frankfurt a. M. (Hrsg.), Frankfurt/M 1995, S. 313-327 (zit.: Beste/Voß, Verformungen).

Bethge, Herbert: Zur Problematik von Grundrechtskollisionen, München 1977.

Bieback, Karl-Jürgen: Inhalt und Funktion des Sozialstaatsprinzips, in: Jura 1987, S. 229-237.

Biggs, David C.: „The Good Samaritan is Packing“: An Overview of the Broadened Duty to Aid your Fellowman, with the Modern Desire to Possess Concealed Weapons, in: 22 Dayton L. Rev. 225-264 (1997).

Binding, Karl: Handbuch des Strafrechts, Neudruck der Ausgabe Leipzig 1885, Aalen 1991.

Bisson, Frank: Die lebensgefährliche Verteidigung von Vermögenswerten, Frankfurt/M u.a. 2002.

Bitzilekis, Nikolaos: Die neue Tendenz zur Einschränkung des Notwehrrechts: unter besonderer Berücksichtigung der Notwehrprovokation, Berlin 1984.

Blackstone, William: Commentaries on the Laws of England, A Facsimile of the First Edition of 1765-1769, Volume IV, Of Public Wrongs (1769), Chicago u.a. 1979.

Blei, Hermann: Probleme des polizeilichen Waffengebrauchs, in: JZ 1955, S. 625-631.

Ders.: Strafrecht: ein Studienbuch, Allgemeiner Teil, 18. Aufl., München 1983 (zit.: Blei, Strafrecht AT).

Bley, Helmar/Kreikebohm, Ralf/Marschner, Andreas: Sozialrecht, 9. Aufl., Neuwied u.a. 2007.

Blum, Joshua: Das Bewachungsgewerbe – Segen oder Fluch?, in: W+S Information 162 (1985), S. 11-15.

Bockelmann, Paul: Notwehr gegen verschuldete Angriffe, in: Festschrift für Richard M. Honig, Juristische Fakultät der Georg-August-Universität Göttingen (Hrsg.), Göttingen 1970, S. 19-31 (zit.: Bockelmann, FS Honig).

Ders.: Notrechtsbefugnisse der Polizei, in: Festschrift für Eduard Dreher, Jescheck, Hans-Heinrich u.a. (Hrsg.), Berlin u.a. 1977, S. 235-250 (zit.: Bockelmann, FS Dreher).

Bockelmann, Paul/Volk, Klaus: Strafrecht, Allgemeiner Teil, 4. Aufl., München 1987.

Borchert, Uwe: Die vorläufige Festnahme nach § 127 StPO, in: JA 1982, S. 338-346.

Bork, Reinhard: Allgemeiner Teil des Bürgerlichen Gesetzbuchs, 2. Aufl., Tübingen 2006.

Bracher, Christian-Dietrich: Gefahrenabwehr durch Private, Berlin 1987 (zit.: Bracher, Gefahrenabwehr).

Ders.: Anmerkung zu BVerwG, Urt. v. 19.1.1989 – 7 C 31.87 (VGH Mannheim), DVBl. 1989, S. 517-520, in: DVBl. 1989, S. 520-522.

Brandt, Christian: Die Entstehung des Code pénal von 1810 und sein Einfluß auf die Strafgesetzgebung der deutschen Partikularstaaten des 19. Jahrhunderts am Beispiel Bayerns und Preußens (Allgemeiner Teil), Marburg 2000.

Brauser-Jung, Gerrit/Lange, Meik: Das neue Bewachungsgewerberecht auf dem Prüfstand, in: GewArch 2003, S. 224-230.

Breidenbach, Moritz W. A.: Commentar über das Großherzoglich Hessische Strafgesetzbuch und die damit in Verbindungen stehenden Gesetze und Verordnungen, Bd. 1, Darmstadt 1842.

Bremer, Heinz: Das Recht der Polizei zum Waffengebrauch, Heidelberg 1965.

Broß, Siegfried: Zur Erstattung der Kosten von Polizeieinsätzen, in: DVBl. 1983, S. 377-383.

Brox, Hans/Walker, Wolf Dietrich: Allgemeiner Teil des BGB, 31. Aufl., Köln u.a. 2007 (zit.: Brox/Walker, AT BGB).

Dies.: Allgemeines Schuldrecht, 31. Aufl., München 2006 (zit.: Brox/Walker, Allg. Schuldrecht).

Brüning, Christoph: Gleichheitsrechtliche Verhältnismäßigkeit, in: JZ 2001, S. 669-673.

Brunnenmeister, Emil: Die Quellen der Bambergensis, Ein Beitrag zur Geschichte des deutschen Strafrechts, Leipzig 1879.

Buchert, Rainer: Zum polizeilichen Schußwaffengebrauch, Frankfurt/M 1975.

Bueß, Peter: Private Sicherheitsdienste, Stuttgart u.a. 1997.

Burgi, Martin: Funktionale Privatisierung und Verwaltungshilfe, Tübingen 1999 (zit.: Burgi, Privatisierung).

Ders.: Der Beliehene – ein Klassiker im modernen Verwaltungsrecht, in: Staat, Kirche, Verwaltung: Festschrift für Hartmut Maurer zum 70. Geburtstag, Geis, Max-Emanuel u.a. (Hrsg.), München 2001, S. 581-594 (zit.: Burgi, FS Maurer).

Burr, Christian: Notwehr und staatliches Gewaltmonopol, in: JR 1996, S. 230-232.

Busse, Volker: Nötigung im Straßenverkehr, Neuwied u.a. 1968.

Buttel, Michael/Rotsch, Thomas: Der praktische Fall – Strafrecht: Der eifersüchtige Jurastudent, in: JuS 1996, S. 713-719.

Carpzov, Benedikt: Practica Nova Imperialis Saxonica Rerum Criminalium, In partes III, Wittenberg 1646.

Cicero, Marcus Tullius: Rede für Titus Annius Milo, Mit dem Kommentar des Asconius, übersetzt und herausgegeben von Marion Giebel, Stuttgart 1972.

Clérico, Laura: Die Struktur der Verhältnismäßigkeit, Baden-Baden 2001.

Courakis, Nestor-Constantin: Zur sozialethischen Begründung der Notwehr, Baden-Baden 1978.

Cramer, Joseph: Die Güterabwägung bei der Notwehr, Beitrag zur Neugestaltung des deutschen Strafrechts, Frankfurt/M 1925.

Danwitz, Klaus-Stephan von: Private Wachleute – die neuen Hüter von Sicherheit und Ordnung im öffentlichen Raum, in: KritV 85 (2002), S. 347-365.

Degenhart, Christoph: Die allgemeine Handlungsfreiheit des Art. 2 I GG, in: JuS 1990, S. 161-169.

Ders.: Staatsrecht I, Staatsorganisationsrecht, 23. Aufl., Heidelberg 2007 (zit.: Degenhart, Staatsrecht I).

Deger, Johannes: Waffeneinsatz gegen Selbstmörder?, in: NVwZ 2001, S. 1229-1232.

Di Fabio, Udo: Der Schutz von Ehe und Familie: Verfassungsentscheidung für die vitale Gesellschaft, in: NJW 2003, S. 993-998.

Dietlein, Johannes: Die Lehre von den grundrechtlichen Schutzpflichten, Berlin 1992.

Dölling, Dieter: Suizid und unterlassene Hilfeleistung, in: NJW 1986, S. 1011-1017.

Dreier, Horst (Hrsg.): Grundgesetz, Kommentar, Band I, Artikel 1-19, 2. Aufl., Tübingen 2004, Band II, Artikel 20-82, 2. Aufl., Tübingen 2006 (zit.: Dreier-Bearbeiter).

Dubber, Markus D.: Einführung in das US-amerikanische Strafrecht, München 2005.

Dühr, Florian: Prinzip und System der Grundpflichten, Münster u.a. 2002.

Dulckeit, Gerhard: Naturrecht und positives Recht bei Kant, 2. Neudruck der Ausgabe Leipzig 1932, Aalen 1987.

Ebel, Hermann: Notwehrrecht der Polizei bei Vernehmungen (Befragungen) zum Zwecke der Gefahrenabwehr?, in: Kriminalistik 1995, S. 825-828.

Eberstein, Hans Hermann: Rechtsgrundlagen für das Tätigwerden von gewerblichen Sicherheitskräften, in: BB 1980, S. 863-868.

Ebert, Udo: Strafrecht, Allgemeiner Teil, 3. Aufl., Heidelberg 2001.

Ehlers, Dirk: Der Schutz wirtschaftlicher Unternehmen vor terroristischen Anschlägen, Spionage und Sabotage, in: Festschrift für Rudolf Lukes, Lessmann, Herbert u.a. (Hrsg.), Köln u.a. 1989, S. 337-357.

Eisenhardt, Ulrich: Deutsche Rechtsgeschichte, 4. Aufl., München 2004.

Engels, Dieter: Der partielle Ausschluß der Notwehr bei tätlichen Auseinandersetzungen zwischen Ehegatten, in: GA 1982, S. 109-125.

Engels, Heinz-Jörg: Die Angriffsprovokation bei der Nothilfe, Würzburg 1992.

Epping, Volker: Grundrechte, 3. Aufl., Berlin u.a. 2007.

Erb, Volker: Die Schutzfunktion von Art. 103 Abs. 2 GG bei Rechtfertigungsgründen, in: ZStW 108 (1996), S. 266-299.

Ders.: Nothilfe durch Folter, in: Jura 2005, S. 24-30.

Ders.: Notwehr als Menschenrecht, in: NStZ 2005, S. 593-602.

Fahl, Christian: Unter Brüdern, in: Jura 2003, S. 60-67.

Ders.: Angewandte Rechtsphilosophie – ››Darf der Staat foltern?‹‹, in: JR 2004, S. 182-191.

Ders.: Neue »sozialethische Einschränkung« der Notwehr: »Folter«, in: Jura 2007, S. 743-750.

Faller, Hans Joachim: Gewaltmonopol des Staates und Selbstschutzrecht des Bürgers, in: Verantwortlichkeit und Freiheit, Festschrift für Willi Geiger zum 80. Geburtstag, Faller, Hans Joachim u.a. (Hrsg.), Tübingen 1989, S. 3-18.

Fechner, Frank: Grenzen polizeilicher Notwehr, Frankfurt/M u.a. 1991.

Felber, Roland: Die Rechtswidrigkeit des Angriffs in den Notwehrbestimmungen, München 1979.

Feltes, Thomas: Vandalismus und Sicherheit im öffentlichen Personenverkehr, in: Kriminalistik 2003, S. 277-285.

Feuerbach, Paul Johann Anselm von: Lehrbuch des gemeinen in Deutschland gültigen peinlichen Rechts, 2. Neudruck der 14. Auflage Gießen 1847, Aalen 1986.

Fincke, Martin: Das Risiko des privaten Festnehmers – OLG Hamm, NJW 1972, 1826, in: JuS 1973, S. 87-91.

Finnberg, Emil: Über Bestrebungen zur Neuregelung der rechtlichen Befugnisse privater Sicherheitseinrichtungen, in: W+S Information 1978, S. 177-181.

Fletcher, George P.: A Crime of Self Defense, Chicago 1988 (zit.: Fletcher, Self Defense).

Ders.: Basic Concepts of Criminal Law, New York u.a. 1998 (zit.: Fletcher, Basic Concepts).

Frank, Reinhard: Strafausschließungs- und Milderungsgründe, in: Die Reform des Reichsstrafgesetzbuchs, Aschrott, Paul Felix u.a. (Hrsg.), Nachdruck der Ausgabe Berlin 1910, Goldbach 1997, S. 225-278.

Frister, Helmut: Die Notwehr im System der Notrechte, in: GA 1988, S. 291-316.

Ders.: Strafrecht, Allgemeiner Teil, 2. Aufl., München 2007 (zit.: Frister, AT).

Fuchs, Helmut: Grundfragen der Notwehr, Wien 1986.

Gallas, Wilhelm: Zur Struktur des strafrechtlichen Unrechtsbegriffs, in: Festschrift für Paul Bockelmann zum 70. Geburtstag am 7. Dezember 1978, Kaufmann, Arthur u.a. (Hrsg.), München 1979, S. 155-179.

Geib, Gustav: Lehrbuch des Deutschen Strafrechts, Zweiter Band, System: Allgemeine Lehren, Leipzig 1862.

Geiger, Willi: Menschenrecht und Menschenbild in der Verfassung der Bundesrepublik Deutschland, in: Festschrift Hans Joachim Faller, Zeidler, Wolfgang u.a. (Hrsg.), München 1984, S. 3-15.

Geppert, Klaus: Notwehr und Irrtum – Putativnotwehr, intensiver und extensiver Notwehrexzess, Putativnotwehrexzess, in: Jura 2007, S. 33-40.

Gesemann, Frank: Öffentliche Sicherheit durch private Dienste, Berlin 2004.

Geyer, August: Die Lehre von der Nothwehr, Eine strafrechtliche Abhandlung, Jena 1857.

Giesen, Dieter: Familienrecht, 2. Aufl., Tübingen 1997.

Glavic, Jürgen J. (Hrsg.): Handbuch des privaten Sicherheitsgewerbes, Stuttgart u.a. 1995 (zit.: Glavic-Bearbeiter, Handbuch).

Gollan, Lutz: Private Sicherheitsdienste in der Risikogesellschaft, Freiburg i. Br. 1999.

Goltdammer, Theodor: Die Materialien zum Straf-Gesetzbuche für die Preußischen Staaten, Theil I, Das Einführungs-Gesetz und den allgemeinen Theil enthaltend, Neudruck der Ausgabe Berlin 1851, Frankfurt/M 1991.

Gössel, Karl Heinz/Dölling, Dieter: Strafrecht, Besonderer Teil 1, 2. Aufl., Heidelberg 2004.

Götz, Volkmar: Die Entwicklung des allgemeinen Polizei- und Ordnungsrechts (1994-1997), in: NVwZ 1998, S. 679-688.

Ders.: Allgemeines Polizei- und Ordnungsrecht, 13. Aufl., Göttingen 2001 (zit.: Götz, Polizei- und Ordnungsrecht).

Ders.: Statement aus der Sicht des öffentlichen Rechts, in: Weiß, Rüdiger u.a. (Hrsg.), Privatisierung von polizeilichen Aufgaben, Wiesbaden 1996, S. 39-43 (zit.: Götz, Statement).

Gramm, Christof: Schranken der Personalprivatisierung bei der inneren Sicherheit, in: VerwArch 90 (1999), S. 329-360.

Grebing, Gerhardt: Die Grenzen des rechtfertigenden Notstands im Strafrecht, in: GA 1979, S. 81-106.

Greifeld, Andreas: Öffentliche Sachherrschaft und Polizeimonopol, in: DÖV 1981, S. 906-913.

Grewe, Wilhelm: Das bundesstaatliche System des Grundgesetzes, in: DRZ 4 (1949), S. 349-352.

Grimmer, Klaus: Demokratie und Grundrechte, Berlin 1980.

Gross, Hyman: A Theory of Criminal Justice, New York 1979.

Guldi, Harald: Geiselnahme und finaler Rettungsschuß, in: VBlBW 1996, S. 235-238.

Gunia, Susanne Christine: Strafrechtliche Garantenstellungen von Wachpersonen des privaten Sicherheitsgewerbes, Frankfurt/M u.a. 2001.

Gusy, Christoph: Vom Polizeirecht zum Sicherheitsrecht, in: StWP 5 (1994), S. 187-210.

Ders.: Rechtsgüterschutz als Staatsaufgabe, in: DÖV 1996, S. 573-583.

Ders.: Polizei und Private Sicherheitsdienste im öffentlichen Raum, in: VerwArch 92 (2001), S. 344-367.

Ders.: Polizeirecht, 4. Aufl., Tübingen 2000 (zit.: Gusy, Polizeirecht[4]).

Ders.: Polizeirecht, 6. Aufl., Tübingen 2006 (zit.: Gusy, Polizeirecht[6]).

Haas, Robert: Notwehr und Nothilfe: zum Prinzip der Abwehr rechtswidriger Angriffe; geschichtliche Entwicklung und heutige Problematik, Frankfurt/M u.a. 1978.

Habersack, Mathias: Zur Rechtsnatur der Gesellschaft bürgerlichen Rechts – BAG, NJW 1989, 3034, in: JuS 1990, S. 179-184.

Hälschner, Hugo: Das Preußische Strafrecht, Erster Theil, Geschichte des Brandenburgisch-Preußischen Strafrechtes, Ein Beitrag zur Geschichte des deutschen Strafrechtes, Bonn 1855 (zit.: Hälschner, Geschichte).

Ders.: Das Preußische Strafrecht, Zweiter Theil, Den allgemeinen Theil des Systems umfassend, System des Preußischen Strafrechtes, Erster oder allgemeiner Theil des Systems, Bonn 1858 (zit.: Hälschner, System II).

Hammacher, Norbert: Der betriebliche Werkschutz, in: DNP 1980, S. 259-264.

Hammer, Felix: Private Sicherheitsdienste, staatliches Gewaltmonopol, Rechtsstaatsprinzip und „schlanker Staat“, in: DÖV 2000, S. 613-621.

Hassemer, Winfried: Die provozierte Provokation oder Über die Zukunft des Notwehrrechts, in: Festschrift für Paul Bockelmann zum 70. Geburtstag am 7. Dezember 1978, Kaufmann, Arthur u.a. (Hrsg.), München 1979, S. 225-244.

Haurand, Günter: Sicherheit und Gewaltmonopol, in: Kriminalistik 1997, S. 770-780.

Haurand, Günter/Vahle, Jürgen: Rechtliche Aspekte der Gefahrenabwehr in Entführungsfällen, in: NVwZ 2003, S. 513-521.

Heffter, August Wilhelm: Lehrbuch des gemeinen deutschen Strafrechtes mit Rücksicht auf ältere und neuere Landesrechte, 5. Aufl., Braunschweig 1854.

Hegel, Georg Wilhelm Friedrich: Grundlinien der Philosophie des Rechts oder Naturrecht und Staatswissenschaft im Grundrisse, Mit Hegels eigenhändigen Notizen und mündlichen Zusätzen, Werke 7, Frankfurt/M 1973 (zit.: Hegel, Grundlinien).

Ders.: Die Philosophie des Rechts, Die Mitschriften Wannenmann (Heidelberg 1817/18) und Homeyer (Berlin 1818/19), Ilting, Karl-Heinz (Hrsg.), Stuttgart 1983 (zit.: Hegel, Mitschriften).

Ders.: Philosophie des Rechts, Die Vorlesung von 1819/20 in einer Nachschrift, Henrich, Dieter (Hrsg.), Frankfurt/M 1983 (zit.: Hegel, Vorlesung).

Heinen, Johannes: Die Inanspruchnahme von Jedermannrechten durch Soldaten im Wach- und Feldjägerdienst, in: NZWehrr 1995, S. 138-147.

Helmers, Josef/Murck, Manfred: Staatliche Schutzpflicht und privates Sicherheitsgewerbe – Gesellschafts- und rechtspolitische Überlegungen, in: Die Polizei 1994, S. 64-70.

Helmrich, Jan: »Der Zweck heiligt nicht die Mittel«, in: JA 2006, S. 351-357.

Hermann, Joachim: Die Notwehr im amerikanischen Strafrecht, in: ZStW 93 (1981), S. 615-656.

Hermes, Georg: Das Grundrecht auf Schutz von Leben und Gesundheit, Heidelberg 1987.

Herzberg, Rolf Dietrich: Folter und Menschenwürde, in: JZ 2005, S. 321-328.

Herzog, Roman: Subsidiaritätsprinzip und Staatsverfassung, in: Der Staat 2 (1963), S. 399-423.

Hesse, Konrad: Grundzüge des Verfassungsrechts der Bundesrepublik Deutschland, 20. Aufl., Heidelberg 1995.

Himmelreich, Klaus: Nothilfe und Notwehr: insbesondere zur sog. Interessenabwägung, in: MDR 1967, S. 361-366.

Hinschius, Paul: Das Kirchenrecht der Katholiken und Protestanten in Deutschland, Fünfter Band, System des katholischen Kirchenrechts mit besonderer Rücksicht auf Deutschland (Fortsetzung), Berlin 1895.

Hippel, Robert von: Deutsches Strafrecht, Band 1, Allgemeine Grundlagen, Neudruck der Ausgabe Berlin 1925, Aalen 1971.

Hirsch, Hans Joachim: Die Notwehrvoraussetzung der Rechtswidrigkeit des Angriffs, in: Festschrift für Eduard Dreher, Jescheck, Hans-Heinrich u.a. (Hrsg.), Berlin u.a. 1977, S. 211-233.

Hirte, Heribert: Mitteilung und Publikation von Gerichtsentscheidungen, in: NJW 1988, S. 1699-1705.

His, Rudolf: Das Strafrecht des deutschen Mittelalters, Erster Teil: Die Verbrechen und ihre Folgen im allgemeinen, Leipzig 1920.

Hoffmann-Riem, Wolfgang: Übergang der Polizeigewalt auf Private?, in: ZRP 1977, S. 277-284.

Ders.: Öffentliches Recht und Privatrecht als wechselseitige Auffangordnungen – Systematisierung und Entwicklungsperspektiven, in: Öffentliches Recht und Privatrecht als wechselseitige Auffangordnungen, Hoffmann-

Riem, Wolfgang u.a. (Hrsg.), Baden-Baden 1996, S. 261-336 (zit.: Hoffmann-Riem, Öffentliches Recht).

Hohmann, Ralf: Personalität und strafrechtliche Zurechnung, Die Konstitution des strafrechtlichen Handlungsbegriffs auf der Grundlage der Hegel'schen Rechtsphilosophie, Frankfurt/M u.a. 1993.

Hohmann, Ralf/Matt, Holger: Anmerkung zu BGH, Beschl. v. 29.12.1987 – 1 StR 642/87, JR 1989, S. 160-161, in: JR 1989, S. 161-162.

Hold v. Ferneck, Alexander Freiherr: Die Rechtswidrigkeit, Zweiter Band, Erste Abteilung, Notstand und Notwehr, Neudruck der Ausgabe Jena 1905, Frankfurt/M 1978.

Hollweck, Joseph: Die Kirchlichen Strafgesetze, Mainz 1899.

Holtfort, Werner: § 34 StGB – eine Notstandsverfassung?, in: DuR 5 (1977), S. 403-410.

Honigl, Rainer: Tätigwerden von Privaten auf dem Gebiet der öffentlichen Sicherheit und Ordnung, Stuttgart u.a. 1985.

Hoppe, Werner/Bleicher, Herbert: Rechtsprobleme bei der Verfahrensprivatisierung von Standortauswahlverfahren im Abfallrecht, in: NVwZ 1996, S. 421-424.

Hoyer, Andreas: Das Rechtsinstitut der Notwehr, in: JuS 1988, S. 89-96.

Hruschka, Joachim: Extrasystematische Rechtfertigungsgründe, in: Festschrift für Eduard Dreher, Jescheck, Hans-Heinrich u.a. (Hrsg.), Berlin u.a. 1977, S. 189-210 (zit.: Hruschka, FS Dreher).

Ders.: Strafrecht nach logisch-analytischer Methode, 2. Aufl., Berlin u.a. 1988 (zit.: Hruschka, Strafrecht).

Ders.: Rechtfertigungs- und Entschuldigungsgründe: Das Brett des Karneades bei Gentz und bei Kant, in: GA 1991, S. 1-10.

Ders.: Die Notwehr im Zusammenhang von Kants Rechtslehre, in: ZStW 115 (2003), S. 201-223.

Hruschka, Joachim/Joerden, Jan C.: Supererogation: Vom deontologischen Sechseck zum deontologischen Zehneck, in: ARSP 1987, S. 93-123.

Huber, Florian: Wahrnehmung von Aufgaben im Bereich der Gefahrenabwehr durch das Sicherheits- und Bewachungsgewerbe, Berlin 2000.

Huber, Hans: Das Menschenbild des Rechts, in: ZSchwR n.F. 80 (1961), S. 1-25.

Hueck, Ingo J.: Staatliche Polizei und private Sicherheitsdienste in den Vereinigten Staaten und Deutschland, in: Der Staat 36 (1997), S. 211-236.

Hugo, Gustav: Lehrbuch des Naturrechts, Nachdruck der Ausgabe Berlin 1819 (4. Aufl.), Glashütten im Taunus 1971.

Hummler, Alexander Josef: Staatliches Gewaltmonopol und Notwehr, Tübingen 1998.

Isensee, Josef: Die Friedenspflicht der Bürger und das Gewaltmonopol des Staates, in: Staatsorganisation und Staatsfunktion im Wandel: Festschrift für Kurt Eichenberger zum 60. Geburtstag, Müller, Georg u.a. (Hrsg.), Basel u.a. 1982, S. 23-40 (zit.: Isensee, FS Eichenberger).

Ders.: Das Grundrecht auf Sicherheit, Berlin u.a. 1983 (zit.: Isensee, Grundrecht).

Isensee, Josef/Kirchhof, Paul (Hrsg.): Handbuch des Staatsrechts der Bundesrepublik Deutschland, Bd. 3, Das Handeln des Staates, Heidelberg 1988, Bd. 5, Allgemeine Grundrechtslehren, Heidelberg 1992, Bd. 6, Freiheitsrechte, Heidelberg 1989, Bd. 9, Die Einheit Deutschlands - Festigung und Übergang -, Heidelberg 1997 (zit.: Bearbeiter, HbdStR).

Jakobs, Günther: Strafrecht, Allgemeiner Teil, 2. Aufl., Berlin u.a. 1991.

Ders.: Bürgerstrafrecht und Feindstrafrecht, in: HRRS 2004, S. 88-95.

Jakobs, Michael Ch.: Terrorismus und polizeilicher Todesschuss, in: DVBl. 2006, S. 83-89.

Jarass, Hans D.: Das allgemeine Persönlichkeitsrecht im Grundgesetz, in: NJW 1989, S. 857-862.

Jarass, Hans D./Pieroth, Bodo: Grundgesetz für die Bundesrepublik Deutschland, Kommentar, 9. Aufl., München 2007 (zit.: Jarass/Pieroth-Bearbeiter).

Jeand'Heur, Bernd: Von der Gefahrenabwehr als staatlicher Angelegenheit zum Einsatz privater Sicherheitskräfte, in: AöR 119 (1994), S. 107-136.

Jellinek, Georg: System der subjektiven öffentlichen Rechte, 2. Aufl., Tübingen 1905.

Jerouschek, Günter: Gefahrenabwendungsfolter – Rechtsstaatliches Tabu oder polizeirechtlich legitimierter Zwangseinsatz, in: JuS 2005, S. 296-302.

Jerouschek, Günter/Kölbel, Ralf: Folter von Staats wegen?, in: JZ 2003, S. 613-620.

Jerusalem, Franz W.: Die Grundrechte des Bonner Grundgesetzes und ihre Durchsetzung in der Rechtsprechung, in: SJZ 1950, Sp. 1-8.

Jescheck, Hans-Heinrich/Weigend, Thomas: Lehrbuch des Strafrechts, Allgemeiner Teil, 5. Aufl., Berlin 1996.

Jessen, Ralph: Polizei im Industrierevier, Göttingen 1991.

Joecks, Wolfgang: Strafgesetzbuch, 7. Aufl., München 2007.

Joecks, Wolfgang/Miebach, Klaus (Hrsg.): Münchener Kommentar zum Strafgesetzbuch, Bd. 1, §§ 1-51, Bd. 3, §§ 185-262, München 2003 (zit.: MüKo-StGB-Bearbeiter).

Joerden, Jan C.: Der Streit um die Gänsebrust: Selbsthilfe im Strafrecht – BayObLG, NStZ 1991, 133, in: JuS 1992, S. 23-28.

Ders.: Wahlfachklausur – Rechtsphilosophie: Das Notrecht, in: JuS 1997, S. 725-728.

Jung, Heike: Das Züchtigungsrecht des Lehrers, Berlin 1977.

Kämmerer, Jörn Axel: Privatisierung: Typologie – Determinanten – Rechtspraxis – Folgen, Tübingen 2001.

Kant, Immanuel: Kants Werke, Akademie-Textausgabe, Band VI, Die Religion innerhalb der Grenzen der bloßen Vernunft, Die Metaphysik der Sitten, (Nachdruck der Ausgabe Berlin 1907/14), Berlin 1968 (zit.: Kant, Metaphysik der Sitten).

Ders.: Kant's gesammelte Schriften, Band VIII, Erste Abtheilung: Werke, Achter Band, Königlich Preußische Akademie der Wissenschaften (Hrsg.), Berlin 1912 (zit.: Kant, Abhandlungen nach 1781).

Ders.: Kant's gesammelte Schriften, Band XIX, Dritte Abtheilung: Handschriftlicher Nachlaß, Sechster Band, Preußische Akademie der Wissenschaften (Hrsg.), Berlin u.a. 1934 (zit.: Kant, Handschriftlicher Nachlaß).

Ders.: Kant's gesammelte Schriften, Band XXIII, Dritte Abteilung: Handschriftlicher Nachlaß, Zehnter Band, Deutsche Akademie der Wissenschaften zu Berlin (Hrsg.), Berlin 1955 (zit.: Kant, Vorarbeiten).

Ders.: Kant's gesammelte Schriften, Band XXVII, Vierte Abteilung: Vorlesungen, Vierter Band, Zweite Hälfte, zweiter Teil, Akademie der Wissenschaften der DDR (Hrsg.), Berlin 1979 (zit.: Kant, Naturrecht Feyerabend).

Kanther, Manfred: Verhältnis des Staates zum privaten Sicherheitsgewerbe, in: DSD 3-4/1998, S. 5-6.

Kargl, Walter: Die intersubjektive Begründung und Begrenzung der Notwehr, in: ZStW 110 (1998), S. 38-68.

Ders.: Inhalt und Begründung der Festnahmebefugnis nach § 127 I StPO, in: NStZ 2000, S. 8-15.

Kaser, Max: Das römische Privatrecht, Erster Abschnitt, Das altrömische, das vorklassische und klassische Recht, 2. Aufl., München 1971 (zit.: Kaser, Privatrecht).

Ders.: Römische Rechtsgeschichte, 5. Nachdruck der 2. Auflage, Göttingen 1993 (zit.: Kaser, Rechtsgeschichte).

Kasiske, Peter: Begründung und Grenzen der Nothilfe, in: Jura 2004, S. 832-839.

Kaspar, Johannes: Gewaltsame Verteidigung gegen den Erpresser? – Zu den Grenzen der Notwehr in den Fällen der sog. »Chantage«, in: GA 2007, S. 36-47.

Katz, Edwin: Ein Grundriss des kanonischen Strafrechts, Berlin u.a. 1881.

Keller, Rainer: Rechtliche Grenzen der Provokation von Straftaten, Berlin 1989.

Kerll, Horst-Wolfram: Das englische Notwehrrecht, Freiburg im Breisgau 1977.

Kindhäuser, Urs: Strafrecht, Besonderer Teil I, 3. Aufl., Baden-Baden 2007.

Kinzig, Jörg: Not kennt kein Gebot?, in: ZStW 115 (2003), S. 791-814.

Kioupis, Dimitrios: Notwehr und Einwilligung: eine individualistische Begründung, Baden-Baden 1992.

Kirchhof, Paul: Die Zulässigkeit des Einsatzes staatlicher Gewalt in Ausnahmesituationen, in: Die Zulässigkeit des Einsatzes staatlicher Gewalt in Ausnahmesituationen, Rechtsstaat in der Bewährung, Band 2, Birtles, William u.a. (Hrsg.), Heidelberg 1976, S. 83-118 (zit.: Kirchhof, Zulässigkeit).

Ders.: Notwehr und Nothilfe des Polizeibeamten aus öffentlich-rechtlicher Sicht, in: Aktuelle Probleme des Polizeirechts, Merten, Detlef (Hrsg.), Berlin 1977, S. 67-79 (zit.: Kirchhof, Notwehr).

Ders.: Polizeiliche Eingriffsbefugnisse und private Nothilfe, in: NJW 1978, S. 969-973.

Ders.: Helfer in Not, in: JuS 1979, S. 428-435.

Kirsch, Benno: Verbrechensbekämpfung durch private Sicherheitsdienste?, in: KJ 2002, S. 233-249.

Ders.: Private Sicherheitsdienste im öffentlichen Raum, Wiesbaden 2003 (zit.: Kirsch, Private Sicherheitsdienste).

Klabe, Günter: Geschichtliche Entwicklung der Ehrennotwehr, Göttingen 1936.

Klein, Eckart: Grundrechtliche Schutzpflicht des Staates, in: NJW 1989, S. 1633-1640.

Klein, Hans H.: Die grundrechtliche Schutzpflicht, in: DVBl. 1994, S. 489-497.

Klesczewski, Diethelm: Ein zweischneidiges Recht – Zu Grund und Grenzen der Notwehr in einem vorpositiven System der Erlaubnissätze, in: Festschrift für

E.A. Wolff zum 70. Geburtstag am 1.10.1998, Zaczyk, Rainer u.a. (Hrsg.), Berlin u.a. 1998, S. 225-246.

Klose, Peter: Notrecht des Staates aus staatlicher Rechtsnot, Zum rechtlichen Funktionszusammenhang zwischen Notwehr und Gefahrenabwehr, in: ZStW 89 (1977), S. 61-102.

Klug, Ulrich: Abschied von Kant und Hegel, in: Programm für ein neues Strafgesetzbuch, Der Alternativ-Entwurf der Strafrechtslehrer, Baumann, Jürgen (Hrsg.), Frankfurt/M 1968, S. 36-41.

Knemeyer, Franz-Ludwig: Polizei- und Ordnungsrecht, 10. Aufl., München 2004.

Knetsch, Alfons: Der Begriff der Notwehr nach der Peinlichen Gerichtsordnung Karls V. und dem Strafgesetzbuch für das Deutsche Reich, Dogmatisch-historische Studie, Berlin 1906.

Köbler, Gerhard: Deutsche Rechtsgeschichte, 6. Aufl., München 2005.

Koch, Burkhard: Prinzipientheorie der Notwehreinschränkungen, in: ZStW 104 (1992), S. 785-820.

Koch, Michael: Die aufgedrängte Nothilfe im Strafrecht, Aachen 2003.

Köhler, August: Deutsches Strafrecht, Allgemeiner Teil, Leipzig 1917.

Köhler, Helmut: BGB, Allgemeiner Teil, 30. Aufl., München 2006.

Koriath, Heinz: Einige Gedanken zur Notwehr, in: Grundfragen staatlichen Strafens, Festschrift für Heinz Müller-Dietz zum 70. Geburtstag, Britz, Guido u.a. (Hrsg.), München 2001, S. 361-384.

Köstlin, Christian Reinhold: System des deutschen Strafrechts, Erste Abtheilung, Allgemeiner Theil, Tübingen 1855.

Kötter, Matthias: Subjektive Sicherheit, Autonomie und Kontrolle, Eine Analyse der jüngeren Diskurse des Sicherheitsrechts, in: Der Staat 43 (2004), S. 371-398.

Kratzsch, Dietrich: Grenzen der Strafbarkeit im Notwehrrecht, Berlin 1968 (zit.: Kratzsch, Grenzen).

Ders.: § 53 StGB und der Grundsatz nullum crimen sine lege, in: GA 1971, S. 65-82.

Ders.: Verhaltenssteuerung und Organisation im Strafrecht, Berlin 1985 (zit.: Kratzsch, Verhaltenssteuerung).

Ders.: Der »Angriff« – ein Schlüsselbegriff des Notwehrrechts, in: StV 1987, S. 224-229.

Krause, Friedrich-Wilhelm: Zur Problematik der Notwehr, in: Festschrift für Hans-Jürgen Bruns zum 70. Geburtstag, Frisch, Wolfgang u.a. (Hrsg.), Köln u.a. 1978, S. 71-88 (zit.: Krause, FS Bruns).

Ders.: Zur Einschränkung der Notwehrbefugnis, in: GA 1979, S. 329-337.

Ders.: Vorläufige Festnahme von Strafunmündigen nach § 127 Abs. 1 StPO?, in: Kriminalistik und Strafrecht, Festschrift für Friedrich Geerds, Schlüchter, Ellen (Hrsg.), Lübeck 1995, S. 489-499 (zit.: Krause, FS Geerds).

Krey, Volker: Zur Einschränkung des Notwehrrechts bei der Verteidigung von Sachgütern, in: JZ 1979, S. 702-715.

Krey, Volker/Meyer, Wolfgang: Zum Verhalten von Staatsanwaltschaft und Polizei bei Delikten mit Geiselnahme, in: ZRP 1973, S. 1-5.

Krings, Günter: Grund und Grenzen grundrechtlicher Schutzansprüche, Berlin 2003.

Kroeschell, Karl: Rechtsaufzeichnung und Rechtswirklichkeit, Das Beispiel des Sachsenspiegels, in: Vorträge und Forschungen, Band 23, Recht und Schrift im Mittelalter, Classen, Peter (Hrsg.), Sigmaringen 1977, S. 349-380 (zit.: Kroeschell, VF Bd. 23).

Ders.: Deutsche Rechtsgeschichte, Band 1: bis 1250, 12. Aufl., Köln 2005 (zit.: Kroeschell, Rechtsgeschichte I).

Krölls, Albert: Die Privatisierung der inneren Sicherheit, in: GewArch 1997, S. 445-456.

Ders.: Privatisierung der öffentlichen Sicherheit in Fußgängerzonen?, in: NVwZ 1999, S. 233-236.

Kroß, Antje: Notwehr gegen Schweigegelderpressung, Berlin 2004.

Kube, Edwin: Privates Sicherheitsgewerbe im Aufwind?, in: Kriminalistik 2001, S. 458-463.

Kühl, Kristian: „Sozialethische" Einschränkungen der Notwehr, in: Jura 1990, S. 244-253.

Ders.: Angriff und Verteidigung bei der Notwehr, in: Jura 1993, S. 233-239.

Ders.: Notwehr und Nothilfe, in: JuS 1993, S. 177-183.

Ders.: Die Notwehr: Ein Kampf ums Recht oder Streit, der mißfällt?, in: Festschrift für Otto Triffterer zum 65. Geburtstag, Schmoller, Kurt (Hrsg.), Wien u.a. 1996, S. 149-167 (zit.: Kühl, FS Triffterer).

Ders.: Die Notrechte im Naturrecht des 19. Jahrhunderts, Insbesondere zur Notwehr im jüngeren Naturrecht, in: Naturrecht und Rechtsphilosophie in der Neuzeit, Bd. 1, Naturrecht im 19. Jahrhundert, Kontinuität – Inhalt – Funktion – Wirkung, Klippel, Diethelm (Hrsg.), Goldbach 1997, S. 313-347 (zit.: Kühl, Naturrecht).

Ders.: Strafrecht, Allgemeiner Teil, 5. Aufl., München 2005 (zit.: Kühl, Strafrecht AT).

Kühne, Hans-Heiner: Strafprozessrecht, Eine systematische Darstellung des deutschen und europäischen Strafverfahrensrechts, 7. Aufl., Heidelberg 2007.

Kunz, Karl-Ludwig: Die organisierte Nothilfe, in: ZStW 95 (1983), S. 973-992.

Küper, Wilfried: "Es kann keine Not geben, welche, was unrecht ist, gesetzmäßig machte." – Immanuel Kants Kritik des Notrechts, in: Festschrift für E.A. Wolff zum 70. Geburtstag am 1.10.1998, Zaczyk, Rainer u.a. (Hrsg.), Berlin u.a. 1998, S. 285-305.

Kusch, Ernst-Günther: Das Wach- und Sicherheitsgewerbe heute, in: Die Polizei 1977, S. 14-16.

Kuttner, Stephan: Kanonistische Schuldlehre von Gratian bis auf die Dekretalen Gregors IX., Città del Vaticano 1935.

LaFave, Wayne R.: Criminal Law, 3. Aufl., St. Paul/Minn. 2000.

Lagodny, Otto: Notwehr gegen Unterlassen, in: GA 1991, S. 300-320.

Ders.: Strafrecht vor den Schranken der Grundrechte, Tübingen 1996 (zit.: Lagodny, Strafrecht).

Lange, Hermann/Schiemann, Gottfried: Schadensersatz, 3. Aufl., Tübingen 2003.

Lange, Richard: Der „gezielte Todesschuß", in: JZ 1976, S. 546-548.

Larenz, Karl/Wolf, Manfred: Allgemeiner Teil des bürgerlichen Rechts, 9. Aufl., München 2004.

Lee, Sung Yong: Die Privatisierung der Inneren Sicherheit durch das Bewachungsgewerbe, Frankfurt/M u.a. 2007.

Lege, Joachim: Polizeieinsätze bei Fußball-Bundesligaspielen, in: VerwArch 89 (1998), S. 71-92.

Leipziger Kommentar: Strafgesetzbuch, Großkommentar, Zweiter Band, §§ 32-60, Jähnke, Burkhard u.a. (Hrsg.), 11. Aufl., Berlin 2003; 22. Lieferung: §§ 317-323 c, Jähnke, Burkhard u.a. (Hrsg.), 11. Aufl., Berlin 1996 (zit.: LK^{11}-Bearbeiter).

Leipziger Kommentar: Strafgesetzbuch, Großkommentar, Zweiter Band, §§ 32-55, Laufhütte, Heinrich Wilhelm u.a. (Hrsg.), 12. Aufl., Berlin 2006 (zit.: LK^{12}-Bearbeiter).

Leisner, Walter: Darf der Staat gütig sein? – Förderung und Hilfe zwischen Sozialstaat und Rechtsstaat, in: NJW 2001, S. 1329-1332.

Lenckner, Theodor: ››Gebotensein‹‹ und ››Erforderlichkeit‹‹ der Notwehr, in: GA 1968, S. 1-10.

Ders.: Der Grundsatz der Güterabwägung als Grundlage der Rechtfertigung, in: GA 1985, S. 295-313.

Leonhardt, Adolph: Commentar über das Criminal-Gesetzbuch für das Königreich Hannover, Band 1, Hannover 1846.

Lerche, Peter: Der gezielt tödlich wirkende Schuß nach künftigem einheitlichen Polizeirecht, Zum Verhältnis hoheitlicher Eingriffsbefugnisse zu den allgemeinen Notrechten, in: Um Recht und Freiheit, Festschrift für Friedrich August Freiherr von der Heydte, Kipp, Heinrich u.a. (Hrsg.), Berlin 1977, S. 1033-1052.

Lesch, Heiko Hartmut: Notwehrrecht und Beratungsschutz: zur Zulässigkeit der Nothilfe gegen die nach § 218a Abs. 1 StGB tatbestandslose Abtötung der Leibesfrucht, Paderborn u.a. 2000.

Levita, Carl: Das Recht der Notwehr, Gießen 1856.

Lisken, Hans/Denninger, Erhard (Hrsg.): Handbuch des Polizeirechts, 3. Aufl., München 2001 (zit.: Lisken/Denninger-Bearbeiter, Polizeirecht[3]).

Dies.: Handbuch des Polizeirechts, 4. Aufl., München 2007 (zit.: Lisken/Denninger-Bearbeiter, Polizeirecht[4]).

Löffler, Alexander: Unrecht und Notwehr, in: ZStW 21 (1901), S. 537-582.

Löwe-Rosenberg: Die Strafprozeßordnung und das Gerichtsverfassungsgesetz, Großkommentar, Zweiter Band, §§ 72-136a, Rieß, Peter (Hrsg.), 25. Aufl., Berlin 2004 (zit.: LR-Bearbeiter).

Löwisch, Manfred/Rieble, Volker: Besitzwehr zur Durchsetzung eines Hausverbots, in: NJW 1994, S. 2596.

Luchterhandt, Otto: Grundpflichten als Verfassungsproblem in Deutschland, Berlin 1988.

Lücke, Robert: „Den hau' ich um", in: F.A.S.Z. vom 7.11.2003, S. 72.

Luden, Heinrich: Abhandlungen aus dem gemeinen teutschen Strafrechte, Zweiter Band, Ueber den Thatbestand des Verbrechens nach gemeinem teutschen Rechte, Göttingen 1840 (zit.: Luden, Abhandlungen II).

Ders.: Handbuch des teutschen gemeinen und particularen Strafrechtes, Erster Band, Jena 1847 (zit.: Luden, Handbuch I).

Ludwig, Dominik: "Gegenwärtiger Angriff", "drohende" und "gegenwärtige Gefahr" im Notwehr- und Notstandsrecht, Frankfurt/M u.a. 1991.

Lührmann, Olivia: Tötungsrecht zur Eigentumsverteidigung?, Frankfurt/M u.a. 1999.

Lukes, Rudolf: Werkschutz für Kernenergieanlagen, in: ET 25 (1975), S. 23-31.

Luther, Martin: Von welltlicher Uberkeytt, wie weyt man yhr gehorsam schuldig sey, in: D. Martin Luthers Werke, Kritische Gesammtausgabe, 11. Band, Weimar 1900, S. 245-281.

Maatz, Kurt Rüdiger: §§ 20, 21 StGB, Privilegierung der Süchtigen? – zur normativen Bestimmung der Schuldfähigkeit alkoholisierter Straftäter –, in: StV 1998, S. 279-285.

Mahlberg, Lothar: Gefahrenabwehr durch gewerbliche Sicherheitsunternehmen, Berlin 1987.

Mann, Thomas/Müller, Rolf-Georg: Präventiver Lauschangriff via Telefon?, in: ZRP 1995, S. 180-185.

Marxen, Klaus: Die „sozialethischen" Grenzen der Notwehr, Frankfurt/M 1979.

Maunz-Dürig: Grundgesetz Kommentar, Band I, Art. 1-5, Lieferungen 1 bis 50, Badura, Peter u.a. (Hrsg.), München 2007 (zit.: Maunz/Dürig-Bearbeiter).

Maurach, Reinhart: Anmerkung zu BGH, Urt. v. 8.5.1956 – 5 StR 29/56, JR 1956, S. 347-348, in: JR 1956, S. 348-350.

Maurach, Reinhart/Zipf, Heinz: Strafrecht, Allgemeiner Teil, Teilband 1, Grundlehren des Strafrechts und Aufbau der Straftat, 8. Aufl., Heidelberg 1992.

Maurer, Hartmut: Allgemeines Verwaltungsrecht, 16. Aufl., München 2006 (zit.: Maurer, Verwaltungsrecht).

Ders.: Staatsrecht I, Grundlagen, Verfassungsorgane, Staatsfunktionen, 5. Aufl., München 2007 (zit.: Maurer, Staatsrecht I).

Mayer, Hellmuth: Darf der Christ sein eigenes Recht suchen?, in: Zeitwende 12. Jahrgang 1935/36 II, S. 354-362.

Ders.: Strafrecht, Allgemeiner Teil, Stuttgart u.a. 1953 (zit.: Mayer, Strafrecht).

Ders.: Kant, Hegel und das Strafrecht, in: Festschrift für Karl Engisch zum 70. Geburtstag, Bockelmann, Paul u.a. (Hrsg.), Frankfurt/M 1969, S. 54-79 (zit.: Mayer, FS Engisch).

Medicus, Dieter: Schuldrecht I, Allgemeiner Teil, 17. Aufl., München 2006.

Merten, Detlef: Rechtsstaat und Gewaltmonopol, Tübingen 1975 (zit.: Merten, Rechtsstaat).

Ders.: Zum polizeilichen Schußwaffengebrauch, in: Aktuelle Probleme des Polizeirechts, Merten, Detlef (Hrsg.), Berlin 1977, S. 85-106 (zit.: Merten, Schußwaffengebrauch).

Ders.: Zum Streit um den Todesschuß, in: Staat und Völkerrechtsordnung: Festschrift für Karl Doehring, Hailbronner, Kay u.a. (Hrsg.), Berlin u.a. 1989, S. 579-605 (zit.: Merten, FS Doehring).

Mertins, Wolfgang: Rückzug des Strafrechts – mehr Freiheit?, in: GA 1979, S. 41-67.

Meyer, Thomas/Ulbrich, Martin: Das »schneidige Notwehrrecht« oder: tödlicher Schusswaffeneinsatz zur Selbstverteidigung nur in Florida?, in: JA 2006, S. 775-779.

Meyer-Goßner, Lutz: Strafprozessordnung, 50. Aufl., München 2007.

Mitsch, Wolfgang: Nothilfe gegen provozierte Angriffe, in: GA 1986, S. 533-546.

Ders.: Tödliche Schüsse auf flüchtende Diebe, in: JA 1989, S. 79-89.

Mohrdieck, Inga: Privatisierung im Bereich öffentlicher Verkehrsräume, Köln u.a. 2004.

Möller, Hartwig: BDWS-Symposium „Gesetzliche Neuregelung des privaten Sicherheitsgewerbes?“, Befürwortung einer gesetzlichen Neuregelung, in: DSD 3/1996, S. 15-17.

Mommsen, Theodor: Römisches Strafrecht, Leipzig 1899.

Montenbruck, Axel: Thesen zur Notwehr, Heidelberg 1983.

Möstl, Markus: Probleme der verfassungsprozessualen Geltendmachung gesetzgeberischer Schutzpflichten, in: DÖV 1998, S. 1029-1039.

Ders.: Die staatliche Garantie für die öffentliche Sicherheit und Ordnung, Tübingen 2002 (zit.: Möstl, Garantie).

Muckel, Stefan: Begrenzung grundrechtlicher Schutzbereiche durch Elemente außerhalb des Grundrechtstatbestandes, in: Die Macht des Geistes, Festschrift für Hartmut Schiedermair, Dörr, Dieter u.a. (Hrsg.), Heidelberg 2001, S. 347-361.

Münch, Ingo von/Kunig, Philip (Hrsg.): Grundgesetz-Kommentar, Band 1 (Präambel bis Art. 19), 5. Aufl., München 2000 (zit.: v. Münch/Kunig-Bearbeiter).

München, Nicolaus: Das kanonische Gerichtsverfahren und Strafrecht, Zweiter Band: Das kanonische Strafrecht, 2. Aufl., Köln u.a. 1874.

Mußgnug, Friederike: Das Recht des polizeilichen Schußwaffengebrauchs, Frankfurt/M u.a. 2001.

Naucke, Wolfgang: Die Bedeutung des Grundsatzes der Verhältnismäßigkeit (§ 112 Abs. 1 S. 2 StPO) für die Befugnis zur vorläufigen Festnahme (§ 127 StPO), in: SchlHA 1966, S. 97-101.

Nelken, Sigmund: Das Bewachungsgewerbe, Berlin 1926.

Neuhaus, Ralf: Die Aussageerpressung zur Rettung des Entführten: strafbar!, in: GA 2004, S. 521-539.

Neumann, Ulfrid: Zurechnung und „Vorverschulden", Berlin 1985 (zit.: Neumann, Zurechnung).

Ders.: Normtheorie und strafrechtliche Zurechnung, in: GA 1985, S. 389-401.

Ders.: Die Strafbarkeit der Suizidbeteiligung als Problem der Eigenverantwortlichkeit des „Opfers", in: JA 1987, S. 244-256.

Ders.: Individuelle und überindividuelle Begründung des Notwehrrechts, in: Modernes Strafrecht und Ultima-ratio-Prinzip, Lüderssen, Klaus u.a. (Hrsg.), Frankfurt/M u.a. 1990, S. 215-226 (zit.: Neumann, Begründung).

Nitz, Gerhard: Private und öffentliche Sicherheit, Berlin 2000.

Nomos Kommentar: Strafgesetzbuch, Band 1, Kindhäuser, Urs u.a. (Hrsg.), 2. Aufl., Baden-Baden 2005 (zit.: NK-Bearbeiter).

Norouzi, Ali B.: Übungsklausur – Strafrecht: Die provozierte Nothilfe, in: JuS 2004, S. 494-497.

Obrecht, Georg: Tractatus, De Necessaria Defensione, Straßburg 1604.

Oetker, Friedrich: Notwehr und Notstand, in: Vergleichende Darstellung des deutschen und ausländischen Strafrechts, Allgemeiner Teil, II. Band, Birkmeyer, Karl von u.a. (Hrsg.), Berlin 1908, S. 255-395.

Oetker, Hartmut: Unverhältnismäßige Herstellungskosten und das Affektionsinteresse im Schadensersatzrecht, in: NJW 1985, S. 345-351.

Olschok, Harald: Hearing im Innenausschuß: Stellungnahme des BDWS-Hauptgeschäftsführers, in: DSD 2/1997, S. 6-14.

Olschok-Tautenhahn, Harald: Aufgaben, personeller Bestand und Dimension privater Sicherheitsdienste, in: Die Polizei 1994, S. 31-35.

Ossenbühl, Fritz: Eigensicherung und hoheitliche Gefahrenabwehr, Stuttgart 1981 (zit.: Ossenbühl, Eigensicherung).

Ders.: Der Grundsatz der Verhältnismäßigkeit (Übermaßverbot) in der Rechtsprechung der Verwaltungsgerichte, in: Jura 1997, S. 617-621.

Ottens, Reinhard W. u.a. (Hrsg.): Recht und Organisation privater Sicherheitsdienste in Europa, Stuttgart u.a. 1999 (zit.: Ottens-Bearbeiter, Recht).

Otto, Harro: Rechtsverteidigung und Rechtsmißbrauch im Strafrecht, Zum Zusammenhang zwischen den §§ 32, 34 StGB, in: Kultur Kriminalität Strafrecht, Festschrift für Thomas Würtenberger zum 70. Geburtstag am 7.10.1977, Herren, Rüdiger u.a. (Hrsg.), Berlin 1977, S. 129-150 (zit.: Otto, FS Würtenberger).

Ders.: Grundkurs Strafrecht, Die einzelnen Delikte, 7. Aufl., Berlin 2005 (zit.: Otto, Strafrecht).

Pausch, Wolfgang/Böttcher, Michael: Staatliches Gewaltmonopol und private, gewerbliche Nothelfer, in: Polizei in Frankfurt am Main, 27. Jahrgang 1992, S. 28-32.

Pawlik, Michael: Unterlassene Hilfeleistung: Zuständigkeitsbegründung und systematische Struktur, in: GA 1995, S. 360-372.

Ders.: Der rechtfertigende Notstand, Zugleich ein Beitrag zum Problem strafrechtlicher Solidaritätspflichten, Berlin u.a. 2002 (zit.: Pawlik, Notstand).

Ders.: Hegel und die Vernünftigkeit des Wirklichen, in: Der Staat 41 (2002), S. 183-212.

Ders.: Die Notwehr nach Kant und Hegel, in: ZStW 114 (2002), S. 259-299.

Pedotti, Ernst: Die Unterlassung der Nothilfe mit besonderer Berücksichtigung des geltenden und künftigen schweizerischen Rechtes, Aarau 1911.

Peilert, Andreas: Das Recht des Auskunftei- und Detekteigewerbes, Berlin 1996 (zit.: Peilert, Auskunftei- und Detekteigewerbe).

Ders.: Police Private Partnership, in: DVBl. 1999, S. 282-291.

Peine, Franz-Joseph: Allgemeines Verwaltungsrecht, 8. Aufl., Heidelberg 2006.

Pelz, Christian: Notwehr- und Notstandsrechte und der Vorrang obrigkeitlicher Hilfe, in: NStZ 1995, S. 305-309.

Pernice, Alfred: Labeo, Römisches Privatrecht im ersten Jahrhundert der Kaiserzeit, Teil B, Band 2 in 1. Auflage, 1. Buch, allgemeine Lehren, Kapitel 4: Die Zurechnung, Neudruck der Ausgabe Halle 1878, Aalen 1963.

Perron, Walter: Rechtfertigung und Entschuldigung bei Befreiung aus besonderen Notlagen (Notwehr, Notstand, Pflichtenkollision) im deutschen Strafrecht, in: Rechtfertigung und Entschuldigung III, Eser, Albin u.a. (Hrsg.), Freiburg im Breisgau 1991, S. 79-116 (zit.: Perron, Rechtfertigung).

Ders.: Foltern in Notwehr?, in: Festschrift für Ulrich Weber zum 70. Geburtstag, Heinrich, Bernd u.a. (Hrsg.), Bielefeld 2004, S. 143-154 (zit.: Perron, FS Weber).

Ders.: Rechtsvergleichende Betrachtung der Notwehr, in: Menschengerechtes Strafrecht, Festschrift für Albin Eser zum 70. Geburtstag, Arnold, Jörg u.a. (Hrsg.), München 2005, S. 1019-1039 (zit.: Perron, FS Eser).

Pfeiffer, Gerd (Hrsg.): Karlsruher Kommentar zur Strafprozessordnung und zum Gerichtsverfassungsgesetz mit Einführungsgesetz, 5. Aufl., München 2003 (zit.: KK-StPO-Bearbeiter).

Ders.: Strafprozeßordnung und Gerichtsverfassungsgesetz, 5. Aufl., München 2005 (zit.: Pfeiffer, StPO).

Pieroth, Bodo/Schlink, Bernhard: Grundrechte, Staatsrecht II, 23. Aufl., Heidelberg 2007.

Pieroth, Bodo/Schlink, Bernhard/Kniesel, Michael: Polizei- und Ordnungsrecht, 4. Aufl., München 2007.

Pitschas, Rainer: Gefahrenabwehr durch private Sicherheitsdienste?, in: DÖV 1997, S. 393-401.

Ders.: Polizei und Sicherheitsgewerbe, Rechtsgutachten zu verfassungs- und verwaltungsrechtlichen Aspekten der Aufgabenverteilung zwischen Polizei und privaten Sicherheitsunternehmen, Wiesbaden 2000 (zit.: Pitschas, Sicherheitsgewerbe).

Ders.: Polizeirecht im kooperativen Staat, in: DÖV 2002, S. 221-231.

Pitsounis, Dimitrios: Die Notwehr als Gegenstand der Rechtsvergleichung, in: Modernes Strafrecht und Ultima-ratio-Prinzip, Lüderssen, Klaus u.a. (Hrsg.), Frankfurt/M u.a. 1990, S. 227-275.

Posse, Otto: Die Notwehr im Sachsenspiegel, Coburg 1937.

Prittwitz, Cornelius: »Zum Verteidigungswillen bei der Notwehr«, in: GA 1980, S. 381-389.

Ders.: Der Verteidigungswille als subjektives Merkmal der Notwehr, in: Jura 1984, S. 74-80.

Radbruch, Gustav: Rechtsphilosophie, Studienausgabe, Dreier, Ralf u.a. (Hrsg.), Heidelberg 1999.

Raz, Joseph: The Morality of Freedom, Oxford u.a. 1986.

Rebmann, Kurt u.a. (Hrsg.): Münchener Kommentar zum Bürgerlichen Gesetzbuch, Band 1, Allgemeiner Teil, §§ 1-240, AGB-Gesetz, 4. Aufl., München

2001; Band 5, Schuldrecht, Besonderer Teil III, §§ 705-853, PartGG, ProdHaftG, 4. Aufl., München 2004 (zit.: MüKo-BGB-Bearbeiter).

Rein, Wilhelm: Das Kriminalrecht der Römer von Romulus bis Justinian, Neudruck der Ausgabe Leipzig 1844, Aalen 1962.

Rengier, Rudolf: Strafrecht, Besonderer Teil II, 6. Aufl., München 2005.

Renzikowski, Joachim: Notstand und Notwehr, Berlin 1994.

Retzko, Susanne: Die Angriffsverursachung bei der Notwehr, Münster u.a. 2001.

Rixen, Stephan: Vom Polizeirecht über das Gewerberecht zurück zum Policeyrecht? – Über die unsichere Sicherheit der »Sicherheitspartnerschaften« –, in: DVBl. 2007, S. 221-231.

Rogall, Klaus: Das Notwehrrecht des Polizeibeamten – BayObLGSt 1991, 141, in: JuS 1992, S. 551-559.

Rössmann, Egon: Das private Wach- und Sicherheitsgewerbe in der Diskussion, in: W+S Information 1978, S. 171-175.

Roßnagel, Alexander: Zum Schutz kerntechnischer Anlagen gegen rechtswidrige Angriffe von außen, in: ZRP 1983, S. 59-64.

Ders.: Radioaktiver Zerfall der Grundrechte?, München 1984 (zit.: Roßnagel, Radioaktiver Zerfall).

Roxin, Claus: Kriminalpolitik und Strafrechtssystem, Berlin 1970 (zit.: Roxin, Kriminalpolitik).

Ders.: Die „sozialethischen Einschränkungen" des Notwehrrechts – Versuch einer Bilanz –, in: ZStW 93 (1981), S. 68-104.

Ders.: Strafverfahrensrecht, 25. Aufl., München 1998 (zit.: Roxin, Strafverfahrensrecht).

Ders.: Strafrecht, Allgemeiner Teil, Band I, Grundlagen, Der Aufbau der Verbrechenslehre, 4. Aufl., München 2006 (zit.: Roxin, AT I).

Rudolphi, Hans-Joachim: Rechtfertigungsgründe im Strafrecht, in: Gedächtnisschrift für Armin Kaufmann, Dornseifer, Gerhard u.a. (Hrsg.), Köln u.a. 1989, S. 371-397.

Rüfner, Wolfgang: Grundrechtskonflikte, in: Bundesverfassungsgericht und Grundgesetz, Festgabe aus Anlaß des 25jährigen Bestehens des Bundesverfassungsgerichts, Zweiter Band: Verfassungsauslegung, Starck, Christian (Hrsg.), Tübingen 1976, S. 453-479.

Runte, Rainer: Die Veränderung von Rechtfertigungsgründen durch Rechtsprechung und Lehre, Frankfurt/M u.a. 1991.

Rupprecht, Reinhard: Die tödliche Abwehr des Angriffs auf menschliches Leben, in: JZ 1973, S. 263-267.

Ders.: Polizeilicher Todesschuß und Wertordnung des Grundgesetzes, in: Menschenwürde und freiheitliche Rechtsordnung, Festschrift für Willi Geiger zum 65. Geburtstag, Leibholz, Gerhard u.a. (Hrsg.), Tübingen 1974, S. 781-794 (zit.: Rupprecht, FS Geiger).

Ders.: Die Rolle der privaten Sicherheitsdienstleister im kommunalen Bereich, in: DSD 2/1999, S. 20-25.

Sachs, Michael (Hrsg.): Grundgesetz, Kommentar, 4. Aufl., München 2007 (zit.: Sachs-Bearbeiter).

Sander, Josef: Die Begründung der Notwehr in der Philosophie von Kant und Hegel, Bleicherode am Harz 1939.

Sax, Walter: Der verbrechenssystematische Standort der Indikation zum Schwangerschaftsabbruch nach § 218 a StGB, in: JZ 1977, S. 326-336.

Schaffstein, Friedrich: Die allgemeinen Lehren vom Verbrechen in ihrer Entwicklung durch die Wissenschaft des gemeinen Strafrechts, Neudruck der Ausgaben 1930-1932, Aalen 1973 (zit.: Schaffstein, Allgemeine Lehren).

Ders.: Notwehr und Güterabwägungsprinzip, in: MDR 1952, S. 132-136.

Ders.: Die strafrechtlichen Notrechte des Staates, in: Gedächtnisschrift Horst Schröder, Stree, Walter u.a. (Hrsg.), München 1978, S. 97-118 (zit.: Schaffstein, GS Schröder).

Schenkelberg, Herbert: Kurzvortrag aus der Sicht eines Verwaltungspraktikers, in: Weiß, Rüdiger u.a. (Hrsg.), Privatisierung von polizeilichen Aufgaben, Wiesbaden 1996, S. 51-55.

Schlüchter, Ellen: Das Strafverfahren, 2. Aufl., Köln u.a. 1983.

Schmidhäuser, Eberhard: Über die Wertstruktur der Notwehr, in: Festschrift für Richard M. Honig, Juristische Fakultät der Georg-August-Universität Göttingen (Hrsg.), Göttingen 1970, S. 185-199 (zit.: Schmidhäuser, FS Honig).

Ders.: Notwehr und Nothilfe des Polizeibeamten aus strafrechtlicher Sicht, in: Aktuelle Probleme des Polizeirechts, Merten, Detlef (Hrsg.), Berlin 1977, S. 53-66 (zit.: Schmidhäuser, Notwehr).

Ders.: Strafrecht, Allgemeiner Teil, Lehrbuch, 2. Aufl., Tübingen 1975 (zit.: Schmidhäuser, AT Lb).

Ders.: Strafrecht, Allgemeiner Teil, Studienbuch, 2. Aufl., Tübingen 1984 (zit.: Schmidhäuser, AT Sb).

Ders.: Die Begründung der Notwehr, in: GA 1991, S. 97-139.

Schmidt, Eberhard: Einführung in die Geschichte der deutschen Strafrechtspflege, 2. Aufl., Göttingen 1951 (zit.: E. Schmidt, Einführung).

Ders.: Notwehr, Notstand und Nötigungsstand, Erster Teil: Notwehr, in: Niederschriften über die Sitzungen der Großen Strafrechtskommission, 2. Bd., Allgemeiner Teil, 14. bis 25. Sitzung, Bonn 1958, Anhang Nr. 21, S. 51-59 (zit.: E. Schmidt, Notwehr).

Schmidt, Karsten: Gesellschaftsrecht, 4. Aufl., Köln u.a. 2002.

Schmidt-Bleibtreu, Bruno/Klein, Franz: Kommentar zum Grundgesetz, 10. Aufl., Neuwied u.a. 2004 (zit.: Sch-B/K-Bearbeiter).

Schmitt-Lermann, Hans: Die Lehre von der Notwehr in der Wissenschaft des gemeinen Strafrechts, Breslau-Neukirch 1935 (Neudruck Frankfurt/M u.a. 1977).

Schmitz, Alfred: Schutzobjekte der Notwehr, Köln-Kalk 1929.

Schmoeckel, Mathias u.a. (Hrsg.): Historisch-kritischer Kommentar zum BGB, Band I, Allgemeiner Teil, §§ 1-240, Tübingen 2003 (zit.: HKK-Bearbeiter).

Schnekenburger, Franz: Rechtsstellung und Aufgaben des Privaten Sicherheitsgewerbes, Köln u.a. 1999.

Scholz, Rupert: Rechtsfrieden im Rechtsstaat, in: NJW 1983, S. 705-712.

Ders.: Staatliche Sicherheitsverantwortung zu Lasten Privater?, in: Staat, Wirtschaft, Steuern: Festschrift für Karl Heinrich Friauf zum 65. Geburtstag, Wendt, Rudolf u.a. (Hrsg.), Heidelberg 1996, S. 439-454 (zit.: Scholz, FS Friauf).

Ders.: Verkehrsüberwachung durch Private?, in: NJW 1997, S. 14-18.

Schönke, Adolf/Schröder, Horst: Strafgesetzbuch, Kommentar, 27. Aufl., München 2006 (zit.: Sch/Sch-Bearbeiter).

Schönleiter, Ulrich: Das neue Bewacherrecht, in: GewArch 2003, S. 1-7.

Schöpf, Bernhard: Das Tötungsrecht bei den frühchristlichen Schriftstellern bis zur Zeit Konstantins, Regensburg 1958.

Schöpflin, Armin: Polizei und privates Sicherheitsgewerbe – Distanz oder Kooperation? –, in: Kriminalistik 1993, S. 689-691.

Schreiber, Franz Josef: Die Beurteilung der Notwehr in der christlichen Literatur zwischen dem 4. und 12. Jh., Erlangen-Nürnberg 1966.

Schreiber, Klaus: Die Rechtfertigungsgründe des BGB, in: Jura 1997, S. 29-36.

Schröder, Christian: Das Festnahmerecht Privater und die Teilrechtfertigung unerlaubter Festnahmehandlungen (§ 127 Abs. 1 S. 1 StPO), in: Jura 1999, S. 10-14.

Schröder, Rainer: Die Strafgesetzgebung in Deutschland in der ersten Hälfte des 19. Jahrhunderts, in: Die Bedeutung der Wörter, Studien zur europäischen Rechtsgeschichte, Festschrift für Sten Gagnér zum 70. Geburtstag, Stolleis, Michael u.a. (Hrsg.), München 1991, S. 403-420.

Schroeder, Friedrich-Christian: Die Notwehr als Indikator politischer Grundanschauungen, in: Festschrift für Reinhart Maurach zum 70. Geburtstag, Schroeder, Friedrich-Christian u.a. (Hrsg.), Karlsruhe 1972, S. 127-142 (zit.: Schroeder, FS Maurach).

Ders.: Rechtfertigung und Entschuldigung im deutschen Strafrecht im Vergleich zum Sowjetischen, in: Rechtfertigung und Entschuldigung, Band I, Eser, Albin u.a. (Hrsg.), Freiburg im Breisgau 1987, S. 523-547 (zit.: Schroeder, Rechtfertigung).

Schroth, Ulrich: Notwehr bei Auseinandersetzungen in engen persönlichen Beziehungen, in: NJW 1984, S. 2562-2564.

Schulte, Martin: Gefahrenabwehr durch private Sicherheitskräfte im Lichte des staatlichen Gewaltmonopols, in: DVBl. 1995, S. 130-135.

Schumann, Heribert: Zum Notwehrrecht und seinen Schranken – OLG Hamm, NJW 1977, 590, in: JuS 1979, S. 559-566.

Schumann, Karl-Heinz: Zum Musterentwurf eines einheitlichen Polizeigesetzes, in: RuP 1977, S. 90-97.

Schünemann, Bernd: Strafrecht: Liebhaber und Teilhaber, in: JuS 1979, S. 275-280.

Ders.: Die deutschsprachige Strafrechtswissenschaft nach der Strafrechtsreform im Spiegel des Leipziger Kommentars und des Wiener Kommentars, 1. Teil: Tatbestands- und Unrechtslehre, in: GA 1985, S. 341-380.

Schünemann, Wolfgang B.: Selbsthilfe im Rechtssystem, Tübingen 1985.

Schuster, Leo: Privates Sicherheitsgewerbe – Bedrohung des staatlichen Gewaltmonopols oder Notwendigkeit?, in: Die Polizei 1989, S. 5-11.

Schütze, Theodor Reinhold: Lehrbuch des Deutschen Strafrechts auf Grund des Reichsstrafgesetzbuches, 2. Aufl., Leipzig 1874.

Schwabe, Jürgen: Die Notrechtsvorbehalte des Polizeirechts, in: JZ 1974, S. 634-639.

Ders.: Zur Geltung von Rechtfertigungsgründen des StGB für Hoheitshandeln, in: NJW 1977, S. 1902-1907.

Ders.: Zum Status privater Sicherheitskräfte, in: ZRP 1978, S. 165-167.

Ders.: Die Notrechtsvorbehalte des Polizeirechts, Stuttgart u.a. 1979 (zit.: Schwabe, Notrechtsvorbehalte).

Ders.: Der Schutz des Menschen vor sich selbst, in: JZ 1998, S. 66-75.

Schwegmann, Friedrich Gerhard: Idee und Entstehung des staatlichen Gewaltmonopols, in: VR 1987, S. 217-221.

Seeberg, Rouven: Aufgedrängte Nothilfe, Notwehr und Notwehrexzeß, Frankfurt/M u.a. 2005.

Seeberger, Wilhelm: Hegel oder die Entwicklung des Geistes zur Freiheit, Stuttgart 1961.

Seebode, Manfred: Polizeiliche Notwehr und Einheit der Rechtsordnung, in: Festschrift für Ulrich Klug zum 70. Geburtstag, Bd. II, Kohlmann, Günter (Hrsg.), Köln 1983, S. 359-373 (zit.: Seebode, FS Klug).

Seeger, Hermann: Abhandlungen aus dem Strafrechte, Tübingen 1858.

Seelmann, Kurt: Grenzen privater Nothilfe, in: ZStW 89 (1977), S. 36-60.

Ders.: Anerkennungsverlust und Selbstsubsumtion: Hegels Straftheorien, Freiburg im Breisgau u.a. 1995 (zit.: Seelmann, Anerkennungsverlust).

Seesko, Tino: Notwehr gegen Erpressung durch Drohung mit erlaubtem Verhalten, Berlin 2004.

Seier, Jürgen: Umfang und Grenzen der Nothilfe im Strafrecht, in: NJW 1987, S. 2476-2483.

Senge, Lothar (Hrsg.): Karlsruher Kommentar zum Gesetz über Ordnungswidrigkeiten, 3. Aufl., München 2006 (zit.: KK-OWiG-Bearbeiter).

Seuring, Sabine: Die aufgedrängte Nothilfe, Berlin 2004.

Siekmann, Helmut: Anmerkung zu BGH, Urt. v. 8.2.1994 – VI ZR 286/93 (OLG Frankfurt/M.), ZIP 1994, S. 648-651, in: ZIP 1994, S. 651-654.

Soergel: Bürgerliches Gesetzbuch mit Einführungsgesetz und Nebengesetzen, Band 2, Allgemeiner Teil 2, §§ 104-240, Wolf, Manfred (wiss. Redaktion), 13. Aufl., Stuttgart u.a. 1999 (zit.: Soergel-Bearbeiter).

Sohm, Stefan: Rechtsfragen der Nothilfe bei friedensunterstützenden Einsätzen der Bundeswehr, in: NZWehrr 1996, S. 89-110.

Stacharowsky, Heiner: Private Sicherheitsdienste: Polizeiersatz im Wartestand?, in: KrimJour 1985, S. 228-234.

Starck, Christian: Die Grundrechte des Grundgesetzes, in: JuS 1981, S. 237-246.

Ders.: Praxis der Verfassungsauslegung, Baden-Baden 1994 (zit.: Starck, Verfassungsauslegung).

Ders. (Hrsg.): v. Mangoldt/Klein/Starck, Kommentar zum Grundgesetz, Band 1: Präambel, Artikel 1 bis 19, Band 2: Art. 20 bis 82, 5. Aufl., München 2005 (zit.: v. M/K/S-Bearbeiter).

Steegmann, Christoph: Die Privatisierung polizeilicher Aufgaben, in: Privatisierung von Staatsaufgaben: Kriterien – Grenzen – Folgen, Gusy, Christoph (Hrsg.), Baden-Baden 1998, S. 237-258.

Stern, Klaus: Das Staatsrecht der Bundesrepublik Deutschland, Band I, Grundbegriffe und Grundlagen des Staatsrechts, Strukturprinzipien der Verfassung, 2. Aufl., München 1984, Band III/1, Allgemeine Lehren der Grundrechte, München 1988.

Sternberg-Lieben, Irene: Allgemeines zur Notwehr, in: JA 1996, S. 129-133.

Sternberg-Lieben, Detlev/Sternberg-Lieben, Irene: Zur Strafbarkeit der aufgedrängten Nothilfe, in: JuS 1999, S. 444-448.

Stiller, Tanja: Grenzen des Notwehrrechts bei der Verteidigung von Sachwerten, Frankfurt/M u.a. 1999.

Stober, Rolf: Anmerkungen zu einer Gesetzesinitiative „Private Sicherheitsdienste“, in: GewArch 1997, S. 217-225.

Ders.: Staatliches Gewaltmonopol und privates Sicherheitsgewerbe, in: NJW 1997, S. 889-896.

Ders.: Quo vadis Sicherheitsgewerberecht, in: Quo vadis Sicherheitsgewerberecht, Pitschas, Rainer u.a. (Hrsg.), Köln u.a. 1998, S. 35-63 (zit.: Stober, Quo vadis Sicherheitsgewerberecht).

Ders.: Sicherheit für Wirtschaft und Gesellschaft zwischen Staat und Privat, in: DSD 2/1998, S. 28-35.

Ders.: Police-Private-Partnership aus juristischer Sicht, in: DÖV 2000, S. 261-269.

Ders.: Private Sicherheitsdienste als Dienstleister für die öffentliche Sicherheit, in: ZRP 2001, S. 260-266.

Ders.: Zur Qualifizierung der privaten Sicherheitsdienste, in: GewArch 2002, S. 129-137.

Stober, Rolf/Olschok, Harald (Hrsg.): Handbuch des Sicherheitsgewerberechts, München 2004 (zit.: Stober/Olschok-Bearbeiter, Handbuch).

Störzer, Hans Udo: Selbstschutz und der Weg zur Betriebsmiliz, in: KrimJour 1976, S. 33-45.

Stratenwerth, Günter: Prinzipien der Rechtfertigung, in: ZStW 68 (1956), S. 41-70.

Ders.: Strafrecht, Allgemeiner Teil I, 3. Aufl., Köln u.a. 1981 (Stratenwerth, AT I^3).

Ders.: Schweizerisches Strafrecht, Allgemeiner Teil I: Die Straftat, 2. Aufl., Bern 1996 (zit.: Stratenwerth, Schweizerisches Strafrecht).

Stratenwerth, Günter/Kuhlen, Lothar: Strafrecht, Allgemeiner Teil I, 5. Aufl., Köln u.a. 2004.

Stümper, Alfred: Verlust des staatlichen Gewaltmonopols?, in: Kriminalistik 1975, S. 193-196.

Sundermann, Heinz-Georg: Schußwaffengebrauch im Polizeirecht, Heidelberg 1984 (zit.: Sundermann, Schußwaffengebrauch).

Ders.: Polizeiliche Befugnisse bei Geiselnahmen, in: NJW 1988, S. 3192-3194.

Suppert, Hartmut: Studien zur Notwehr und „notwehrähnlichen Lage", Bonn 1973.

Systematischer Kommentar StGB: Systematischer Kommentar zum Strafgesetzbuch, Rudolphi, Hans-Joachim (Gesamtredaktion), Band I, Allgemeiner Teil (§§ 1 bis 79b), München 2005, Band II, Besonderer Teil (§§ 267-358), München 2007 (zit.: SK-StGB-Bearbeiter).

Systematischer Kommentar StPO: Systematischer Kommentar zur Strafprozeßordnung und zum Gerichtsverfassungsgesetz, Band 2, Rudolphi, Hans-Joachim (Gesamtredaktion), München 2007 (zit.: SK-StPO-Bearbeiter).

Thewes, Wilfried: Rettungs- oder Todesschuß, Hilden/Rhld. 1988.

Thieme, Werner: Rechtsgutachten über die Zulässigkeit einer Fachkundeprüfung im Bewachungsgewerbe, in: W+S Information 163 (1985), S. 71-93.

Thomas von Aquin: Summa Theologica, 18. Band, Recht und Gerechtigkeit, II-II, 57-79, Albertus-Magnus-Akademie Walderberg bei Köln (Hrsg.), Heidelberg u.a. 1953.

Tiemann, Burkhard: Verfassungsrechtliche und finanzwirtschaftliche Aspekte der Entstaatlichung öffentlicher Leistungen, in: Der Staat 16 (1977), S. 171-200.

Tischbein, Markus: Zusammenstellung einiger Aspekte der rechtlichen Behandlung privater Sicherheitsunternehmen, Trier 2000.

Tittmann, Carl August: Handbuch der Strafrechtswissenschaft und der deutschen Strafgesetzkunde, Erster Band, 2. Aufl., Halle 1822.

Tröndle, Herbert/Fischer, Thomas: Strafgesetzbuch und Nebengesetze, 54. Aufl., München 2007.

Ule, Carl Hermann/Laubinger, Hans-Werner: Verwaltungsverfahrensrecht, 4. Aufl., Köln u.a. 1995.

Umbach, Dieter/Clemens, Thomas (Hrsg.): Grundgesetz, Mitarbeiterkommentar und Handbuch, Band I, Art. 1-37 GG, Heidelberg 2002 (zit.: Umbach/Clemens-Bearbeiter).

Uttelbach, Artur: Die Verhältnismäßigkeit bei der Notwehr, Emsdetten (Westf.) 1935.

Vaxevanos, Spiridon: Notwehr als strafrechtlicher Rechtsgüterschutz, Berlin 2007.

Voß, Michael: Private Sicherheitsdienste, in: NKP 2/1993, S. 39-41.

Wachenfeld, Friedrich: Lehrbuch des deutschen Strafrechts, München 1914.

Wagenländer, Georg: Zur strafrechtlichen Beurteilung der Rettungsfolter, Berlin 2006.

Wagner, Heinz: Individualistische oder überindividualistische Notwehrbegründung, Berlin 1984.

Wahrig, Gerhard: Deutsches Wörterbuch, 7. Aufl., Gütersloh u.a. 2000.

Waldstein, Wolfgang/Rainer, J. Michael: Römische Rechtsgeschichte, 10. Aufl., München 2005.

Walter, Bernd: „Notrechtsvorbehalte und polizeiliche Schußwaffengebrauchsbestimmungen“ oder „Der Polizeivollzugsbeamte und die Praktikabilität des Rechts“ (zugleich eine Entgegnung), in: DVP 49 (1998), S. 496-500.

Waltermann, Raimund: Sozialrecht, 6. Aufl., Heidelberg 2006.

Warda, Günther: Die Eignung der Verteidigung als Rechtfertigungselement bei der Notwehr (§§ 32 StGB, 227 BGB), in: Jura 1990, S. 344-352.

Wassermann, Rudolf: Montesquieu, „schlanker Staat“ und „Blaue Prüffragen“ – Zur Bedürfnisprüfung von Gesetzesvorhaben, in: NJW 1999, S. 1376-1377.

Wassermann, Rudolf (Hrsg.): Kommentar zur Strafprozeßordnung, Band 2, Teilband 1, §§ 94 – 212 b, Neuwied u.a. 1992 (zit.: AK-Bearbeiter).

Weber, Max: Wirtschaft und Gesellschaft – Grundriß der verstehenden Soziologie, Studienausgabe, 5. Aufl., Tübingen 1972.

Wegner, Arthur: Strafrecht, Allgemeiner Teil, Göttingen 1951.

Weichert, Thilo: Der sogenannte „finale Rettungsschuß", in: VBlBW 1991, S. 249-254.

Ders.: Die Privatisierung der öffentlichen Sicherheit, in: Mythos Sicherheit, Gössner, Rolf (Hrsg.), Baden-Baden 1995, S. 263-281 (zit.: Weichert, Privatisierung).

Weimar, Wilhelm: Die Grenzen der Notwehr, Köln 1929.

Weiner, Bernhard: Privatisierung von staatlichen Sicherheitsaufgaben, Frankfurt/M u.a. 2001.

Wessels, Johannes/Beulke, Werner: Strafrecht, Allgemeiner Teil, 37. Aufl., Heidelberg 2007.

Wessels, Johannes/Hettinger, Michael: Strafrecht, Besonderer Teil/1, 31. Aufl., Heidelberg 2007.

Wittemann, Frank: Grundlinien und Grenzen der Notwehr in Europa, Frankfurt/M u.a. 1997.

Wittreck, Fabian: Menschenwürde und Folterverbot, in: DÖV 2003, S. 873-882.

Witzstrock, Heike: Der polizeiliche Todesschuß, Frankfurt/M u.a. 2001.

Wölfl, Bernd: Rechtfertigungsgründe bei der Verletzung der Vertraulichkeit des Wortes, in: Jura 2000, S. 231-234.

Wössner, Marion: Die Notwehr und ihre Einschränkungen in Deutschland und in den USA, Berlin 2006.

Wussow, Ulrich: Inhalt, Sinn und Grenzen bürgerfreundlichen Verhaltens der Verwaltung, in: RiA 1990, S. 303-309.

Zachariä, Heinrich Albert: Bemerkungen zur Lehre von der Nothwehr, in: ArchCrim N.F. 8, 1841, S. 422-438.

Zieschang, Frank: Der Allgemeine Teil des neuen französischen Strafgesetzbuchs, in: ZStW 106 (1994), S. 647-662.

Ders.: Einschränkung des Notwehrrechts bei engen persönlichen Beziehungen?, in: Jura 2003, S. 527-532.

Ders.: Tödliche Notwehr zur Verteidigung von Sachen und Art. 2 II a EMRK, in: GA 2006, S. 415-419.

Zimmermann, Hans-Martin: Privates Sicherheitsgewerbe – Ausweg oder Fehlentwicklung, in: Die Polizei 1994, S. 60-63.

Zippelius, Reinhold/Würtenberger, Thomas: Deutsches Staatsrecht, 31. Aufl., München 2005.

Zuck, Rüdiger: My house is my castle, in: MDR 1991, S. 937.

Quellenverzeichnis

Buschmann, Arno (Hrsg.): Textbuch zur Strafrechtsgeschichte der Neuzeit, Die klassischen Gesetze, München 1998.

Düll, Rudolf: Das Zwölftafelgesetz, Texte, Übersetzungen und Erläuterungen, 4. Aufl., München 1971.

Friedberg, Emil: Corpus iuris canonici, Band I, Leipzig 1879 (zit.: Friedberg, Corpus iuris canonici I).

Ders.: Corpus iuris canonici, Band II, Leipzig 1881 (zit.: Friedberg, Corpus iuris canonici II).

Mommsen, Theodor/Krueger, Paul: Corpus iuris civilis, Volumen Primum, Berlin 1895 (zit.: Mommsen/Krueger, CIC I)

Dies.: Corpus iuris civilis, Volumen Secundum, Berlin 1895 (zit.: Mommsen/Krueger, CIC II).

Otto, Carl Eduard/Schilling, Bruno/Sintenis, Carl Friedrich Ferdinand (Hrsg.): Das Corpus iuris civilis (romani) ins Deutsche übersetzt, Bd. 4, Pandekten Buch 39-50, Neudruck der Ausgabe Leipzig 1832, Aalen 1984.

Sachße, Carl Robert: Sachsenspiegel oder Sächsisches Landrecht, zusammengestellt mit dem Schwäbischen nach dem Cod. Pal. 167, unter Vergleichung des Cod. Pict. 164, mit Uebersetzung und reichhaltigem Repertorium, Heidelberg 1848 (Nachdruck Holzminden ohne Jahr).

Schilling, Bruno/Sintenis, Carl Friedrich Ferdinand: Das Corpus juris canonici in seinen wichtigsten und anwendbarsten Theilen, in's Deutsche übersetzt und systematisch zusammengestellt, Leipzig 1837.

Stenglein, Melchior (Hrsg.): Sammlung der deutschen Strafgesetzbücher, München 1857/1858.

FRANKFURTER KRIMINALWISSENSCHAFTLICHE STUDIEN

Band 1 Peter Böning: Die Lehre vom Unrechtsbewußtsein in der Rechtsphilosophie Hegels 100 S., 1978.

Band 2 Wolfgang Schneider: Kriminelle Straßenverkehrsgefährdung (§ 315c Abs. 1 Ziff. 2, Abs. 3 StGB). Eine kriminologische und strafrechtliche Untersuchung zur Problematik dieser Verkehrsstraftaten unter Berücksichtigung ausländischer Rechte. 342 S., 1978.

Band 3 Lothar Kuhlen: Die Objektivität von Rechtsnormen. Zur Kritik des radikalen labeling approach in der Kriminalsoziologie. 178 S., 1978.

Band 4 Günther Grewe: Straßenverkehrsdelinquenz und Marginalität. Untersuchungen zur institutionellen Regelung von Verhalten. 148 S., 1978.

Band 5 Dieter Haberstroh: Strafverfahren und Resozialisierung. Eine Studie über Verstehen und Nicht-Verstehen, über Verstanden-Werden und Nicht-Verstanden-Werden und deren Bedingungen in der Hauptverhandlung. 202 S., 1979.

Band 6 Thomas Vogt: Die Forderungen der psychoanalytischen Schulrichtungen für die Interpretation der Merkmale der Schuldunfähigkeit und der verminderten Schuldfähigkeit (§§ 51 a.F., 20, 21 StGB). 182 S., 1979.

Band 7 Andreas Michael: Der Grundsatz in dubio pro reo im Strafverfahrensrecht. Zugleich ein Beitrag über das Verhältnis von materiellem Recht und Prozeßrecht. 214 S., 1981.

Band 8 Ilias G. Anagnostopoulos: Haftgründe der Tatschwere und der Wiederholungsgefahr (§§ 112 Abs. 3, 112 a StPO). Kriminalpolitische und rechtssystematische Aspekte der Ausweitung des Haftrechts. 1984.

Band 9 Helga Müller: Der Begriff der Generalprävention im 19. Jahrhundert. Von P.J.A. Feuerbach bis Franz v. Liszt. 1984.

Band 10 Frowin Jörg Kurth: Das Mitverschulden des Opfers beim Betrug. 1984.

Band 11 Martin J. Worms: Die Bekenntnisbeschimpfung im Sinne des § 166 Abs. 1 StGB und die Lehre vom Rechtsgut. 1984.

Band 12 Jong-Dae Bae: Der Grundsatz der Verhältnismäßigkeit im Maßregelrecht des StGB. 1985.

Band 13 Helmut Fünfsinn: Der Aufbau des fahrlässigen Verletzungsdelikts durch Unterlassen im Strafrecht. 1985.

Band 14 Christoph Krehl: Die Ermittlung der Tatsachengrundlage zur Bemessung der Tagessatzhöhe bei der Geldstrafe. 1985.

Band 15 Walter-Hermann Kiehl: Strafrechtliche Toleranz wechselseitiger Ehrverletzungen - Zur ratio legis der §§ 199, 233 Strafgesetzbuch -. 1986.

Band 16 Matthias Krahl: Die Rechtsprechung des Bundesverfassungsgerichts und des Bundesgerichtshof zum Bestimmtheitsgrundsatz im Strafrecht (Art. 103 Abs. 2 GG). 1986.

Band 17 Patrick Carroll Campbell: § 220a StGB. Der richtige Weg zur Verhütung und Bestrafung von Genozid? 1986.

Band 18 Winfried Hassemer (Hrsg.): Strafrechtspolitik. Bedingungen der Strafrechtsreform. 1987.

Band 19 Felix Herzog: Prävention des Unrechts oder Manifestation des Rechts. Bausteine zur Überwindung des heteronom-präventiven Denkens in der Strafrechtstheorie der Moderne. 1987.

Band 20 Astrid Michalke-Detmering: Die Mindestanforderungen an die rechtliche Begründung des erstinstanzlichen Strafurteils. Zur Auslegung des § 267 StPO. 1987.

Band 21 Lothar Kuhlen: Die Unterscheidung von vorsatzausschließendem und nichtvorsatzausschließendem Irrtum. 1987.

Band 22 Michael Buttel: Kritik der Figur des Aufklärungsgehilfen im Betäubungsmittelstrafrecht (§ 31 BtMG). 1988.

Band 23 Matthias Kögler: Die zeitliche Unbestimmtheit freiheitsentziehender Sanktionen des Strafrechts. Eine vergleichende Untersuchung zur Rechtslage und Strafvollstreckungspraxis in der Bundesrepublik Deutschland und den USA. 1988.

Band 24 Klaus Lüderssen/Cornelius Nestler-Tremel/Ewa Weigend(Hrsg.): Modernes Strafrecht und ultima-ratio-Prinzip. 1990.

Band 25 Jürgen Taschke: Die behördliche Zurückhaltung von Beweismitteln im Strafprozeß. 1989.

Band 26 Daniela Westphalen: Karl Binding (1841-1920). Materialien zur Biographie eines Strafrechtsgelehrten. 1989.

Band 27 Sigrid Jans: Die Aushöhlung des Klageerzwingungsverfahrens. 1990.

Band 28 Dimitris Spirakos: Folter als Problem des Strafrechts. Kriminologische, kriminalsoziologische und (straf-)rechtsdogmatische Aspekte unter besonderer Berücksichtigung der Folterschutzkonvention und der Pönalisierung der Folter in Griechenland. 1990.

Band 29 Stephan Moll: Strafrechtliche Aspekte der Behandlung Opiatabhängiger mit Methadon und Codein. 1990.

Band 30 Stefan Werner: Wirtschaftsordnung und Wirtschaftsstrafrecht im Nationalsozialismus. 1991.

Band 31 Xanthi Bassakou: Beiträge zur Analyse und Reform des Absehens von Strafe nach § 60 StGB. 1991.

Band 32 Rainer Runte: Die Veränderung von Rechtfertigungsgründen durch Rechtsprechung und Lehre. Moderne Strafrechtsdogmatik zwischen Rechtsstaatsprinzip und Kriminalpolitik. 1991.

Band 33 Olaf Hohmann: Das Rechtsgut der Umweltdelikte. Grenzen des strafrechtlichen Umweltschutzes. 1991.

Band 34 Klaus Jochen Müller: Das Strafbefehlsverfahren (§§ 407 ff. StPO). Eine dogmatisch-kriminalpolitische Studie zu dieser Form des schriftlichen Verfahrens unter besonderer Berücksichtigung der geschichtlichen Entwicklung – zugleich ein Beitrag zum StVÄG 1987. 1993.

Band 35 Sang-Don Yi: Wortlautgrenze, Intersubjektivität und Kontexteinbettung. Das strafrechtliche Analogieverbot. 1991.

Band 36 Birgit Malsack: Die Stellung der Verteidigung im reformierten Strafprozeß. Eine rechtshistorische Studie anhand der Schriften von C. J. A. Mittermaier. 1992.

Band 37 Rüdiger Schäfer: Die Privilegierung des "freiwillig-positiven" Verhaltens des Delinquenten nach formell vollendeter Straftat. Zugleich ein Beitrag zum Grundgedanken des Rücktritts vom Versuch und zu den Straftheorien. 1992.

Band 38 Cornelius Nestler-Tremel: AIDS und Strafzumessung. 1992.

Band 39 Christine Gutmann: Freiwilligkeit und (Sozio-)Therapie – notwendige Verknüpfung oder Widerspruch? 1993.

Band 40 Walter Kargl: Der strafrechtliche Vorsatz auf der Basis der kognitiven Handlungstheorie. 1993.

Band 41 Jürgen Rath: Zur strafrechtlichen Behandlung der aberratio ictus und des error in objecto des Täters. 1993.

Band 42 Martin Fischer: Wille und Wirksamkeit. Eine Untersuchung zum Problem des *dolus alternativus*. 1993.

Band 43 Regina Harzer: Der Naturzustand als Denkfigur moderner praktischer Vernunft. Zugleich ein Beitrag zur Staats- und Rechtsphilosophie von Hobbes und Kant. 1994.

Band 44 Helmut Pollähne: Lockerungen im Maßregelvollzug. Eine Untersuchung am Beispiel der Anwendung des nordrhein-westfälischen Maßregelvollzugsgesetzes im Westfälischen Zentrum für Forensische Psychiatrie (Lippstadt). 1994.

Band 45 Hans-Joachim Leonhardt: Rechtsmittelermessen der Staatsanwaltschaft. Eine Gegenüberstellung von § 296 StPO mit Nummern 147 und 148 Richtlinien für das Strafverfahren und das Bußgeldverfahren (RiStBV). 1994.

Band 46 Rolf Grünebaum: Zur Strafbarkeit des Therapeuten im Maßregelvollzug bei fehlgeschlagenen Lockerungen. 1996.

Band 47 Barbara Bialas: Promille-Grenzen, Vorsatz und Fahrlässigkeit. 1996.

Band 48 Christine Pott: Die Außerkraftsetzung der Legalität durch das Opportunitätsdenken in den Vorschriften der §§ 154, 154a StPO. Zugleich ein Beitrag zu einer kritischen Strafverfahrensrechtstheorie. 1996.

Band 49 Wolfgang Köberer: *Iudex non calculat.* Über die Unmöglichkeit, Strafzumessung sozialwissenschaftlich-mathematisch zu rationalisieren. 1996.

Band 50 Institut für Kriminalwissenschaften Frankfurt a.M. (Hrsg.): Vom unmöglichen Zustand des Strafrechts. 1995.

Band 51 Petra Kamberger: Treu und Glauben (§ 242 BGB) als Garantenstellung im Strafrecht? 1996.

Band 52 Anastassios Triantafyllou: Das Delikt der gefährlichen Körperverletzung (§ 223a StGB) als Gefährdungsdelikt. (Zugleich ein Beitrag zur Dogmatik der Gefährdungsdelikte). 1996.

Band 53 Norbert Kissel: Aufrufe zum Ungehorsam und § 111 StGB. Grundrechtlicher Einfluß bei der Feststellung strafbaren Unrechts. 1996.

Band 54 Susanne Ehret: Franz von Liszt und das Gesetzlichkeitsprinzip. Zugleich ein Beitrag wider die Gleichsetzung von Magna-charta-Formel und Nullum-crimen-Grundsatz. 1996.

Band 55 Stefan Braum: Geschichte der Revision im Strafverfahren von 1877 bis zur Gegenwart. Zugleich eine Kritik der Kontinuität politischer Macht im Recht. 1996.

Band 56 Katja Diel: Das Regreßverbot als allgemeine Tatbestandsgrenze im Strafrecht. 1997.

Band 57 Christoph Koller: Die Staatsanwaltschaft – Organ der Judikative oder Exekutivbehörde? Die Stellung der Anklagebehörde und die Gewaltenteilung des Grundgesetzes. 1997.

Band 58 Frank Schößler: Anerkennung und Beleidigung. Rechtsgut und Strafzweck des § 185 StGB. 1997.

Band 59 Regina Engelstädter: Der Begriff des Unfallbeteiligten in § 142 Abs. 4 StGB. Zugleich eine Kritik an aktuellen Zurechnungslehren. 1997.

Band 60 Jörg Reinhardt: Der Ausschluß und die Ablehnung des befangen erscheinenden Staatsanwaltes. 1997.

Band 61 Jens Christian Müller-Tuckfeld: Integrationsprävention. Studien zu einer Theorie der gesellschaftlichen Funktion des Strafrechts. 1998.

Band 62 Peter Maria Rohe: Verdeckte Informationsgewinnung mit technischen Hilfsmitteln zur Bekämpfung der Organisierten Kriminalität. Zugleich eine rechtsvergleichende Analyse der polizeilichen Abhörbefugnisse in den U.S.A. 1998.

Band 63 Dirk Fabricius: Was ein Lehrbuch lehrt ... Eine exemplarische Untersuchung von Jakobs *Strafrecht – Allgemeiner Teil.* 1998.

Band 64 Stefan Sinner: Der Vertragsgedanke im Strafprozeßrecht. 1999.

Band 65 Sebastian Schattenfroh: Die Staatsphilosophie Giovanni Gentiles und die Versuche ihrer Verwirklichung im faschistischen Italien. 1999.

Band 66 Athanassia Dionyssopoulou: Der Tatbestand der Geldwäsche. Eine Analyse der dogmatischen Grundlagen des § 261 StGB. 1999.

Band 67 Klaus von Lampe: *Organized Crime.* Begriff und Theorie organisierter Kriminalität in den USA. 1999.

Band 68 Christian Hanssen: "Trennung der Märkte". Rechtsdogmatische und rechtspolitische Probleme einer Liberalisierung des Drogenstrafrechts. 1999.

Band 69 Institut für Kriminalwissenschaften und Rechtsphilosophie Frankfurt a.M. (Hrsg.): Irrwege der Strafgesetzgebung. 1999.

Band 70 Konstantinos Chatzikostas: Die Disponibilität des Rechtsgutes Leben in ihrer Bedeutung für die Probleme von Suizid und Euthanasie. 2000.

Band 71 Bettina Wirmer-Donos: Die Strafrechtstheorie Karl Christian Friedrich Krauses als theoretische Grundlage des spanischen Korrektionalismus. 2001.

Band 72 Christine Löw: Die Erkundigungspflicht beim Verbotsirrtum nach § 17 StGB. 2001.

Band 73 Florian Ufer: Der Verwertungswiderspruch in Theorie und Praxis. Prozessuale Obliegenheiten des Verteidigers und ihre Bedeutung für die Rechtsposition des Beschuldigten. 2002.

Band 74 Katja Melzer: Psychisch kranke Straftäterinnen. Frauen im Maßregelvollzug. 2001.

Band 75 Gregor Kuntze-Kaufhold: Lebenswelt und Unparteilichkeit. Kriterien für eine Rechtsanwendungslehre am Beispiel der Analyse von fünf Hauptverhandlungen in Strafverfahren. 2002.

Band 76 Iris Kristina Passek: Die erstinstanzliche Zuständigkeit der Oberlandesgerichte in Staatsschutzstrafsachen. Historische Entwicklung und aktuelle Probleme. 2002.

Band 77 Michael Krebs: Die Weisungsgebundenheit des Staatsanwalts unter besonderer Berücksichtigung des rechtstatsächlichen Aspekts. 2002.

Band 78 Kerstin Degenhardt: Europol und Strafprozeß. Die Europäisierung des Ermittlungsverfahrens. 2003.

Band 79 Domenico Siciliano: Das Leben des fliehenden Diebes: Ein strafrechtliches Politikum. 2003.

Band 80 Marc Colussi: Produzentenkriminalität und strafrechtliche Verantwortung. 2003.

Band 81 Thilo Lars Hild: Grenzen einer strafrechtlichen Regulierung des Kapitalmarktes. Eine kriminalrechtliche Untersuchung von Börsengängen und Aktienhandel in Deutschland und den USA. 2004.

Band 82 Philipp Rau: Schweigen als Indiz der Schuld. Ein Vergleich des deutschen und englischen Rechts zur Würdigung des Schweigens des Beschuldigten. 2004.

Band 83 Alexandra Pfeiffer: Die Regelung der Lebendorganspende im Transplantationsgesetz. 2004.

Band 84 Elena Fischer: Recht auf Sterben?! Ein Beitrag zur Reformdiskussion der Sterbehilfe in Deutschland unter besonderer Berücksichtigung der Frage nach der Übertragbarkeit des Holländischen Modells der Sterbehilfe in das deutsche Recht. 2004.

Band 85 Jörg Ziethen: Grundlagen probabilistischer Zurechnung im Strafrecht. 2004.

Band 86 Stefanie Schork: Ausgesprochen schuldig. Dogmatische und metadogmatische Untersuchungen zum Schuldspruch. 2005.

Band 87 Claudia Schubert: Verbotene Worte? Versuch einer Neubestimmung im Umgang mit rassistischen Äußerungen jenseits des Strafrechts. 2005.

Band 88 Ulfrid Neumann / Cornelius Prittwitz (Hrsg.): Kritik und Rechtfertigung des Strafrechts. 2005.

Band 89 Denis Basak: Die Zuständigkeitsregeln internationaler Strafgerichte und Art. 101 GG. Zum Verhältnis der deutschen Strafgerichtsbarkeit zu den Internationalen Tribunalen für Jugoslawien und Ruanda sowie zum Ständigen Internationalen Strafgerichtshof. 2005.

Band 90 Hsiao-Wen Wang: Der universale Strafanspruch des nationalen Staates. Eine Untersuchung über das Weltrechtsprinzip im Internationalen Strafrecht. 2005.

Band 91 Leonie Frenz: Faktizität des Rechts in der forensischen Psychiatrie. Eine Untersuchung im LKH Moringen. 2005.

Band 92 Eva-Maria Unger: Schutzlos ausgeliefert? Der Europäische Haftbefehl. Ein Beispiel für die Missachtung europäischer Bürgerrechte. 2005.

Band 93 Marcus Bastelberger: Die Legitimität des Strafrechts und der *moralische Staat*. Utilitaristische und retributivistische Strafrechtsbegründung und die rechtliche Verfassung der Freiheit. 2006.

Band 94 Marc Reiß: Rechtliche Aspekte der Präimplantationsdiagnostik. Unter besonderer Berücksichtigung der Rechte der von einem Verbot betroffenen Paare. 2006.

Band 95 Alexander Kolz: Einwilligung und Richtervorbehalt. 2006.

Band 96 Vasco Reuss: Eine Kritik der juristischen Vernunft. Rezeptionsversuche der Negativen Dialektik Adornos für die Dogmatik des Strafrechts. 2007.

Band 97 Lutz Eidam: Die strafprozessuale Selbstbelastungsfreiheit am Beginn des 21. Jahrhunderts. 2007.

Band 98 Christiane Rüdiger: Schutzinteresse und Deliktsstruktur der „Bestechungsdelikte" (§§ 331 ff. StGB). 2007.

Band 99 Urte Eisenhardt: Das nemo tenetur-Prinzip: Grenze körperlicher Untersuchungen beim Beschuldigten. Am Beispiel des § 81a StPO. 2007.

Band 100 Institut für Kriminalwissenschaften und Rechtsphilosophie Frankfurt a. M. (Hrsg.): Jenseits des rechtsstaatlichen Strafrechts. 2007.

Band 101 Nils Möckelmann: Die rechtliche, psychiatrische und gesellschaftliche Beurteilung jugendlicher Straftäter in der jüngeren deutschen Geschichte. Eine Analyse anhand zweier Strafverfahren mit Gutachten des Psychiaters Ernst Rüdin aus den Jahren 1915/1917 unter Berücksichtigung der Entwicklungen bis zur Gegenwart. 2007.

Band 102 Alexa Albrecht: Zur Erosion der Menschenrechte im demokratischen Rechtsstaat. Reaktionen der Systeme und der Zivilgesellschaft. 2007.

Band 103 Dirk Lange: Die politisch motivierte Tötung. 2007.

Band 104 Ulfrid Neumann / Cornelius Prittwitz (Hrsg.): „Personale Rechtsgutslehre" und „Opferorientierung im Strafrecht". 2007.

Band 105 Lisa Kathrin Sander: Grenzen instrumenteller Vernunft im Strafrecht. Eine Kritik der Präventionsdoktrin aus strafrechtsgeschichtlicher und empirischer Perspektive. 2007.

Band 106 Stephan Werner: Zur Notwendigkeit der Verteidigeranwesenheit während der polizeilichen Beschuldigtenvernehmung. 2008.

Band 107 Inti Schubert: Europol und der virtuelle Verdacht. Die Suspendierung des Rechts auf informationelle Selbstbestimmung. 2008.

Band 108 Bong-Jin Ko: Menschenwürde und Biostrafrecht bei der embryonalen Stammzellenforschung. 2008.

Band 109 Wanja Andreas Welke: Die Repersonalisierung des Rechtskonflikts. Zum gegenwärtigen Verhältnis von Straf- und Zivilrecht. 2008.

Band 110 Jan Helmrich: Die Berufung gewerblicher Sicherheitskräfte auf Notwehr und Nothilfe. Zugleich ein Beitrag zu den Grundlagen des Notwehr- und Nothilferechts. 2008.

www.peterlang.de

www.ingramcontent.com/pod-product-compliance
Ingram Content Group UK Ltd.
Pitfield, Milton Keynes, MK11 3LW, UK
UKHW021914290926
8980IPUK00015B/1256

9 783631 576540